"十二五"普通高等教育规划教材·经管系列

主 编／陈 泉

副主编／郭利伟

网络信息检索与实践教程

Network Information Retrieval in Practice

清华大学出版社

北 京

内 容 简 介

本书首先阐述了信息与信息检索的基本概念，信息资源的类型、特点，计算机网络信息检索技术的方法和策略，信息检索与信息服务的内容以及信息获取的途径与方法等。其次，以图书、期刊、学位论文、会议论文等文献类型为主线，介绍了国内外一些著名的数据库和部分学科领域目前所能够利用的相关检索工具和主要信息资源，并在此基础上列出可以获取这些资源的方法和途径。最后，讲述了搜索引擎的原理、分类以及常用的中外文搜索引擎的使用方法和技巧。

本书既可作为本科生、研究生信息检索课程的教材，也可供广大科研、教学人员了解当前国内外信息资源与信息服务之用。

本书封面贴有清华大学出版社防伪标签，无标签者不得销售。

版权所有，侵权必究。举报：010-62782989，beiqinquan@tup.tsinghua.edu.cn。

图书在版编目（CIP）数据

网络信息检索与实践教程/陈泉主编．—北京：清华大学出版社，2013（2022.2重印）
"十二五"普通高等教育规划教材·经管系列

ISBN 978-7-302-33177-3

Ⅰ. ①网…　Ⅱ. ①陈…　Ⅲ. ①计算机网络-情报检索-高等学校-教材　Ⅳ. ①G354.4

中国版本图书馆 CIP 数据核字（2013）第 159126 号

责任编辑：王文珠
封面设计：康飞龙
版式设计：文森时代
责任校对：张兴旺
责任印制：朱雨萌

出版发行：清华大学出版社
　　　　　网　　　址：http://www.tup.com.cn，http://www.wqbook.com
　　　　　地　　　址：北京清华大学学研大厦 A 座　　　邮　　编：100084
　　　　　社 总 机：010-62770175　　　　　　　　　邮　　购：010-62786544
　　　　　投稿与读者服务：010-62776969，c-service@tup.tsinghua.edu.cn
　　　　　质量反馈：010-62772015，zhiliang@tup.tsinghua.edu.cn
　　　　　课件下载：http://www.tup.com.cn，010-62788951-223

印 装 者：三河市君旺印务有限公司
经　　销：全国新华书店
开　　本：185mm×230mm　印　张：21.25　字　数：464千字
版　　次：2013 年 8 月第 1 版　印　次：2022 年 2 月第 10 次印刷
定　　价：48.00 元

产品编号：049558-02

前　言

21 世纪是信息的时代、创新的时代，人类活动明显地被信息和知识的进步所影响，信息日益成为科学技术和生产力发展必不可少的重要条件。著名科学家钱学森说过："现在正在进行智力战、情报战，稍一不慎就会前功尽弃"。这是他搞科研切身体会的真知灼见，也是整个时代的特点。在这样的时代背景下，信息素养已被看作是信息化社会的基本生存能力之一，重视和加强信息素养教育，毫无疑问将推动未来社会的发展进程。

信息检索课是信息素养教育的主体，它融合了最新信息检索技术发展起来的集理论性、操作性与实践性于一体的方法工具性课程。以培养学生的信息意识、信息获取、信息分析和利用以及信息评价能力为目标，以传授如何在知识的汪洋大海中获取所需目标知识，即学会查找文献，最终利用文献信息为目的，提高大学生的信息素养和检索利用文献信息的能力。目前信息检索已成为高等院校对大学生开展信息素养培养与教育的重要课程，并同英语、计算机等热门课程一起跻身高校三大公共课程之列。

本教材由工作在信息检索教学和图书馆信息参考咨询服务第一线的老师参与编写。在充分调研和借鉴现有同类教材及高校实际教学的基础上，结合高等院校对人才培养目标的最新要求和现代信息技术的发展编写而成。全书共分为七章，主要包括信息素养教育与学术道德规范，信息资源与信息检索，计算机信息检索技术与效果评价，综合网络信息资源及其检索，专业网络信息资源及其检索，搜索引擎及开放获取资源检索，信息利用与学术论文写作等内容。编写中注重理论性与实用性、技能培养与素质教育、针对性与普遍性等的结合，每章都附思考题，便于学生检验自己的学习效果，也便于教师开展教学工作。

本教材由陈泉任主编，负责全书的结构设计和定稿工作。郭利伟任副主编，负责教材的审定和统稿工作。本教材的具体分工如下：韩民生负责第 1 章、第 4 章 4.6 节、第 5 章 5.8 节的编写；陈泉负责第 2 章、第 3 章、第 4 章 4.7 和 4.8 节的编写；曹雅霞负责第 4 章 4.1～4.5 节的编写；郭利伟负责第 5 章 5.1～5.7 节、5.9 节的编写；贾国柱负责第 6 章的编写；周妍负责第 7 章的编写。

本教材在编写过程中，得到西安科技大学图书馆王生全馆长，冯永财、张治红副馆长等馆领导和同事的大力支持，清华大学出版社编辑为本书的出版付出了辛勤劳动，在此向他们表示深深的谢意！

由于编者能力和水平有限，书中错误和不妥之处在所难免，敬请批评指正。

编　者

2013 年 5 月 12 日于西安

目　录

第1章 信息素养教育与学术道德规范

1.1 信息素养教育概述

1.1.1 信息素养教育在国内外的发展状况

1.1.1.1 美国信息素养教育的发展

信息素养的概念最早是由美国信息产业协会主席保罗·泽考斯基于 1974 年提出的，主要包括文化素养（知识层面）、信息意识（意识层面）和信息技能（技术层面）三个层面，同时指出：要在未来 10 年内，在美国实施普及信息素质的教育目标。1983 年，美国科学家霍顿（Horton）认为教育部门应开设信息素养课程。因此在 20 世纪 80 年代后期，信息素质教育的重要性受到美国各界人士的广泛认同，并且正式将信息素质教育纳入大学教学大纲，作为一门课程，主要由大学图书馆来讲授完成。1987 年，信息学专家 Patrieia Breivik 将信息素养概括为一种了解提供信息的系统，并能鉴别信息的价值，选择获取信息的最佳渠道，掌握获取和存储信息的基本技能，如数据库、电子表格软件、文字处理软件。同年，美国图书馆协会成立了信息素质教育委员会，其宗旨是：明确信息素质在学生学习、终身教育和成为一个良好公民过程中的作用；设计在正式或非正式学习环境下，图书馆对大学生开展信息素质教育的模型；决定继续教育和教育培养的发展方向。1989 年 1 月，该委员会出版了"关于信息素质教育"的报告（ALA Presidential Committee on Information Literacy），在其总结报告中把信息素养界定为四个方面：需要信息时具有确认信息、寻找信息、评价和有效使用所需要信息的能力，并且报告中还论述了信息素质教育对个人、企业、国家的重要性，分析了信息素质教育的机遇，说明了信息时代学校的主要任务，并提出了若干建议。1990 年，美国成立了由 75 个教育部门组成的名为信息素养论坛（The National Forum on Information Literacy，简称 NFIL）的组织，其宗旨为：提高全球和全美的信息素养意识，鼓励各种获得信息素养活动的开展。目前已发展到超过 65 个国家组织委员代表企业、政府、教育等不同部门，主要任务是分析信息素质教育的作用，支持和开展国内外信息素质教育计划，鼓励和促进国家教育部门、高等教育委员会等制定信息素质教育指南，开展教师教育培训项目，确保他们在教学中与信息素质教育协调。同年，美国高等教育委员会制定了"信息素质教育结果评估大纲"。1992 年，美国图书馆协会给信息素养下了定义：信息素养是人能够判断确定何时需要信息，并能够对信息进行检索、评价和有效利用的能力。1996 年又确定了"信息素质教育在普通教育计划中的作用框架。"1998 年 3 月，美国图书馆协会发表了《信息素质教育进展报告》，对 1989 年所提出的建议进展情况进行了总结，并分析了目前所面临的问题，提出了相应的对策。2000 年"国家信息素质论坛"对 1999 年至 2000 年的活动情况进行了总结，提出了今后工作的发展方向：进一步提高对信息素质教育重要性的认识，促进公共政策或其他方面支持信息素质活动的开展，减少信息贫富不均的现象。

　　总的来说，20 世纪 90 年代以后，美国大学信息素质教育在教学内容和方法上都有了深入研究，而且在全美大学得到实施，逐渐成为美国大学素质教育的有机组成部分，同时美国大学图书馆在信息素质教育中的重要作用与地位也越发凸显。其中，基于 Web 的在线信息素质教育逐渐成为美国大学图书馆信息素质教育的主要形式。在线信息素质教育是针对传统图书馆信息素质教育而言的，它是指充分利用计算机和网络技术开展基于 Web 的信息素质教育，主要培养学生准确检索和有效利用数字资源的基本能力，其教学活动不受时空限制，同时强调教学的交互性和个体性。相对于传统的图书馆信息素质教育而言，在线信息素质教育主要具有开放性、形象性、交互性和个性化等特点。其中，TILT（Texas Information Literacy Tutorial）是在德州大学系统数字图书馆的资助下，由德州大学奥斯汀分校开发的信息素质教育在线指南，其设计形式、内容的创新性和互动性已经得到了普遍认可。2001 年 TILT 提供了在对方遵守公开发行许可（Open Publication License）协议的前提下允许全球范围的图书馆许可使用服务，因此被许多图书馆尤其是大学图书馆采用。到目前为止，TILT 可以说是最广为使用、评价最好的美国在线信息素质教育指南之一。

1.1.1.2　英国信息素养教育的发展

　　英国是世界上较早开展信息素养研究的国家之一，主要机构有国家和大学图书馆协会（SCONUL）、英国特许图书馆与信息专家协会（CILIP）和信息服务联合委员会（JISC）。1981 年在牛津召开了第二次国际会议，研讨各级各类图书馆的用户教育，将图书馆用户教育的发展推向新的高度。就信息素质教育这个体系内部来说，英国的信息素质教育在初等教育和中等教育中开展较好。英国在初等教育阶段就开设了信息教育课，并于 1998 年列为必修课，到高中阶段信息通信技术仍为必修课，对学习内容、达到的目标制定有国家课程标准。英国的中小学信息素质教育重视学生综合信息能力、信息意识的培养及信息技术在各学科中的渗透，从过去单纯传授计算机技术知识转向发挥学生的主动性，以计算机及其他信息技术为手段解决实际学习问题，从中获得分析问题、解决问题的能力，整体信息素质明显提高。而相比之下，高等教育中信息素质教育就属于系统中的薄弱环节。1990 年国家图书馆和大学图书馆协会（Society of College National and University Libraries）成立了一个特别工作组，专门研究了高等教育中的信息素质教育问题，最后形成了名为《高等教育信息技能意见书（Information Skills in Higher Education）》的研究报告，并提出了信息素质教育中应培养的 7 个基本能力以及信息素质的基本模式。2002 年，联合信息系统委员会（Joint Information Systems Committee）又在曼彻斯特城市大学图书馆（Manchester Metropolitan University Library）和利兹大学图书馆（Leeds University Library）的协助下开展了 THE BIG BLUE 的研究项目，该项目得到了英国高等教育委员会、国家图书馆和大学图书馆协会的支持。为了更好地在高等教育中开展信息素质教育，SCONUL 下属的信息素养咨询委员会（ACIL）于 1999 年提出信息技能 7 项指标模型，并于 2011 年更新升级，对英国继续教育和高等教育过程中的信息素养教育发展有重大的推动作用。

1.1.1.3　日本信息素养教育的发展

日本的信息素质教育工作具有长期稳定性和连续性的特点。1985 年，日本"回应信息化社会的初等、中等教育和各方调研协作会议"就提出了信息素质教育的必要性。日本文部省自 1986 年开始着手促进计算机在中小学的应用，地方教育当局负责教师训练的任务。1989 年日本教育部规定在小学和中学都要开展信息素质教育，并且利用计算机和多媒体改进教学，加强信息道德教育。自 1993 年以来，日本中学的课程开始出现信息素质教育的内容，但分别出现在不同的科目中，例如在职业训练的科目中传授。此外，在数学及理科课程中介绍计算机在该科的基本应用知识，如在实验、观察过程中利用计算机查询资料，处理实验数据，进而探讨原因和结果等。在日本的高中阶段，职业学校才有信息科目，使信息素质教育的连贯性在高中出现了断层。1996 年 7 月，日本中央教育审议会首次发布咨询报告《展望 21 世纪日本的教育发展趋势》，详细论述了信息化教育，将培养学生"信息综合能力"的必要性放在首位进行论述，并提议把国会教育会馆作为全国信息教育中心。随着网络远程教学越来越普遍，日本政府近两年实施了一项在基础教育领域有重大影响的"百所中小学联网"的试验研究项目，有 111 所中小学参加试验，所有试验学校均加入了 Internet。该试验项目力争让学生在全日本乃至全世界范围进行广泛的信息交流，增强他们获取信息、分析信息和处理信息的能力，从而培养出有高度创造性的、能适应 21 世纪激烈的国际竞争的全新人才。

1.1.1.4　中国信息素养教育的发展

在基础教育实践中，我国的信息素养教育主要依赖于信息技术课程。从 2000 年起，我国中小学全面开设信息技术课程，并决定从 2001 年起用 5～10 年的时间在全国中小学基本普及信息技术教育，使全国 15 万所中小学 3 000 万中小学生能够接受信息技术教育。《中小学信息技术课程指导纲要（试行）》中对我国 21 世纪学生提出以下 6 个方面的信息素养教育和培养目标：信息获取能力、信息分析能力、信息加工能力、信息创新能力、信息利用能力、协作意识和信息的交流能力。从而确立了信息素养在基础教育阶段人才培养评价体系中的地位，截至 2001 年底全国大部分高中均开设了信息技术的必修课程。由于各种原因制约，我国中小学信息技术教育普及率甚低，更谈不上完整规范的评价体系。

我国较规范的大学生信息素养教育是从 20 世纪 80 年代中期开始起步的，1984 年教育部颁发了《印发〈关于在高等学校开设文献检索与利用课的意见〉的通知》指出：《文献检索》课"凡有条件的学校可作必修课，不具备条件的学校可作选修课或先开设专题讲座，然后逐步发展、完善"。随即，各大专院校相继开设了文献检索课。1985 年国家教委又颁布了《〈关于改进和发展文检课教学的几点意见〉的通知》，1992 年国家教委再以高教司

（1992）44 号文件的形式，印发了《文献检索教学基本要求》。

上述三个文件的出台，为我国大学生信息素养教育奠定了坚实的政策基础。但是计算机在各个领域的广泛应用，对以手工检索为基础的文献检索课冲击很大。不少学校 20 世纪 90 年代中后期暂时停止了这门课的教学。进入 21 世纪以来，各高校图书馆自动化、网络化系统相继建成，具备了一定的计算机、网络检索的条件，图书情报工作者开始重新组织教学内容和探讨多媒体教学模式，文献检索课逐步向信息检索课过渡。2000 年，全国高校图书馆将不定期召开的文献检索课研讨会改名为"信息素质教育研究会"；2002 年 2 月，教育部颁布的《普通高等学校图书馆规程（修订）》总则第 3 条明确规定，当前高等学校图书馆五项主要任务之一就是"开展信息素质教育，培养读者的信息意识和获取、利用文献信息的能力"。这是我国首次在政府文件中对大学生信息素养教育问题做出的明确规定。武汉大学于 2002 年底成立了国内第一家信息素质教研室，初步开发了针对该校各个校区的课程体系，可谓是中国信息素养教育课程的雏形。开发该课程体系的目的是提高大学生信息意识及信息获取、整序与开发能力，以良好的素质和能力服务于我国现代化建设。

教育部首次将文献检索课教学改成信息素质教育，表明文献检索课已经进入新的阶段，发生了质的变化。在高等教育领域，目前只有北京地区高校信息素质能力示范性框架研究和中国台湾"资讯素养协会"制订了信息素质能力的指标体系，国内至今仍没有建立起一个完整的标准体系。对于信息素养教育，近来在图书馆和教育界也已经开始了一些研究和探索，但多局限在自身业务的范围之内。作为开展信息素养教育工作的两大主体，图书馆和教育界无论是在理论研究还是在具体的教学实践方面尚缺乏足够的沟通与合作，造成了在信息素养教育和研究中力量分散、宣传效率低下的现状。加之政府相关决策部门重视不够，信息素养教育与研究也未能得到社会各界的有效支持。因此，我国教育界在这个领域的研究明显滞后。

1.1.2　信息素养教育的内容

信息素养教育，狭义的定义是指在信息时代以培养信息知识、信息意识、信息技能等为教学宗旨的素质教育，如"文献信息检索与利用"、"网络环境下的文献信息检索"、"信息检索与论文写作"、"计算机操作基础"、"程序设计基础"、"计算机网络基础"、"现代信息技术"、"教育技术学"、"信息教育学"、"信息法"、"中文工具书"等课程的教育；广义的定义是指和信息素养提高直接相关的所有类型的教育、培训、讲座、实践等的统称，如大学图书馆开设的"新生入馆教育"、"中外文数据库使用讲座"、"《中国图书馆图书分类法》培训"、"计算机学习上机实习"、"网络信息导航培训"等。

信息素养的四个要素共同构成一个不可分割的统一整体，其中信息意识是先导，信息知识是基础，信息能力是核心，信息道德是保证。

1.1.2.1　信息意识

在信息时代，信息本身已经不再重要，重要的是如何获取信息、处理信息。为此，国内外十分重视对人的信息素养的教育、培养和提高。信息意识是信息素养中最为重要的部分之一，被称为信息素养的灵魂。信息意识是信息素养的关键要素。信息意识包括：能认识到信息在信息时代的重要作用，确立在信息时代尊重知识、终身学习、勇于创新的新观念；对信息有积极的内在需求，每个人除了自身对信息的需求外，还应善于将社会对个人的要求自觉地转化为个人内在的信息需求，这样才能适应社会发展的需求；对信息有敏感性和洞察力，能迅速有效地发现并掌握有价值的信息，善于从他人看来是微不足道、毫无价值的信息中发现信息的隐含意义和价值，善于识别信息的真伪，善于将信息现象与实际工作、生活、学习迅速联系起来，善于从信息中找出解决问题的关键。

有统计表明，大学阶段只能获得一小部分知识，人类应用的知识还有很大部分正在被创造出来，随着信息社会不断向更高层次递进，信息不仅导致人类生产方式、生活方式和认识方式的一系列变革，还成为推动现代科技经济社会发展的强大动力。因此，在现代教育中，最重要的是教学生如何学习。"授人以鱼，不如授人以渔"，培养学生收集、利用、判断、处理和创造信息的能力，形成信息意识是当务之急。

信息意识包括信息认知、信息情感和信息行为倾向 3 个层面。信息认知是对信息和信息活动的理解和看法，其中最重要的是评价性的认知；信息情感是指人们在接受信息的过程中，逐渐形成的反映需求关系的内心体验；信息行为倾向是指个人在信息活动中表现出来的行为倾向，是信息行为的心理准备状态。人们的信息搜集活动是受信息需求驱使的，而影响需求大小的因素主要是需求意识的清晰程度，也就是说，意识越明确，行动目标就越清楚，信息活动的动机就越稳定、持久、强烈，努力的程度也就越高。作为大学生，应具有这样一种信息意识，认识到信息对学习和科研活动的作用，形成对信息的积极体验，进而产生与学习相适应的信息需求和信息行为倾向，努力扩展知识面，主动地学习信息检索技能。

1.1.2.2　信息知识

作为大学生信息素养的重要部分，信息知识是不可缺少的内容，它体现大学生对于信息技术了解的程度，而且通过了解与掌握这些知识，大学生对于信息技术的意识和道德也能得到巩固与加强。信息知识既是信息科学技术的理论基础，又是学习信息技术的基本要求。通过掌握信息技术的知识，才能更好地理解与应用它。

信息知识的主要内容包括以下方面。

（1）信息技术常用名词术语。例如，什么是信息？什么是数据？什么是比特？什么是字节？

（2）各种信息技术。例如，什么是计算机？什么是信息网络？什么是互联网？微型计算机是什么？什么是多媒体？什么是人工智能？什么是机器人？

（3）信息技术的特点与作用。例如，信息技术的数字化实现了信息的精确性、多样性与可重现性；信息存储容量大、传播范围广；信息传播的及时性；信息交换的交互性；等等。

（4）信息技术的发展历史与趋势。例如，信息技术的发展经过了几个关键性阶段，以及各个阶段有些什么特点；代表性的产品与系统是什么；目前的发展趋势是什么；等等。

1.1.2.3　信息能力

大学生利用信息技术的目的是从信息资源中获取对自己工作、生活有用的信息，大学生信息能力可以概括为信息系统使用能力、信息获取能力、信息理解能力、信息处理能力以及信息表达能力等，这也是信息时代重要的生存能力。信息能力主要包括信息源的认识能力、信息获取能力和信息利用能力。

（1）信息源的认识能力表现为对信息资源的社会职能和分布规律的认知，其在很大程度上决定了信息获取的全面性。

（2）信息获取能力表现为掌握各信息机构的运行和工作规律，从而有目的地查找和获取信息的能力。

（3）信息利用能力表现为对获取的信息进行识别和处理，对有价值的信息运用创造性思维进行有机整合，从而升华成新信息的能力。这是信息能力的核心。身处信息时代，如果只是具有强烈的信息意识和丰富的信息常识，而不具备较高的信息能力，还是无法有效地利用各种信息工具去搜集、获取、传递、加工、处理有价值的信息，不能提高学习效率和质量。

1.1.2.4　信息道德

信息道德是指在信息的采集、加工、存储、传播和利用等信息活动各个环节中，用来规范其间产生的各种社会关系的道德意识、道德规范和道德行为的总和。它通过社会舆论、传统习俗等，使人们形成一定的信念、价值观和习惯，从而使人们自觉地通过自己的判断规范自己的信息行为。信息道德要求大学生具有正确的信息伦理道德修养，对媒体信息进行判断和选择，选择对学习、生活有用的内容，自觉地抵制不健康的内容，不组织和参与非法活动，不利用计算机网络从事危害他人信息系统和网络安全以及侵犯他人合法权益的活动。

信息道德教育包括如下内容。

（1）遵守信息法律法规。要使大学生了解与信息活动有关的法律法规，培养他们遵纪守法的观念，养成在信息活动中遵纪守法的意识与行为习惯。

（2）抵制不良信息。提高大学生判断是非、善恶和美丑的能力，使其能够自觉选择正确信息，抵制垃圾信息、黄色信息、反动信息和封建迷信信息等。

（3）批评与抵制不道德的信息行为。培养大学生的信息评价能力，使其认识到维护信息活动的正常秩序是每个人应担负的责任，对不符合社会信息道德规范的行为应坚决予以批评和抵制，营造积极的舆论氛围。

（4）不损害他人利益。个人的信息活动应以不损害他人的正当利益为原则，大学生要尊重他人的财产权、知识产权，不使用未经授权的信息资源、尊重他人的隐私、保守他人秘密、信守承诺、不损人利己。

（5）不随意发布信息。个人应对自己发出的信息承担责任，应清楚自己发布的信息可能产生的后果，应慎重表达自己的观点和看法，不能不负责任或信口开河，更不能有意传播虚假信息、流言等误导他人。

1.1.3　信息素养的评价标准

1.1.3.1　信息素养评价的意义

信息素养评价是依据一定的目的和标准，采用科学的态度与方法，对个人或组织等进行的综合信息能力的考察过程。它既可以是对一个国家或地区的整体评价，也可以是对某个特定人的个体评价。具体地说，就是要判断被评价对象的信息素质水平，并衡量这些信息素质对其工作与生活的价值和意义。群体评价往往是建立在个体评价的基础之上，因此，个体信息素质评价是信息素质评价的基础和核心。当前，信息素质已成为大学生必备的基本素质之一，信息素质教育也因此成为高等教育的重要组成部分。对大学生开展信息素质水平评估，一方面可以让学生在正确认识自己的优势与不足的基础上，从正反两个方面受到激励，增强其发展信息素养的积极性和主动性；另一方面，信息素养评价也是大学生信息素养教育过程中的重要环节。通过科学的测量与评价，可以准确地掌握大学生信息素养所处的状态，清楚地看到成绩与不足，针对不足制定出科学的培养方案，促使大学生朝着有利于提高自身信息素养的方向发展。总之，对大学生信息素养进行评估，是非常必要和有意义的，它将成为学校实施信息素质教育的指南和个人综合素质评价的重要指标和依据。

1.1.3.2　信息素养的评价标准

国外的信息素养标准很多，其中以美国 ACLR 标准、澳大利亚与新西兰 ANZIIL 标准以及英国 SCONUL 标准最为著名。

1. 美国 ACLR 标准

大学生的信息素养要求，比较典型的是来自美国高校和研究图书馆协会（ACRL）特别工作组，2000 年他们提出高等院校学生应具备的信息素养有以下 6 大指标。

（1）确定所需信息的性质和范围。

（2）有效地获取所需的信息。

（3）鉴别信息及其来源。

（4）将检索出的信息融入自己的知识基础。

（5）有效地利用信息去完成一个具体的任务。

（6）能理解利用信息所涉及的经济、法律和社会问题，合理、合法地获取和利用信息。6 大指标下还包括 22 个二级指标和 86 个可测评的子项目。

2．ANZIIL 标准

2001 年澳大利亚与新西兰高校信息素养联合工作组（ANZIIL）正式发布了《澳大利亚与新西兰信息素养框架：原则、标准及实践》（简称《框架》），2004 年该工作组又在结合各高校实施反馈意见及学术研讨会的基础上，修正了部分内容。2004 版《框架》确立了4 条中心原则，并提出了支持个体获得、识别和应用信息的 6 条核心信息素养标准。该指标体系共由 6 个一级指标、19 个二级指标和 67 个三级指标组成。

3．英国 SCONUL 标准

英国国家与大学图书馆标准协会 SCONUL 在 1998 年提出的信息素养能力模式，内容为高等教育的信息技能意见书，但实际上是一个高校信息素养能力的指标体系，由 7 个一级指标和 17 个二级指标组成。

4．北京地区高校信息素养能力指标体系

"北京地区高校信息素养能力指标体系"作为北京市高校学生信息素养评价的重要指标，由 7 个维度、19 项标准、61 个具体指标组成，是我国第一个比较完整、系统的信息素养能力体系。其框架如下。

维度一：具备信息素质的学生能够了解信息以及信息素质能力在现代社会中的作用、价值与力量。

维度二：具备信息素质的学生能够确定所需信息的性质与范围。

维度三：具备信息素质的学生能够有效地获取所需要的信息。

维度四：具备信息素质的学生能够正确地评价信息及其信息源，并且把选择的信息融入自身的知识体系中，重构新的知识体系。

维度五：具备信息素质的学生能够有效地管理、组织与交流信息。

维度六：具备信息素质的学生作为个人或群体的一员能够有效地利用信息来完成一项具体的任务。

维度七：具备信息素质的学生了解与信息检索、利用相关的法律、伦理和社会经济问题，能够合理、合法地检索和利用信息。

1.1.3.3　学生学习的九大信息素养标准

1998 年，美国图书馆协会、教育传播和技术协会制定了学生学习的九大信息素养标准，概括了信息素养的具体内容。

1．信息技能（加工处理）方面

标准一：具有信息素养的学生能够有效地和高效地获取信息。

标准二：具有信息素养的学生能够熟练地和批判地评价信息。

标准三：具有信息素养的学生能够精确地和创造性地使用信息。

2．独立学习方面

标准四：作为一个独立学习者的学生具有信息素养，并能探求与个人兴趣有关的信息。

标准五：作为一个独立学习者的学生具有信息素养，并能欣赏作品和理解其对信息进行创造性表达的内容。

标准六：作为一个独立学习者的学生具有信息素养，并能力争在信息查询和知识创新中追求卓越。

3．社会责任方面

标准七：对学习社区和社会有积极贡献的学生具有信息素养，并能认识信息对民主社会的重要性。

标准八：对学习社区和社会有积极贡献的学生具有信息素养，并能处理与信息和信息技术相关的符合道德规范的行为。

标准九：对学习社区和社会有积极贡献的学生具有信息素养，并能积极参与团队的活动探求和创建信息。

1.1.3.4　信息能力标准

信息素养主要表现为以下 8 个方面的能力。

（1）运用信息工具。能熟练使用各种信息工具，特别是网络传播工具。

（2）获取信息。能根据自己的学习目标有效地收集各种学习资料与信息，能熟练地运用阅读、访问、讨论、参观、实验、检索等获取信息的方法。

（3）处理信息。能对收集的信息进行归纳、分类、存储记忆、鉴别、遴选、分析综合、抽象概括和表达等。

（4）生成信息。在信息收集的基础上，能准确地概述、综合和表达所需要的信息，使之简洁明了、通俗流畅并且富有个性特色。

（5）创造信息。在多种收集信息的交互作用的基础上，迸发创造思维的火花，产生新信息的生长点，从而创造新信息，最终达到收集信息的目的。

（6）发挥信息的效益。善于运用接受的信息解决问题，让信息发挥最大的社会和经济效益。

（7）信息协作。使信息和信息工具作为跨越时空的、"零距离"的交往和合作的中介，使之成为延伸自己的高效手段，同外界建立多种和谐的合作关系。

（8）信息免疫。浩瀚的信息资源往往良莠不齐，需要有正确的人生观、价值观、甄别能力以及自控、自律和自我调节能力，自觉抵御和消除有害信息的干扰和侵蚀，并且具备合乎时代的信息伦理素养。

1.1.4　信息素养能力培养目标

1.1.4.1　宏观培养目标

在承认信息素质是信息时代生存和发展基础的前提下，其宏观培养目标确定为以下几项。

（1）为适应信息社会的发展变化，学生应该学会理性的思考和创造性的思维，学会解决问题，学会管理和检索信息以及进行有效的交流。

（2）信息素质使人能够充分利用全球化所带来的机会。具备信息素质的人，才能知道如何学习，知道信息是如何组织的，知道如何寻找并利用信息。他们总能找到决策所需要的信息，因而能为终生学习和独立学习作好准备。

（3）信息素质教育的目的是教会如何学习，它是受教育者终生学习的工具。

（4）使国家、公民和商务活动从信息时代获得利益。信息素质成为每个社会成员长远的基本生存能力。

1.1.4.2 技能培养目标

信息素质教育专家们还进一步制订了需掌握的具体的技能，将信息问题的成功解决归纳为以下六个主要技能领域。

（1）任务的确定。确定任务或信息问题，确定为完成任务或解决信息问题所需要的信息。

（2）搜寻信息的策略。穷尽所有可能的信息来源，选择最合适的信息来源。

（3）检索和获取。检索信息源，获取原始文献。

（4）信息评价。真伪评价和质量评价。

（5）信息集成。把来自多种信息来源的信息组织起来，把组织好的信息展示和表达出来。

（6）结构化和概念化。上述不同技能之间并不是孤立的，它们是相互联系、相互依赖、循序渐进的。

如果不掌握低阶段的技能，就不能学习高阶段的技能，信息素质能力可简单概括为"利用信息资源解决问题的技术和技能"。信息素质能力是一种综合能力和素质，是在正确表达信息需求基础上，运用信息技术，获取、评价、分析、集成和善于利用信息的能力。

1.1.5 大学生信息素养教育的重要性

1. 培养大学生的创新能力

信息素养关系到大学生创新能力的培养，我国的教育在由应试教育向素质教育转变的过程中，而且创新能力的具备是素质教育的核心内容。顾名思义，创新就是创造新的东西，是对既有内容的突破。"内容"的范围非常广泛，包括了社会各个领域的各个方面，如学术的理论创新、企业的制度创新、国家的体制创新等。正是因为不断有新的东西取代旧的东西，才会有社会的发展和进步。而新的东西不是凭空产生的，需要既有的知识作后盾。牛顿就曾谦虚地将自己的成就归因于"因为我站在巨人的肩上"。正因为如此，信息素养在创新能力的培养中是基础，可以这样说，没有一定的信息素养就谈不上创新。对大学生来说更是如此，伴随着高校的教育改革，教育对大学生的要求从对知识的识记转变为重视科研能力培养，科研的目标就是有所创新，而科研能力以知识的积累和足够信息的掌握为前提。具备正确的信息观念、足够的信息知识和必要的信息能力，大学生才能实现创新。如果大学生仅仅是对知识的接受和保存，则难以完成高等学府成为社会发展"加油站"的使命。信息素养是创新人才必备的基础素质，是创新活动的催化剂。被视为现代教育技术的最新理论基础的建构主义认为，知识是学习者在一定的社会背景下，借助他人的帮助，充分利用各种学习资源获得的；认为大学生是信息加工的主体，强调大学生要自主学习、自主发现、积极探索；认为最有利于学习的是发散思维、逆向思维、求异思维。因此，信息素养教育在创新教育中具有特殊的地位。

2．培养学生自主学习的能力

信息素养关系到大学生自学能力的提高，我国素质教育的目标之一，就是培养学生自主学习的能力。从学生的角度出发，实现从"要我学"到"我要学"的转变；从教育者的角度出发，就是要实现其从"授人以鱼"到"授人以渔"的角色转换。自学能力的培养在很大程度上与信息素养的培养具有一致性，只不过二者所提出的角度不同而已。如今，社会信息化进程加快，社会信息资源不断扩展，图书馆文献资源以外的信息比重不断上升，且载体形式也不断发生变化。有人统计，在大学阶段学得的知识五年以后有一半以上将用不上，大量新知识的获得主要依靠自学。因此，高等学校教育必须注重大学生自学能力的培养，而自学能力的培养，实质上就是通过培养大学生信息素养，学会如何辨别有关信息，如何收集和获取信息，从这个意义上说，信息素养是获得自学能力的重要武器。而信息素养教育正是通过对知识、信息重要性的介绍，使大学生树立正确的信息观念，获得足够的信息知识，通过文献检索和利用信息技能和方法的训练使之具备过硬的信息能力，并在这个过程中形成良好的信息道德，能够利用网络寻求科学信息、进行交流合作；能够有目的地进行搜索、选择、应用信息；在既有信息基础上实现创新，真正摆脱学习过程中的被动接受者的地位，成为有良好信息素养的终身独立的学习者。

3．培养学生的信息道德

信息素养关系到新时代高校德育的实效，文化多元是现代社会在文化方面的重要特征，各种社会思潮在这种社会环境中激荡，我国所倡导的主流思想受到巨大冲击，加上信息时代的到来，使得各种思潮的传播几乎达到无孔不入的地步。大学生群体更是资本主义国家对我国进行和平演变的重要对象，资本主义的价值观通过网络、电视、广播等不断向高校校园涌入，使得思想阵地的争夺更加激烈。在这种个体，尤其是大学生这样的高学历群体可以很容易接触到各种信息的情况下，为了避免和减少他们受到不良信息的影响，仅仅从外界采取措施是不够的。大学生的思想并未完全成熟，坚定独立的价值观也没有完全成型，加之青年时期本来好奇心就很强，并不能很好地抵制类似的不良信息，这对新时代高校信息德育构成巨大的挑战。要想应对这个挑战，加强正面宣传，增强大学生自身的免疫力才是根本。信息素养的灵魂是信息道德，作为道德的重要组成部分，信息道德在新时代下尤其应该得到重视，应作为高校德育的重要环节。马克思主义哲学认为，内因是主要原因，因此大学生的信息道德状况关系到高校德育的成败。

4. 培养学生更好适应信息社会

信息素养是大学生未来生存和发展的基础，面对信息时代的诸多变化，为适应未来社会的发展变化，大学生应该学会理性地思考，学会解决问题，学会管理和检索信息以及进行有效的交流，为适应信息社会和高科技产业做好准备。美国劳动部就业必备技能指导委员会就将信息素养作为高技术产业背景下人员稳定就业所必备的五项能力之一。对此，1991年美国监督和课程发展协会提出："信息素养使学生能充分利用全球化所带来的各种机会。信息素养应成为每个学生受教育经历的一部分。鼓励普通学校、专业学院和综合大学将信息素养课程融入到所有学生的学习计划之中。"因此，随着信息素养在生活、事业以及社会道德等方面作用的日益显现，信息素养已成为大学生未来生存和发展的基础。

5. 信息素养是大学生终身学习的前提和条件

终身教育是信息时代的崭新教育理念，信息素养则是大学生终身学习的前提和条件，因此大学要培养学生的终身学习能力，就必须培养他们的信息素养。信息素养教育的目的是教会学生如何学习，信息素养是受教育者终身学习的工具，它不仅为受教育者终身学习创造良好的条件，也是使受教育者成为信息社会合格公民的基本保证。在复杂而迅速变化的环境中，高等教育必须帮助学生成为一个具有信息素养的人。

信息素养能够使学生认识到信息的价值，并能利用信息在个人生活、工作和学习中做出正确选择。一个具有信息素养的学生能对不同形式、不同内容和不同来源的信息进行有效的收集、评价、组织、综合和利用。信息素养要求人们始终进行学习并不断地对信息做出评价，只有这样，终身学习才成为可能。对此，美国大学和研究图书馆协会在《高等教育信息素养标准》报告中作了更为清晰的论述："高等教育机构的中心任务是培养终身学习者……信息素养是终身学习的关键，它使学习活动延伸到了课堂教学体系之外，学院的信息素养教育为学生进入社会和第一任职岗位后的就业自我引导提供了锻炼的机会，增强了学生在一生中各种生活情景下的责任感。"

1.1.6 提高大学生信息素养水平的途径

1. 构建新型数字化图书馆、优化信息环境

中国高校的校园和图书馆已经向数字化、智能化、网络化方向发展。图书馆、网络中心、计算机中心、现代教育技术中心、校园电视台应相互协调、优化资源，为学生提供获取信息的广阔场所和多种途径。数字化图书馆为用户打破获取资源时存在的时间和空间的障碍，使得信息资源更易被获取和利用；网络中心应该为学生提供安全、畅通、优化、多样化的网络服务，保障学生随时随地利用网络获取信息。如果条件允许，最好将光纤接入学生宿舍；现代教育技术中心的任务是加快全校教育信息化步伐，改变教师和学生的传统教育观念，带动全校师生运用多媒体计算机网络进行教学和学习，使高校校园真正成为一个信息素养培养的良好环境；为学生提供信息化学习环境，学生在多媒体网络教室上课也是一种信息素养教育的方式。多媒体教学图、文、声、像并茂，不仅能增强大学生对知识的理解程度，而且能提高大学生的信息意识。在多媒体环境中更利于大学生现代化信息能力的形成，这也是提高大学生信息能力的重要途径。

2．开展个性化的信息素养教育

大学阶段各个年级学生的情况不同，专业门类划分较细，信息素养的教育也应该采取不同的措施。大学一二年级的学生刚刚脱离学业负担沉重的高中生活进入大学，大学的一切对他们而言既新鲜又陌生，对他们的信息素养培养需要从最基础的方面——图书馆的入馆教育开始。可以说，之前他们几乎没有接触过真正的图书馆，对图书馆的馆藏及分布几乎一无所知。图书馆作为高校信息的最大知识储备库，其获得利用的程度和质量是衡量大学生信息素养水平的重要标准之一。当然，图书馆的入馆教育并不能完全涵盖基础的信息素养教育，基础的信息素养教育必须包括信息意识、信息知识、信息能力和信息道德的培养，这四个方面缺一不可。其中，信息检索课程发挥着重要的作用，信息检索课的设置和改革非常关键。经过了信息意识、信息知识、信息能力和信息道德的基础培养，绝大多数大三、大四的学生基本上具备了基础的信息素养，这时的信息素养教育的重点就应该转向专业领域。大学培养的是有专长的通才，因此，学好专业是大学生在大学阶段的重要历史使命，为以后的就业打好基础。三四年级以及研究生的信息素养教育依赖于专业课程中信息素养教育的渗透，依赖于信息素养课程和专业课程的整合。目前大部分高等院校培养大学生信息素养，主要形式是开设文献检索课，但仅靠文献检索课是不能达到目的的。所以，信息素养的培养，必须从注重传授计算机学科知识和技术，转移到将信息技术与常规课程尤其是专业课程的整合上，运用电脑网络技术促进学习方式的变革。

3．加大数字资源的建设力度，开展网络资源导航

数字信息资源建设已成为数字图书馆资源建设的重要内容，它包括了光盘、电子书刊、数据库、多媒体等类型。馆藏资源数字化是以计算机与扫描仪等硬件为依托，以计算机软件的智能管理为途径，把文字、图像、声音、动画等多种形式的信息存储在非纸质载体上，并通过网络通信或终端方式再现，实现信息资源查询的一体化管理。数字图书馆是建立在互联网上的虚拟图书馆，它没有物理意义上的馆舍，其馆藏内容的数字化进一步拓宽了资源类型的多样性及易获取性，使之成为一个巨大的信息资源库。采用数字化管理的方法能够快速、准确地提供翔实的各种数字信息资源，实现大学生不出家门就能获取大量资料和名师指点的质的飞跃。

互联网上的各种信息资源内容多样、数量急速增长且分布无序。大学生习惯自己搜集各类专业相关的信息，然而当他们遇到对检索方法不熟悉、目标性不明确的问题时，查全率和查准率均受到一定影响。因此，充分发挥数字图书馆网络宣传的便利条件，以学科为单元对馆藏数字资源和互联网相关学术资源进行搜集、整理、评价、序化，为用户提供网络学科信息资源的引导和检索导航，并对该系统进行及时更新和维护，保证其可用性。数字图书馆的资源建设要结合本校的专业特色和重点学科来选购学术价值较高、检索系统成熟的网络商业数据库,将实体馆藏和虚拟馆藏相结合,针对学校重点专业学科建设,收集具有学校专业特点的教学参考文献,自建一些特色数据库,按学科、专业和一定的专题或根据读者的要求搜集和重组网上信息资源,以弥补现有数据库的不足。专业资源导航应将大学的各个专业的数据库、学术期刊、网络资源、网络免费资源、专业人士博客、有关专业论坛等分别加以归类,便于学生、教师查找全面的专业学科信息。

4. 信息素养教育与专业课程整合

信息素养教育与专业课程整合,培养专业信息素养。专业信息素养的培养主要在大学三四年级。目的是要使大学生在掌握专业知识的同时,提高信息利用及交流能力、信息重组及创造能力和信息评价及处理能力。实现这一目标的最有效途径就是将信息素养教育与学科课程进行整合。根据"课程整合理论",整合并不是将两门或两门以上的课程或者内容简单地进行相加,而应该是根据需要整合课程的形式、内容等来进行有机的、动态的融合,在学科课程教育的基础上突出信息素养教育的特色。具体实施途径可以分为以下几个步骤。

(1)依据课程标准科学地确定教学目标。

(2)从年龄、认知结构和信息素养现状三个维度对学习者进行分类。

(3)挖掘专业课程与信息素养教育的"结合点"。通过对我国现有课程标准进行分析,我们发现现有的学科课程领域中已经含有一些信息素养的成分,它们存在于各个学科的知识和技能结构体系中。这些已有的信息素养成分为我们将信息素养教育融入专业课程提供了知识上和技能上的"结合点"。

(4)完成实际的课堂教学设计。

(5)实施整合方案并进行评价。

5. 加强网络信息检索实践环节

教学实习在整个文献检索课中具有非常重要的地位。而当前很多高校往往根据教学的需要,临时搭建实习场所,甚至有的根本就没有实习地方,这就大大影响了文献检索课的教学效果,严重阻碍了大学生信息素质的全面提高。为了更好地发挥高校文献检索课的作用,必须完善各种教学设施,构建专门的文献检索课的教学实习基地。例如,可以成立一个以传统工具书检索室、图书馆电子阅览室和依靠现代信息技术的多媒体文献阅览室为主体的现代化实习基地,为文献检索课实习环节提供良好的条件。网络信息检索是实践性很强的实用技术,上机、上网实习是一个很重要的环节,只有加强网络实习,才能保证教学质量。网络信息检索实习需要一定的设备和环境,文献检索课教师必须充分利用现有的硬件资源创造有利条件,使教学内容和手段与现代化技术接轨。学生不仅在网上可检索国内外图书馆的书目信息,同时可访问世界上许多著名的网络数据库。通过训练,可以使学生提高计算机操作水平,了解网上资源并掌握其使用方法,而且他们在该环节的引导下,在众多网络信息里可以自由地获取所需的信息。通过实习,学会综合运用各种检索工具和网上查询工具,使学生掌握检索技能,提高学生的文献信息检索能力与利用能力。

1.2　学　术　规　范

学术规范是促进学术发展和繁荣的重要保证，近年来教育界和学术界不断地爆出一些学术丑闻，给我国学术研究和大学声誉带来了很大的负面影响。为了规范学术行为，教育部于 2004 年 8 月颁布了《高等学校哲学社会科学研究学术规范（试行）》。该规范对高校哲学社会科学研究的基本规范、学术引文规范、学术成果规范、学术评价规范都作了明确的规定。教育部社科委学风建设委员会组织编写的《高校人文社会科学学术规范指南》和教育部科学技术委员会学风建设委员会组织编写的《高等学校科学技术学术规范指南》分别于 2009 年和 2010 年出版发行，使学术规范更具有可操作性和针对性。

学术规范是一项系统工程，制度建设是根本。学术规范的实施机制是体现学术规范制度的基本环节，其中最主要的是学术规范的外在约束机制和内在自律机制，学术规范和学术道德对学术规范制度的运行起着同等重要的作用。学术规范，先在建设，重在践行，贵在自律。

1.2.1　学术规范的含义

学术规范主要表现在以下三个层面。

第一个层面是内容层面的规范。它包括科学研究的方法、自身的理论框架和概念范畴体系。在这方面，不同的学科有不同的规范。

第二个层面是价值方面的规范。即约定俗成并得到学术界认同和共同遵守的观念道德和价值取向，其中心内容是学术道德或学术伦理，它也是从事学术研究的人员应当遵守的行为规范。

第三个层面是技术操作层面的规范。包括各种符号的使用、成果的署名、注释的引用等。这些往往通过可操作的制度进行规定。

1.2.2　写作技术规范

写作技术规范是指在以学术论文、著作为主要形式的学术写作中必须遵守的有关形式规格的要求。借鉴近年学术研究与学术写作研究的成果，结合国家和国际有关文献编写与出版的标准、法规文件的规定，写作技术规范可归纳为以下几个方面。

（1）选题新颖独特，或开拓新领域，或提出新观点，或发掘新资料，或运用新方法，具有一定理论深度和较大学术价值。按照国际惯例，应在论著的引言或绪论中对本成果所涉及领域研究的历史与现状有全面、系统的了解，并作出准确的概括与评价。

（2）观点明确，资料充分，论证严密。观点必须反映客观事物的本质或规律，必须科学、准确且有创新性。资料（包括历史事实）必须真实、可靠、翔实，最好选用第一手资料，以及最新资料（如不同版本的最新版本）。论证必须概念清晰一致，判断准确无误，推理逻辑严密，达到材料与观点、历史与逻辑的有机统一。

（3）学术论文的内容应与形式完美统一，达到观点鲜明，结构严谨，条理分明，文字通畅，形式要素齐全、完整。其项目应包括题名、作者署名及工作单位、作者简介、摘要、关键词、中图分类号、正文、注释、参考文献以及英文题名、英文摘要和英文关键词。

（4）学术成果的格式应符合要求。各刊物目前对成果的格式要求并不统一。就学术论文而言，论文中都基本必须具备上述第 3 方面所述内容。另外，基金资助项目论文应对有关项目信息加以注明。

（5）参考文献的著录应符合《文后参考文献著录规则》（GB/T7714—2005），这会使参考文献著录混乱的现象大大改观。另外，作者在著录参考文献时，不得将未查阅过的文献转抄入自己的参考文献目录中。

1.2.3　学术引文规范

在学术性文章中，只要直接引用了一本书或一篇文章，或者在作品中采用他人的工作成果，需要确认其来源。如果没有这样做就属于剽窃行为。2004 年 6 月 22 日，教育部社会科学委员会一致讨论通过《高等学校哲学社会科学研究学术规范》，其中对学术引文规范规定如下。

（1）引文应以原始文献和第一手资料为原则。凡引用他人观点、方案、资料、数据等，无论表是否发表，无论是纸质或电子版，均应详加注释。凡转引文献资料，应如实说明。

（2）学术论著应合理使用引文。对已有学术成果的介绍、评论、引用和注释，应力求客观、公允、准确。伪注，伪造、篡改文献和数据等，均属学术不端行为。

1.2.4　学术成果规范

（1）不得以任何方式抄袭、剽窃或侵吞他人学术成果。

（2）应注重学术质量，反对粗制滥造和低水平重复，避免片面追求数量的倾向。

（3）应充分尊重和借鉴已有的学术成果，注重调查研究，在全面掌握相关研究资料和学术信息的基础上，精心设计研究方案，讲究科学方法。力求论证缜密、表达准确。

（4）学术成果文本应规范使用中国语言文字、标点符号、数字及外国语言文字。

（5）学术成果不应重复发表。另有约定再次发表时，应注明出处。

（6）学术成果的署名应实事求是。署名者应对该项成果承担相应的学术责任、道义责任和法律责任。

（7）凡接受合法资助的研究项目，其最终成果应与资助申请和立项通知相一致；若需修改，应事先与资助方协商，并征得其同意。

（8）研究成果发表时，应以适当方式向提供过指导、建议、帮助或资助的个人或机构致谢。

1.2.5　学术评价规范

（1）学术评价应坚持客观、公正、公开的原则。

（2）学术评价应以学术价值或社会效益为基本标准。对基础研究成果的评价，应以学术积累和学术创新为主要尺度；对应用研究成果的评价，应注重其社会效益或经济效益。

（3）学术评价机构应坚持程序公正、标准合理，采用同行专家评审制，实行回避制。

1.2.6　学术法律规范

近年来，学术界抄袭、剽窃、伪造学历骗取职称等学术腐败现象屡见不鲜，学术腐败已成为我国学术界共同面临的严重问题，必须用学术法律加以规范。

学术法律规范是指在学术活动中必须遵循的国家法律法规。根据我国宪法、著作权法及保密法等有关法律法规条款，在学术活动中必须严格遵守学术研究和学术活动的基本规范，认真执行学术刊物的各项有关规定。按照《中华人民共和国著作权法》等有关法律文件的规定，应特别注意做到以下几点。

（1）合作创作的作品，其版权由合作作者共同享有。合作作者中的每一个人都无权单独行使合作作品的版权。合作作品的署名应按照对科学研究成果所作贡献的大小来安排，但另有学科署名惯例或作者另有约定的除外。

（2）未参加创作，不可在他人作品上署名。艺术作品和学术成果的创作是艰苦的智力活动，需要创作者付出创造性劳动。如果没有参加创作，或只是参加了一些创作活动的准备、组织及咨询服务工作，不能认为是参加了作品的创作，因而不能在作品上署名。

（3）严格遵守学术研究和学术活动的基本规范，认真执行学术刊物的各项有关规定，杜绝弄虚作假、抄袭剽窃他人学术成果（包括论文成果、学术报告、软件和各种研究数据）等现象。

（4）禁止在法定期限内一稿多投造成重复发表。我国著作权法明确规定，自作者稿件发出之日起 15 日内未收到报社通知决定刊登的，或者自作者稿件发出之日起 30 日内未收到杂志社通知决定刊登的，作者可将同一作品投向其他报刊社。同时又明确规定双方另有约定的除外。目前，我国学术性期刊一般把通知作者的时间规定为 3 个月，应在此规定的时间内避免同一稿件多投，以保证报刊社在采用稿件时享有先于其他报刊登载的权利。

（5）合理使用他人作品的有关内容。凡引用他人已经发表或未发表的成果、数据、观点等，均应明确说明并详细列出有关文献的名称、作者、年份等细节，已经出版的文献还要列出出版机构、出版地和版次等内容。引用目的仅限于介绍或说明某一问题；所引用的部分不能构成引用人成果的主要部分或者实质部分；转引他人成果，应注明转引出处。

（6）必须保守党和国家秘密，维护国家和社会利益。遵守《中华人民共和国保守国家秘密法》，对学术成果中涉及国家机密等不宜公开的重大事项，均应严格执行送审批准后才可公开出版（发表）的制度。

（7）遵守其他适用法律法规。按《中华人民共和国民法通则》规定，不得借学术研究为名，以侮辱、诽谤方式损害公民法人的名誉。按《中华人民共和国统计法》规定，必须对属于国家机密的统计资料保密。在学术研究及学术作品中使用标准、目录、图表、公式、注释、参考文献、数字、计量单位等应遵守国家标准、计量法等法律法规的规定。

1.3 学术失范

1.3.1 学术失范的含义

所谓学术失范，是指在学术研究过程中出现的不遵守学术研究行为规则的现象。在研究和学术领域内，违反职业道德甚至法律法规，利用他人学术思想、学说或者成果，未经授权使用和传播他人的研究信息。学术信息如何合理规范地利用是科学研究创新建设中需要解决的问题，是科学伦理道德规范的重要步骤。

1.3.2 学术失范的表现形式

（1）学术成果的粗制滥造、低水平重复研究和东拼西凑。没有任何学术传承，没有任何学术积累，更没有任何学术创新的所谓"学术成果"，却可以堂而皇之地"活跃"在学术界。而且这类成果的数量非常惊人，这种学术失范的恶果不仅使得学术发展裹足不前，而且浪费大量的科学研究人力和财力。这种行为同样会导致科学发展的止步不前，极大地败坏了学术界的声誉。

（2）研究成果或发表出版学术论文中的抄袭、剽窃、侵吞、篡改他人学术成果行为。在学术活动过程中抄袭、篡改他人作品等成果，剽窃、篡改他人的学术观点、学术思想或实验数据、调查结果；对自己的学术论点的渊源有意加以隐匿，参考书目有意不予列出涉及自己的关键性学术论点的参考书。违反职业道德，利用他人重要的学术认识、假设、学说或者研究计划等行为。

（3）不当或滥用署名。包括将作出创造性贡献的人排除在作者名单之外，未参加科学研究或者论著写作，而在别人发表的作品等成果中署名；未经被署名人同意而署其名等行为；未经原作者允许用其他手段取得他人作品的著者或合著身份。在科研成果的署名位次上高于自己的实际贡献的行为；未经被署名人允许的随意代签、冒签；损害他人著作权，侵犯他人的署名权。

（4）在学术活动中造假。在学术研究活动中，有意做出虚假的陈述，包括编造、捏造、拼凑、篡改科学研究实验数据或结果，改动原始文字记录和图片，破坏原始数据的完整性。

（5）伪造学术经历。在申请项目、成果申报、个人履历、资助申请等申报材料填写有关个人简历信息及学术情况时，不如实报告个人简历、学术经历、学术成果，伪造专家鉴定、证书及其他学术能力证明材料等行为。

（6）成果发表、出版时一稿多投。

（7）未如实反映科研成果。虚报科研成果，或重复申报同级同类奖项，或随意提高成果的学术档次，在出版成果时未如实注明著、编著、编、译著、编译等行为。

（8）采用不正当手段干扰和妨碍他人研究活动。包括故意毁坏或扣压他人研究活动中必需的仪器设备、文献资料，以及其他与科研有关的财物；故意对竞争项目实施不正当竞争行为。

（9）参与或与他人合谋隐匿学术劣迹。包括参与他人的学术造假，与他人合谋隐藏其不端行为，监察失职，以及对投诉人打击报复。

1.3.3　学术失范的例证

浙江大学副教授贺海波被爆剽窃论文。浙大共核查了贺海波及其所在研究室相关人员涉嫌学术道德问题的论文 20 篇，其中贺海波涉及论文 9 篇。事发后，贺海波被撤销副教授职称和任职资格，浙大将其开除出教师队伍。

中国工程院院士、著名血液病专家陆道培开发布会指认弟子、北京大学人民医院血液病研究所所长黄晓军，存在剽窃、造假等严重学术不端行为。

东北财经大学 2007 年某篇硕士学位论文，与南京财经大学 2006 年一篇硕士学位论文惊人相似，两篇论文整体框架完全一样，除了把地点"江苏"两字替换成"山东"，被网友称为"史上最牛硕士论文抄袭事件"。

中山大学外语教学中心主任夏纪梅伙同副主任王哲等人，在申报 2009 年度"国家精品课程"（本科）时，张冠李戴，大肆造假，骗取名利。此事被郭颐顿副教授在学术打假网站"新语丝"上揭露，轰动一时。夏纪梅因此得了"夏骗骗"的外号。

李连生，原西安交通大学长江学者特聘教授。他在 2010 年 3 月 21 日被西安交通大学认定存在"严重学术不端行为"，被取消教授职称，并解除教师聘用合同。

2010 年 3 月号的《文艺研究》上，南京大学中文系教授王彬彬发表长文《汪晖<反抗绝望——鲁迅及其文学世界>的学风问题》，指证清华大学中文系教授汪晖的博士论文存在抄袭。

2010 年 7 月 1 日，素有打假斗士之称的方舟子，连续在其微博上发文，举证质疑唐骏在他所写的书《我的成功可以复制》中所说的论文、学历及数项发明专利，还有他海外创业经历，都涉嫌造假。一时之间，关于唐骏是否造假这样的疑问也引发了社会广泛的关注。

2010 年 7 月 8 日,网名为 Isaiah 的网友先后发表六篇文章指证著名学者朱学勤 1992 年的博士论文《道德理想国的覆灭——从卢梭到罗伯斯庇尔》涉嫌抄袭。后集结题为《朱学勤:学术界的又一个汪晖?》在网络上迅速传播。

1.3.4　学术失范的危害

当前学术失范已成为学术规范建设的障碍,学术失范无论对学术界还是对社会都会产生直接的危害,表现在以下几个方面。

1. 学术失范阻碍中国学术界的繁荣发展

学术追求的是求真与创新,如果国家投入了大量的资金,每年产出的学术论文和专著数量虽多,而真正学术创新、求真务实、有价值的、有影响的科研成果却难觅踪影。中低水平重复、平庸作品泛滥、粗制滥造盛行,导致大量的学术泡沫泛滥和毫无价值的垃圾成果。不仅污染学术环境,损害中国学术界整体的学术声誉,阻碍学术进步,同时也遏制一个民族思维能力和思想水平的提高,进而影响我国人才强国战略和自主创新战略目标的实现。

2. 学术失范阻碍中国高素质人才队伍的培养

国家重视高校教育建设,目的就是要为国家培养出高素质的人才,从而服务社会。如果学者们缺乏必备的学术道德,在学术研究中追求的目的只是为了评职称、跑课题、拿奖金,短期的名利观代替做科研必须具备的精品意识,那么就很难产出真正的科研精品。

我国高校应该成为抵制社会腐败和净化社会风气的坚定堡垒,高校学者应该是一个民族文明和良知的最后守护者。如果高校在学风不正、学术道德失范严重的情况再不加以重视和整治,将会导致学术道德沦丧,致使社会人才选拔机制失去凝聚力,严重影响高级专门人才,尤其是创新人才的培养质量,使真正的科学研究人才大量流失。这样,很难产生出真正有价值的学术成果。更严重的是,它将会反过来加剧社会的不正之风的盛行,进一步恶化社会风气。

3. 阻碍科技进步,影响国家科学发展和国际地位

教育是立国之本,科技是强国之路。当前学术界的不正之风动摇的是学者们的学术道德基础,如果我们只是一味地在科研工作中弄虚作假、抄袭剽窃、以不正当的手段来获取荣誉和地位,为了短期的名利蒙蔽了双眼,最后将会影响社会的发展和民族的创新能力,阻碍我国创新型国家的建设目标的实现和可持续发展,将使我国失去真正的竞争力。同时对我国良好国际学术形象的塑造产生消极影响,阻碍我国学术界与国际学术界的交流和沟通。

4. 学术失范败坏社会风气,引发社会道德危机

学术道德失范行为违反了社会公正原则。人们称科学学术为神圣殿堂,科学家、学者、教师是科学思想和人文精神的传播者和教育者。他们的言传身教对社会和受教育者有着深远的影响。它不仅关系着学术界的尊严,还关系着整个社会的进步和正义。如果学术道德失范现象不及时加以整治，将使学术腐败从上层建筑向下层基础传播渗透，会对社会风气产生消极的影响，引发社会道德危机，侵蚀我们的民族精神，造成整个社会的诚信危机。

1.4　学 术 道 德

1.4.1　学术道德的含义

学术道德是进行学术研究时遵守的准则与规范。遵守学术道德，很重要的部分就是要有诚信。考试作弊、抄袭作业，无疑都属于诚信缺失的范围。而论文写作中的剽窃可以归入更低门槛的道德范畴。

学术道德是治学的起码要求，是学者的学术良心，其实施和维系主要依靠学者的良心及学术共同体内的道德舆论。它具有自律和示范的特性。学术道德建设应包含以下三个层次的工作。

一是理顺学术行为主体的各种社会关系，建设合理的学术体制。

二是道德体系本身的构建，包括能被整个社会和学术共同体所认可的道德理念的重塑和道德原则的构建，以及切实可行的规范体系的建立和完善。

三是培养可执行道德原则和道德规范的学术行为主体。学术人才的学术道德建设与整个学术界的道德建设互为前提和条件，其目的在于培养具有强烈的道德自觉性、充分了解相关学术规范并具有道德行为能力的学术新生力量，并带动整个学术界的道德建设改革，从而为推动一个良性循环、可持续性发展的学术生态圈的建立提供充足的道德氧气。

1.4.2　学术道德规范的内容

学术道德规范是学术规范的核心部分，是对学术工作者从思想修养和职业道德方面提出的要求。根据教育部《关于加强学术道德建设的若干意见》等规定，学术道德规范的内容如下。

1. 增强献身科教、服务社会的历史使命感和社会责任感

要置身于科教兴国和中华民族伟大复兴的宏图伟业之中，以培养人才、繁荣学术、发展先进文化、推进社会进步为己任，努力攀登科学高峰。要增强事业心、责任感，正确对待学术研究中的名和利，将个人的事业发展与国家、民族的发展需要结合起来，反对沽名钓誉、急功近利、自私自利、损人利己等不良风气。

2. 坚持实事求是的科学精神和严谨的治学态度

要忠于真理、探求真知，自觉维护学术尊严和学者的声誉。要模范遵守学术研究的基本规范，以知识创新和技术创新作为科学研究的直接目标和动力，把学术价值和创新性作为衡量学术水平的标准。在学术研究工作中要坚持严肃认真、严谨细致、一丝不苟的科学态度，不得虚报教育教学和科研成果，反对投机取巧、粗制滥造、盲目追求数量不顾质量的浮躁作风和行为。

3. 树立法制观念，保护知识产权，尊重他人劳动和权益

要严以律己，依照学术规范，按照有关规定引用和应用他人的研究成果，不得剽窃、抄袭他人成果，不得在未参与工作的研究成果中署名，反对以任何不正当手段谋取利益的行为。

4. 认真履行职责，维护学术评价的客观公正

认真负责地参与学术评价，正确运用学术权力，公正地发表评审意见是评审专家的职责。在参与各种推荐、评审、鉴定、答辩和评奖等活动中，要坚持客观公正的评价标准，坚持按章办事，不徇私情，自觉抵制不良社会风气的影响和干扰。

1.4.3　学术道德规范的原则

在从事科学研究的过程中，应严格遵守中华人民共和国《中华人民共和国著作权法》、《中华人民共和国专利法》、中国科协颁布的《科技工作者科学道德规范（试行）》等国家有关法律、法规、社会公德及学术道德规范，要坚持科学真理、尊重科学规律、崇尚严谨求实的学风，勇于探索创新，恪守职业道德，维护科学诚信。应当遵守下述基本学术道德规范。

（1）在学术活动中，必须尊重知识产权，充分尊重他人已经获得的研究成果；引用他人成果时如实注明出处；所引用的部分不能构成引用人作品的主要部分或者实质部分；从他人作品转引第三人成果时，如实注明转引出处。

（2）合作研究成果在发表前要经过所有署名人审阅，并签署确认书。所有署名人对研究成果负责，合作研究的主持人对研究成果整体负责。

（3）在对自己或他人的作品进行介绍、评价时，应遵循客观、公正、准确的原则，在充分掌握国内外材料、数据基础上，做出全面分析、评价和论证。

（4）尊重研究对象（包括人类和非人类研究对象）。在涉及人体的研究中，必须保护受试人合法权益和个人隐私并保障知情同意权。

（5）在课题申报、项目设计、数据资料的采集与分析、公布科研成果、确认科研工作参与人员的贡献等方面，遵守诚实客观原则。搜集、发表数据要确保有效性和准确性，保证实验记录和数据的完整、真实和安全，以备考查。公开研究成果、统计数据等，必须实事求是、完整准确。对已发表研究成果中出现的错误和失误，应以适当的方式予以公开和承认。

（6）诚实严谨地与他人合作，耐心诚恳地对待学术批评和质疑。

（7）对研究成果做出实质性贡献的有关人员拥有著作权。仅对研究项目进行过一般性管理或辅助工作者，不享有著作权。合作完成成果，应按照对研究成果的贡献大小的顺序署名（有署名惯例或约定的除外）。署名人应对本人作出贡献的部分负责，发表前应由本人审阅并署名。

（8）不得利用科研活动谋取不正当利益。正确对待科研活动中存在的直接、间接或潜在的利益关系。

1.4.4　科学研究的道德修养

1. 实事求是，尊重科学

科学研究的对象是未知的世界，而科研工作本身是一个物质的、客观的过程，这就要求研究者必须实事求是，尊重客观规律，必须谨慎对待研究过程中遇到的每个问题，忠实记录每次试验得到的数据，认真分析并详细报告研究成果。对于某项研究，在未具备充分的理论研究和实验数据分析时，不可轻易给出定论，特别是对重大问题的研究更要谨慎对待。

2. 客观公正，尊重他人

现代科学研究的最大特点就是科研协作、集体攻关。就科研群体而言，取得的研究成果往往是科研团队中所有成员的集体贡献，而这种贡献都会不同程度地体现在每个人身上。因此，每个人都要尊重他人的工作，客观、公正地对待自己的成果，恰当地为自己定位。

3. 严谨制研，捍卫研德

科学研究作为生产、传播和交流知识的崇高事业，其坚定基石是科学的客观性与科研工作者的诚信。然而在科学技术高度发达、经济高速发展和社会深刻变革的时代，科研工作者受个人利益的驱使，使得传统的价值观念和道德观念受到冲击与瓦解，捏造、篡改、剽窃等违背科研道德的科研不端行为在世界范围内滋生。因此，我们提倡严谨制研，确保科学研究及成果发表过程中的诚实性，捍卫科研诚信。即要求在申报、开展或评审科研项目的过程中，应用诚实、可验证的方法，提交的科研成果报告应遵循相关的规章制度、条例、准则和公认的职业规范或标准。

4. 学术争鸣，兼收并蓄

学术争鸣是促进科学研究和发展的有效形式，一直为广大科学工作者所接受和采用。学术争鸣包括课题组内的学术讨论，学术期刊论文的评论与批评，学术讨论会或专题讨论，研究者之间的学术通信等。积极参与学术争鸣，耐心听取同行意见，善待他人批评，从中汲取有益思想，必能获益匪浅。闻过则喜、有错必纠是研究者最基本的道德观念之一。

5. 保守机密，持续科研

科研工作要保持研究成果的独创性、领先性，在一定时间、地域内，要保守研究成果的秘密，这是一个科学工作者的科研道德观念所要求的。但是，不应过分强调保守秘密而封闭交流的大门，避免将课题组的关键技术据为己有，以保持课题研究的可持续发展。

1.5　文献信息的合理利用

在信息环境下，文献信息特别是数字型文献信息资源数量不断增加，下载、使用各种文献信息变得日益方便。然而，人们在享用各种信息资源的同时，信息侵权、信息犯罪时有发生。信息用户必须自觉遵守国家法律法规、社会公德，严格遵守信息资源的知识产权相关法规，合理、合法、科学地利用各种信息资源，以道德准则来规范自己的信息行为，尊重他人的知识产权，自觉抵制违法信息行为，以规范学术环境。

合理使用是指在特定条件下，法律允许他人自由使用享有著作权的作品而不必征得著作权人的同意，也不必向著作权人支付报酬的制度。合理使用是我国著作权法中为平衡著作权人的个体利益与言论、信息自由的公共利益而创设的一种制度，是赋予公众对利用版权作品的一种豁免权。这种制度在保障著作权人正当利益的同时，也要求著作权人为社会承担相应的义务，防止著作权力垄断而滥用，有利于学术成果的传播和使用。

在提供信息访问自由和保护创作者权益之间做出平衡，在任何一个国家都是一件相当困难的事，至今存在诸多争议，并且随着电子信息的大量产生而愈演愈烈。一般而言，合理使用必须在使用目的、被使用文献的信息属性、使用文献信息的程度和对被使用文献的影响等四个方面来考虑。例如，使用的目的仅限于为个人学习、研究、欣赏，或者为了教学、科学研究、宗教或慈善事业以及公共文化利益的需要。使用的作品属性已经发表，未发表的作品不属于合理使用的范围。使用他人作品时，不得侵犯著作权人的其他权利，并且必须注明作者姓名、作品名称，且不损害著作权人的合法权益。

《中华人民共和国著作权法》第二十二条列举了12种情况，可以不经著作权人许可，不向其支付报酬而使用其作品，但应当指明作者姓名、作品名称，并且不得侵犯著作权人依照本法享有的其他权利。这12种合理使用信息的情况如下。

（1）为个人学习、研究或者欣赏，使用他人已经发表的作品。

（2）为介绍、评论某一作品或者说明某一问题，在作品中适当引用他人已经发表的作品。

（3）为报道时事新闻，在报纸、期刊、广播电台、电视台等媒体中不可避免地再现或者引用已经发表的作品。

（4）报纸、期刊、广播电台、电视台等媒体刊登或者播放其他报纸、期刊、广播电台、电视台等媒体已经发表的关于政治、经济、宗教问题的时事性文章，但作者声明不许刊登、播放的除外。

（5）报纸、期刊、广播电台、电视台等媒体刊登或者播放在公众集会上发表的讲话，但作者声明不许刊登、播放的除外。

（6）为学校课堂教学或者科学研究，翻译或者少量复制已经发表的作品，供教学或者科研人员使用，但不得出版发行。

（7）国家机关为执行公务在合理范围内使用已经发表的作品。

（8）图书馆、档案馆、纪念馆、博物馆、美术馆等为陈列或者保存版本的需要，复制本馆收藏的作品。

（9）免费表演已经发表的作品，该表演未向公众收取费用，也未向表演者支付报酬。

（10）对设置或者陈列在室外公共场所的艺术作品进行临摹、绘画、摄影、录像。

（11）将中国公民、法人或者其他组织已经发表的以汉语言文字创作的作品翻译成少数民族语言文字作品在国内出版发行。

（12）将已经发表的作品改成盲文出版。

思考题

1. 结合自身学习、生活及信息技术的发展，举例说明你对信息社会的认识。

2. 信息素质的内涵包括哪些内容？结合自身的学习和生活，谈谈信息素养教育和培养的重要性。

3. 信息素养包括几个方面？它们之间的关系如何？简述如何提升大学生的信息素养？

4. 如何理解学术规范与学术道德？

5. 什么是学术规范？学术规范有什么意义？

6. 学术失范有哪些表现形式？学术失范的社会危害有哪些？

第 2 章 信息资源与信息检索

2.1 信 息 资 源

信息资源（Information Resource or Information Resources）这一术语自 20 世纪 90 年代以来，在国内外文献中被广泛使用，然而有关信息资源的定义，国内外有多种观点，目前尚无统一公认的定义，而有关信息资源的类型划分则较为一致。

2.1.1 信息资源的概念

人类社会走过农业社会、工业社会，迈入了信息社会。人们的生产生活与信息的关系越来越密切，对信息的认识越来越深刻。目前，学术界尚未就信息资源的定义达成一致，中国学者卢泰宏和孟广均在 1992 年编译的《信息资源管理专辑》中，曾将美国学者对信息资源的理解归纳为信息资源=文献资源；信息资源=数据；信息资源=多种媒介和形式的信息（包括文字、图像、声音、印刷品、电子信息、数据等）；信息资源=信息活动中各种要素的总称（包括信息、设备、技术和人等），并指出国外信息资源管理学者对信息资源的理解多取最后一种解释。

国内外对信息资源这一概念的认识有以下两种具有代表性的观点。

一种是狭义的理解，认为信息资源是人类社会经济活动中经过加工处理有序化并大量积累起来的有用信息的集合，如科技信息、政策法规信息、社会发展信息、市场信息等都是信息资源的重要构成要素。

另一种是广义的理解，认为信息资源是人类社会信息活动中积累起来的信息、信息生产者、信息技术等信息活动要素的集合。也就是说，信息资源包括以下几个部分。

（1）人类社会经济活动中经过加工处理有序化并大量积累起来的有用信息的集合。

（2）为某种目的而生产信息的信息生产者的集合。

（3）加工、处理和传递信息的信息技术集合。

（4）其他信息活动要素（如信息设备、设施、信息活动经费等）的集合。这种观点把信息活动的各种要素都纳入到信息资源的范畴。

信息是普遍存在的，但并非全部信息都是信息资源，只有满足一定条件的信息才能称之为信息资源，即信息资源必须经过人类开发与组织。综合起来，可以这样认为，信息资源是指人类社会信息活动中积累起来的以信息为核心的各类信息活动要素（信息技术、设备、设施、信息生产者等）的集合。

2.1.2　信息资源的特征

1. 信息数量多、内容庞杂

各类信息收藏机构收藏的信息资源，一般包括传统信息资源（纸质文献、各类光盘、缩微胶片等）及网络信息资源。这些信息资源数量多，内容纷繁复杂，涉及社会生活的各个方面。特别是网络信息资源，包括了成千上万种电子期刊、报纸和政府、学校、公司等机构以及个人的详细信息。信息具有跨地区、分布广、多语种、高度共享的特点。这些信息源既有最新的各类信息，又有毫无价值的冗杂信息，因此数量巨大，内容庞杂。

2. 信息的半衰期缩短，老化加快

近年来，随着科学技术的快速发展，各类文献资料及网上信息不断被淘汰和更新。新知识、新理论、新技术、新产品层出不穷，加速了信息的新陈代谢。通常用文献的"半衰期"来描述文献老化情况。所谓文献的半衰期是指某学科领域目前尚在使用的全部文献中，较新的一半所出版的年限。国外有人统计不同学科文献的半衰期为地理学 16.1 年、地质学 11.8 年、数学 10.5 年、植物学 10 年、化学 8.1 年、生理学 7.2 年、机械工程学 5.2 年、社会科学 5 年、化工 4.8 年、物理学 4.6 年、冶金学 3.9 年、生物医学 3 年。由于各国科技发展水平不同，相应的文献寿命也不相同。

3. 信息类型多、范围宽、用途广

信息资源建设的快速发展，使信息类型越来越多。其中，包括印刷型出版物、电子期刊、书目数据库、联机数据库、软件资源以及个人主页、电子邮件等多种形式。信息呈现出多种表现性，单是文本就有文字、符号、表格等。另外，还有声音、运动图形、图像等。人们通过网络可以方便地进行人文科学、自然科学的信息交流，如发送电子邮件或召开在线视频会议等。

4. 电子信息成为主要信息资源，具有鲜明特点

计算机技术与信息资源相结合，产生了一种新型的信息资源——电子信息。这种信息资源以数字形式存储，通过计算机及网络检索和传输，加快了信息流通和信息资源共享，以书目、索引、文摘、全文数据库、多媒体信息、电子刊物等形式为用户提供服务。

网络信息资源是一类重要的电子信息，它通常以超文本技术，把各类不同的相关信息通过节点链接起来，使得对相关信息检索非常方便。但是这类信息组织特殊、控制性差（尽管从局部来说某个网站、某个数据库是有控制的、相对集中的、有序和规范的），信息质量良莠不齐，所以，其优势还没有完全发挥出来。

2.1.3　信息资源的类型

信息资源按照不同的划分标准可以划分为不同的类型，各类型中存在着交叉与重复。

2.1.3.1　按信息资源的加工深度划分

人们在利用、传递信息的过程中，为了及时报道和揭示信息，对信息资源进行了不同深度的加工。按加工深度可将信息资源分为零次信息资源、一次信息资源、二次信息资源和三次信息资源。

1．零次信息资源

一般指还未进入社会进行交流和未正式出版与发行的原始信息。它包括私人笔记、文章、手稿、各类设计草图、实验原始记录、调查结果原稿、原始统计资料等，是一次信息资源的基础。

零次信息资源的特点是内容新颖，但不够成熟；不公开交流，难以获取。它与一次信息资源的主要区别表现在它的记录方式、内容、加工深度等有所不同。

2．一次信息资源

通常指原始创作。即作者以本人的生产与科研工作成果为基本素材而撰写的，并已公开发表的原始信息资源。例如，专著、学术论文、学位论文、会议论文、专利文献、科技报告等。

一次信息资源的特点是指在学术上的新观点、新发明、新技术、新成果。它提供了新的知识信息，是创造性劳动的结晶，有直接参考、借鉴和使用的价值，是人们检索和利用的主要目标，也是二次信息资源和三次信息资源的基础。

3．二次信息资源

即将大量、分散、无序的一次信息资源收集起来，按照一定的方法进行组织、加工、整理、浓缩使之有序化，而编制成包括题录、索引、文摘、指南等具有多种检索途径的检索工具。

二次信息资源的特点是对一次信息资源进行系统化的压缩，无新的知识产生，具有汇集性、检索性。它的作用在于提供了检索一次信息资源的线索。

4．三次信息资源

即根据一定的目的和需求，在大量利用一次信息资源、二次信息资源的基础上，对有关知识进行综合、分析、提炼、重组而再生的信息资源，如词典、手册、百科全书、年鉴、各种教科书及综述等。

三次信息资源具有综合性高、针对性强、系统性好、知识面广的特点。有的还具有检索功能，有较高的使用价值，可直接借鉴和利用。三次信息资源源于一次信息资源，又高于一次信息资源，是一种再创性资源。

从文献的角度看，零次信息资源由于没有进入出版、发行和流通这些渠道，收集利用十分困难，一般不作为我们利用的文献类型。一次信息资源是基础，是人们检索与利用的主要对象（目标）。二次信息资源是文献信息的检索工具（手段）。三次信息资源内容高度浓缩，是我们查找数据、事实信息的主要信息源。

从社会分工情况看，一次信息资源的生产者是广大的作者；二次信息资源是图书、情报工作者的产品；三次信息资源一般是那些既懂专业又熟悉情报的专家的研究成果。

由此看来，从一次信息资源、二次信息资源到三次信息资源是一个由博到约、由分散到集中、由无组织到系统化的过程，也是科技信息资源的层次结构由无序走向有序，由一种有序结构演变为另一种完善的有序结构的过程。而用户对原始信息资源的索求则往往是一个逆向的过程。

2.1.3.2　按信息资源的表达方式划分

信息资源按表达方式可以划分为潜在的信息资源和现实的信息资源。

1．潜在的信息资源

潜在的信息资源是指个人在认知和创造过程中储存在大脑中的信息资源。这类信息资源只能被拥有者利用，不能被他人利用，不具有广泛传播和常久保存的能力，且易于消失，是一种有限再生的信息资源。

2．现实的信息资源

现实的信息资源是将潜在的信息资源表达出来后形成的能为他人所利用的信息资源。其主要特征是具有社会性，通过特定的符号表述和传递，可以在特定的社会条件下，广泛地、连续往复地被利用。因此，是一种无限再生的信息资源。现实的信息资源又可划分为文献型信息资源和非文献型信息资源。

（1）文献型信息资源。文献型信息资源是以文字、图形、符号、音频、视频等方式记录在各种载体上的信息资源。其特点是经过加工、整理，较为系统、准确、可靠，便于保存和利用。

其最主要的特征是拥有不依附于人的物质载体，只要这些载体不损坏和消失，文献信息资源就可以跨越时空传递和利用。从整体上说，这类信息是当前数量最大、利用率最高的信息资源。

（2）非文献型信息资源。非文献型信息资源又可以划分为口语信息资源、体语信息资源、实物信息资源三种。

① 口语信息资源。口语信息资源是以口头语言（如交谈、聊天、授课、演讲、讨论、唱歌）等方式获得的信息资源。其主要特点是传递速度快、互动性强，常蕴涵着新的思想和灵感，但稍纵即逝。代代相传的口碑、传说、口述、回忆等虽然包含着极有价值的信息，但久传易出差异。

② 体语信息资源。体语信息资源又称体态语言信息资源，是指以手势、表情、姿势等方式表述出来的信息资源。例如，舞蹈、杂技、体育比赛等。它通常依附于特定的文化背景，如翘大拇指表示称赞、点头表示同意等。其特点是直观、生动、印象深刻、极富感染力，但表达信息的丰富性、准确性、传播范围有限。

③ 实物信息资源。实物信息资源指以实物为载体并承载智慧和技能的信息资源。例如，秦始皇兵马俑、维纳斯雕像。常见的实物信息资源包括文物、产品样本、模型、建筑物、碑刻、雕塑等。

其特点是直观、感觉真实、信息量大。但信息隐蔽性强，需要通过知识、智慧、经验才能挖掘获得，传递性差。

2.1.3.3 按信息资源的传递范围划分

1. 公开信息资源

公开信息资源又称白色信息资源，指通过公开出版、发行渠道发行、流通和传递的信息资源。其蕴含的信息对所有人开放，原则上可以被所有人获得。

2. 半公开信息资源

半公开信息资源又称灰色信息资源，指未进入公开出版发行的信息资源。其流通和传递的范围有限。例如，内部刊物、技术报告、会议资料等。这类信息资源发行渠道复杂，从常规途径难以获取。

3. 非公开信息资源

非公开信息资源又称黑色信息资源，指未被人们破译或辨识的，或由于保密而无法公开出版发行的信息资源。例如，考古发现的古老文字、内部档案、个人日记、私人信件等。它也是灰色资源的一种，但由于加诸其上的密级限制，使其受到法律保护。

2.1.3.4 按信息资源的载体形式划分

信息资源按其载体的物理形态不同，可分为五种类型，即印刷型信息资源、缩微型信息资源、声像型信息资源、机读型信息资源和网络型信息资源。

1. 印刷型信息资源

印刷型信息资源即书本型信息资源，也称纸介型（Paper Type）信息资源，是一种以纸张为载体，通过铅印、胶印、油印等手段，将知识固化在纸张上形成的一种传统的信息资源。它技术含量较低，却是最常用的一种信息资源，如图书、期刊以及各种印刷资料等。上千年来，它在人类的阅读、信息的流通中功不可没，是文献信息传递的主要载体。

其优点是便于直接阅读、携带方便、易于流通，不受时间、地点等条件的限制。缺点是存储密度低，容量小，体积庞大，占据存储空间大，不易保存和管理，并且难以实现自动检索。

2. 缩微型信息资源

缩微型信息资源是一种以感光材料为载体，以缩微照相为记录手段，将文献的影像固化在感光材料或其他载体上而形成的一种信息资源。包括缩微胶卷、缩微平片、缩微卡片等。

它的显著优点是体积小，容量大，存储密度大，价格低，轻便，便于收藏、保存和传递。缺点是不能直接阅读，必须借助相关阅读设备才能阅读。

3. 声像型信息资源

声像型信息资源也称视听型信息资源，是以磁性材料或感光材料为载体，以磁记录或光学技术为手段直接记录声音、图像，并以声、图并茂的方式展现的一种信息资源。包括唱片、录音带、录像带、电影胶片、科技电影、幻灯片等各种动态的信息资源。

其优点是体积小、存储密度高，便于保存、携带方便，直观、生动，可直接表现难以用文字描述的事物。缺点是成本高，阅读时必须借助一定的设备，不易检索和更新。

4．机读型信息资源

机读型信息资源也称电子型信息资源，是以磁性材料为载体，以光学技术为记录手段，通过计算机处理生成的信息资源。即通过计算机进行存储和检索以及阅读的一种信息资源。机读型的信息资源也是多样的，有磁带版（Magnetic Tape）、磁盘版（Floppy Disc）、光盘版（CD-ROM）、联机版（Online）以及最新的网络版（Network）。还包括电子图书、电子报刊、电子新闻、电子会议录等。

其优点是存储密度高，存取速度快，具有电子加工、编辑、出版、传送等多种功能，易于实现资源共享。缺点是不能直接阅读，必须借助于计算机或其他设备进行存储与阅读，成本高。

5．网络型信息资源

网络型信息是一种通过网络系统向入网的用户发行的一种信息。这种方式发行的刊物，信息量大，周期短，用户可以得到几分钟甚至几秒钟以前产生的信息，而且节省纸张和投递费用。例如，电子图书、电子杂志、电子报纸、在线电影、在线音乐、终端可下载的各种程序及各种文档等多种信息类型。

2.1.3.5　按信息资源的出版形式划分

将信息资源分为传统印刷型文献信息资源、电子信息资源、网络信息资源三大类。

1．传统印刷型文献信息资源

文献是人类的知识、载体、记录方式的综合产物，文献信息资源是以文字、图形、符号、声像、音频等为主要记录方式，并进行知识信息传播的载体。它具有知识传递性、客观物质载体性、人工记录性、动态发展性等特征。

（1）图书。图书（Book）是单册出版的正式公开出版物。图书是作者对已经发表的科研成果、生产技术和经验或某一知识体系进行的概括和总结，代表了某一时期某一学科的发展水平。

图书的特点是具有独立的内容体系，内容比较可靠、成熟，知识系统全面，出版形式比较固定。缺点是出版周期长，传递报道速度较慢，但电子图书可弥补这一缺陷。

图书根据功能性质的不同可分为以下两类。

一是阅读类图书（Reading Book），如论述某学科的专著、教科书、文集、科普读物等；它提供系统、完整的知识，有助于全面、系统地了解某一领域的历史发展与现状，将人们正确地引入自己所不熟悉的领域。

二是参考类图书（Reference Book），也称参考工具书，主要有字典、词典、百科全书、年鉴、手册、各类指南、机构指南和名录等。提供经过验证、浓缩的知识，是信息检索的工具。图书在各种类型的图书馆有广泛的收藏。

识别图书的主要依据有书名、著者、出版地、出版社、出版时间、总页数、国际标准书号（ISBN）等。

"国际标准书号"英文全称为 International Standard Book Number，简称 ISBN。它是国际标准化组织于 1972 年公布的一项国际通用的出版物统一编号方法。

ISBN 由 10 位数字分成 4 段组成，各段依次是地区或语种号—出版商代号—书名号—校验号。其中，地区或语种号英、美、加、南非等英语区为 0，其他英语区为 1，法语区为 2，德语区为 3，日本为 4，俄语区为 5，中国内地的组区号为 7，印度等为 8，东南亚地区为 9。

例如《网络信息资源检索与利用》的 ISBN 号为 ISBN978-7-302-23518-7，前面 3 位数字 978 为 EAN（欧洲商品编号）的图书产品代码。7 表示中国内地代号，302 是清华大学出版社，出版的书号为 23518 的一种图书，该书的校验码为 7。

（2）期刊。期刊（Periodical，Journal，Serial）是指定期或不定期出版的有固定名称、统一出版形式和一定出版规律的连续出版物。

期刊的特点是出版周期短、报道速度快、信息量大、内容新颖深入且文献类型多样，发行与影响广泛，时效性强，能及时反映国内外科技水平和发展趋势。因此，具有较高的参考、实用价值。据统计，科技人员所获取的信息 65%以上来源于期刊，期刊文献量约占整个信息源的 60%～70%，从而成为利用率最高的文献类型，且是十分重要的信息源和检索对象。

期刊按内容性质可分为学术性期刊、快报性期刊、科普性期刊、综述性期刊和检索性期刊等类型。学术性期刊由学术团体编辑出版，报道生产、科研方面的学术论文及研究成果等，信息量大、价值高，如各种学报（Acta）、通报（Bulletln）、汇刊（Transactions）、评论（Reviews）、进展（Progress）等。快报性期刊刊载最新技术和研究成果的短文，报道新产品、新工艺以及学术动态等信息，内容简洁、报道速度快，如各种通讯（Leners）、短讯（News）等。检索性期刊专门报道二次文献信息等。科普性期刊是科技期刊的重要门类之一，它以刊登科普知识为主要内容，是传播科技信息，介绍科学知识的桥梁和纽带。内容上，它更贴近生活，浅俗易懂，读者群相对广泛。综述性期刊是报道综述性文献的期刊。综述性文献作为三次文献，以其综合性强、知识覆盖面广、信息容量大等特点备受科学工作者的青睐。

识别期刊的主要依据有期刊名称，期刊出版的年、卷、期，国际标准刊号（ISSN）等。"国际标准连续出版物号"英文全称为 International Standard Serial Number，简称 ISSN。是 ISDS（国际连续出版物数据系统）国际中心为在该系统登记的连续出版物分配的号码。ISSN 号由 8 位数字分两段组成，如《西安科技大学学报（自然科学版）》ISSN 号为 1672-9315，前 7 位是期刊代号，末位是校验号。我国正式出版的期刊都有国内统一刊号（CN），它由地区号、报刊登记号和《中图法》分类号组成。例如 CN61-1434/N，地区号依《中华人民共和国行政区划编码表 GB2260—82》取前两位，例如北京为 11、天津为 12、上海为 31、辽宁为 21、吉林为 22、陕西为 61 等。

核心期刊是期刊中学术水平较高的刊物，是我国学术评价体系的一个重要组成部分。其特点是刊载专业文献密度高，信息含量高；水平较高，代表本学科的最新发展水平；出版相对稳定，所载文献寿命较长；利用率和被引率较高。目前国内有以下七大核心期刊（或来源期刊）遴选体系。

① 北京大学图书馆"中文核心期刊"。

② 南京大学"中文社会科学引文索引（CSSCI）来源期刊"。

③ 中国科学技术信息研究所"中国科技论文统计源期刊"（又称"中国科技核心期刊"）。

④ 中国社会科学院文献信息中心"中国人文社会科学核心期刊"。

⑤ 中国科学院文献情报中心"中国科学引文数据库（CSCD）来源期刊"。

⑥ 中国人文社会科学学报学会"中国人文社科学报核心期刊"。

⑦ 万方数据股份有限公司正在建设中的"中国核心期刊进选数据库"。

国际主要核心期刊索引有以下几个。

①《科学引文索引》Science Citation Index，简称 SCI。

②《社会科学引文索引》Social Science Citation Index，简称 SSCI。

③《艺术与人文科学引文索引》Arts ＆ Humanities Citation Index，简称 A＆HCI。

④《工程索引》The Engineering Index，简称 EI。

⑤《科技会议录索引》Index to Scientific ＆ Technical Proceedings，简称 1STP。

⑥《社会科学与人文科学会议录索引》Index to Social Science＆Humanities Proceedings，简称 ISSHP。

影响因子（Impact Factor，简称 IF）是美国 ISI（科学信息研究所）的 JCR（期刊引证报告）中的一项数据，指该刊前两年发表的文献在当前年的平均引用次数。一种刊物的影响因子越高，其刊载的文献被引用率越高，一方面说明这些文献报道的研究成果影响力大，另一方面也反映该刊物的学术水平高。其具体算法为：

$$影响因子 = \frac{该刊前两年发表的论文在统计当年被引用的总次数}{该刊前两年发表的论文总数}$$

（3）会议文献。会议文献（Conference Paper）是指在学术会议上所交流的论文、报告，并加以编排出版的文献。会议文献代表某一学科或专业领域的新发现、新课题以及最新研究成果和发展水平。反映了国内外科学技术的发展方向以及研究水平，具有较高的参考价值。会议文献主要以会议录的形式出版，也有一些会议文献在期刊上发表。

会议文献的特点是有极强的学术性，质量较高，内容新颖，传递及时，针对性强。对大多数学科而言，除科技期刊外，会议文献是获取信息的主要来源。另外，由于许多科学领域的新进展、新发现、新成就以及新设想是最先在学术会议上披露的，因此学术会议本身就是获取学术信息的重要渠道。但因会议类型较多，所以文献出版形式多样。

会议文献按出版时间可分为会前文献和会后文献。会前文献主要有会议论文预印本和会议论文摘要。会后文献是会后经整理出版的文献，如会议录、会议论文集、会议论文汇编、会议丛刊、丛书等。按会议的范围可分为国际性会议、全国性会议、地区性会议等。目前，有许多学术会议在互联网上举行。由于会议文献的出版形式多样，会议文献的入藏分散，检索及获取不如图书、期刊容易。

识别会议文献的主要依据有会议名称、会址、会期、主办单位、会议录的出版单位等。

（4）科技报告。科技报告（Technical Report）也称技术报告、研究报告，是政府部门、科研单位或生产单位关于某项科研项目技术工作情况或研究成果的正式报告，或是研究过程进展情况的阶段性总结报告。因科技报告反映新的研究成果，故它是一种重要的信息源，尤其在某些发展迅速、竞争激烈的高科技领域，人们对其需求更为迫切。

科技报告的特点是内容新颖、详细、可靠、专业性强、出版周期短，传递信息快，出版形式比较特殊，每份报告自成一册，统一编号，发行不规律。

科技报告可划分为技术报告（Technical Report）、技术备忘录（Technical Memorandums）、札记（Notes）、通报（Bulletins）和其他几种类型。科技报告按流通范围划分还有保密性的问题，所以，又可分为绝密报告（Top Secret Report）、机密报告（Secret Report）、秘密报告（Confidential Report）、非密限制发行报告（Restricted Report）、公开报告（Unclassified Report）、解密报告（Declassified Report）等，其获取很难。目前，国际上最著名的科技报告是 PB 报告（Publishing Board）、AD（ASTIA Documents）、NASA（National Aeronautics and Space Administration）、DOE（Department of Energy）美国政府的四大报告。

PB 报告是美国国家技术信息服务处（National Technical Information Services，NTIS）出版的报告。其内容涉及广泛，几乎包括自然科学和工程技术所有学科领域。主要侧重民用工程，如土木建筑、城市规划、环境保护、生物医学等方面。

AD 报告是美国国防技术信息中心（Defence Technical Information Center，DTIC）出版的报告。AD 报告主要报道美国国防部所属的军事机构与合同单位完成的研究成果，主要来源于陆、海、空三军的科研部门、企业、高等院校、国际组织及国外研究机构。AD 报告的内容涉及与国防有关的各个领域，如空间技术、海洋技术、核科学、自然科学、医学、通信、农业、商业、环境等 38 类。

NASA 报告是美国国家航空航天局（National Aeronautics and Space Administration）出版的报告。NASA 报告的内容侧重于航空和空间科学技术领域，广泛涉及空气动力学、飞行器、生物技术、化工、冶金、气象学、天体物理、通信技术、激光、材料等方面。

DOE 报告是美国能源部（Department of Energy）出版的报告，其前身是 AEC 报告和 ERDA 报告。DOE 报告的内容已由核能扩大到整个能源领域，包括能源保护、矿物燃料、化学化工、风能、核能、太阳能与地热、环境与安全、地球科学等。DOE 报告主要报道能源部所属的研究中心、实验室以及合同户的研究成果，也有国外能源机构的文献。DOE 报告没有统一的编号，它的报告号是由研究机构名称代号+顺序号组成。

识别科技报告的主要依据有报告名称、报告号、研究机构、完成时间等。科技报告有专门的编号（即报告号），通常由报告单位缩写代码+流水号+年代号构成。

（5）专利文献。专利文献（Patent Document）是根据专利法公开的有关发明的文献，包括专利申请文件、专利公报、专利主题词表、专利文摘、专利法规定及专利诉讼文件等。但我们通常提到的专利文献主要是指专利发明说明书。

专利文献的特点是新颖性、创新性和实用性。专业范围几乎涉及所有的专业技术领域，且内容具有广泛性、详尽性和实用性，以及具有较强的系统性、完整性和报道的及时性。其著录规范。

换句话说，专利文献是由成千上万专利说明书构成的。专利技术通过发明说明书加以公开，是科技人员关心的焦点，也是专利检索的主要对象。专利文献反映了最新的科技研究成果，是科研人员借助国内外先进技术进行科学研究、避免重复劳动的重要信息源。专利文献既是技术文献，又是法律文献。

（6）学位论文。学位论文（Thesis Dissertation）是指高等院校或研究机构的学生为取得某种学位，在导师的指导下撰写并提交的学术论文。

它的特点是质量参差不齐，具有独创性，对问题的探讨较专深，论述系统详尽，既偏重理论，也重视实践，有较高的参考价值。学位论文可分为学士论文、硕士论文、博士论文。

学位论文通常只在学位授予单位的图书馆和按国家规定接受呈缴本的图书馆保存有副本，故学位论文的收集与利用不如其他类型的文献方便。各国学位论文的保管与报道方式不尽相同，通常在各国的国家图书馆收藏有大量本国学位论文。例如在我国，中国科技信息研究所是国家法定的学位论文收藏单位，它集中收藏和报道国内各学位授予单位的自然科学和技术科学领域的博士、硕士学位论文，并制作了数据库供检索。国家图书馆收藏了部分美国博士论文的缩微品，清华大学图书馆也收藏了美国部分著名大学的博士论文的缩微品。在美国，由国际大学缩微品公司（University Microfilms International，简称 UMI）负责收藏和报道全美的博士、硕士论文，并收集报道其他国家的学位论文。在英国，由英国国家图书馆（不列颠图书馆）负责收藏和报道本国的学位论文。在日本，国立大学的学位论文由日本国立图书馆统一收藏，私立大学的学位论文则收藏在学位授予单位的图书馆中。

（7）标准文献。标准文献（Standard Document）主要是针对工农业产品、工程建设的质量、规格、参数及其检验方法等所作的技术规定，是人们在生产、设计和检验过程中共同遵守的规章性技术文献，具有一定的法律约束力。国家标准反映了一个国家的生产工艺水平和技术经济政策，而国际标准则代表了当前世界水平。因此，标准文献是一个国家科学研究的重要技术依据和重要信息源。

标准文献的特点是每一件都是独立的、完整的，有统一的编号。

按标准文献的内容可划分为基础标准、产品及零部件标准、原材料及毛坯标准、工艺及其装备标准、方法标准五种；按审批机构划分为国际标准、国家标准、部颁标准、企业标准四个等级。

（8）政府出版物。政府出版物（Government Document）是指各国政府部门及其所属机构出版的文献，又称官方出版物。它可分为行政性的和科技性的两类，具有正式性和权威性的特点。

行政性文献（包括立法、司法文献）主要有政府法令、方针政策、规章制度、决议、指示、统计资料等，主要涉及政治、法律、经济等方面；科技文献主要是政府部门的研究报告、标准、专利文献、科技政策文件、公开后的科技档案等，有些研究报告在未列入政府出版物之前已经出版过，故与其他类型的文献有重复。政府出版物对了解各国的方针政策、经济状况及科技水平，有较高的参考价值，一般不公开出售。

西方国家多设有政府出版物的专门出版机构，如英国的皇家出版局（HMSO）、美国政府出版局（GPO）等。其中，美国政府出版局是世界上最大的出版机构。中国的政府出版物大部分是由政府部门编辑，由指定出版社出版。政府出版物大部分是公开出版发行的，少数政府出版物则是由政府直接分发至某些部门或个人，在一定范围内使用，具有内部保密性质，但过若干时间以后则予以解密或公开。

（9）产品资料。产品资料（Product Literature）是指产品目录、产品样本和产品说明书一类的商业性产品宣传和使用资料。是厂商为推销已定型产品而印发的，介绍产品性能、结构、原理、用途、使用方法、操作规程、产品规格等情况的文献，具有一定的参考价值。

它的特点是技术成熟、数据可靠、图文并茂、直观性强、通俗易懂、内容全面具体。出版迅速，发行范围广泛。常附外观照片和结构简图，形象、直观。但产品样本的时间性强，使用寿命较短，且多不提供详细数据和理论依据。大多数产品样本以散页形式印发，有的则汇编成产品样本集，还有些散见于企业刊物、外贸刊物中。

产品资料包括产品样本、产品说明书、产品目录、厂商介绍等。

（10）技术档案。技术档案（Technical Record）是指在自然科学研究、生产技术、基本建设等活动中所形成的应当归档保存的科技文件。包括工程设计图纸、图表、图片、原始记录的原本或其复印件、任务书、协议书、技术合同、审批文件、研究计划、研究方案和实施措施等。它是生产领域、科学实践中用以积累经验、吸取教训和提高质量的重要文献。

它是某一项工程的完整、忠实记录。其特点是内容真实、详尽、具体、准确可靠、数量庞大、保存价值永久。是科研和生产建设工作的重要依据，具有很大参考价值。它通常保存在各类档案部门，一般为内部使用，不公开出版发行，保密性强，借阅手续严格。

技术档案的类型有工程设计档案、基本建设档案、生产技术档案、设备档案、科学研究技术档案等。

可以说，上述资源在具有了数字形态后都可以成为网络信息资源。

2．电子信息资源

电子信息资源通常多数指电子出版物。电子出版物是图、文、声、像等的集合体。指以数字原代码的方式将图表、图像、文字、声者等信息存储在磁盘、光盘、电子芯片等非印刷介质载体中，利用多媒体、计算机网络通信、计算机终端等设备和方式进行阅读与传输，使信息资源再现的出版物。

电子信息资源包括通过网络可联机存取的各类数据库、单独发行的磁带、磁盘、光盘、集成电路卡等。其中，最普及、最具代表性的是 CD-ROM 光盘，现在图书馆增添购置的部分馆藏中最常见的就是随书光盘。

由于信息技术的发展，电子出版物大量涌现。它不仅具有体积小、容量大、传输速度快、传输效率高、复制简单、便捷等特点，而且还可进行联机检索、全文检索、计算、自动分类等传统印刷型文献出版物无法比拟的优势。电子型信息资源已成为我们获取信息的重要途径之一。

由于市场经济的作用，计算机与电子出版物的快速增长与普及，我国信息资源出版发行类型的结构正在发生显著变化。电子信息出版物的种类及划分方式呈多样性，分别可从媒体、文献类型、信息载体来区分。

从信息需求者的需求方式与及时性来看，电子信息资源具有传统印刷型文献信息资源不可比拟的优势。它不但具有价格便宜、相隔时差小、及时性等特点，最主要的是方便用户检索，并可同时对多位用户提供服务。

3．网络信息资源

由于网络信息资源内容较多，所以特单列 2.2 节进行详述。

2.2　网络信息资源

2.2.1　网络信息资源的定义

网络信息资源是指以电子资源数据的形式，将文字、图像、声音、动画等多种形式的信息存储在光、磁等非印刷质的介质中，利用计算机通过网络进行发布、传递和存储的各类型信息资源的总和。

网络信息资源极其丰富，包括各种专题网络出版物、网络新闻、网络小说、网络音乐、网络游戏等信息资源。其内容涉及农业、生物、化学、数学、天文学、航天、气象、地理、计算机、医疗和保险、历史、法律、政治、环境保护、文学、商贸、旅游、音乐和电影等几乎所有领域。

目前，网络信息资源以因特网上的信息资源为主，同时也包括其他没有联入因特网的各类局域网上的信息资源。网络信息资源与传统信息资源相比，它不仅涵盖传统信息资源的所有内容，而且还延伸出许多传统文献信息资源所不具备的信息资源。它是知识、信息的巨大集合，现已成为人们获取信息的主要方式之一。

2.2.2　网络信息资源的特点

网络信息资源是一种新型数字化资源，与传统形式的信息资源相比具有许多独特之处。了解网络信息资源的特点，是为了在检索与利用方面更好地发挥其作用。网络信息资源具有以下特点。

1. 数量巨大、增长迅速

Internet 是一个基于 TCP/IP 协议联结各国、各机构计算机网络的通信网，以磁盘、光盘等磁、光介质为存储载体，与传统印刷型载体相比存储容量大、存取方便。由于网络信息资源的发布限制少、程序简单，政府、机构、企业、个人都可以在网上发布信息。因此，网络信息资源成为海量的、集各种信息资源为一体的、庞杂的信息资源网。

2. 内容丰富、类型多、范围广

网络信息资源内容丰富，覆盖了不同学科、不同领域、不同地区、不同语言的信息资源。上面所述各类信息资源数字化后或以数字形式存在时，都可以作为网络信息资源保存和传递，如电子图书、电子期刊等。

从内容看，则包括学术信息、商业信息、政府信息、个人信息等。从载体形式看，它既可以是文字、图表等静态信息，也可以是集图、文、声、像于一体的动态多媒体信息。例如文本、图像、动画、软件、音频、视频、数据库等，堪称多媒体、多语种、多类型的混合体。

各种类型的数据又可借助计算机实现任意的组合编辑；把枯燥的文字信息转化为形式多样、活泼的数字信息，界面友好，易于人机沟通。

3. 动态性高、稳定性差

网络信息资源处于不断生产、更新、淘汰的变化之中，具有高度动态性、覆盖式的更新，使得历史资源在修改后不易被保存下来。因此，网络信息资源具有很强的时效性。同时，任何网站资源都有可能在短时间内建立、更新、更换地址或消失的变化之中。因而，网络信息资源瞬息万变，稳定性差。

4. 时滞短、新颖性强

网络信息资源可以实现即生产、即传播，信息从空间位置的点向另一点的传递，可以在瞬间完成，可充分消除信息流通的时滞。因此，内容更加新颖、及时，能够以最快的速度传播。

5. 质量参差不齐

由于任何人都可以在网上发布信息，信息发布具有很大的自由度和随意性，缺乏必要的过滤、质量控制与管理机制，导致网络信息资源良莠不齐，给用户利用信息带来不便。

6．开放性

相对于印本信息资源的封闭性，通过超文本技术链接起来的网络信息资源，具有高度开放性，资源之间的链接关系使得资源之间的跳转变得更容易，可以通过点链接开始漫游网络资源，这种链接在带来便利的同时也容易导致用户在漫游中迷失方向，甚至无法回到出发点。

7．无序性、非线性

网络信息资源之间以超文本技术相链接，构成立体网络结构。资源分散存储在全球各地的资源服务器上，缺乏统一控制，呈无序状态，有别于传统信息资源线性排列的体系结构。

8．分布式、跨平台

网络信息资源是存放在不同国家、不同地区的各种服务器上，各种信息数据库基于的系统、平台不同，形成分布式、跨平台的特点。网络信息资源的这个特点要求检索系统能够跨网、跨库、跨系统、跨平台、跨语言地操作与检索应用。

9．共享程度高

由于信息存储形式及数据结构具有通用性、开放性和标准化的特点，网络信息资源的复制、分发更加容易，因此，在不考虑版权的情况下，一份资源可以以无限多个复本同时服务于无限多的用户。网络打破了传递的时空界限，用户可以在任何时间、任何地点获取信息资源，使网络信息资源传播的时间和空间范围得到了最大程度的延伸和扩展。数位用户可以同时共享同一份信息资源。

10．存储介质发生转换，使用成本低

信息资源由纸张上的文字变成磁性介质上的电磁信号或光介质上的光信号，从模拟信号转变为数字信号，因此，信息存储密度高、容量大，信息资源可以无损耗地被重复利用，而信息的存储、传递和查询的速度也更加快捷。再者，网络信息资源绝大部分可免费使用，用户所需支付的主要是获得上网条件所必须支付的相关费用。低费用的网络信息资源有效地刺激了用户的信息需要，从信息需要的角度也拉动了网络信息资源的有效、合理的配置。

11．异构性

互联网通过 TCP/IP 将不同的网络连接在一起，对网络信息资源本身的组织管理并无统一的标准和规范。网络信息资源存储在不同国家、不同地区的服务器上，不同的服务器采用不同的操作系统及数据结构，不同的用户界面使得网络资源呈现异构和无序状态。

12．用户类型广

网络信息资源的用户广泛，可以覆盖不同教育程度、不同年龄、不同职业、不同背景的用户，几乎覆盖了社会的各个领域和各个阶层。可满足不同用户的不同需求，如科学研究、商业交易、学习、娱乐、查询信息等。

13．互动性强

由于网络信息资源存储在计算机能够识别的介质上，伴随着计算机软件的更新与性能的日益提高，网络信息资源用户逐渐具有更多的主动性，允许用户对资源发表评论、做进一步完善，并就相关问题展开讨论。作者、出版者和读者可以通过网络直接沟通。用户也可以就某一专题开设电子论坛，其他人可以围绕该专题展开讨论，互相交流。他们不仅是数字信息资源的利用者，而且将成为数字信息资源的开发主体，传统的文献信息资源不具有这一功能。

综上所述，网络信息资源信息量巨大、类型多样、形式丰富、内容广泛、时效性强、关联度高、使用方便，是传统的文献信息资源难以比拟的。但是这些优点同时也带来了使用上的困难，由于其分布广泛，数量巨大，呈分散无序状态，如果不能很好地整合，形成有序的信息空间，则无法充分发挥其优势。

2.2.3 网络信息资源的类型

目前，难以按照一个统一明确的标准对网络信息资源进行分类。那么上述资源的分类标准和分类结果也同样适用于网络信息资源。在这里，不再对上述分类进行重复介绍，而仅就网络上常用的几种特殊的网络信息资源进行介绍。需要指出的是，下面这些信息资源的分类并不是按照一个标准划分而得到的结果，因此，各类型信息资源之间存在着交叉或重复。

2.2.3.1 按网络信息资源服务方式划分

1．WWW 信息资源

它在 WWW（World Wide Web）客户机和服务器之间采用超文本传输协议进行传输，WWW 信息资源是建立在超文本和超媒体技术的基础上的集文本、图像、图形、声音等为一体，以直观、友好的图形用户接口的网页形式在因特网上展现。它能对分布在网络各处的文本、图像、声音、多媒体、超文本信息进行方便快速的浏览和传递。因而，从 20 世纪 90 年代至今得到迅速发展，并成为网络信息资源的主流。

2．Telent 信息资源

Telent 信息资源指基于网络通信协议，通过用户计算机与远程计算机登录进行链接，共享远程计算机对外开放的部分信息资源，包括远程计算机中的各种硬件资源，如打印机、绘图仪等。软件资源如各种大型数据库、图形处理程序等。Telent 是强有力的信息资源共享工具，是实现用户计算机与远程计算机链接的最佳方式之一。利用 Telent 方式提供信息资源服务的主要有各政府部门、科研机构等对外开放的各类商用数据库和各大中型图书馆提供的联机公共检索目录 OPAC。

3．FTP 信息资源

FTP（File Transfer Protocol）信息是互联网上广泛使用的一种服务。可以用来在互联网上的两台计算机之间的文件传输。以联网方式从一个系统到另一个系统进行文件的完整复制与传输的信息资源。FTP 所包含的信息资源类型非常广，可以是文本、图像、声音、多媒体、数据库等。通过 FTP 的文件传输协议，可与互联网上的任何一个 FTP 服务器进行文件上传、下载操作，FTP 是互联网上发布信息、传输文件和软件的主要方式之一。

4．Gopher 信息资源

Gopher 与 WWW 的分布方式客户机/服务器的信息资源体系类似，是一种基于菜单式的网络服务模式，多数 Gopher 服务器上建立有信息资源目录的菜单，用户只需在资源目录的菜单中选择所需要的对应项，通过与远方 Gopher 服务器建立连接，就可完成对远程联机信息的访问查询。

5．用户服务组信息资源

用户服务组信息在 Internet 中是一种极为独特、自由、开放、丰富的信息，也是最受欢迎的一种消息交流方式。它包括新闻组、邮件列表、专题讨论组、兴趣组、辩论会等，成千上万讨论组的全球系统。用户可以利用自己的主机申请加入到与自己要讨论的主题相关或相同的讨论组中，用户可以与众多的人开诚布公地沟通思想、获取信息，并随时就某一问题获取他人的帮助和点拨。同时也可以查阅别人的看法和意见，并给予回复，反复这个过程即形成讨论与交流。这种交流广泛、便利、直接的信息是因特网上最为流行、最具活力、最受欢迎的信息资源。

6．WAIS 信息资源

WAIS 称为广域信息服务，是一种数据库索引查询服务。WAIS 是通过文件内容（而不是文件名）进行查询。因此，如果打算寻找包含在某个或某些文件中的信息，WAIS 便是一个较好的选择。WAIS 是一种分布式文本搜索系统，用户通过给定索引关键词查询到所需的文本信息。

2.2.3.2　按网络信息资源传播范围划分

网络信息资源按其传播范围可以分成光盘局域网信息、传统的联机检索信息和 Internet 信息等。

1．光盘局域网信息资源

20 世纪 80 年代以来，在计算机技术、激光技术和精密电子技术等现代科技成果的基础上，发展起来一种新型电子出版物——光盘，以其存储信息密度高、容量大、读取速度快、存储的信息类型多等显著特点，深受用户的欢迎。

2．传统的联机检索信息资源

这种传统的联机检索是一种集中式的网络系统，它由联机检索中心、通信网络和检索终端组成。联机检索中心主要包括中央计算机、联机数据库、数据库检索软件等，是联机检索网络的中枢部分。通信网络是连接检索终端与检索中心的桥梁，其作用是保障信息传递的畅通。而检索终端是用户与系统进行人机对话的设备。当用户通过检索终端，将一定的信息需求转化为特定的检索语言和检索表达式，经由通信网络传至系统的主机时，主机将其与系统数据库中存储数据进行匹配运算，并将检索结果按用户需求传至终端设备，再由终端设备显示或打印。在整个联机检索过程中，大部分工作都是在主机上完成的，因此，联机检索对主机的处理速度和功能的要求相当高。

由于这些联机检索系统在信息加工上的优势和在信息服务方面的独到之处，使得联机网络信息资源以其加工标引规范、检准率高、数据库涉及学科范围广、专业性强而逐渐成为 Internet 网上不可忽视的一种重要信息资源。

3. Internet 信息资源

这里所指的 Internet 信息资源是一个狭义的概念，由于其操作简便、检索界面友好、资源丰富多彩，其信息不仅包括目录、索引、全文等，还包括程序、声音、图像和多媒体信息。

这类资源大多是由机构、团体、协会、公司甚至个人提供。提供上网的信息并没有一个传统的信息过滤机制，信息质量参差不齐，而且这类信息在网络上更新十分频繁。正是由于这种松散的管理模式，使 Internet 成为近年发展最迅速的信息资源，其发展速度远远超出了人们的想象。

2.2.3.3 按网络信息资源组织形式划分

网络信息资源组织是将丰富无序的网络信息资源，根据一定的规则与方法将其组织为有序信息资源，方便用户进行有效利用与传递。通常对网络信息资源进行组织的最普遍的方式有如下四种。

1. 文本信息资源

普通文本信息资源的知识单元按线性顺序排列。阅读时，人们跟随文本的线性流向吸收其中的养分，遇到不懂的地方或想要知道详细情况时，就得暂时中断阅读，去查阅有关参考资料。这样就打乱了文本固有的线性配置格局，在读者的头脑中形成相互参阅的知识单元网状结构。然而，用户不易掌握和追踪这种网状结构，更难以对其修改和补充，仅靠手动、眼看、心记是具有极大的局限性和片面性的，超文本的出现为解决这一问题提供了手段。

2. 超文本/多媒体/超媒体方式

超文本信息资源是指一种人—机交互的友好系统。它模拟人类思维的静态信息结构体系，用户利用计算机可以增删内容，用户的想法可以随时存入数据库中，也可以随时检索。超文本信息资源是按知识单元及其关系建立的知识结构网络。其数据库由节点和链路组成，查阅超文本信息资源时，以知识片段及其关系作为追踪、检索的依据。除了处理一般的文字信息外，还包括图片、地图和其他直观信息。超文本信息资源能够把文字信息和图像信息间接地结合在一起。

多媒体信息资源是指包括文本信息、图像（图表、图画、照片、动画或活动影视）信息、声音（语言、音乐或其他音响）信息和动画信息等在内的各种信息或传播形式的总称。多媒体信息能针对用户的需求提供各种形式的信息。多媒体的出现使得人们接受的信息资源不但图、文、声并茂，而且丰富多彩。

超媒体信息可以说是超文本信息与多媒体信息两种技术的结合。一般来说，当超文本节点中的信息是多媒体信息时，即在信息浏览环境下，超文本的信息管理方式与多媒体的信息表现方法结合在一起时，就称为超媒体，它是超级媒体的简称。通过超媒体信息系统不仅能实现从一个文本信息链接到另一个文本信息，而且声音、图像、图形等还可以以其他方式进行高度综合和集成。空间上，图、文、声并茂；时间上，媒体信息同步实现，有超文本和多媒体两种信息资源的特点，具有高度的交互性。

超文本/多媒体/超媒体方式属于一种符合现代网络信息资源的新型信息组织管理方式，它非常注重信息间的关联性链接，信息用户不需要有专业检索技巧，只需任意单击所需要的信息链接就可以找到所需的信息。超文本/多媒体/超媒体方式是目前 Internet 信息资源的主要组织方式。

3．数据库方式

数据库可对大量规范化数据进行有效管理与控制。它对所要管理与控制的资料首先进行合理的分类与规范化的处理，并以记录的形式保存使其形成数据库存储在计算机中，用户可通过各种组配检索方式对数据库中的记录进行检索查询。利用数据库方式组织网络信息资源，可提高大量结构化的数据处理能力，使网络信息具备有序性、完整性、安全性。由于数据库中的每条记录都是以字段作为存取单位，所以用数据库方式来实现信息资源共享和信息传递可极大地减少网络负载。

目前，利用 Web 技术和数据库技术的结合所产生的 Web 数据库是信息资源的主体之一，Web 数据库中所有数据记录都是经过人工严格收集、整理、加工、组织起来的具有高学术和科研价值的信息。一般不同的 Web 数据库所包含的限制条件不同，在检索时都有适合本库专用的检索系统来进行检索查询。

4．网站方式

网站由一个主页和若干个从属网页组成，它将相关信息通过文件方式、超文本/多媒体/超媒体方式、数据库方式进行有效的组织集合并提供检索，这些经过组织集合后的信息资源通过网页显示出来。一个网站一般包含不同层次、不同等级的多个网页，它是网络中的一个实体，从网络信息的组织结构来看，信息资源主要分布在各个网站的不同网页上，网站是网络信息资源与网络信息用户的中介，网络信息组织最终目的是将错综杂乱的网络信息进行序化、整合，它集网络信息的提供、组织、服务于一体。

2.2.3.4　按网络信息资源发布方式划分

按发布的方式，网络信息资源划分为非正式信息资源、半正式信息资源和正式信息资源三种。

1. 非正式信息资源

它包括通过电子邮件、网络论坛、电子会议、电子公告等方式所发布的信息资源。在整个因特网中非正式信息资源的数量非常庞大，这类信息流动性、随意性强，所以质量得不到有效的控制和保证。

2. 半正式信息资源

在因特网上发布的具有一定产权保护效力，但未纳入正式信息发行系统的信息资源。这些资源包括政府机构、学术团体、科研机构和内部电子期刊、会议文集、各类报告、产品简介等相关性介绍和其他信息。

3. 正式信息资源

这类信息资源在因特网上的发布受到一定产权保护，质量相对稳定，利用率也较高，是具有知识性、前沿性、分析性的信息资源。正式信息资源按其加工的层次可分为一次信息资源，如电子图书、电子期刊、电子报纸等；二次信息资源，如各类网络数据库、搜索引擎、网络导航等；三次信息资源，如网站推荐、网络述评等。

2.2.3.5 按网络信息资源检索内容划分

网络信息资源还可以分成以下几种类型。

1. 网上图书信息

（1）出版商提供的书目信息。国内外多数出版社都有自己的网站，通过因特网发布其出版物的目录、最新图书内容简介、价格等信息。

（2）图书馆、文献情报中心提供的联机图书馆馆藏目录，有些联机目录不但提供书目及摘要，还提供其他的信息资源。

（3）数字图书馆提供的电子图书。数字图书馆是数字化生存时代的重要文化基础设施。利用这些图书馆，图书资料就会方便地进入人们的生活。

（4）通过网上书店获取图书信息。现在网上书店林立，不但提供一般的书目信息，不少还提供图书的摘要、目次等信息，对了解图书十分方便。

（5）其他网络机构提供的图书信息。互联网上有很多非营利性服务网站都提供图书查询和下载，如网络中国—E的书库（http://book.httpcn.com）、北极星书库（http://www.help99.com）等。

2. 网上电子期刊信息

电子期刊是非常重要的网络资源。网上电子期刊时效性强、内容丰富、检索途径多样，已成为利用率非常高的网络信息源，特别是免费的电子期刊。网上电子期刊包括与印刷版同时发行和仅在网上发行的两种，其主要来源渠道有以下几种。

（1）出版商和文摘索引服务商提供的期刊检索服务。

（2）网络数据库信息服务商提供的服务。

（3）文献情报部门或学术性机构提供的服务。

（4）网络版期刊提供的服务。许多期刊都有自己的网站，提供免费的现刊目录。

（5）电子杂志，除了上述信息源外，网上还有大量的真正"电子杂志"，它们不是印刷版期刊电子化的产品，而是不经过新闻出版管理机构批准的网络杂志社，这些网站免费投稿，免费阅读，如"中国博客网电子期刊"等。

3．网上专利信息

（1）利用专利管理机构网站提供的信息。这类网站提供的专利信息全面、权威、新颖。例如，美国、加拿大、日本等国的专利数据库在因特网上均能得到免费使用。

（2）利用联机检索系统中的专利数据库。一些知名的联机检索系统中都包含与专利有关的数据库，如 Dialog 系统、STN 系统等。

（3）利用数据库出版机构提供的信息。主要有德温特公司、英国 IEE 公司（INSPEC）等。

（4）通过网上专利免费服务机构获取专利信息。

4．网上数据库信息

这是最有价值的信息资源之一，一般以商业性数据库或政务数据库的形式出现，需要通过购买或用户授权才能使用。网上数据库有全文型、文摘型、题录型、事实和数值型、多媒体型等。因特网上也有大量有价值的免费数据库，只要善于发现、搜集，往往会得到意外的惊喜。高校图书馆、公共图书馆的导航系统中常有大量的免费数据库介绍。

5．网上其他科技信息

除了网上图书信息、电子期刊、专利信息、数据库信息外，还有大量的会议信息、科技政策法规、学位论文、技术标准、产品样本目录、科技报告、统计数据、科技新闻、组织机构、电子论坛、通讯讨论组和数据库等，这些资源的实用性也很强。

6．网上的多媒体信息资源

互联网是一个极为丰富的多媒体信息资源库，不论是音乐信息、图形图像信息，还是视频信息，应有尽有。只要善于搜索、善于"淘宝"，就会得到无穷的宝藏。

7．网上的软件信息资源

互联网又是最大的软件信息资源库，不论是系统管理软件还是办公软件，不论是工具软件还是娱乐软件，几乎没有找不到的。不仅如此，还有相关软件使用说明和教程。

8．网上的电子布告栏系统、博客、维基等信息

交流与互动是网络信息的重要特点，形形色色的电子布告栏系统，各种各样的博客，崭露头角的维基等构成巨大的信息互动平台，这里有论文，有经验，有绝招，有市场信息，有文献信息，其中不乏有价值的信息。

9．网络信息的形式

网络信息的形式是多种多样的，从网页形式上看，既有静态网页信息，也有动态网页信息（包括 PHP、PERL、CGI 等）；网络信息按照媒体形式有文本信息（如 HTML/HTM、TXT、PDF、PS）、幻灯片格式信息（如 PPT/PPS）、图形信息（如 BMP、GIF、JPG、PCX、PSD）、音频信息（如 AU/ULAW/MULAW、MP3、WAV）、视频信息（如 GIF、FLI/FLC）、影像信息（如 AVI、MOV/QT、MPEG/MPG/DAT）等。

网络信息资源的类型极其丰富，除了上述的几种划分方法外，按照提供信息的机构可将信息资源分为图书馆提供的信息资源、专业信息服务机构提供的信息资源、企业公司团体甚至个人提供的信息资源；按照信息内容的表现形式和用途可将信息资源分为全文数据、事实型数据、数值型数据、文献书目信息、实时交互活动型信息以及图像音乐信息资源等。

总而言之，信息资源的类型多种多样，用户在进行信息检索时，一方面，因为每类信息资源有不同的特点与适用范围，没有必要对所有的信息资源都进行检索。另一方面，因时间与精力所限，也不可能查遍所有信息源。为了快速、准确地获取有价值的信息，就需要在信息源的选择上有所取舍。

而对于信息源的选择可遵循依需而定的原则，根据信息需求，结合不同信息源的特点，有选择地使用。例如，对于查找新闻、社会动态这类一般消息，选择浏览网页无疑是既准确又快捷的方式；而当需要了解某一专题的前沿性的信息时，期刊可能是更好的选择；查找某些在研究中的阶段性成果时，会议文献也可以是一种选择；学位论文一般选题新颖，论述系统，文献调研全面，实用性强，是学术研究中不应忽视的信息源；对于技术方法方面的信息也可以通过检索专利文献获取详细技术说明等。而实际上，按需选择的原则要求对各类信息源的特点非常了解，信息需求的复杂性及多样性也决定了通常是通过对多种信息源的综合使用来完成检索。

2.2.4　网络信息资源的获取途径

总的来说，要获取网络信息资源，用户首先要知道提供信息源服务器的 URL，然后通过该地址访问服务器提供的信息。具体来说，网络信息的获取途径主要有以下几种。

1．网页浏览检索

这种网络信息检索方法是以超文本检索技术为依据，通过文档连接实现浏览网页之间的跳转，适于在没有明确检索目的的情况下使用，通过"滚雪球"式的链接浏览扩大检索范围，获取相关信息。对于网络漫游中发现的优秀网站，可以通过添加到收藏夹备用。

2．网络信息资源检索工具

为了方便高效地检索网络信息资源，人们开发出了很多网络信息的检索工具，例如查询新闻组资源 Usenet Wais，搜寻 FTP 资源的 Archie 等。其中，使用最广的检索工具还是WWW 搜索引擎。搜索引擎的检索又分为具有多级主题分类体系的目录型，和将用户检索提问与数据库内容匹配检索的关键词型两类。此外，还有很多专业性的目录型网络信息资源检索工具，供用户获取特定学科领域的信息，从而实现用户族性检索的需求。

3．搜索软件

针对搜索引擎的不足，人们还研发了很多专业的搜索软件。这些搜索软件的最大特点就是可以同时启动互联网上的多个搜索引擎进行搜索，从而得到更多、更详细的信息。例如，中搜的"网络 PIG（Personnel Information Gateway）"就是一款桌面搜索软件，采用了基于 Web2.0 开发的具有个性化的人工智能技术，同时具备了基于 RSS 技术的定制功能。当用户输入关键词后，搜索结果就会经过简单分类整理，如网站频道一样显示出来，并且用户可以通过关键词分类定制自己所需要的信息，所有信息就会以最新、最快的方式呈现到用户面前。

4．网上图书馆资源指南

网上图书馆是检索网络信息资源的重要途径之一，而资源指南是信息专业人员利用自身对网络信息资源的了解，通过对网络资源的采集、组织、评价、过滤、控制和检索等手段，开发出可供浏览和检索的"书目之书目"（Web of Webs），形成综合性或专业性资源指南。具体可利用途径主要包括：（1）建立联机公共检索目录（OPAC），供读者在网上查询相关书目信息；（2）利用图书馆工作人员对网络资源进行收集、整理、加工后形成的学科信息资源导航。这类信息具有较强的学术针对性，以服务教学与科研为主。

5．RSS 订阅

RSS 是实现站点间信息共享的简易方式，只要用户安装相应的客户端工具。RSS 阅读器就可以依据网站内容的变动而自动更新新闻内容，这样用户就可以在不打开页面的情况下读取自己感兴趣的网站内容。用户还可以定制多个 RSS 提要，将信息整合成单个数据流，在方便阅读的同时还免受广告的骚扰。

6．利用 E-mail 获取信息

电子邮件的用户可以充分利用 E-mail 订阅电子期刊，定期收到专题信息。也可以通过 E-mail 搜集电子论坛专题讨论组的言论等，从而实现信息的双向交流，达到信息开发与利用的目的。

2.3　信 息 检 索

信息检索和服务现在已经非常普遍，成千上万的人每天都使用它们来方便地进行商务、教育和娱乐。Google、Bing 等 Web 搜索引擎，是目前为止最普遍和大量使用信息检索服务的形式，提供获取最新技术信息、搜索人和组织、总结新闻和事件以及简化比较购物的途径。电子图书馆系统帮助学术界的研究人员了解他们研究领域内最新的期刊文章和会议报告。消费者使用本地搜索服务来找到提供所需产品和服务的零售商。在大型公司中，企业搜索系统作为电子邮件、备忘录、技术报告和其他业务文档的存储库。因此，人们必须掌握一种科学的方法从取之不尽的信息源中去识别和获取所需要的那部分信息，这个过程就是信息检索（Information Retrieval）。

2.3.1 信息检索的概念

随着信息环境的变化、用户需求的发展、信息技术的进步，信息检索概念的内涵也几经发展变化，即从广义和狭义两个方面来看。

从广义上讲，信息检索包括信息的存储和检索两个过程，即将信息按一定的方式进行加工、整理、组织并存储起来，再根据信息用户特定的需要将相关信息准确地查找出来的过程。又称信息存储与检索。

信息存储（Information Storage）是指收集大量无序的信息，根据信息源的外部特征和内容特征，经过分类、标引等步骤加以处理，使其系统化、有序化，并按一定的技术要求编制检索工具或建立检索系统，供人们检索和利用。这个过程主要是对信息工作者而言的。

从狭义上讲，信息检索仅指信息查询（Information Search）。即用户根据需要，采用一定的方法，借助检索工具，从信息集合中找出所需要信息的查找过程。这个过程主要是对于信息用户来说。在此过程中，用户只需要知道如何能够快捷、方便、高效地获取所需的信息，而不必掌握信息的组织管理模式以及信息的存储地点。

信息的存储方式与检索方式是互逆的。存储是为了检索，而检索必须先要存储。因此，信息存储与检索是信息检索的两个核心，是密不可分的两个过程。本书涉及的信息检索指的是狭义的信息检索。

总之，信息检索是用户进行信息查询和获取的主要方式，是查找信息的方法和手段，它能使人们在浩如烟海的信息海洋中迅速、准确、全面地查找所需的信息。可以说，信息检索对人们的学习、生活和工作等方面都有非常大的作用。

2.3.2 信息检索的原理

人类对信息的需求千差万别，获取信息的方法也各种各样，但信息检索的基本原理却是相同的。可以把它最本质的部分概括为一句话，即对信息集合与需求集合的匹配与选择。

信息检索基本原理的核心是用户信息需求与文献信息集合的比较和选择，是两者匹配（Match）的过程。

一方面是组织有序的文献信息集合，即存储过程。首先是对大量的原始文献（十大文献源）进行筛选（根据具体的藏书建设方针进行采购或收集）；然后开始对文献加工，形成信息特征标识，即为检索提供经过整序（即形成检索途径）的信息集合的过程。具体来说，信息的存储包括对信息的著录、标引以及编排正文和所附索引等。

所谓信息的著录是按照一定的规则对信息的外表特征和内容特征加以简单明确的表达。信息的外表特征包括信息的著录、来源、卷期、页次、年月、号码、文种等。信息的内容特征包括题名、主题词和文摘。信息的标引就是信息内容按一定的分类表或主题词表给出分类号和主题词。在加工过程中，第一步是对文献内容进行主题分析；第二步需将主题分析上升为概念分析；第三步根据某种检索语言的词法和语法将主题概念转换为标引词，这样就在检索工具中形成信息的标引。为了保证检索工具总是严格有序的，对手工检索工具而言，所添加的存储标识必须处于适当的位置；对于计算机检索系统，必须重做索引。

另一方面是用户的信息需求，即检索过程。检索过程则为存储过程的逆过程，事实上，检索的过程是人们的信息提问与文献的检索标识相比较而决定其取舍的过程。首先，用户必须要有所谓"信息需求"。针对用户的信息提问，同样必须要对其内容进行分析，因为有些用户常常不能清楚地描述他究竟需要检索什么样的文献，这是第一步；第二步，同样需要做进一步的主题概念分析；第三步，将概念分析的结果根据同一种检索语言的规则转换成检索词（规范化词和自由词）；最后则是用检索词（标识）与存储标识（标引词）相比较，如能取得一致，则检索命中，查到所需文献。如果不相符合，就需改换或修改检索词，继续重新查找，直到两者一致为止。这个过程，无论手工检索还是计算机检索都是如此。

检索就是从用户特定的信息需求出发，对特定的信息集合采用一定的方法、技术手段，根据一定的线索与规则从中找出（Search，Locate，Hit）相关的信息。

信息检索的本质是一个匹配的过程，匹配有其匹配标准，简单地讲，即信息用户的需求和一定的信息集合的比较和选择的过程，换言之，也就是用户根据自己的需求提出检索概念或检索词与信息系统中标识进行比较，如果检索出的信息两者一致或比较一致（信息标引的标识包含着检索提问标识）的信息，则所需信息就被检中，否则检索失败。

因此，只有了解信息处理人员如何把信息存入检索工具，才能懂得如何从检索工具中检索所需信息。信息存储与检索过程如图 2-1 所示。

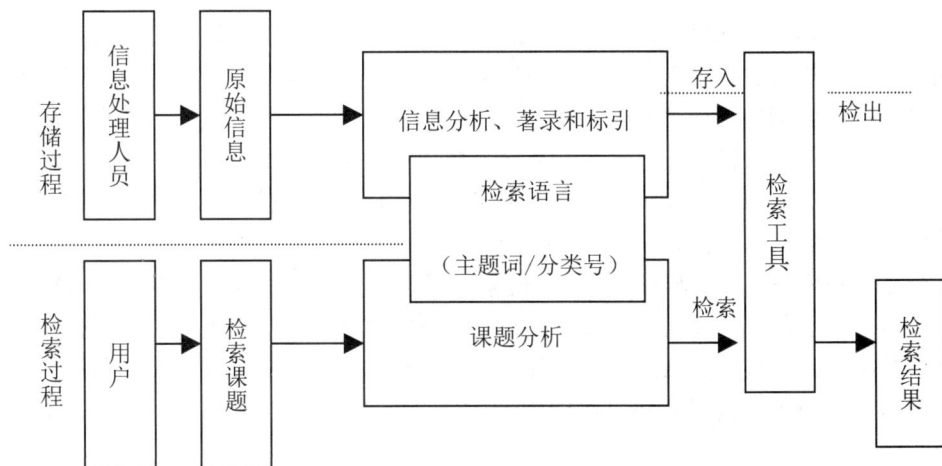

图 2-1　信息存储与检索过程示意图

2.3.3 信息检索的类型

为便于理解信息检索的概念，可以根据不同的标准、从不同的角度，将信息检索划分成不同类型，如图 2-2 所示。

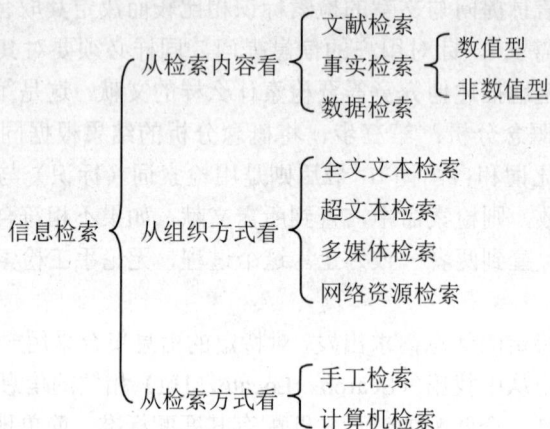

```
                              ┌ 文献检索
                 从检索内容看 ┤ 事实检索 ┬ 数值型
                              └ 数据检索 └ 非数值型

                              ┌ 全文文本检索
信息检索         从组织方式看 ┤ 超文本检索
                              │ 多媒体检索
                              └ 网络资源检索

                              ┌ 手工检索
                 从检索方式看 ┤ 计算机检索
```

图 2-2   信息检索类型示意图

1. 按检索内容不同划分

作为检索对象的信息，它有不同的形式，有的以文献的形式出现，有的以数据和事实的形式出现，根据检索对象的内容不同，信息检索可划分为文献检索、数据检索、事实检索三种类型。

（1）文献检索。文献检索（Document Retrieval）是以文献为检索对象的信息检索。即利用相应的方式与手段，在存储文献的检索工具或文献数据库中，查寻用户在特定的时间和条件下所需文献的过程。它为用户提供的是与用户的信息需求相关的文献信息。例如，查找某一主题、某一时代、某一著者、某一地域、某一机构、某一事物的有关文献，以及回答这些文献信息的出处和收藏单位等，都属于文献信息检索范畴。例如，查找关于"汽车排放废气造成的危害"都有哪些文献报道。

文献信息检索以文献为检索对象，其检索结果可以是文献线索，也可以是具体的文献。例如，检索"关于我国教育改革研究"的论文。完成文献信息检索主要借助于检索工具书和文献型数据库。文献型信息检索为相关性检索，检索结果有相关程度大小和相关文献数量多少的区别，例如，同样查找"我国大学生信息素质教育"，通过不同的检索系统，可以得出完全不同的相关文献。

（2）数据检索。数据检索（Data Retrieval）是以数值或图表形式表示的数据为检索对象，利用参考工具书、数据库等检索工具，检索包括物质的各种参数、电话号码、银行账号、观测数据、统计数据等数字数据，也包括图表、图谱、市场行情、化学分子式、物质的各种特性等非数字数据，统称为数据信息检索，又称数值检索。

数据信息检索的结果是一种确定性检索，通常具有唯一性，并提供一定的运算推导能力，还可供直接使用的科学数据。例如，"杨浦大桥的高度和跨度"、"2012 年我国人均 GDP 指数"等，其检索结果为数据信息，这些数据无论在什么文献中出现，都是相同的。数据检索与文献检索有许多共同之处，文献检索的许多方法也适用数据库。

（3）事实检索。事实检索（Fact Retrieval）是以某一客观事实为检索对象，利用百科全书等检索工具，从存储事实的信息系统中查找出特定事实的过程称为事实信息检索。事实检索是对包括事实（Fact）、数值（Numeric Data）与全文（Full-text）的检索，又称事项检索。

其检索结果是客观事实或为说明客观事实而提供的资料，提供原始信息，给出直接、确定性的答案。它回答的问题如"世界上最长的河流是哪条？它位于何处？""我国 2012 年被《SCI》、《EI》、《ISTP》收录的文献量是多少？""2012 年诺贝尔文学奖的获得者是谁？"这些问题的答案是明确、直接和肯定的，通过事实检索工具一次完成。事实检索是信息检索中最复杂的一种，要求检索系统必须有一定的逻辑判断能力和自然语言理解功能。

事实检索的书本型工具称作参考工具书，它们有字、词典（Dictionary）、百科全书（Encyclopedia）、年鉴（Annual，Yearbook，Almanac）、手册（Handbook，Manual）、名录（Biography）及书目指南（Directory）等。

用于事实检索的数据库属源数据库，它强调具体数据和原始资料的自足性。源数据库类型多，结构各异，动态性强，检索方便，使用频繁，是当今发展最快的一类数据库。它包括数值数据库、文本-数值数据库、术语数据库、图像数据库、多媒体数据库、全文数据库等。

从这一分类可以看出，这三种类型的检索，检索对象不同，检索结果也不同。文献检索是一种相关性的检索，检索的结果是文献线索，带有很大的不确定性，检索结果很难明确地回答"有或没有"。数据检索侧重于检索对象的量的方面，回答一个确定的数据或数据范围。事实检索侧重于检索对象的质的方面，回答一个确定的事实。数据检索和事实检索是一种确定性检索，能回答"有或没有"、"是或不是"，检索的结果通过三次信息来完成。可供用户直接利用。

总而言之，文献检索既不能确切地回答检索对象的量，也不能简单地回答质的方面。由于检索的目的是为了获得所需要的信息，而文献就是记录有信息的载体，因此，一般在检索结果中往往既包含文献，也包括数值和事实，在原理和方法上三者没有本质的区别。三种检索类型中以文献检索为主，它是信息检索中使用最广、最重要的一种。

2．按系统中信息的组织方式划分

按系统中信息的组织方式划分，信息检索划分为全文文本检索、超文本检索、多媒体检索、网络资源检索等四种类型。

（1）全文文本检索。全文文本检索也叫全文数据库检索。它通过计算机将文件的全貌，包括文字和图形、图像等非文字信息转换成计算机可读形式，直接采用自然语言来设置检索入口，与二次文献数据相比较，它无须用规范化语言对文献进行复杂的前处理，每一条记录不但能够揭示文献的题名、作者、出处、文摘的信息，而且能够直接而深入地揭示整篇文章乃至整本书。检索时以文中任意信息单元（章、段、句、节）等信息作为检索点，计算机自动进行高速比照，完成检索过程。

（2）超文本检索。超文本检索是一种具有联想式思维功能的新型检索技术。它是针对信息在系统中的不同组织方式而提出的。从组织结构上看，超文本的基本组成元素是节点（Nodes）和节点间的逻辑连接链（Links），每个节点中所存储的信息以及信息链被联系在一起，构成相互交叉的信息网络。检索时用户能够从任何一个节点开始，从不同角度检索到感兴趣的信息。与传统文本的线性顺序不同，超文本检索强调中心节点之间的语义联接结构，靠系统提供的复杂工具作图示穿行和节点展示，提供浏览式查询。其检索模式是从"哪里"到"什么"。而传统的文本检索系统则强调文本节点的相对自主性，其检索模式是从"什么"到"哪里"。

（3）多媒体检索。多媒体检索是指能够支持两种以上媒体的数据库检索。它是对超文本检索的补充。20世纪80年代以来，多媒体数据存储以及数据库检索技术发展迅速，信息的存储结构从单维发展到多维，存储空间范围在不断扩大。对同时存在文字、图形、图像、动画、声音等多种媒体信息进行统一的存取与管理成为可能，检索时不但能够浏览查询对象的文字描述，而且同时能够做到听其声、观其形。

需要说明的是，超文本和多媒体检索，二者的链都是有向的（单、双向并存），均面向浏览式查询。

（4）网络资源检索。网络资源检索是一种集各种新型检索技术于一体的，能够对各种类型、各种媒体的信息进行跨时间、跨地理检索的大系统。网络信息资源的组织管理需要诸多信息技术的支持，其中以WWW（World Wide Web）全球浏览技术最具优越性和可用性。WWW是一种集超文本技术、多媒体技术和网络技术于一体的新型检索工具。与传统信息检索方式相比较，它具有深入、实时、快速和跨时空共享、多媒体应用等特点。

这些新型检索技术的开发应用，不仅从深度上和广度上大大提高了信息资源的组织和管理能力，而且从内容上大大丰富了文献检索的内涵，一些传统的文献检索的一些基本概念将随之发生变化，甚至重新定义。

3．按信息检索方式划分

根据使用手段的不同，信息检索一般分为手工检索（简称手检）和计算机检索（简称机检）两种方式。

（1）手工检索。手工检索简称"手检"，是指用人工来处理和查找所需信息的检索方式。使用的检索工具主要是书本型、卡片式的信息系统，即目录、索引、文摘和各类工具书。手工检索是检索者与检索工具直接对话，它依靠检索者手翻、眼看、脑子判断而进行，不需要借助任何辅助设备。

　　手工检索的特点是方便、灵活、直观，可随时修改检索策略，查准率较高。不足的是检索速度较慢，漏检现象比较严重，不便进行复杂概念课题的检索。

　　（2）计算机检索。计算机检索简称"机检"，是指人们利用计算机和一定的通信设备查找所需信息的检索方式。它需要计算机通信硬件设施、系统软件和应用软件。利用这种方式能对大量的信息进行存储，并可以根据用户要求从已存储的信息中迅速抽取特定信息，并具有插入、删除、修改等功能。

　　计算机检索的特点是检索速度快、效率高、查全率较高。不足之处是成本高、费用大，查准率通常不尽人意。目前广泛使用的计算机检索系统包括光盘检索系统、联机检索系统和因特网上检索系统。手工检索是基础，计算机检索是发展方向。

2.3.4　信息检索的方法

　　信息检索的方法多种多样，分别适用于不同的检索目的和检索要求。在信息检索过程中，具体选用哪种检索方法，依据客观情况和条件的限制不尽相同。但归纳起来，常用的信息检索方法有常用检索法、回溯检索法和循环检索法，如图 2-3 所示。

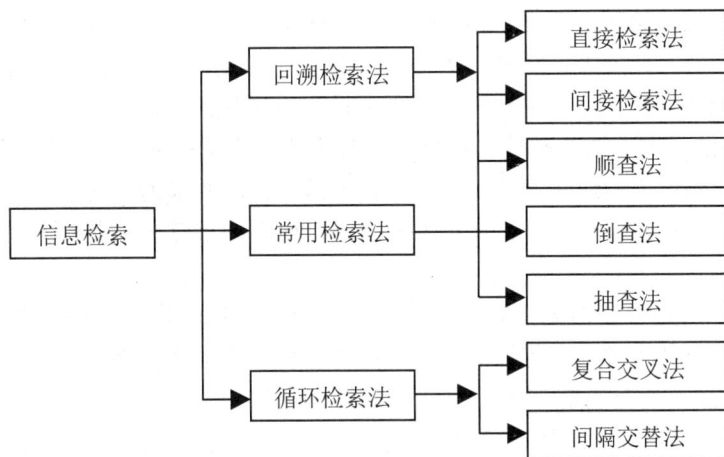

图 2-3　信息检索方法

1. 常用检索法

　　常用检索法又称工具检索法。它是以主题、分类、作者等为检索点，利用检索工具获得信息资源的方法。使用此方法首先要明确检索目的和检索范围，熟悉主要的检索工具的编排特点和作用。

　　根据检索方式的不同，常用检索法又可分为直接检索法和间接检索法；根据检索要求的不同，常用检索法又分为顺查法、倒查法和抽查法，如图 2-3 所示。

（1）直接检索法。直接检索法是指直接利用检索工具进行信息检索的方法。直接检索法所使用的多为便捷型的工具，其中的信息是经过高度浓缩的知识产品，从学科上又可分为综合性和专业性。对所收的信息按主题概念的大小构成条目，如以中文的笔画、笔形、汉语拼音、外文字顺等构成的各种字典、词典、手册、年鉴、图录、百科全书等，可以直接进入其相当的次序位置，获取所需信息资源；而只有在概念划分上需稍加推敲的，才使用其书后的内容索引，再进入工具书的主体部分，获取所需信息资源。这种方法多用于查检一些内容概念较稳定或较成熟、有定论可依的知识性问题的答案，即可解决事实性的检索和数据性的检索。

（2）间接检索法。间接检索法是指利用检索工具间接检索信息资源的方法。根据不同的课题要求、不同的设备条件，可以选择最适当的方案来实施检索，其内容包含检索课题的分析、检索策略的制定、检索技术的应用等方面。

（3）顺查法。顺查法是一种根据检索课题的起始年代，利用所选定的检索工具，按照从旧到新、由远及近、由过去到现在的顺时间顺序逐年查找，直至满足课题要求为止的查检方法。此方法也是一种掌握某课题全面发展情况的大规模的文献查检方法。

这种方法的优点是查全率高，由于是逐年查找，漏检较少，适用围绕某一主题普查一定时期内的全部文献信息，或者说适用于那些主题较复杂、研究范围较大、研究时间较久的科研课题。因是逐年、逐种、逐卷的查检，在检索过程中不断筛选，剔除参考价值较小的文献。检索的工作量大，费时、费力。又由于对准需求口径，误检的可能性较小，查准率也较高。此法可用于事实性检索，但更多地用于文献信息检索。

（4）倒查法。倒查法与顺查法相反，是利用所选定的检索工具，按照由新到旧、由近及远、由现在到过去的逆时序逐年查找，直至满足课题要求为止的查检方法。这种方法多用于新课题、新观点、新理论、新技术的检索，检索的重点在近期信息上，只需查到基本满足需要时为止。

倒查法的目的是要获得某学科或研究课题最新或近期一定时间内所发表的文献或研究进展状况。此方法省时，查得的信息有较高的新颖性，但查全率不高。

（5）.抽查法。抽查法是一种利用检索工具进行重点抽查检索的方法。它是针对某学科的发展重点和发展阶段，抓住该学科发展较快，文献信息发表较多的年代，拟出一定时间范围，进行逐年检索的一种方法。使用这种方法检索效果和检索效率较高，但漏检的可能性较大，因此，使用此法时必须熟悉学科的发展特点。

任何学科的发展，从整体上看都具有脉动性，即都要经历高峰期和低谷期。某学科高峰期所发表的文献数量要远远高于其低谷期的文献数量，抽查法就是有重点地检索学科高峰期的文献，只需付出较少的检索时间、人力和工作量，就可能获取较多的文献，从而提高检索效率。

2．回溯检索法

回溯检索法又称追溯法、引文法、引证法，是一种跟踪查找的方式。即以文献后面所附的参考文献为线索，逐一追溯查找相关文献的方法。通过回溯法所获得的文献，有助于对课题的主题背景和立论依据等内容有更深的理解。该方法获得文献针对性强，数量较多，在没有检索工具或检索工具不齐备的情况下，利用此法能够获得一些所需要的文献资料。但由于引证文献间关系的模糊性和非相关性所引起的"噪声"，查全率往往不高，而且往前回溯年代越远，所获取的文献越陈旧。美国科学情报所于 1961 年出版了《科学引文索引》（Science Citation Index，简称 SCI）、《社会科学引文索引》（Social Science Citation Index，简称 SSCI）和《艺术和人文科学索引》（Art and Humanity Citation Index，简称 A&HCI），中国科学院情报中心 1995 年 3 月编出的《中国科学引文索引》（China Science Citation Index，简称 CSCI），南京大学 1999 年编出的《中文社会科学引文索引》（Chinese Social Sciences Citation Index，简称 CSSCI）等都是回溯检索的有力工具。

3. 循环检索法

循环检索法又称交替法、综合法、分段法。即交替使用回溯法和常用法来进行文献检索的综合检索方法。检索时，先利用检索工具从分类、主题、作者、题名等入手，查找出一批文献信息，然后通过精选，选择出与检索课题针对性较强的文献，再按其后所附的参考文献回溯查找，不断扩大检索线索，分期、分段地交替进行，循环下去，直到满足检索要求为止。同时，为提高检索效率，需要根据参考文献的特点，对 5 年之内的重要文献一般都会引用，所以，可以采用跳过这 5 年，然后用检索工具再找出一批文献进行回溯，循环交替直至满足检索需要为止。它兼有常规检索法和回溯检索法的优点，可得到较高的查全率和查准率，尤其适用于那些过去年代内文献较少的课题。

总之，以上各种检索方法各有长处和短处，在实际检索中，究竟采用哪种方法检索最合适，需根据课题研究的要求、检索条件和检索背景等因素确定。

检索要求是指查准、查快、查全。这三者之间是互相制约的，难以兼得。若要求以"查全"为主，则应采用顺查法或循环法；若要求以"查准"为主，则应采用倒查法；若要求以"快捷"为主，则应采用抽查法。

检索条件是指是否有充分的检索工具可利用，在没有检索工具的情况下，可采用以回溯法为主的检索方法。

检索背景是指待查课题所属学科发展情况，即该学科从何时开始研究，何时研究达到高峰，何时研究处于低谷等。若能准确地知道此背景情况，可采用抽查法为主的检索方法。

2.3.5　信息检索的途径

由于文献有多种不同的特征，信息检索工具是把众多的各类信息资源进行分析加工后，按照一定的特征标识排检组织而形成的信息集合体。为提取文献特征编制的检索工具，就可能提供多种不同的检索途径。因此，检索途径是与文献信息的特征和检索标识相关的。现根据文献的外部特征和内容特征，将信息的检索途径分为两大类型，如图 2-4 所示。

```
                                        ┌ 题名途径
                              ┌ 按文献  │ 责任者途径
                              │ 外部特  ┤ 号码途径
                              │ 征检索  │ 出版社途径
                              │ 途径    └ 出版时间途径
              信息检索途径  ──┤
                              │
                              │ 按文献  ┌ 分类途径
                              │ 内容特  ┤ 主题途径
                              └ 征检索  └ 分类主题途径
                                 途径
```

图 2-4 信息检索途径示意图

1. 以文献的外部特征为检索途径

文献的外部特征，是从文献检索载体的外表上标记可见的特征，如题名（书名、刊名、篇名）、责任者（著者、编者、译者、专利权人、出版机构等）、号码（专利号、标准号、报告号、索取号等）、出版社、出版时间。

（1）题名途径。以书刊名称或论文篇名编成的索引作为文献信息检索的一种途径。如果已知书名、刊名、篇名，可以此作为检索点，利用书（刊）名目录、篇名索引等按题名编排的检索工具进行检索，查出所有特定名称的文献。

题名途径多用于查找图书、期刊、单篇文献。检索工具中的书名索引、名称索引、书目索引、刊名索引等均提供了题名检索文献的途径。

（2）责任者途径。根据已知文献责任者的名称来检索文献的途径。文献的责任者包括个人责任者（Personal Author）、团体责任者（Corporate Author）、专利发明人（Inventor）、专利权人（Patentee）、合同户（Contractor）和学术会议主办单位（Sponsor）等。

利用责任者（作者）途径检索文献，主要是利用作者索引（Author Index）、作者目录（Author Bibliography）、个人作者索引（Personal Index）、团体作者索引（Corporate Author Index）、专利权人索引（Patentee Index）等。

责任者途径的特点是专业研究人员一般各有所长，尤其是某些领域的知名学者、专家，他们发表的作品具有相当的水平或代表该领域发展的方向，通过作者线索，可以系统地发现和掌握他们研究的发展，可以查找某一作者的最新论著。

在使用责任者的途径检索文献时，要了解作者索引编排的规则和熟悉作者姓名的一般知识，如欧美国家的习惯是名在前、姓在后。

（3）号码途径。根据文献信息出版时所编的号码顺序来检索文献信息的途径。如果已知某一文献的特定编号，如技术标准的标准号，专利说明书的专利号，科技报告的报告号或合同号、任务号，文献收藏单位编的馆藏号、索取号、排架号等，可以此作为检索点，根据这些序号可制成不同的序号索引。在已知序号的前提下，利用序号途径能方便地查到所需文献，序号途径具有特性检索的功能，在事实数据检索中作用较大。在文献检索中，一般作为一种辅助性的检索途径。

（4）出版社途径。是根据文献出版的出版社来检索文献信息的一种途径。例如要查找"商务印书馆"出版的图书，可以"商务印书馆"为检索点进行检索，即可得到所有该出版社出版的全部文献信息。

（5）出版时间途径。是根据文献信息的出版发行时间来检索信息的一种途径。例如要检索"2000 年以来商务印书馆出版发行的图书"，就可以出版时间为 2000 年作为检索点，检索出 2000 年后该出版社出版发行的全部图书。

总之，以文献外部特征为途径进行检索，最大优点是它的排列与检索方法以字顺或数字为准，比较机械、单纯，不易错检或漏检。因而适用于查找对已知篇名（书名、刊名）、作者姓名或序号数码的文献，可直接判断该文献的有无。

2. 以文献的内容特征为检索途径

文献的内容特征是从文献所记载的知识信息中隐含的、潜在的特征，如分类、主题等。以文献的外部特征作为检索途径适宜用来查找已知文献题名、著者姓名或序号的文献，而以文献的内容特征作为检索途径更适宜于用来检索未知线索的文献。

（1）分类途径。分类途径是一种按照文献资料所属学科（专业）属性（类别）进行检索的一种途径。以课题的学科属性为出发点，以分类作为检索点，按学科分类体系来查找文献信息。主要利用学科分类表、分类目录、分类索引等，按学科体系编排的检索工具来查找有关某一学科或相关领域的文献信息。

这种途径能体现学科的系统性，反映学科与事物的隶属、派生与平行的关系，它能较好地满足族性检索的要求，查全率较高，使同一学科有关文献集中在一起，使相邻学科的文献相对集中。当信息需求较宽、泛指性较强时可选用。

按分类途径检索，要先了解学科体系，分析课题的学科属性，确定其所属的学科类目，查分类表，确定类号、类目，再去查分类检索工具。几乎各种检索系统都有分类索引，国内检索系统的分类索引一般使用的都是《中国图书馆分类法》的分类体系。

（2）主题途径。主题途径是一种按照文献信息的主题内容进行检索的途径。即将文献主题用语词表达并按语词字顺检索文献的途径。主题途径就是以课题的主题内容为出发点，按主题词、关键词、叙词、标题词等来查找文献。以主题作为检索点，表征概念较为准确、灵活，可随时增补、修改，以便及时反映学科新概念；主题概念具有直观、专指、方便等特点，不论主题多么专深，都能直接表达和查找，并能满足复杂概念课题和交叉、边缘学科检索的需要，使讨论某一事物或主题的不同学科文献集中在一起，具有特性检索的功能。

主题途径使用较多，是一种比较方便的检索途径，适合于查找比较具体的课题，能较好地满足检索要求。其缺点是它的使用者必须具备较高的专业知识、检索知识和外语水平。

（3）分类主题途径。分类主题途径是分类途径与主题途径的结合。它比分类体系更具体，无明显的学术层次划分，比主题法更概括，但保留了主题体系按字顺排序以便准确检索的特点。

分类途径能从学科体系的角度获得较系统的文献线索，体现学科的系统性，反映事物隶属、平行、派生关系，能较好地满足族性检索的需要。但由于受专业知识和分类法的影响，常易发生差错，造成漏检和误检，影响检索结果。

综上所述，分类途径和主题途径是文献检索的常用途径。两者各有特点，前者以学科体系为基础，按分类编排，学科系统性好，适合于族性检索；后者直接用文字表达主题，概念准确、灵活，直接性较好，适合于特征检索。两者相互配合则会取得较好的检索效果。

除了上述检索途径外，还有引文途径、分子式途径、化学物质途径等。它们分别适用于某些特殊场合。使用时应根据课题的性质和需要，选用相应的检索途径，以求获得理想的检索结果。

2.3.6　信息检索的步骤

信息检索步骤是根据既定课题要求，利用检索工具查找有关信息资料的过程。实际上它是信息检索策略的具体化，包括信息需求分析、检索系统（数据库）选择、检索词的确定、检索表达式的构造与提交、检索结果显示与优化等，如图 2-5 所示。

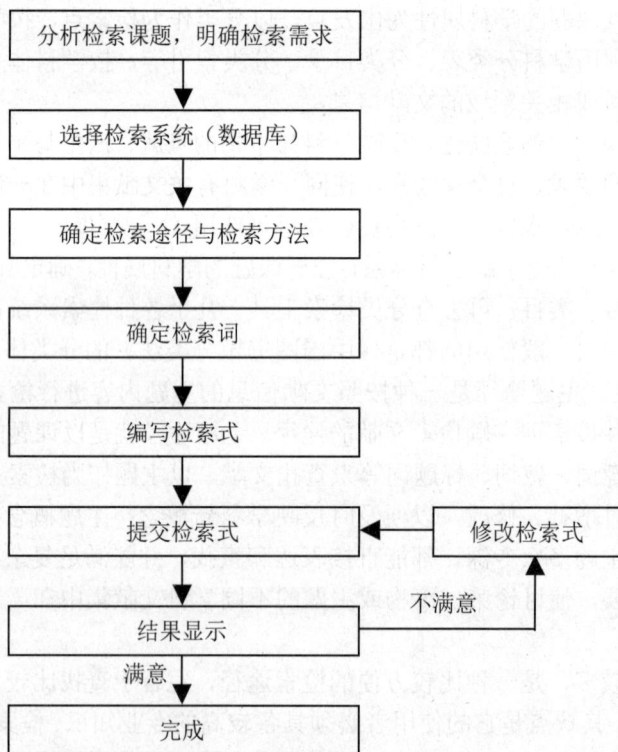

图 2-5　信息检索步骤流程图

目前，信息检索可概括为手工检索、计算机检索两大类型，下面着重介绍计算机检索的过程与步骤。

1．分析检索课题，明确检索需求

分析检索课题的目的有两个：一是分析检索课题的主题要求，将检索课题分成多个层次的主题概念，明确用户对查全、查准、查新方面的具体要求；二是明确检索课题所要求的各种范围或限定条件，包括要求的资源类型、语种、年代跨度等方面的限定，对检索结果的期望，如命中检索结果的预期数量，对检索费用、所需时间及其他方面的要求。

信息检索以满足用户某种需求为目的。信息需求不同，检索要求不同，对检索效果的评价标准也不同。例如，为申请专利、公布某一重要发现或开始一项新的研究，对查全率的要求就很高，必须全面收集相关信息，进行回溯检索，如果漏查重要信息可能导致重复劳动，白白浪费大量的时间、经费和精力；如在工作中遇到某一关键问题需要解决，例如，计算机操作中遇到某一疑难问题无法继续操作时，查准率的要求相对来说就较高，只要能帮助解决这一问题，一个或几个检索结果就足够了；另外，想了解本领域的最新功态，对新颖性的要求往往高于查全率和查准率。

2．选择检索系统（数据库）

根据对检索课题的全面分析，明确了课题的检索范围和要求之后，据此来选择检索系统。选择检索系统要考虑三方面的因素。

一方面是考虑检索课题的具体要求。包括需要的学科、主题范围、语种、年代、资源类型的要求，以及对查全、查准、查新方面的具体要求。

另一方面，还要考虑检索系统的类型和性能。包括其涉及学科范围、报道内容、收录文献的数量、可获得性、组织方式、存储年限、更新周期、所具有的检索途径、功能和服务方式等方面。

最后，作为检索人员究竟应该选择哪个或哪几个检索系统，不仅要看该检索系统的记录是否能满足用户的检索要求，还要看它是否是同类产品中最具权威的。

如果是事实或数据型检索，更多地选择参考工具书和事实、数据型检索系统；有的用户要求进行的是查新检索，选择的数据库必须是各级查新检索指定要求的相应范围内权威性的数据库；如果与新工艺、新技术相关，可选择使用专利文献检索系统；若检索的专业性要求较强，可选择使用某一类专业性检索系统，如要系统查询化学方面的文献信息，除了使用 CAS 的化学文摘（CA）等大型专业数据库服务以外，还可以查找美国化学会、英国皇家化学会与专业出版商、美国专利与商标局、欧洲专利局等共同提供的化学期刊全文及专利服务。有的用户则是查找相关的参考文献，则无须受此限制。当然，选择同类当中的权威性数据库，检索效果更好。此外，还要考虑检索者对检索系统的熟悉程度。

检索系统/工具的质量主要有下列几项指标确定：（1）文献的收录量；（2）文献的报道量；（3）文献的摘录及标引质量；（4）文献报道的时效；（5）使用的难易程度；（6）索引是否完善。

选择检索系统/工具的原则：看其存储的内容是否广泛、全面，标引的深度如何，提供的检索途径是否有效，报道时差如何，同时还要注意专业特点，选择专业对口的检索工具。不仅要注意到利用权威性的综合性检索工具，而且还要注意利用针对性强的专业性检索工具，同时还要善于与单一类型的检索工具相配合，以提高查准率。

综上所述，我们应当在课题分析的基础上，根据课题的特点、需求、检索目的，选择专业对口、覆盖范围广、更新及时、内容准确、权威、检索功能完备的检索系统，必要时应选用多个检索系统。检索系统是否选用恰当，直接影响检索的效果，所以必须有针对性地加以选择。

3. 确定检索途径与检索方法

从检索要求出发确定选择哪种检索途径，常用的检索途径有分类检索途径、主题检索途径、著者检索途径、题名检索途径；其他检索途径有分子式检索、专利号检索、标准号检索等。检索途径的选择要根据检索需求和已掌握的检索条件来确定，若检索要求泛指性强，所需文献范围较广，则选择主题途径；若检索要求专指性强，所需文献比较专深，则适宜选择分类途径；若是先知道文献著者、题名、分子式等条件，则可利用著者途径、题名途径、分子式途径等进行检索。

常用的检索方法有直接检索法、间接检索法、抽查法、顺查法、倒查法等方法。根据检索的目的、期望的文献数量以及有关主题在学科的发展状况来选择合理的检索方法。若以查新为主要目的，则适宜选择倒查法。若要全面检索某个主题的相关资源，则宜于使用顺查法。要注意对这些办法的综合运用，以获得较好的检索效果。

4. 选择恰当的检索词

检索词是构成检索式的基本单元，也是计算机信息检索系统中有关数据库进行匹配的基本单元，因此，检索词选择恰当与否至关重要，会直接影响检索效果。检索词应满足形式匹配和内容匹配两方面的要求。内容匹配要求，即由主题概念转化而成的检索词应能准确、完整地表达检索课题的内容，这是由信息需求决定的。形式匹配要求，即检索使用的语言和检索系统中使用的语言一致。在计算机信息检索系统中，检索词一般有如下三种形式。

（1）规范词。规范词是经过规范化处理的词或词组。规范词是从待检数据库的叙词表或主题词表中选取的，在计算机信息检索系统中，词表是数据库标引和检索必须共同遵循使用的检索语言。为了使检索提问标识与文献特征标识一致，获得最佳的检索效果，应优先选用规范词。

（2）规范化的代码。规范化的代码指的是经过规范化处理的索引代码，索引代码是数据库系统为某些主题范畴或主题概念规定的索引单元。这类单元有很好的专指性，是一种有较好检索效果的文献标识。例如，国际专利分类号 IC=、PTS 数据库的产品代码 PC=、标准工业代码 SC=等。

（3）自由词。自由词是未经规范化处理的自然语言词汇，使用自由词进行检索一个最大的优点就是能充分利用系统的全文查找功能。规范词或代码的选择需要利用词表或分类表等进行自然语言到规范语言的转换，如果标引人员和检索人员思路不一致时，会影响检索效果。由于自由词直接、简明、数量大、覆盖面广，特别是它与叙词相比，相应的自由词与数据库具有更大的相容性和匹配性，所以，随着计算机存储器存储容量的不断增大，检索软件的不断完善，自由词在计算机信息检索中得到了更广泛的应用。

检索词要准确、全面地表达课题内容，不能太大也不能太小。如果检索系统使用的是规范化检索语言，应当依据该检索系统采用的词表或分类法，将需要检索的概念用规范化的语言表达出来，这样才能保证提问标识与系统的标引标识相一致。系统如果是采用自然语言标引的，应尽量全面地选取相关的词与词组作为检索词，以免漏检。

5．构造检索提问式

当检索课题包含较复杂的主题内容时，应明确所需检索的概念及其相互关系，在确定检索词后，根据检索词之间的关系，用系统支持的算符以及提供的各种选项，将这些词组配起来形成检索提问式，以充分表达信息需求。

检索提问式是计算机信息检索中用来表达用户检索提问的逻辑表达式，由检索词和各种布尔逻辑算符、位置算符以及系统规定的其他组配连接符号组成。用户给出的检索课题名称及描述语句不能直接作为检索式使用，为了取得好的查全率和查准率，检索人员必须构造一个合适的检索提问式。究竟如何来构造检索式，这里给大家介绍一种规范性的方法，即"聚类组合法"。"聚类组合法"是对构造检索式的思维过程加以总结和规范化的结果，是指对课题名称按序实施如下七项操作：切分、删除、替换、聚类、补充、增加、组合，从而生成检索式的方法。

（1）切分。"聚类组合法"的第一个步骤是对课题语句进行切分，即以词为单位划分句子或词组。例如"染料电化学性能的研究"，经过切分后应为"|染料|电化学|性能|的|研究|"。前者是字的集合，后者为词的集合。词是语义切分的最小单元，也是检索单元。切分必须"到词为止"，否则就会失去原来的涵义而产生错误。例如，"|染料|电化学|性能|的|研究|"中的"|电化学|"，若将其继续切分就会变为"|电|化学|"，显然切分后得到的两个概念与其原义相距甚远，这是切分过度引起的错误。

（2）删除。删除是对经过切分后的课题语句中不宜作为检索词的词进行删除。具体如下。

① 删除不具有检索意义的虚词及其他非关键词。不具有检索意义的词包括介词、连词、助词、副词等虚词及其他非关键词。

例如：|染料|电化学|性能|的|研究|

　　　　↓（删除）

|染料|电化学|性能|

② 删除过分宽泛和过分具体的限定词。过分宽泛的词不能接触问题的实质，专指性不强，许多与课题不相关的文献记录也会检中，影响检索结果的查准率；过分具体的词，太苛刻、太狭义，会造成挂一漏万，导致查全率太低。所以，过分宽泛或过分具体的限定词应该去掉。

例如：

"改革开放三十年的得与失"中的"得"、"失"过于具体，如果用作检索词，就会漏检如"成就与失误"、"回顾与展望"等相关文献。

③ 删除存在蕴含关系的可合并词。在一个课题名称中，如果两个词之间具有蕴含关系，可酌情去掉一个而保留另一个。所谓两个词之间具有蕴含关系，是指一个词的词义包含了另一个词的词义。例如"计算机"与"微机"，前者的词义涵盖了后者，后者只是前者的一种类型。用户提出的检索课题名称中，若出现类似情况，究竟删除谁，应根据它们在检索课题中对检索结果是否起主要作用来确定。例如，"肺气肿病人的血氧定量法"中的"肺气肿"和"病人"，后者涵盖了前者，但后者的含义太过宽泛，若取其为检索词而删除"肺气肿"，则会造成本课题检索结果的查准率太低，所以删除对象应是"病人"。

肺气肿病人的血氧定量法

↓（切分）

|肺气肿|病人|的|血氧定量法|

↓（删除）

|肺气肿|血氧定量法|

（3）替换。用户在提出课题时，可能会用一些表达欠佳的词汇来表达其信息需求，或用词太宽泛，或太模糊，或太狭窄，或根本不可作为检索词。在这些情况下，检索人员应视情况用概念替换法，引入更明确、更具体、更本质的概念作为替换词或补充词。例如：

大气中细菌浓度的计算方法

↓（替换）

大气污染的计算方法

（4）聚类。"聚类组合法"的第四步是对切分出来的单元按语义进行聚类（同类合并），即将"彼此非常相关的词"归为一组。"彼此非常相关的词"意指同义词或彼此有依附关系的词等，即在检索式中可以相互替换、相互补充以及相互等效的词。聚类的实质是进行组面分析，经过聚类，语句由词的集合转换为概念（组面）的集合。例如：

高层建筑的优化设计

↓（切分）

|高层|建筑|的|优化|设计|

↓（删除）

|高层|建筑|优化|设计|

↓（替换）

|高层|建筑|优化|结构设计|（词的组合）

↓（聚类）

高层 建筑	优化	结构设计	（组面的集合）

　　（5）补充。许多名词是由词组缩略而成的，有的词或词组具有同义词或相关词。对于由词组缩略而成的词，它一般与原词组同义。为了提高检索结果的查全率，我们可以采用与缩略相反的操作过程——补充还原，并将补充还原得到的词组作为原词的同义词，补充检索提问式。例如：

煤田勘探→煤田勘探+煤田*地质勘探

　　对于具有同义词或相关词的词，我们应该找出其同义词或相关词，并补充进检索提问式中，防止漏检。例如：

肺气肿*血氧定量法
↓（补充）
（肺气肿+慢性阻塞+呼吸系统疾病）*（血氧定量法+血气分析+呼吸功能实验）

　　其中，"慢性阻塞"、"呼吸系统疾病"是"肺气肿"的上位词；"血气分析"、"呼吸功能实验"是"血氧定量法"的上位词，即补充的词均为相关词。

　　（6）增加限义词。许多词有多重含义，即"一词多义"。一词多义常常导致误检。为了解决由于检索词一词多义而造成误检的问题，可以采用增加"限义词"的手段来对检索词进行限义。增加"限义词"的方法有两种：一种是逻辑"与"；另一种是逻辑"非"。例如，"勘探"一词，既可以指石油勘探，也可以指煤田勘探等。要将其检索范围限定在煤田勘探方面，可以采用的表达方法有：

勘探→勘探*煤田（逻辑"与"）

　　要将其检索范围限定在煤田勘探以外，可以采用的表达方法有：

勘探→勘探-煤田（逻辑"非"）

　　（7）组合。一个检索课题经过上述六个步骤之后，该课题涉及哪几个概念组面，每个组面内应包含哪几个检索词已经确定，下面的工作就是将它们"组合"成合乎需要的检索式。众所周知，通过词的组合来组成词组和句子，这是表达概念的基本方法。但是表达概念的词的组合是具有多样性的。例如，你可以说"航天飞机的结构设计"，也可以说"航天飞机结构设计"，还可以说"设计航天飞机的结构"等。检索词的组合是通过布尔逻辑算符来进行连接的。组合的规范性操作步骤可依下述模型。

　　从同样的元素出发，取出某一数量的元素并且按一个顺序排列它们，便产生了一个组合。对一个有三个元素的集合[a，b，c]来说，可以产生如下组合类型（二元素和四元素的情况与之同理）：

[a，b，c]	1．a，b，c
	2．ab，ac，bc，ba，ca，cb
	3．abc，acb，bac，bca，cab，cba

　　例如：

生物心理学	1．生物*心理*科学
	2．生物学*心理+心理学*生物
	3．生物心理学+心理生物学

一般来说，实际情况更为复杂。本例仅限于组面数量为3，每一个组面的元素为一个，组合限于在不同组面的元素之间进行，而没有考虑同一组面内部元素相互组合的可能性。

综上所述，"聚类组合法"实际上是对构造检索式的思维和人工处理过程做了一个形式化的描述。其过程的数学模型如下：

原始材料：　　　　　　　a1b1ed1b2f

① 切分　　　　　　　　|a1|b1|e|d1|b2|f|

② 删除　　　　　　　　|a1|b1|d1|b2|

③ 替换　　　　　　　　|a1|b1|c1|b2|

④ 聚类　　　　　　　　a1　　b1　　c1
　　　　　　　　　　　　　　　　b2

⑤ 补充　　　　　　　　a1　　b1　　c1
　　　　　　　　　　　a2　　b2　　c2

⑥ 增加　　　　　　　　a1　　b1　　c1　　g1
　　　　　　　　　　　a2　　b2　　c2　　g2
　　　　　　　　　　　　　　b3

⑦ 组合　　　(a1+a2)*(b1+b2+b3)*(c1+c2)*(g1+g2)
　　　　　　　(a1b1+a2b3)*(c1+c2)*(g1+g2)+…
　　　　　　　(a1b1c1+a2b3c2)*(g1+g2)+…
　　　　　　　a1b1c1g1+a2b3c2g2+…

利用"聚类组合法"构造检索式时，要特别注意理论联系实际，切不可生搬硬套。在检索课题的检索提问式的实际构造过程中，并不是每个课题都需要"替换"、"补充"或"增加"；也不是每个组合都切合实际，一定要具体情况具体分析。

另外，在构造检索提问式时，还要注意位置算符、截词符等的使用方法，要考虑各个检索项的限定要求及输入次序等。

在检索过程中，检索策略可能要进行反复的调试。用户每次对检索结果作出判断，并对检索策略（检索式）做出相应的修改和调整，直到得到比较满意的结果。例如，检索到的文献量太多，是因为概念选择的太大，就需要考虑适当缩小检索范围，通过增加限定性检索词，或选用概念专指的检索词等方法，来减少检出文献量。如果文献量检出太少，则考虑采取相反的措施。

6. 实施检索，调整检索策略，优化检索结果

在检索系统中执行步骤（5）所构造的检索式，在实施时要确定检索结果的显示方式，这是在网络检索中常见的检索系统为用户提供的优化检索过程的选项，包括在检索结果中显示哪些子段，网络检索中每页需要显示的检索结果的数量等。检索执行后通常会获得一个检索结果的反馈列表，应判断检索是否已达到检索目的。对检索结果不满意，应调整检索策略，重新检索，直至得到满意的结果，例如，结果数量过多或过少时，应在前次检索结果的基础上缩小或扩大检索范围。

7．索取原始文献信息

由于各种检索系统不同，其检索结果不同。例如全文数据库检索系统，其检索结果提供原始文献全文。而另一种文摘、题录型数据库检索系统，其检索结果不包含全文，只能查到文摘、题录及文献出处。包括出版物名称、卷期号、页码、出版日期、出版者、ISBN号等文献信息的线索。往往还要通过其他途径索取原文。对于使用后面这类检索系统的用户来说，找到原始文献，文献检索才算真正完成。

过去，人们只能根据文献线索的出处由近及远到实体的图书馆，或其他图书情报机构一本本查阅原始文献或复印。近年来，由于计算机技术迅速发展，网络服务日益普及，馆际互借、文献传递等逐渐成为重要的原文获取途径。

馆际互借是图书馆与图书馆之间的文献信息资料共享合作的一个有效途径，是图书馆（文献信息服务中心）开放服务的一个重要方面。

文献传递是利用各种通信手段，从各种文献服务中心获取文献信息，提高文献信息的利用率。其服务形式多样，例如邮递、快递、传真及电子邮件等，文献传递的电子化、网络环境使传递的信息量更大，内容、媒体更丰富，手续更简洁，用户获得文献信息的渠道更畅通。

2.3.7　信息检索的意义

当今信息社会，是否具有信息获取能力已成为衡量人才的重要标准之一。掌握信息检索的理论与方法，不仅有利于本专业的学习与研究，而且有利于今后其他学科研究和事业的发展。具体来说，信息检索具有如下意义。

1．有利于培养人才，提高学生自学能力和独立的科研能力

我们处于一个知识、信息激增的年代，科技文献资料在呈几何级数增长，旧知识迅速老化，新知识不断涌现，网络资源也在及时更新，这种现状和趋势使得大学生在学习期间所学的知识很快陈旧失效，如果没有科学的方法，不会独立更新知识结构，将会落后于时代要求。因此，在高校中开设信息检索课程，有目的地培养学生的情报意识和信息吸收能力，使其具备自我知识更新和获取信息的能力，其重要性就在于此。

信息检索方法和技能已成为大学生们学习过程中不可缺少的重要方法和手段，把信息检索课程列入高等教育计划，培养学生信息检索知识和技能，对于提高教学质量、培养合格人才具有重要意义。掌握信息检索的理论和方法，不仅有利于本专业的学习研究，而且有利于今后其他学科的学习和自身事业的发展。

2．继承和借鉴前人的成果，避免重复研究，减少重复劳动

科学史上大量的事实证明，没有科学上的继承和借鉴，就没有提高；没有科学上的交流和综合，就没有发展。积累、继承和借鉴前人的研究成果，是科学发展的重要前提。正如牛顿所说："假如我比别人看得远一点，那是因为我站在巨人的肩膀上。"因此，在科学研究中，任何一个项目从选题、实验研究或设计到成果鉴定等，每一步都离不开信息。只有掌握了最充分和最新的信息及相关的文献资料，知道哪些工作前人已经做了，哪些目前还在做，什么人在做，进展情况如何，有何成果经验和教训等，才能避免重复劳动，少走弯路，保证研究工作在尽可能高的层次上起步。相反，如果科研人员掌握信息不充分、不及时，"闭门造车"，往往容易造成重复研究和巨大浪费。我国信息工作相对于发达国家还比较落后，重复研究现象一直比较严重，主要表现在一方面是重复研究国外已有技术，另一方面是国内各机构之间相互重复研究的情况也不少。因此，只有加强科研人员信息检索意识和能力的培养，才能改变这种现状。

3. 帮助科研人员迅速、准确地获取所需全部资料，提高科研效率，缩短科研周期

文献资源快速增长和文献量的过分庞大，一方面为科研人员提供了丰富可利用的资料，另一方面却加重了研究人员收集筛选文献信息的负担。根据国内外的相关资料，研究人员花费在查找资料上的时间是相当多的。例如，美国曾对 8 000 名化学化工科技人员进行调查，统计用于文献检索的时间比例最多达 61%，最少也有 15%，平均为 33.4%；日本某电气公司科技人员的实验研究时间占 42%，用于检索、计划研究、资料处理的时间占 58%。如果能有完善的检索设施和周到的检索服务，将这部分时间减少到最低限度，无疑会节省研究人员大量时间，使科研人员把主要精力和时间用于构思和研究上，这样就可以缩短科研周期，进而能达到多出成果、快出成果、提高科研效率的目的。

4. 促进信息资源的开发和利用，推动社会进步和经济发展

历代流传下来的和目前正在源源不断涌现出来的文献是一个巨大的知识宝库，是一种如同能源、材料和劳力一样的重要资源。现代人只有在掌握前人所积累知识的基础上，利用这些理论知识做指导，通过不断的实践创新，才能创造出更多的新知识，促进和推动社会向前发展。同时，社会的进步和经济的发展又推动信息的生产、流通和使用。信息检索是人们开启知识宝库的金钥匙，是开发智力资源的有力工具，它能帮助人们传播知识和利用知识，使知识转化为社会物质财富和精神财富，在人类社会的科学技术和生产生活过程中发挥了重大作用。

2.3.8 信息检索的发展趋势

以计算机技术和通信技术为代表的现代信息技术的飞速发展，使信息检索技术的软硬件环境有了很大的改善，检索技术也从传统的线性检索向超文本支持的非线性检索发展。现在是联机检索、光盘检索、网络检索并存，且以网络检索为主。在网络时代，信息检索的发展趋势主要表现在智能化、可视化、专业化、集成化和个性化等方面。

1. 信息检索智能化

信息检索智能化是计算机检索技术应用发展的新阶段，是基于自然语言的检索形式，计算机根据用户提供的自然语言表述的检索要求进行分析，而后形成检索策略进行搜索。它能够代替或辅助用户完成如选词、选库、构造检索式，甚至在数据库中进行推理查找功能，系统对知识库检索推理的结果，可以使用户得到能够直接加以利用的信息，它是建立在一个或多个专家系统基础上的信息检索系统。用户需要做的只是告诉计算机想做什么，至于怎样实现无须人工干预，这意味着用户将彻底地从繁琐的规则中解脱出来。信息检索智能化主要体现在以下几个方面。

（1）检索技术的智能化。为了实现信息检索的智能化，新型检索系统在实践中采用了大量的新型检索技术。例如，采用语义检索技术，自动抽取能够描述文献内容的概念，用文中的关键词与之相应的主题词加以标引，用户在系统的辅助下选用合适的词来表示自己的信息需求，在此基础上，两者之间执行概念匹配，匹配在语义上相同、相近、相包含的词语。例如，用户要查询的是"操作系统"，"UNIX"也是与之相匹配的词语。

（2）检索结果处理的智能化。人们在进行信息检索时，期望获得高查全率，同时又不希望包含与主题不相关的文档，也就是期望获得高查准率。要实现这两点常常是非常困难的，针对这一问题，新型检索系统提出了各种基于人工智能的方法。例如，根据用户的访问数量对结果进行排序；根据一定的条件对检索结果进行优化过滤，减少重复信息和垃圾信息，应用聚类技术对检索结果进行联机聚类等；跟踪用户的兴趣、爱好以及检索需求，建立面向领域的用户需求模型库，并对信息检索结果进行一定程度上的知识提取。将人类专家的经验知识精炼转换为共享知识，从经验数据、实例、数据库及出版物中获取知识的各种学习方法。著名的搜索引擎 Alta 所开设的"Ask Alta Vista"就有这种智能化检索技术，能够综合用户在一次次的检索结果选择中的取舍，自我学习并进行推理，使自己变得更聪明，从而调整其检索策略，完善检索效果。

（3）检索服务的智能化。在检索服务方面，从预测用户的需求入手，判定用户是在寻找快速的回应，还是精确的检索结果，并分析查询中隐含的"意义范围"，即词语在不同领域的含义。目前，网络搜索引擎已开始了这方面的尝试，在接受用户提问时，试图了解用户的意图，并相应地将检索结果分类编排。例如，将检索结果分成"推荐链接"、"关键词匹配"结果等。

2. 信息检索可视化

据研究，人们获取的信息 70%来自视觉，20%来自听觉，10%来自触觉。因此，人类是非常适应可视信息的。可视的图像较容易记忆，而且在传达某种信息时比任何方式都快且更有效，因而可视化检索具有自己独特的优势。

信息检索中的可视化，是将数据库中不可见的语义关系用图像的形式可视化显示，并表达用户检索过程。可视化信息检索包括两个方面：一是检索过程的可视化；二是检索结果的可视化。检索过程的可视化是指用户在检索过程中，各检索对象之间的关系以可视化的形式展现在用户面前，用户顺着可视化的检索画面一步一步地发现检索结果。

一个可视化的环境为用户展示更丰富、更直观的信息，一个透明的检索过程使检索更容易、更有效。可视化检索技术缩短了用户理解信息的时间，提供了感觉与思考之间的有效反馈机制，代表着信息检索的未来，它将会取代布尔逻辑为基础的传统的信息检索，如

OPAC 和搜索引擎随着网络技术的发展，以及 XML、RDF、Ontology、Grid 在信息组织、架构中的应用，可视化检索的优势将越来越突出，成为现代检索技术的发展方向之一。

目前，国内外已出现了较有影响的可视化信息检索系统。国际卫星气象中心提供了可视化检索界面（http://www.nsmc.cma.gov.cn），用户可以用鼠标在地图上框定检索区域，也可以直接输入经纬度、经度范围、起始时间和终止时间检索，或者按省份进行可视化检索气象卫星资料或检索图形，实现气象卫星空间信息共享。复旦大学图书馆在其主页推出可视化图书查询系统，用户可单击书架某一架某一层的藏书，并放大，检索途径有书名、作者、排架号等。

3. 信息检索集成化

信息检索集成化本着无缝化、集成化、统一界面的检索思想，为解决异构数据的"一站式"获取而提出，能实现对数字资源库群的分布式管理及跨平台、跨语种的网络化存取，是传统信息检索的重要突破。信息检索集成化带来的优势有：资源集成共享大大拓展了信息检索空间；统一检索界面，用户只需输入一次用户名和口令，登录到统一的 Web 用户界面，通过统一窗口来操作各种不同的后台应用，不受终端设备的限制，用户信息需求素养最小化；操作智能，从自然语言理解的角度响应用户的请求，具有良好的跟踪与反馈功能，用户能随时随地获得联机与帮助指导，掌握自己的检索动态。

目前，信息检索集成化研究主要体现在以下几个方面。

（1）跨库检索。信息检索不仅能实现对同一节点的、不同数据库的同时检索，也能检索分布在不同地域的各种不同的然而又相关的数据库，大大节省了用户的检索时间，提高检索效率。它的实现取决于两项工作：一是各种数据库都要使用通用的程序语言，遵循统一格式，向标准化发展；二是建立高层信息搜集管理中间系统。

（2）多语种跨语言检索。跨语言信息检索是用户用母语提交查询信息，搜索引擎在多种语言的数据库中进行信息检索，返回能回答用户问题的所有语言的文档。如果再加上机器翻译，返回结果可以用母语显示。该技术目前还处于初步研究阶段，主要的困难在于语言之间在表达方式和语义对应上的不确定性。

（3）多媒体检索。多媒体检索包括基于描述的多媒体检索和基于内容的多媒体检索。基于描述的多媒体检索就是用一个关键词来描述所要查找的图片或音乐，如可以用"Dog"这个词来查找狗的图片，也可以用"Moon"这个词在 Lycos 的 MP3 的搜索引擎中查找相关音乐。基于内容的多媒体检索就是用一些视觉特征来查找多媒体信息，这些视觉特征包括颜色、形状、纹理等。

（4）分布式信息检索。根据用户应用需要和存取方便来配置信息资源，分布式信息检索综合应用分布式人工智能、神经网络、智能演算、并行推算、机器学习等技术，评估各类资源与用户需求的相关性，选择最好的知识源和数据库集合，分别执行并行检索，最后利用聚类、综合分析与学习等智能处理方法，产生全局一致的、有效的检索结果。

4．信息检索专业化

现代信息检索技术的另一个发展趋势是检索专业化。专业化信息检索是指面向某一特定专业或学科领域，提供高质量的专业信息的检索。专业化信息检索需求的出现主要是因为网络信息资源越来越丰富，而综合性检索系统，如搜索引擎查找专业信息越来越困难，效率比较低，往往不能检索到高质量的专业信息。发展专业化检索将是未来的一个研究热点。专业化的信息检索将只涉及某一学科、某一领域的信息，信息相对集中，且其编制通常有本专业的人员参与，因此它不仅可以提高检索速度，还可以提高专指度，加大检索深度和检索力度，从而提高查全率和查准率。

5．信息检索个性化

信息时代的一个很大特点就是个性化，不同的人有不同的检索习惯，对检索界面也会有不同的要求；由于人们对词义的不同理解及感兴趣的领域不同，不同的用户对相同的检索结果往往会有不同的评价。因此现代信息存取技术将来也要满足用户个性化的需求。

个性化信息检索的目标在于用户在表达查询请求时，不需要认知其信息需求的所有内容。系统会根据用户模型将最有价值的信息自动推荐给用户，同时用户不必进行查询修改便可得到满意的查询结果，系统为用户提供的信息更有针对性，而检索结果的文档排序与用户需求一致，这样用户就不必浪费时间阅读大量不相关文档。

个性化是指各网站内容的特色化和服务的个性化。个性化服务的实质在于提供真正适应用户需要的产品。事实上，互联网上已经开始出现专门收录某一领域信息的网站，尤其是在一些热门领域，如 Stock Site 供股市分析文章、股票分析工具、公司研究文章及与商业和金融相关的新闻等。一些大型的搜索引擎已注意到个性化信息服务的提供，如 Google 的 Igoogle 的个性化设置，用户可以根据自己的喜好设置自己的主页。

目前，个性化信息服务所需的技术支撑已经基本成熟，如 Web 数据库技术、数据推送技术、网页动态生成技术和智能代理技术。满足不同用户的"个性化"（Personalization）功能将得到加强。通过"Personalization"选项，用户可在一定程度上改变检索结果显示的格式。将来用户还可以预先选择自己的信息源，向各种用户自身满意的信息源提问索取特定类型的信息，用户还能对命中结果进一步限定，要求提供权威性的结果，从而提高查准率。

6．一站式信息检索

目前的信息检索系统，如搜索引擎大都是在甲网站找图片，到乙网站找新闻，再到丙网站找股票资讯等，十分麻烦且浪费时间。如何将这些图片、新闻、股票等各种相关联的信息整合到同一界面，让 Internet 用户一次查询，就可全部满足用户的查询要求，这就必须引入一站式（One Stop）信息检索技术，它使得信息用户在搜索时只需输入一次查询目标，即可在同一界面得到各种有关联的查询结果。

一站式信息检索的优势主要体现在，它能够使用户通过一个检索工具满足自己所有的信息检索需求。一站式信息检索将是未来信息检索服务的一种发展模式。一站式信息检索服务是人性化服务的重要体现，它将大量节约用户的检索时间。全球最大的搜索引擎 Google 正在朝着一站式服务的方向发展。

思考题

1. 比较信息、信息资源、网络信息资源概念的异同点。

2. 信息资源的特点是什么？按照不同的划分标准，信息资源有哪些类型？

3. 传统印刷型文献信息资源有哪些类型？它们的特点是什么？

4. 按信息资源的载体形式划分，信息资源有哪些主要类型？它们的特点是什么？

5. 网络信息资源的特点、类型是什么？

6. 网络信息资源获取的途径有哪些？

7. 信息资源按加工级别来划分，可分为一次、二次、三次文献，那么，《高等数学》、《焊接手册》、《中国机械工程文摘》这三种文献各属于哪个级次的文献？

8. ISBN 是国际标准书号，由 4 组 13 位数字组成。请问 ISBN 978-301-04815-3 的四组数字分别代表的含义是什么？

第 3 章　计算机信息检索技术与效果评价

人类社会已进入信息时代，随着科学技术的发展和知识经济的到来，人们对信息的需求更加迫切和全面，这就对信息检索手段提出了更高的要求。随着计算机技术、通信技术和高密度存储技术的发展，计算机已广泛地应用于文献信息检索领域，计算机检索已成为文献信息检索的重要手段。计算机检索的成功运用，使得花费时间、耗费精力的手工检索作业，变成了高速的自动化过程。它克服了空间上的障碍，冲破了时间上的束缚，大大提高了文献信息检索的效率。计算机检索不仅有助于人们及时全面地继承和发展人类的文明成果，而且对社会的进步产生了不可估量的作用。

3.1　计算机信息检索的概念

信息检索是将信息按照一定的方式组织和存储起来，并根据用户的需要找出有关信息的过程。计算机信息检索是指人们在计算机检索或计算机的终端上，使用特定的检索指令、检索词和检索策略，从计算机检索系统的数据库中，检索出需要的信息，继而再由终端设备显示或打印的过程。

计算机信息检索可以概括为两部分，即信息存储和信息检索。信息存储是将收集到的原始文献进行主题概念分析、整理加工，用系统语言对文献特征进行标识并以数字化的形式记录在磁盘或光盘上，形成数据库。信息检索是将用户的信息需求进行主题概念分析，并通过一定的语法规则进行比较匹配，并将符合检索提问式要求的文献记录输出。广义上讲，凡是用计算机来查询特定的问题都可以说是计算机信息检索。从集合论观点出发，计算机信息检索又可以定义为利用计算机在有限的数据集合中查找出具有某些特性的子集的过程。

因此，与手工检索相比，计算机信息检索是针对数据库进行的检索过程，是在人和机器的协同作用下完成的，这样极大地减轻了信息用户的负担，并且在检索系统、检索技术、检索策略的保证下达到较为理想的查全率和查准率。计算机检索系统提供的数据库资源丰富，更新速度快，经过严格的加工、整理，质量高。

3.2　计算机信息检索的原理

根据计算机检索定义，我们知道存储与检索是信息检索的两个核心。因此，计算机信息检索的原理可以这样表述，以信息的充分交流和有效利用为目标，在对大量分散的信息进行搜集的基础上，标引人员以文献或信息描述体构成文献或信息库，提炼或选取用以表达文献、信息特征和主题内容的标识，按一定的方式分别予以有序化组织，建成各种各样的检索系统，在统一存储和检索过程的基础上，将用户表达检索词的标识与检索系统中表达文献或信息内容、形式特征的标识进行相符性比较，若是双方标识一致，就将具有这些标识的文献或信息按要求从检索系统中输出。在用户的信息检索过程中，检索系统输出的文献可能是用户需要的最终信息，也可能是用户需要的文献线索，用户按此信息的标引，可进一步获取需要的最终文献的信息。信息检索原理如图 3-1 所示。

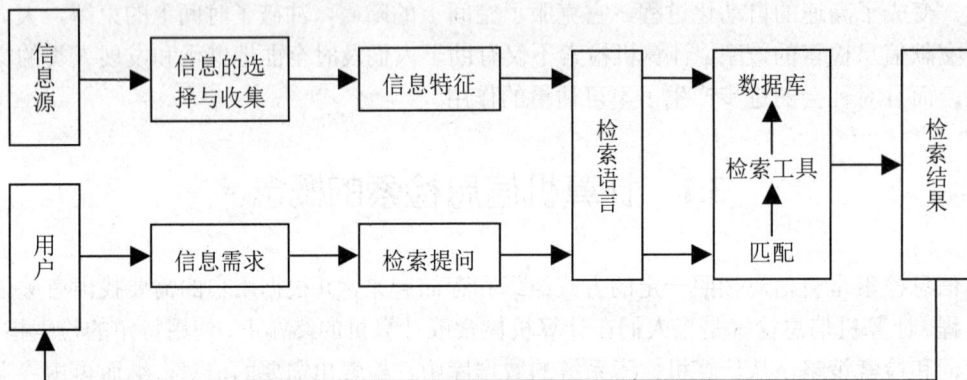

图 3-1　信息检索原理图

　　计算机信息检索包括信息存储和信息检索两个过程。计算机信息存储过程是指将收集到的原始文献进行主题概念分析，根据一定的检索语言抽取主题词、分类号及文献的其他特征进行标识或写出文献的内容摘要，然后再把这些经过"前处理"的数据按一定格式输入计算机中存储起来，计算机在程序指令的控制下对数据进行处理，形成机读数据库，存储在存储介质（如磁带、磁盘或光盘）上，完成信息的加工存储过程。

　　计算机信息检索过程是指用户对检索需求加以分析，明确检索范围，弄清主题概念，形成检索标识及检索策略，输入到计算机中进行检索。计算机按照用户的要求将检索策略转换成一系列提问，在专用程序控制下，进行高级逻辑运算，选出符合要求的信息并输出。计算机检索的过程实际上是一个比较、匹配的过程，是用计算机代替人工检索的匹配过程。如图 3-2 所示，计算机一方面接受检索提问（即检索提问表达式），另一方面从数据库中接受文献记录，然后在两者之间进行匹配运算，即计算机信息检索把检索提问与文献记录之间的相关性检索转变成了检索词与标引词之间的相似计算。

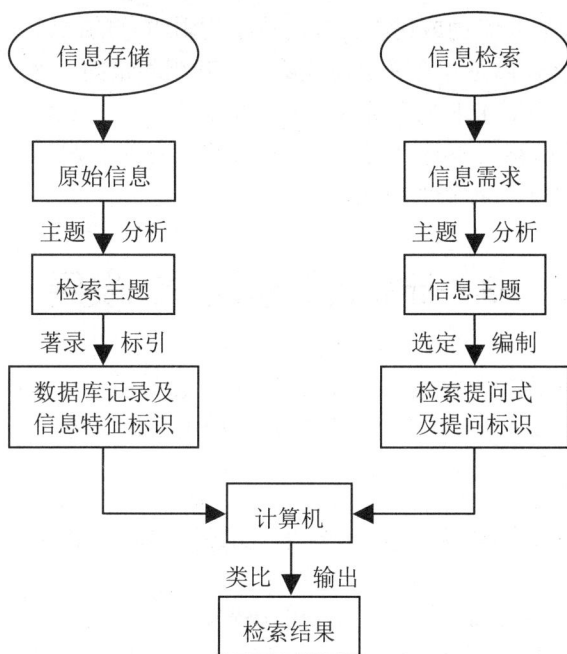

图 3-2　计算机信息检索过程

目前，一般计算机信息检索系统为进行检索词与标引词之间的相似性运算，所采用的方法可以分为以下几个等级。

（1）单个整词的比较。例如，检索词是 Psychoanalysis，而标引词也是 Psychoanalysis，两者全等，则为命中。全等是相似性的一种特殊形式，对于一些包含数值的词，如出版年、文摘号等也可以进行大于（>）、小于（<）的运算。

（2）词的片断（主要是词根）比较。例如，检索词是用截断符号（如@）表示的 Pscho@，则命中所有开头与截断符号之前相同的词，如 Psychoanalysis、Psychobiology 等。这就是截词检索。截词有右截断、左截断、左右同时截断以及中间掩符等几种形式。对截断符之后的允许字符数，可不限制，也可限制在若干字符之间。即可分有限截断和无限截断两种模式。不论哪种，其基本原理都是进行词的片断对比。这种对比不要求检索词和标引词全等，而是部分相等或近似。因此，这个级别的比较是一种较典型的相似性运算。

（3）固定词组的比较。例如，检索词是 Library and Information Science，而标引词也是 Library and Information Science。这是由多个整词构成的词组，但比较仍然是全等的运算。

（4）多个整词之间位置逻辑的比较。即可以指定两个整词，词与词之间至多相隔几个字（即可以插入其他的字或字母，忽略不计），两词出现的先后次序可以指定为可以对换或不可以对换。例如，检索 Information（2w）Retrieval，可以命中 Information Storage and Retrieval。这种位置逻辑的运算可以说是带有灵活性的词组比较，而这种比较是允许有一定范围的相似性运算。它称为相邻度检索。

（5）由若干单独的检索词或词组构成的一定逻辑组合的比较。它的目标不是检索各个单独的检索词或词组，而是在意义上彼此结合、互相限定的词（或词组）的完整组合。例如，"信息"和"网络"，它们分别是两个单独的词，而"信息网络"是这两个词逻辑组合的一种形式。"信息网络"不是"信息"和"网络"这两个词的混合，而是两种意义的结合，是两种概念合成了一种新的概念。

3.3 计算机信息检索的发展

计算机信息检索的发展，是与计算机技术、数字化技术、存储技术、网络通信技术的发展密切相关的。从 20 世纪 50 年代计算机开始应用于信息检索，至今大体经历了四个阶段。

3.3.1 脱机批处理检索阶段（20 世纪 50 年代中期—60 年代中期）

脱机批处理检索是检索部门把许多用户的课题汇总到一起，进行批量检索，然后把检索结果一次性通知各个用户。20 世纪 60 年代运行的脱机批处理系统，是用磁带作存储介质，一般都是连续检索，可以提供回溯检索服务和定题情报服务。借助于受控词表，系统采用人工标引，人工编制检索策略。

1．脱机批处理与以前手工检索相比的优点

（1）批处理可同时进行多项检索。

（2）可处理检索关系相当复杂的检索词汇。

（3）一次输入作业，产生多种输出的多种服务能力。它可用于生产普通印刷索引、专题书目、回溯检索和定题检索。

2．脱机批处理检索存在的缺点

（1）用户不能在检索过程中与主机进行"对话"和浏览文献。

（2）不能在检索的同时修改检索策略，用户必须事先把可能的检索途径都考虑周全。

（3）不能及时获得检索结果。

（4）脱机批处理检索系统属于委托式检索，这样，信息需求与查询结果之间就有一定的差距。

脱机批处理检索系统最典型的代表有 1962 年美国国家航空和航天局建立的 NASA 系统；1963 年美国国家医学图书馆的医学文献分析与检索系统 MEDLARS。

3.3.2 联机检索阶段（20 世纪 60 年代中期—70 年代中期）

联机检索（Online Retrieval）是指用户利用计算机终端设备，通过通信线路，运用一些规定的指令输入检索词和检索策略，从信息中心的计算机（主机）数据库中检索出所需要的信息的过程。它允许用户以人机对话、联机会话这样交互的方式（Interactive）直接访问系统及数据库，检索是实时（Real Time）、在线（Online）进行的。用户的提问一旦传到主机被接收后，机器便立刻执行检索运算，很快将检索结果传送到用户终端，用户可反复修改检索式，最后获得较满意的检索结果。

联机检索作为计算机信息检索的一种主要方式，一直在信息检索领域占据重要的地位。自 20 世纪 60 年代出现以来，例如 1962 年，美国麻省理工学院进行了世界上最早的联机信息检索试验。1967 年以后，许多联机检索系统相继出现。第一个大规模联机检索系统是 1969 年全面投入运行的 NASA 的 RECON 系统。1970 年，美国洛克希德（LOCHED）公司的 DIALOG 系统和系统发展公司的 OBIT 系统相继建成，美国 MEDLARS 也于 1970 年开发了联机检索系统 MEDLINE。此后不久，欧洲宇航局的 ESA-IRS 系统和美国纽约时报联机检索系统投入运行。随着国际联机检索系统的发展，信息检索在这一阶段实现了远程实时检索。概括起来，联机检索主要有以下特点。

1．检索速度快

联机数据库都建有倒排文档，当用户输入一个提问式后，系统即在倒排文档中进行搜索，在很短的时间内可将命中文献从主文档中找到，并将命中文献的篇数显示在用户所用的终端屏幕上。

2．不受地理位置的限制

只要通过国际或国内的通信网络，联机服务中心的计算机系统可以与世界各地的终端设备相连。

3．实现人机对话

在实时检索过程中，用户可以不断修改检索策略，以便获得最佳检索效果。可以用逻辑运算符对查找范围进行缩小或扩大，以获得所希望的查全率和查准率。

4．检索质量高

既可以在联机系统的所有数据库中检索多种专业范围的信息，也可以就同一专业领域以不同的角度进行查找，如主题词、自由词、题名、作者、分类号码等；对不同词形变化的主题词，可通过截词功能加以扩大检索；对所需要获得的结果，也可通过原文文种和出版年代等加以限制，从而检索质量较高。

3.3.3　光盘库检索阶段（20 世纪 70 年代中期—80 年代末）

光盘检索阶段真正发展是在 20 世纪 70 年代。它是单机信息检索系统的一种，解决了单机检索系统数据存储量少的问题，也是目前应用比较广泛的一种检索系统，它在信息检索领域应用的光盘主要还是只读光盘。

光盘检索系统除可提供回溯检索、定题服务外，还可用于"自建库"、培训用户和联机检索前预处理。光盘检索也是一种联机检索。它既可以进行单机检索，又可以实现网上共享，还可以与远程联机检索系统联网。有的联机系统（如 Dialog 系统）为了便于用户使用和推销产品，把光盘数据库结构、检索指令做成与远程联机检索系统一样。这样对用户熟悉联机检索系统非常有用，而且光盘检索费用大大低于联机检索费用。

概括起来，光盘检索主要有以下特点。

（1）在通信不发达、费用较高、联网较困难的地区，使用网络信息服务就比较困难。而在光盘检索条件下，可以免除联机检索必须支付的电信费和联机系统使用费（约占联机检索总费用的 60%），只需支付数据库生产者收取的数据库费即可。

（2）当所服务的用户类型比较一致，他们所要求的信息源、主题类型比较集中，而且对信息的时间性要求不高时，使用 CD-ROM 机检系统比较划算，因为 CD-ROM 数据库检索范围已经足够，而且一旦订购了光盘数据库，光盘检索系统的使用量就没有限制，用户在使用时没有经费的压力，而联机检索必须为每一次检索付费。

（3）很多收费的信息产品还不可能很快上网。众所周知，Web 提供了用户所希望的免费（或低收费）信息及免费拷贝信息的服务，但有些出版商出于保密、版权及控制等方面的考虑，还不准备把他们的产品放到网络上去。在这种情况下，CD-ROM 就成为我们获取此类信息的最佳途径。

（4）在教育培训方面，CD-ROM 具有不可替代的优势。它可以向更多的人们（特别是最终用户）介绍计算机化信息检索的用户界面、检索技术和信息内容等，从而最终扩大机检市场。

（5）CD-ROM 可以替代或补充图书情报机构的印刷本收藏，其多媒体的书籍、游戏和参考资料是用户最欢迎的类型之一。

3.3.4 网络化检索阶段（20 世纪 90 年代初至今）

国际互联网（Internet）也称因特网，它具有全球性的分布结构、开放性的信息环境及跨国界的信息流。互联网的检索可同时使用网上多个主机，甚至所有主机的某种资源并不需要用户预先知道它们的具体地址。这就极大扩宽了其检索的空间和信息量，包括各种文献信息资源及其指向的网络页面。而传统的联机检索、光盘检索只局限在对一台或几台主机上的特定数据库的检索。但在另一方面，互联网信息庞杂，正式与非正式信息及其交流渠道共存，信息缺乏有效的组织管理，因此很难用一般意义上的查全、查准这些概念来衡量其检索。

由于电话网、电传网、公共数据通信网都可为情报检索传输数据，特别是卫星通信技术的应用，使通信网络更加现代化，也使信息检索系统更加国际化，信息用户可借助国际通信网络直接与检索系统联机，从而实现不受地域限制的国际联机信息检索。尤其是世界各大检索系统纷纷进入各种通信网络，每个系统的计算机成为网络上的节点，每个节点连接多个检索终端，各节点之间以通信线路彼此相连，网络上的任何一个终端都可联机检索所有数据库的数据。这种联机信息系统网络的实现，使人们可以在很短的时间内查遍世界各国的信息资料，使信息资源共享成为可能。

Internet 的迅速发展和广泛应用，改变了计算机信息检索的方式和方法，将信息检索拓展到一个更宽、更广的领域。

3.4　计算机信息检索的类型

由于计算机信息检索具有速度快、效率高、数据内容新、范围广、数量大、操作简单、检索式不受时间和地理位置限制等特点，已成为人们获取信息的主要手段之一。计算机信息检索的类型很多，可以从不同角度进行分类。

3.4.1　按检索系统的工作方式划分

1. 脱机检索

利用单台计算机的输入输出装置进行检索，用户不参与检索过程，适合大批量的定题信息检索，因此也叫成批检索或定题服务。

2. 联机检索

联机检索系统是由联机服务的中心计算机、检索终端、通信网络、联机数据库、检索软件等组成。检索终端通过通信线路与系统实时对话，随时调整检索策略，直到得到满意的结果。它具有分时操作能力，能够使许多相互独立的终端同时进行检索。检索范围广泛、数据量大、检索速度和更新速度快、及时性好、检索功能强，并可以联机订购原文。缺点是检索技术复杂、设备要求高、检索的费用昂贵。

3. 光盘检索

光盘检索系统是由微机、光盘数据库、检索软件等组成。利用光盘存储传送数据，在本地进行检索的方式。其特点是设备简单、费用低、检索方法易掌握，但检索范围受光盘数据库的限制，更新不够及时；相对于手工检索而言，它的检索速度快，检索灵活方便，检索入口多。

4. 网络化信息检索

网络化信息检索系统是由计算机服务器、用户终端、通信网络、网络数据库等组成。它是利用网络，并通过网络接口进行运作的软件，用户可以在任何一个终端查询各地网络上的信息资源。其特点是检索方法比较简单，检索灵活、方便、及时性好，检索费用和速度均低于联机检索系统。

3.4.2　按信息的服务方式划分

1. 回溯检索

这种服务主要是帮助用户查找过去某段时间中或过去某个时间至今的文献资料。这种服务使用户一次检索就可以全面了解某一课题在某一段时间中的发展情况，对申请专利、课题开题、科研项目鉴定、撰写综合性论文及编写教材等非常有用。

2．定题服务

这种服务是用户只需一次输入提问检索式，系统便将其存储起来，根据数据库更新周期，对存储的提问检索式进行周期性运行，检索出最新的文献资料，提供给用户。这种服务对及时了解某一专题的最新研究水平及发展动向非常有用，各大联机检索系统都有这种服务功能。目前，Dialog 系统和 ESA-IRS 系统的这一功能已改成 Save Alert。

3．联机订购原始文献

用户通过联机检索得到的结果一般都是二次文献，如果需要国内无馆藏的原始文献时，可通过检索终端，联机向检索系统申请订购原始文献。

4．电子邮件服务

一些大型的联机系统都设有电子邮件服务。它允许用户发送电子信息到联机检索系统各部门和同一系统中的各个用户。Dialog 系统的电子邮件服务既可将用户脱机打印检索结果进行传送，又可进行邮件快件发送。

3.4.3　计算机检索方式的检索效果

计算机检索方式主要有联机、光盘、网上三种检索形式，各有优势。联机检索一般提供的是多种类、科研价值高的大型数据库，缺点是费用较高，检索方法较为复杂；光盘检索（局域网数据库检索）使用的是菜单式检索方式，较容易掌握和使用，且投资的费用较低；网上检索信息丰富，但须具备一定的检索知识和经验，缺点是费用高。在检索中要注意将专题索引与综合性索引、专业数据库与综合性数据库等配合起来使用。在检索时，首先明确自己的信息需求，再选择相应的检索工具，依次按光盘检索—网上检索—联机检索—手工检索的方式检索，这样才能保证更好、更快地检索到有效信息，从而提高检索效率。

网络化信息检索工具。与其他检索工具相比，网络检索更具有强大的使用价值和广泛的应用前景。网络信息检索经过发展，可以说已经渗透到各个领域，如企业信息检索、文件信息检索、桌面信息检索、分布式信息提取等，信息检索的对象从相对封闭、稳定一致的独立数据库集中管理信息内容，扩展到动态开放、更新快、分布广、管理松散的 Web 内容。但网络检索也有其局限性，如搜索引擎的查全率、查准率不高，搜索引擎采集数据的速度远远落后于信息资源的增长速度，现有搜索引擎检索信息的普遍现象是返回的信息及返回、重复的信息过多；当前搜索引擎与网络用户的交互性不够，彼此间缺乏足够的协作，不能与用户进行足够好的交互来提高有效检索；网络信息标引的准确度不够，当用户要进行特定的文献检索时，检索工具经常会在返回大量垃圾信息的同时丢失有用信息，以至检索出来的数据完全被无用信息所覆盖。以 Web 全文信息检索技术为例来说，目前的全文检索技术还存在着一些未尽人意的结果。

3.5　计算机信息检索技术

计算机信息检索过程实际上是检索词与标引词比较的过程。单个检索词的计算机信息检索比较简单，两个或两个以上的检索词则需要先根据检索课题的要求对检索词进行组配。在计算机信息检索系统中，基本的检索技术有逻辑检索和加权检索，辅助的检索技术有词表助检、截词检索等。

3.5.1　布尔逻辑检索

运用布尔逻辑算符表达各检索词之间的逻辑关系，是信息检索中最为常用的一种方法。逻辑检索的基础是逻辑运算，逻辑运算有布尔逻辑运算的"与"、"或"、"非"，此外还有大于、小于、等于、不等于等运算。

1. 逻辑"与"

用"AND"或"*"表示，用来组配不同的检索概念，是具有概念交叉和限定关系的一种逻辑组配，其含义是检出的记录必须同时含有所有用"与"连接的检索词。若两个检索词 A 和 B，以"A AND B"或"A*B"相连，表示被检中的文献必须同时含有 A 和 B 两个词。

例如，我们要查找有关"计算机在网络检索中应用"的文献，可以下列逻辑式表示：

计算机 AND 网络检索或计算机*网络检索

A=计算机命中文献篇数；B=网络检索命中文献篇数。逻辑式：命中文献篇数 A*B（如图 3-3 所示中的斜线部分）。

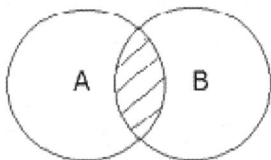

图 3-3　逻辑"与"示意图　　　　图 3-4　逻辑"或"示意图

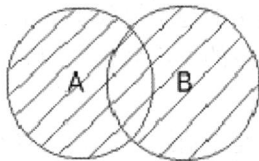

逻辑"与"连接的检索词越多，检索范围越小，专指性越强，起到缩小检索主题范围的作用，提高检索的准确率。

2. 逻辑"或"

用"OR"或"+"表示，用来组配同义词、近义词、相关词等，是具有概念并列关系的一种逻辑组配。表示被检中的记录只需满足检索词的任何一个或同时包含两词。若两个检索词 A 和 B，以"A OR B"或"A+B"相连，表示被检中的记录有 A 或有 B，或 A、B 两个词都有。

例如，要求查找计算机或机器人方面的文献，可以下列逻辑式表示

计算机 OR 机器人或者计算机+机器人

A=计算机命中文献篇数；B=机器人命中文献篇数。逻辑式：命中文献篇数 A+B（如图 3-4 中的斜线部分）。

在实际检索中，一般逻辑"或"可以扩大检索范围，避免漏检，提高查全率。

3. 逻辑"非"

用"NOT"或"-"表示，是具有概念删除关系的一种组配，可从原来检索范围中剔除一部分不需要的内容，即检出的记录中只能含有 NOT 算符前的，不同时包含其后的检索词。若两个检索词 A 和 B，用逻辑"非"相连，以"A NOT B"或"A-B"表示，其含义是被检中的记录含有检索词 A、不含有检索词 B 时才被命中。

例如，要求检索汽车方面的文献，而又不希望文献中出现拖拉机的主题，应以下列逻辑式表示

汽车 NOT 拖拉机或者汽车-拖拉机

A=汽车命中的文献篇数；B=拖拉机命中的文献篇数。逻辑式：命中的文献篇数 A-B（如图 3-5 中的斜线部分）。

逻辑"非"缩小了检索范围，增强了检索的专指度，提高检索的查准率。

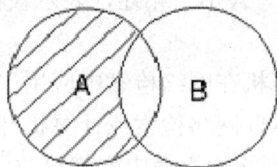

图 3-5 逻辑"非"示意图

在一个复杂的逻辑提问中，不仅可以有多个逻辑运算符，也可以使用括号（单层或多层）来指定运算的先后顺序。例如，(A*B+C)*(D+E)+F，其中 A、B、C、D、E、F 各代表一个检索词。

布尔逻辑是二值逻辑，其运算结果只有"真"或"假"两种状态。数据库中的文献对于某个提问来说，也只有相关或不相关两种可能。在相关文献中，各文献的重要性和切题性是完全相等的。布尔逻辑运算的优点是简单、明确、易于理解，符合人们的思维习惯。因而，它是商业化信息检索系统进行提问与匹配的基本方法。但由于二值逻辑对于文献的相关性判断过于"锐利"，使许多比较相关然而不完全符合布尔逻辑式指定条件的文献被剔除掉。特别在以逻辑"与"和逻辑"非"相连接的检索式中，即使有一个环节不成立，便被全部否定。这不符合人们在信息检索中选取信息的实际情况。正因为如此，ESA-IRS 信息检索系统提出了对布尔检索的改进算法——法定数运算。

4. 法定数运算

法定数运算的基本原理是通过逐步减少布尔逻辑检索式的逻辑"与"项目，从而逐步

提高命中文献的数量，直到达到用户事先指定的希望数量为止。例如，A*B*C*D*E 这个布尔逻辑检索式，它要求 A、B、C、D、E 这五个词同时出现在一篇文献的标引词中，缺一不可。而法定数检索先对这五个词分别进行单个词的检索，掌握其在数据库中相应的文献登录数。然后进行五个逻辑"与"运算，得到较小（有时为零）的文献量，若达不到用户指定的文献量，便舍弃登录数最大的检索词（如 B），进行四项逻辑"与"的运算（如 A*C*D*E），这样，命中文献数就会有所增加。若还达不到用户指定的文献量，再舍弃 A、C、D、E 中登录数最大的检索词（如 D），进行 A*C*E 的运算。依此类推，一直进行到出现用户指定的检出文献量为止。最后根据检出文献的相关程度划分级别。法定数运算通过放宽布尔逻辑的限定条件，使检中的文献量逐步从无到有、从少到多，使用布尔逻辑检索具有灵活性。它不仅追求检索词与标引词两个组合之间的"全等"，而且也追求不同程度的接近性，从而进行"柔性"的相似性计算，比较切合文献检索的实际要求。

5．布尔逻辑算符的运算次序

用布尔逻辑算符组配检索词构成的检索提问式，逻辑算符 AND、OR、NOT 的运算次序在不同的检索系统中有不同的规定。在有括号的情况下，括号内的逻辑运算先执行。在无括号的情况下，有下列几种处理顺序。

（1）NOT 最先执行，AND 其次执行，OR 最后执行。

（2）AND 最先执行，NOT 其次执行，OR 最后执行。

（3）OR 最先执行，AND 其次执行，NOT 最后执行。

（4）按自然顺序，AND、OR、NOT 谁在先就先执行谁。

检索时，首先需要事先了解检索系统的规定，避免逻辑运算次序处理不当而造成错误。因为对同一个布尔逻辑提问式，不同的运算次序会有不同的检索结果。

3.5.2　词组检索

用""或《》标注词组。例如用"'北京大学'"专指查找北京大学的信息，不包括"位于北京的大学"、"北京的清华大学"；用"美的空调"专指查找"美的"品牌空调的信息；用"《手机》"查找《手机》的电影，但不包括手机的销售、生产等。

3.5.3　限定检索

在检索系统中，为提高检索的查全率或查准率，需要一些缩小或约束检索结果的方法，称之为限定检索。用这种方法可将检索过程限定在特定的范围（或字段）中进行。

限定检索又称字段检索，组成数据库的最小单位是记录，一条完整记录中的每一个著录事项为字段。文献书目型数据库的记录基本包括下列字段：篇（题）名字段（Title，TI）、文摘字段（Abstract，AB）、自由词字段（Identified，ID）、著者字段（Author，AU）、著者机构字段（Corporate Source，CS）、刊名字段（Journal，JN）、出版年字段（Publication Year，

PY)、文献类型字段（Document Type，DT）、语种字段（Language，LA）、分类号字段（Classification，CC）等。

基本索引是一种主题性质的索引，它将检索项限制在叙词（/DE，/DF）、标引词（/ID，/IF）、题目（/TI）、文摘（/AB）这四种主要的后缀中，后缀代码放在检索项后面。在检索项后加上后缀代码进行的检索，就是后缀限定检索。

例 1：? S Television/TI

表示在题目中查找含"Television"一词的文献。

例 2：? S Barler/DE

表示在叙词中查找含"Barler"一词的文献。

例 3：? S Computer/TI，AB

在基本索引中后缀代码可以多个联用，每个代码之间用逗号分开。这个逗号表示 OR 逻辑组配。本例表示在题目或文摘中查找含"Computer"一词的文献。

例 4：? S（Widerness AND Preservation）/TI，DE

在用布尔逻辑和邻近算符（参见原文检索）连接的一组检索项目中，也可用多个后缀代码。但在用布尔逻辑连接的检索项的后缀代码前，一定要将逻辑运算符所连两项用括号括起来，如不加括号，该后缀代码只对代码左边一项起作用。本例表示在题目或叙词中查找同时含有"Widerness"和"Preservation"这两个词的文献。

辅助索引是一种非主题性索引，主要配合主题检索，它使主题检索更切合用户要求。例如，把某一检索项限制到某一作者、某种刊物、某些年份、某个会议等，它是用前缀代码表示，前缀代码放在检索项前面。

例 5：? S AU=Chen Haitao and CS=（ZhongShan（）Univ？）

本例表示作者（AU）为陈海涛，同时作者机构（CS）为中山大学的文献。

前缀代码也可多个连用（最多为 7 个），代码之间用逗号分开，前缀代码之间为 OR 逻辑关系。

在进行字段检索时，需注意：

（1）检索词若为单词，且未指定检索字段时，系统将在基本索引的一切字段中进行检索。

（2）检索词若为词组且未限定字段时，计算机系统将自动在叙词和自由标引词字段中查找，因为基本索引只有这两个字段保留了词组。

（3）字段检索对检出文献信息的数量和相关程度有极大影响。

3.5.4 加权检索

加权检索是一种定量检索方式。加权检索同布尔检索、截词检索等一样，也是文献检索的一个基本检索手段。不同的是加权检索的侧重点并不在于判定检索词或字符串在满足检索逻辑后是不是在数据库中存在，与别的检索词或字符串的关系。而在于检索词或字符串对文献命中与否的影响程度。运用加权检索可以命中核心概念文献，因此，它是一种缩小检索范围、提高查准率的有效方法。

它的基本方法是在每个检索词的后面加写一个数字，该数字表示检索词的"权"（Weight）值，表明该检索词的重要程度。在检索过程中，一篇文献是否被检中，不仅看该文献是否与用户提出的检索词相对应，而且要根据它所含检索词的"权"值之和来决定。如果一篇文献所含检索词"权"值之和大于或等于所指定的权值，该文献命中，如果小于所指定的权值，则不命中。

例如，Rader（10），Laser（10），Communication（20），指定权值为 30。

检索结果是只有包含上述三词，或包含 Rader 及 Communication，或包含 Laser 及 Communication 的文献才会被命中。

在加权检索中，计算机边检索边统计被检文献的权值之和，然后将文献按权值大小排列，凡在用户指定的阈值之上者作为检索命中结果输出。阈值可视命中文献量的多寡灵活地进行调整。阈值越高，命中的文献越少。在输出的命中文献中，由于按照权值从大到小排列，排列的次序反映了文献切题程度的变化，有利于用户区分阅读次序。凡是布尔逻辑检索能检索到的文献，加权检索也能命中。

采用加权检索方法时，必须将计算"权"的函数作为子程序纳入检索系统中。

3.5.5　位置检索

位置检索又称为全文检索、临近检索。使用布尔逻辑检索时，计算机只判断参加运算的检索词在记录中出现与否，不能确定检索词之间的相对位置关系。

位置算符是表示检索词之间位置关系的运算符，利用位置算符限定检索词在原始文献中的相对位置及检索词之间的顺序关系，更精准地表达检索需求，提高检索效果。

不同的联机检索系统所使用的位置算符的种类和功能有所不同，下面以 Dialog 系统为例介绍几种常用的位置算符。

1.（W）——With

（W）表示算符两侧的检索词词序不变，两个检索词中间不得有其他任何的字或词，但允许有空格或标点符号，也可用（ ）表示。例如 Potential（W）Energy 可检出包含 Potential Energy、Potential-Energy 或 Potential、Energy 等的文献信息。

2.（nW）——nWord

（nW）表示算符两侧的检索词词序不变，中间可以插入 n（n=1，2，3…）个词，两个检索词之间的顺序不能颠倒。例如 Knowledge（1W）Economic，可检出包含 Knowledge Economic 或者 Knowledge-Based Economic 等文献信息。

3.（N）——Near

由（N）连接的检索词在记录中出现的词序可以调换，即查找两个连在一起的单词，中间不可插入其他词，但允许有空格或标点符号。例如 Chemistry（N）Physics，可检出包含 Chemistry Physics 或 Physics Chemistry 的文献信息。

4.（nN）——nNear

（nN）表示算符两侧的检索词位置可以颠倒，两词中间最多可以插入 n（n=1，2，3…）个词。例如 Economic（2N）Recovery，可检出包含 Economic Recovery 或 Recovery of The Economic 等的文献信息。

5.（F）——Field

（F）表示算符两侧的检索词必须同时出现在同一字段内，例如同时出现在题名字段、文摘字段、叙词字段、自由词字段等。但两个词的前后顺序和中间插入词的个数不限。例如 Digital（F）library/Ti，Ab，表示两个词同时出现在题名或文摘字段的文献均为所需要的文献。

6.（S）——Subfield

（S）表示在此运算符两侧的检索词必须出现在同一句子或同一子字段中。子字段是指字段中的一部分，如关键词字段中的一个关键词就是一个子字段，两词的词序和中间插入的词数不限，它比（F）的限制更严。

7.（C）——Citation

（C）表示两个检索词必须出现在同一记录中，但两个词的词序和所在的字段不限。

以上位置逻辑算符在检索提问式中可连用，使用顺序为（W）→（S）→（F），查准率高的顺序为（W）＞（S）＞（F）。

3.5.6　截词检索

截词检索就是截断词的一个局部进行检索，并认为满足这个词局部中的所有字符（串）的文献，都为命中的文献。截词检索是预防漏检、提高查全率的一种常用检索技术，大多数检索系统都提供截词检索的功能。

在数据库检索时，常常会遇到词语单复数或英美拼写方式不同，词根相同、含义相近而词尾形式不同等情况，为了减少检索词的输入，避免漏检，提高检索效率，通常使用截词检索。

截词检索的方式有多种，截词检索按所截断的字符数划分，有无限截词和有限截词两种。有限截断是指能够确定具体截断的字符数，而无限截断则不明确具体截取的字符数。按截断的位置来区分，可分为前方截词、中间截词、后方截词三种类型。下面介绍以下这三种截词检索的基本方法。

1.前方截词，后方一致

将截词符放在词根的前面，后方一致，表示在词根前方有无限个或有限个字符变化。例如"？Computer"，可检索出 Minicomputer、Microcomputer 等词。

2.中间截词，前、后一致

中间截词是将截断符用在单词中间，而词的前、后方一致。一般对不同拼写方法的词，用通配符"？"插在词的中间，检索出两端一致的词来，通常用在英美对同一个单词的不同拼法。例如"Colo？r"包含 Colour（英）和 Color（美）两种拼写方法。

3．后方截词，前方一致

将截词符放在词根后面，前方一致。例如"Comput？"表示 Comput 后可带有其他任何字母，且数量不限，检索出包含 compute、Computer、Computerized、Computerization 等记录，为无限截词，而"Plant？？？"则表示 Plant 后面可加 0～3 个字母，检索出含 Plant、Plants、Planted 等词，为有限截词。

截词检索是一种常用的检索技术，截词技术可作为扩大检索范围，提高查全率的手段，具有方便用户、增强检索效果的特点，是防止漏检的有效工具，尤其在西文检索中，更是广泛应用。使用截断检索必须慎重，一是词干不要太短，以免检出许多与原来含义不相干的词汇；二是英美不同拼音的词，如变化字母数不同则不能使用嵌入式截断检索，必须详细写出并用"OR"组配后输入。

3.5.7　二次检索

二次检索是缩小检索范围，提高查准率的检索技术。即二次检索是在当前检索结果范围内，再次提出检索词进行查询，缩小检索范围。二次检索可以多次进行，使检索结果逐渐接近精确检索的目标。

3.5.8　其他信息检索技术

1．超文本检索技术

超文本检索技术是以超文本网络为基础的信息检索技术，在超文本检索系统中正文信息是以节点而不是以字符串为信息单元，节点间的各种链接关系可以动态地选择激发，通过链从一个节点跳到另一个节点，从而实现联想式检索。1945 年美国计算机科学家范尼瓦·布什首先提出了超文本思想。1965 年美国的泰得·纳尔逊（Ted Nelson）提出了超文本概念。1967 年美国布郎大学研制成功世界上第一个超文本系统——超文本编辑系统（Hypertext Editing System）。互联网上的搜索引擎代表了超文本检索技术的发展水平，有的还有自动分类、自动文摘、自动索引等功能。著名的超文本检索系统有 Yahoo、WebCrawler 等。

2．概念检索技术

概念检索技术又称基于知识信息检索，是基于自然语言处理中对知识在语义层次上的析取，并由此形成知识库，然后根据对用户提问的理解来检索其中的相关信息。它与传统信息检索的不同之处在于，后者是基于关键词（主题词）为核心的标引与检索，而关键词在很多情况下并不适合用于确切表达文献信息的概念和内容，因此误检与漏检在所难免。而概念信息检索的倡导者认为，它可以对输入的原文内容中的概念而不是关键词来进行组织和安排，在对其进行语义层次上的自然语言处理来获取相关的概念和范畴知识，然后通过记忆机制将它们存储到知识库中以备检索。概念信息检索的理论框架最早由美国著名的人工智能专家 Schank Kolodner 和 Dejong 在 1981 年发表的《概念信息检索》一文中建立的。自 1981 年以来一些概念信息检索系统相继推出，它们具备了一些智能检索的特性，有较强的分析和理解能力，Web 上的 Excite 搜索引擎即是采用概念检索技术的数据库。

3．知识发现技术

知识发现技术就是从大量的数据中发现有用知识的高级处理过程，是数据库技术和机器学习的交叉学科。数据挖掘技术是知识发现的核心技术。

数据挖掘的定义是按照某种既定目标，对大量数据进行分析和探索，从中识别出有效的、新颖的、潜在的有用知识，以最终可理解的模式显示的一系列处理过程。它涉及机器学习、模式识别、统计学、数据库、联机分析、模糊逻辑、人工神经网络、不确定推理等多种学科知识，数据挖掘是一种分析工具。

4．网格技术

即第三代互联网，目前还处于起步阶段。第一代互联网是传统互联网，第二代是 WWW。传统互联网实现了计算机硬件的连通，Web 实现了网页的连通，而网格试图把互联网整合为一台巨大的超级计算机，实现互联网上所有资源的全面连通，包括计算资源、存储资源、通信资源、软件资源、信息资源、知识资源等。也可以构造地区性网格，如企业内部网格、家庭网格等。网格的根本特征是资源共享。网格分为计算网格、信息网格和知识网格、商业网格、P2P。信息网格和知识网格是智能信息处理，包括信息检索，它的目标是如何消除信息和知识孤岛，实现信息资源的智能共享。

网格技术采用的标准有性能优于 HTML 的、内容与形式相分离的、可扩展置标语言 XML（Extensible Markup Language）、元数据（Meta Data）、资源描述框架（RDF）等。

5．信息推拉技术

这也是一种信息检索技术，分为信息推送和拉取两种模式。如何提高信息推送和拉取的智能检索水平是该项技术研究的内容。信息推送技术也称为"网播"，方法是通过互联网向用户主动地发布、推送各种信息，同时允许个性化定制的信息推送。它的信息推送方式有分频道式、邮件式、网页式和专用式。信息拉取即搜索引擎的功能，用户可以通过搜索引擎拉取信息。

3.6   计算机检索的策略与方法

3.6.1   信息检索策略概述

所谓检索策略是为实现检索目标而制订的计划或方案，是对整个检索过程的谋划和指导。换言之，在分析信息需求实质的基础上，确定检索途径与检索用词，并明确各词之间的逻辑关系与查找步骤进行的科学安排。因此，整个检索过程实质上是制定检索策略、实施检索策略、修改检索策略的过程。使检索结果逐渐逼近用户需求，实现二者之间较高的匹配度，以获得较高的用户满意度。

检索策略确定得是否恰当，直接影响最终检索结果，也是影响检索效益的一个重要因素。要构造高水平的检索策略，不仅要求检索者对检索系统十分了解，对检索课题有深入的分析，还需要检索者掌握灵活运用各种检索的方法和技巧。

3.6.2　检索策略的制定原则

1. 明确信息需求

这是制定检索策略的依据。首先要明确信息需求的类型，是制定检索策略的前提。按范围和程度不同，信息需求大体可分成以下三种类型。

（1）普查型。目的是全面了解某一主题，侧重于查全。需要搜集该主题的相关资料，这类需求具有普查、回溯的特点，要求尽可能高的查全率。

（2）攻关型。目的在于解决科研、生产、工作、学习中的关键问题，侧重于查准。需要搜集某一主题某一特定方面的资料，要求检索结果具有较强的针对性和专指性。

（3）探索型。目的在于了解和掌握某一领域的最新研究动向或研究成果，侧重于查新。要求查到的文献资料具有新颖及时的特点，而对查全率和查准率不一定有很高的要求。

此外，要明确课题对查新、查全和查准的要求，还要明确课题对检索结果形式需求和内容需求。形式需求包括所需文献的类型（包括内容类型和载体类型等）、数量、语种、年限等。内容需求包括检索课题涉及的学科范围、主题内容和有关的主题词、分类号等，以及它们之间的逻辑关系。在此基础上，确定检索主题，即根据其结构、类型、专业范围、性质等，形成若干能代表信息需求而且有检索意义的主题概念。之后，便可以制定检索策略。

2. 明确已有条件

制定检索策略的参照，要对自己所拥有的或可利用的各方面条件有清醒的认识。例如软硬件平台、可用的检索系统或检索工具、可获取原文的途径等，这些是制定或修改检索策略时参考的标准，依据这些条件制定的检索策略才具有切实可行性。

在此基础上，便可以制定检索策略。需要注意的是检索策略中应包括依据初步得到的检索结果反馈调整检索步骤的相关策略。

3.6.3　制定检索策略时注意的问题

1. 先国内后国外

首先利用国内检索系统或用中文编辑的报道外文的检索系统入手检索。这样，检索者可以从自己熟悉的语言中，快速掌握课题的概况，并可以从中选择出切题的关键词、主题词，为进一步查找外文检索工具提供方便。

2．检索时多选几个同义词、近义词

信息语言复杂多变，作者使用的语词不尽一致，为了避免漏检，检索时尽量多选几个同义词、近义词作为检索词。

3．巧妙地利用上下位词的关系

检索时要求查全率高而不计查准率时，可利用上位词进行检索。

4．尽量避免从字面出发选择检索词

尽量从内容上进行选词，以避免因选词不当造成漏检。

5．变换检索词的词序

在检索某些课题，因反复查找而没有结论时，应考虑词序倒置的可能。检索词序的准确与否是检索成败的关键。

3.6.4 常用的几种检索策略

近年来，人们对于计算机信息检索策略特别是联机检索策略的研究非常重视，研究出了各种各样的检索策略。但影响较大的是美国人鲍纳（Charles Bourne）提出的五种联机检索策略，它影响范围较广，除适用于联机检索外，还适用于手工检索、光盘检索、网络检索等其他类型的检索。

1．最专指面优先策略

最专指面优先的策略（Most Specific Facet First），意指在检索时，首先选择最专指的概念组面进行检索，如果检索命中的文献相当少，那么其他概念组面就不加到检索提问式中去；如果检索命中的文献较多，其他概念组面就加到检索提问式中，以提高查准率。其特点是首次检索结果的专指度较高，适合于明确专指需求的检索。

2．最低登录量面优先策略

最低登录量面优先策略（Lowest Posting Facet First），即先从估计检中的文献记录数量最少的概念组面入手，如果检中的文献记录相当少，则不必检索其他概念组面；反之，则将其他概念组面加到检索提问式中去，提高检索结果的查准率。

最低登录量面优先策略与最专指面优先策略类似，在大多数情况下，最专指面往往登录数也最小。之所以把最低登录量面优先作为一种独立的策略模式，是因为在计算机信息检索中，常常很容易明确哪个主题概念（或检索词）的登录数量最小。

以上两种检索策略多用于检索费用一定的条件下。因为在检索费用一定的条件下，这两种检索策略通过检索最低限度的概念组面，能达到减少机时，并检索出相对多一些相关文献的目的。

3．积木型概念组策略

积木型概念组策略（Building Block）是把检索课题分解成若干个概念组面，并分别先对这几个概念组面进行检索；在每个概念组面中尽可能全地列举同义词、相关词、近义词，并用布尔逻辑算符"OR"连接成子检索式，然后再用布尔逻辑算符"AND"把所有概念组面的子检索式连接起来，构成一个总检索式。

积木型概念组策略的优点是能提供比较明确的检索逻辑过程，以便于以后作保留检索和理解。缺点是耗时多、联机检索费用高。为节约机时，可以考虑整个检索式成批输入。

4. 引文珠形增长策略

引文珠形增长策略（Citation Pearl-Growing）是直接从检索课题中最专指的概念组面开始，以便检出至少一篇命中文献。检索人员从这一条或数条记录中找到新的规范词或自由词，补充到检索式当中去，然后检索就能重新查出更多的文献。连续重复上述过程，直到找不到其他适合包含于检索式的附加词为止。这种检索策略交互性最强，但也需要更长的联机时间。比较适用于检索需求相对模糊的检索过程。缺点则是整个检索较长，费时较多。

5. 逐次分馏策略

逐次分馏策略（Successive Fractions）逐次分馏的意思是先确定一个较大的，范围较广的文献初始集，如可以利用一个较宽泛的检索词获得，然后逐步提高检索式的专指度，从而逐步缩小命中文献集，直到得到数量适宜、用户满意的命中文献集合为止。优点是有利于保证检索的全面性。

在计算机信息检索中，这五种检索策略的模式并不是彼此孤立的，而是可以互相结合使用的。对于较为复杂的大型检索课题，常常可以把这些策略模式融合在一起，以发挥各自的优势和作用。

3.6.5　调整检索策略的方法

检索策略输入检索系统后，检索结果有时不一定能满足检索要求，例如，输出的篇数过多，而且不相关文献所占比例很大；或者输出的文献数量太少，有时甚至为零。这时就需要调整检索策略。调整检索策略的目的就是改善检索结果以提高用户满足率。需要调整检索结果无非以下两种情况。

1. 输出篇数过多

此时多数是由误检造成的，原因可能有以下两点：一是主题词本身的多义性导致误检。例如，使用专指度较低的检索词，如方法、理论、研究、技术、探讨等作为检索词查找，结果找出的文献含有这些词的多种内容。二是对所选的检索词的截词截得过短。例如，使用"Cat？"甚至"Ca？"查找"Catalyst"，又如，"Prep？"查找"Preparation"，都会造成误检。

在这种情况下，就要缩小检索范围，提高检索结果的查准率。调整检索策略的方法有以下几种。

（1）减少同义词或同族相关词，增加或换用下位词和专指度较强的自由词。

（2）增加限制概念，用逻辑"与"（AND）连接一些进一步限定主题概念的相关检索项，增加相互制约。

（3）使用字段限制，或者限制检索词在指定的基本字段出现，如题名、关键词、文摘等。或者指定辅助字段，限制结果的文献类型、语种、出版国家。

（4）使用适当的位置算符，由松变严，如用位置算符控制检索词的词间顺序与位置，检索词的前后顺序、邻接关系、中间可出现的其他词的个数等。

（5）使用"非"（NOT）算符，排除与提问无关的检索词。

（6）进行加权检索，从定量角度加以控制。

2. 输出篇数过少

此时多数是由漏检造成，原因有以下几点。

（1）选用了不规范的主题词或某些产品的俗称、商品名称作为检索词。例如，没有使用"泡沫塑料"或"泡沫橡胶"，而使用了俗名"海绵"；又如，没有使用"表面活性剂"而使用了商品名称"迪恩普"，都会造成漏检。

（2）同义词没有运用全。例如，希望查找"设备"时，只使用了"Apparatus"，没有使用"Equipment"和"Device"等；查找品牌时，没有考虑到还有"名牌"、"牌号"以及"商标"也都可以使用。

（3）上位概念或下位概念没有完整运用。例如，"燃料"是上位概念，下位概念可以有"固体燃料"、"液体燃料"、"气体燃料"，甚至还有"煤"、"油"、"煤气"、"天然气"等，这些概念在查找"燃料"时，都应该加以考虑。

其他造成误检和漏检的原因还有位置算符用得过严，概念不规范或新概念、布尔算符用得过多，专指度太高等。

针对这些情况，主要应该扩大检索范围，提高检索结果的查全率。具体方法如下。

（1）减少"与（AND）"算符。

（2）调节检索词的网罗度，如删去某个不甚重要的检索词。

（3）进行族性检索，可采用分类号检索或采用一组近义词/同义词/相关词，并用逻辑"或（OR）"将它们连接起来。

（4）在词干相同的单词后使用截词检索，如采用前截词、后截词、前后截词等截词方法。

（5）取消某些过严的限制符，如前缀、后缀符。

（6）增加检索途径，将主题途径与非主题途径结合起来使用。

（7）调整位置算符，由严变松。

（8）增加检索系统或换用覆盖范围更大的检索系统。

对检索策略的调整要根据所用检索系统、检索工具的具体功能确定，要考虑所选用的扩大检索或缩小检索策略能否被所使用的检索系统支持。另外，除了上述方法外，还可以考虑换用其他的检索系统、检索工具。例如，选用不同的搜索引擎。实际检索时，最好事先制定好几种策略，以供随时调整，使检索活动达到最佳的效果。

3.7　信息检索效果评价

　　所谓检索效果（Retrieval Effectiveness）是指检索结果的有效程度。它直接反映了检索系统的检索性能及能力。检索效果包括技术效果和社会经济效果两个方面。技术效果主要指系统性能和服务质量，系统在满足用户的检索要求时所达到的程度。社会经济效果主要指检索系统服务所花费的成本和时间，它是由检索系统完成其检索服务的代价所确定的。

　　评价信息检索效果，目的是为了准确掌握检索系统的各种性能水平，分析影响检索效果的因素，调整检索策略，改进检索系统的性能，提高检索效果，满足用户信息检索的需求。

　　检索效果或检索效率的评价主要是针对计算机信息检索而言的。常用的评价指标一般包括查全率、查准率、漏检率、误检率等四项指标。其中，两个主要的衡量指标是查全率（Recall Ratio）和查准率（Precision Ratio），分别用 R 和 P 大写字母表示。

　　网络环境下，信息检索效果的评价指标发生了很大变化，信息检索效果的评价指标体系主要包括对信息检索数据库的评价、对检索结果的评价、对检索功能的评价和对用户负担的评价。

3.7.1　信息检索数据库的评价指标

　　信息检索数据库的评价指标主要包括对数据库收录范围、更新频率、权威性的评价。数据库的收录范围是评价一个检索工具的最基本的指标，在传统的计算机情报检索系统中，数据库的覆盖率是影响其检索性能的重要指标，它直接影响系统的查全率。尽管由于网上信息分散、无序，更新和消亡无法预测，覆盖率对系统的查全率的影响可能不是那么明显，但是在用户选择搜索引擎的过程中数据库的大小仍有一定的借鉴作用，毕竟从统计学的角度看收集的网页多，查到更多的结果的可能性也就越大。数据更新频率是网络信息检索性能评价的另一个重要指标。在不考虑成本的情况下，检索工具数据更新频率当然是越快越好。如果更新频率太慢，跟不上网上信息的更新速度，就会出现死链。更新周期，指搜索引擎信息源的更新频度、时效性。互联网上的信息始终处于不断发展变化之中，一个好的搜索引擎，除了内容丰富、查找迅速外，还应该对数据库中已有内容进行审核、更新，及时删除死链接、坏链接。数据库的权威性主要体现在出版者、审查制度和收录文献三个方面，主要是指数据库中包含的出版物的学术情况，用于评估数据库的学术性、科学性和可靠性。但数据库内容的权威性是一个有争议的指标。

3.7.2　信息检索结果的评价指标

　　信息检索结果的评价指标主要包括查全率、查准率、漏检率、误检率、响应时间等评价指标。

1．查全率

查全率 R（Recall Ratio）是由美国学者佩里（J.W.Perry）在 20 世纪 50 年代首次提出。早期的信息检索查全率定义为检索时，检索系统把文献分成两部分：一部分是与检索策略相匹配的文献，并被检索出来，用户根据自己的判断将其分成相关的文献（命中）a 和不相关的文献 b；另一部分是未能与检索策略相匹配的文献，根据判断也可将其分成相关文献（遗漏）c 和不相关文献（正确地拒绝）d。一般情况下，检索出来的文献数量（$a+b$）相对整个系统规模来说，是很小的，而未被检出的文献数量（$c+d$）则非常大。此时，查全率可用下面公式表示为

$$查全率 R = \frac{检出的相关文献数量}{系统中相关文献总数} = \frac{a}{a+c} \times 100\%$$

查全率是指检索出的相关文献量与检索系统中存储的全部文献总量之比。查全率是衡量信息检索系统检出相关文献能力的尺度。对于数据库检索系统，查全率为检索出的款目数与数据库中满足用户检索式需求的款目数之比；对因特网信息检索来说，因特网上信息是瞬息万变的，因此文献总量是很难计算的，甚至连估算都困难。按传统的方式计算查全率，就要检验检索工具（搜索引擎）反馈的所有检索结果，而检索结果的数量有时是极大的。为此，相对查全率是一种可以实际操作的指标，但从其定义可以看出，人为因素的影响较大。

$$相对查全率 = \frac{检出的文献数量}{全部实际检出文献集合并集中文献的数量} \times 100\%$$

提高查全率，往往要放宽检索的范围，但放宽检索范围又会导致查准率下降。为此，需要提高标引质量和主题词表的质量，优化检索式，准确判断文献的相关性和相关程度。具体地说，就是选择适当的检索方法，合理有效的检索策略，加强标引工作。

2．查准率

查准率 P（Precision Ratio）是指检索时，检索出的相关文献量与检索出的文献总量之比，是衡量信息检索系统精确度的尺度，检索系统把文献分成两部分，一部分是与检索策略相匹配的文献，并被检索出来，用户根据自己的判断将其分成相关的文献（命中）a 和不相关的文献 b；另一部分是未能与检索策略相匹配的文献，根据判断也可将其分成相关文献（遗漏）c。查准率可用下面公式表示为

$$查准率 P = \frac{被检出的相关文献数量}{被检出的全部文献数量} = \frac{a}{a+b} \times 100\%$$

在理想的情况下，系统检索出用户认为相关的全部文献，用户相关性估计和系统相关性判断是重合的，即 $b=0$，$c=0$，查全率为 100%。实际上，这样的结果是很难得到的。一般情况下，查全率的计算比较困难，因为检索系统中的相关文献总数是很难估算的。

同样，对于互联网信息来说，真实的查准率也是很难计算的。因为对于命中结果数量

太大的检索课题来说，相关性判断的工作量极大，很难操作。因此，可以定义一个相对查准率，可用如下公式表示

$$相对查准率 = \frac{检索者确定为相关的文献}{检索者在检索过程中看过的文献数量} \times 100\%$$

实践证明，查全率 R 及查准率 P 是衡量检索效果的两个主要指标，主要用来评价检索的质量。

查全率（R）和查准率（P）之间存在着互逆关系。也就是说，如果提高检索的查准率，那么就会降低其查全率，反之亦然。但也不是绝对的，有学者认为，随着检索语言的发展和计算机处理文献能力的提高，以及检索系统检索功能的开发，查全率与查准率是可以同时提高的。还有学者认为，查全率与查准率不存在一个统一的最佳值，也没有量化的意义，他们认为查全率与查准率在很大程度上取决于不同的用户需要，得到的结果也不同。所以，在实际检索中，欲达到较好的检索效果，必须兼备二者，合理地调节查全率和查准率，不能单纯追求其中单一评价指标。

3．漏检率

漏检率（Omission Factor）是指检索时，检索系统把文献分成两部分，一部分是与检索策略相匹配的文献，并被检索出来，用户根据自己的判断将其分成相关的文献（命中）a 和不相关的文献 b；另一部分是未能与检索策略相匹配的文献，根据判断也可将其分成相关文献（遗漏）c 和不相关文献（正确地拒绝）d。一般情况下，检索出来的文献数量（$a+b$），相对整个系统规模来说是很小的，而未被检出的文献数量（$c+d$）则非常大。此时，漏检率可用下面公式表示

$$漏检率 = \frac{漏检相关文献数量}{系统中相关文献总量} = \frac{c}{a+c} \times 100\% = 1 - 查全率$$

漏检率与查全率是一对互逆的检索指标，查全率高，漏检率必然低。

4．误检率

误检率（Miss Factor）是误检（检索不出）相关文献总量的比率，是衡量信息检索系统误检文献的尺度，可用下列公式表示

$$误检率 = \frac{检出的不相关文献数量}{检出文献总量} = \frac{b}{a+b} \times 100\% = 1 - 查准率$$

误检率与查准率是一对互逆的检索指标。查准率高，误检率必然低。

5．检索响应时间

检索响应时间（Search Response Time）也是用户非常关心的评价指标。检索响应的时间是指从提问到接收再到检索结果平均消耗的时间。具体地说，网络检索的响应时间由四个部分组成：用户请求到服务器的传送时间；服务器传来答复的时间；服务器的答复到用户端的传送时间；用户端计算机处理服务器传来答复的时间。在网络信息环境下，响应时间在相当大的程度上取决于用户使用通讯设备和网络的拥挤程度等外部因素。同一检索工

具在不同时间检索同一问题，其响应时间也会不一样。

除以上这几个主要指标外，链接的可靠性是网络信息检索性能评价特有的评价指标，这个指标和数据更新频率有关。显而易见，如果链接的可靠性很差，断链、死链太多，就会出现找不到原始文献的情况，那么命中记录再多也没有用。死链指搜索结果中指向已不存在（或无法访问）的互联网资源的链接，感知的死链率是指用户感觉无法正常访问的网页占结果网页总数的比例。死链同重复界面一样属于干扰用户利用的无用信息，但是，死链只有在用户试验之后才能知道，更加浪费用户的时间和精力，所以更是一种影响用户利用效果的因素。从用户利用的角度来说，不仅仅是死链和断链，甚至还包括一些由于技术原因不容易被用户获得的资源的链接，都会影响检索效果和利用效果。

3.7.3　信息检索功能的评价指标

检索功能包括基本检索和高级检索。基本检索功能包含布尔逻辑检索、截词检索、临近词检索和字段检索等。高级检索由加权检索、模糊检索、相关信息反馈检索、概念检索、自然语言检索等组成。目前采用的一些检索功能主要有以下十二种。

（1）布尔逻辑检索，有的用 AND、OR、NOT（或者小写），有的以符号（*，+，-）代替，还有的直接把布尔逻辑算符隐含在菜单中。

（2）短语检索，又称"精确检索"，检索出与" "内形式完全相同的短语。

（3）截词检索，允许在检索标识中保留相同的部分，用相应的截词代替可变化部分，以扩大检索范围。

（4）词根检索，可将搜索关键字进行延伸，查找词根相同的记录。

（5）邻近检索，又称位置检索，用一些特定的位置算符表达检索词与检索词之间的位置关系。

（6）区分大小写检索。

（7）全文检索，对网页全文中的每个词进行检索。

（8）模糊检索，又称概念检索，检索系统不仅反馈包含了关键词的信息，同时也发来与关键词意义相近的内容。

（9）自然语言检索，又称智能检索，直接采用自然语言中的字、词、句作提问式检索。

（10）多语种检索，提供多种语言的检索环境供用户选择，系统按用户选定的语种进行检索并反馈结果。

（11）按范例查询，指示信息检索系统对某个具体文档相类似的文档进行搜索，也称为"相近搜索结果"。

（12）限制检索，使用户在某一范围中进行检索，包括类别范围、地域范围、时间范围、语言范围、网站类型、文件类型、域名、位置等，限制实现的方法各不相同，有些是通过在关键词后加特殊的字符（如 title、link、url、com、image），有些是通过下拉菜单。

以上检索功能并不是要求每个检索系统都必须同时具备上述功能，但至少应该支持布尔逻辑等基本检索，而大型的网络信息检索系统功能应该更多些。

3.7.4　用户负担的评价指标

用户负担的评价指标主要包括以下几种。

1．输出格式的灵活性

这是网络信息检索性能评价的一个重要指标。检索工具应该能够灵活地定义检索结果输出格式。与传统检索性能评价指标相同，检索工具应该能够输出尽量多的有关信息，如标题、说明语、URL、文件尺寸、语种等，除此之外，网络信息环境的特点使网络检索工具可以用超链接来实现检索结果的输出。不同的用户有不同的需求，检索工具应能提供多种检索结果的输出格式供用户选择。

2．显示的内容

显示的结果越详细，就越有利于用户不看全文即可决定对所检信息的取舍。

3．显示数量

每页显示的记录数是否可以由用户选择或设定。

4．检索结果的排序

检索结果的排序依据是什么？命中相关度排列，日期最新排在前面，或者依概念、网址、域名、声望和链接等标准排列。

5．对检索结果的处理

是否具有对搜索结果的去重功能，对网络检索工具而言，去重功能必不可少。

6．检索结果输出

指检索结果是以何种形式输出，包括相关性排序、显示内容、输出数量选择、显示格式选择等。

3.7.5　信息检索的其他评价指标

1．用户界面友好程度是所有检索系统是否易于使用的衡量标准

一个友好的人机界面应该至少具备以下特征：（1）操作简单，易学，易掌握；（2）界面美观，操作舒适；（3）用语通俗，语义一致。检索系统的目的就是尽可能完美地服务于信息检索用户，简单、易用应该是检索系统永恒的特点。用户界面的易用性情况，包括是否有帮助文件、是否有查询举例、是否有检索功能说明。

2．可用性是评估用户界面容易使用程度的一种属性，也是网站生存的必备条件之一

也就是说，一个易于使用的网站可使用户在短时间内清晰了解网页内容、顺利完成界面操作、增加对网站的主观满意度和接受程度。友好的用户界面将大大提高系统的利用频率和使用效率。目前，业界公认且普遍采用的可用性评价指标是由著名可用性工程学家

Jakob Nielsen 提出的，可用性定义包括以下五要素。

（1）易学性。初次接触这项设计时，用户完成基本任务的难易程度，包括界面设计是否符合用户习惯系统操作帮助和提示功能设计是否完善等。

（2）交互效率。用户完成操作任务的速度，包括界面导航的设置，用户完成操作任务的成功率、所需时间和单击量。

（3）可记忆性。在一段时间没有使用之后再次使用该设计，用户重新熟练操作的难易程度。

（4）出错频率。用户操作错误的数量，错误的严重性，错误的易恢复性。

（5）用户主观满意度。用户对设计是否满意。

3. 其他一些指标衡量检索效果

（1）收录范围。即一个系统收录的文献是否齐全，包括专业范围、语种、年份与文献类型等，这是提高查全率的物质基础。

（2）新颖率。即系统检出的最近单位时间内更新的文献信息量，与最近单位时间内更新的文献信息总量的比。

（3）工作量。即从系统获得相关文献信息必需消耗的经历和工作时间。

（4）检索费用。即用户为本次检索花费的费用，以重复链接和死链接数量等作为评价指标。

3.8　提高信息检索效果的措施

信息检索效果是研究信息检索原理的核心，是评价一个检索系统性能优劣的质量标准，它始终贯穿于信息存储和检索的全过程。用户在进行信息检索时，总是希望获得满意的检索效果，因此，需要从以下几个方面入手。

1. 选择质量较高的检索系统

评价检索系统的优劣主要看它的存储功能和检索功能，即"全"、"便"、"新"。"全"指存储的内容丰富，摘录的文献量越多，存储率越高，则检索系统存储的文献信息量越大，这是检索的前提条件，也是实现检索的物质基础。"便"是便于利用，它是检索系统的必备条件。一般指编排结构是否简便易用，标引文献采用的检索语言是否准确和实用，辅助索引是否齐全，排列是否科学等。"新"是指内容新、时差短，以保证提供的文献不陈旧失效。以上三个条件同时具备，才能称得上是优良的检索系统。对用户来说，检索前必须慎重选择检索系统，这是提高检索效果的保证条件。

2. 提高检索者自身的检索水平

检索效果与检索者的知识水平、业务能力、工作经验，特别是检索技能、技巧的熟练程度和外语水平有着密切的关系。检索策略的制定是一项技巧性很强的检索方案，不同的检索方案得到的检索效果有着很大的差别，因此，检索者应该具有一定的信息检索知识，包括熟悉检索工具的收录范围，能够熟练地选择和使用检索工具，能选取正确的检索词，合理使用逻辑组配符，能灵活运用各种检索方法和检索途径等，全面正确表达检索要求，制订出科学、全面、合理、细致的检索策略，这样才能有效地降低漏检率和误检率，提高检索效果，起到事半功倍的检索效果。因此，检索者的检索水平是提高检索效率的决定因素。

3．合理调整查全率和查准率

由于查全率和查准率是互逆的，所以根据课题的具体要求，合理调整查全率和查准率，使其达到一个最佳比例是非常重要的。总之，选用泛指的词，则查全率高而查准率低；选用专指度高的词，则查准率高而查全率低。只要掌握了这些方法和技能，并在检索中合理地利用，就能得到满意的结果。

4．提高检索工具的编辑质量

检索工具编者，必须力争做到收录有关的全部文献信息，尽量减少遗漏。著录内容要详细、正确，要标准化。索引系统完善、适用。标引用词，规范严密，控制词量，前后一致，准确表达文献主题概念。标引要有一定深度，参照系统要完善。及时集纳最新文献信息，不断提高编辑出版速度。

5．准确使用检索语言

用户采用检索提问的语言必须和检索工具中的检索标识语言相一致，才会命中所需文献信息，查获有关文献。为此，用户所用的检索语言应能正确表达信息需求。如果检索工具使用了分类语言，那么用户就得事先从分类表中选准分类号；如果检索工具使用的是主词语言，包括标题词、元词、关键词或叙词语言，检索者就必须事先选好有关的主题词，并按概念组配规则合理组配，如要提高查全率，就得采用泛指性强的检索语言，如采用上位类分类号，上位主题词以及相关主题词；如要提高查准率，就得采用专指性强的检索语言，如采用下位类分类号，或下位主题词以及经过组配后的专指检索词。

6．制定最优的检索策略，灵活运用各种检索方法

例如尽量全面准确地表达检索要求，合理选用检索工具，根据检索课题的要求，运用适当的选词方法把检索词选全、选准；然后尽量把检索式结构制订完美些，能全面准确地表达检索要求；检索过程中灵活运用各种有效的方法和途径；根据用户的不同要求，及时调整查全率和查准率等，制订最优检索策略。

思考题

1．计算机信息检索有哪些主要的检索技术和检索方法？

2．简述布尔逻辑运算符的含义、种类和作用。

3．什么是检索策略？要得到满意的检索结果，你是如何来调整检索策略和检索方案的？

4. 截词检索的含义是什么？举例说明不同数据库的截词检索符号以及所表示的含义。

5. 信息检索有哪些常用的检索途径？

6. 什么是文献的查全率和查准率？如何提高文献的查全率和查准率？查全率和查准率的关系是什么？

7. 如何评价检索效果？提高检索效果的措施有哪些？

第4章 综合网络信息资源及其检索

4.1 图 书 检 索

4.1.1 图书、电子图书概述

4.1.1.1 图书的基本概念

图书是对某一领域的知识进行系统阐述或对已有研究成果、技术、经验等进行归纳、概括的，一种比较系统完整而又成熟的文献类型，是历史最长、种类最多、数量最多的一种文献形式。《中国大百科全书》对"图书"的定义为：用文字、图画或其他符号手写或印刷于纸张等形式的载体上并具有相当篇幅的文献。联合国教育、科学和文化组织（UNESCO）为了统计目的，对除封面外篇幅不少于 49 页的非定期出版物称为图书，49页以下者为小册子。也有人将一切书、期刊、小册子、图片等泛称为图书。前者可视为狭义的图书，后者可视为广义的图书。

图书经历过几个不同的历史阶段。最早的图书载体材料多样，如古埃及用纸草，巴比伦用泥板，欧洲中世纪用羊皮、蜡板，印度用棕榈树叶等。在中国，曾用甲骨、青铜器、石头等作为记录知识的载体，从春秋到两汉多用竹简、木牍、缣帛。造纸术发明后，纸逐渐成为书写文字的最理想的载体。19 世纪中叶以后，印刷技术不断革新，图书从手工生产过渡到机械化生产。20 世纪以后，新一代的电子图书开始出现。与印刷型图书相比，数字图书具有制作简便、使用方便、便于阅读的特点，同时，发行成本低，出版周期短，逐渐成为现代图书的主流。

4.1.1.2 电子图书的概念和类型

1. 电子图书的概念

电子图书（Electronic Book，简称 eBook，E 书）又称数字图书，是计算机技术和网络技术飞速发展的今天印刷型图书的数字化形式，是利用计算机高容量的存储介质来存储图书信息的一种新型图书记载形式。电子图书不只是传统图书的数字化，它还是图书的一种更新形态。首先它包含了文章或书籍的数据文档，以一定的数据格式存储文章或书的内容。其次，与数据文档密不可分的是它为读者提供了特殊的阅读手段，既可以在线或在 PC 机上阅读，即通过计算机直接阅读所购买的电子图书或网站提供的免费、付费电子图书；也可以离线或脱机阅读，即通过电子阅读器阅读从网上购买和下载的图书。

2．电子图书的类型

按照载体的不同，电子图书可分为光盘电子图书、网络电子图书和便携式电子图书三种类型。

（1）光盘电子图书。其主要是一些图书和工具书的随书发行或单独发行的光盘，它只能在计算机上单机阅读。各图书馆对此都有专门的收藏和管理。

（2）网络电子图书。其是指生产过程中采用二进制的数字化形式，将文字、图像、声音等信息存储在光、磁等介质上；在利用过程中，又通过计算机技术、通信技术，特别是网络技术来获取及检索阅读，主要是一些由图书馆、数字资源开发商和书商等设立的网站或数字图书馆。网络电子图书以纸本图书的网络版居多，如"书生之家"、"超星电子图书"等；有些网站也制作网络电子图书，但主要为文学类的图书。

（3）便携式电子图书。这里特指一种存储了电子图书内容的电子阅读器，也称 Pocket eBook。人们可以在这种电子阅读器的显示屏上阅读各种存放在其中的图书。一个电子阅读器中可存放成千上万页的图书内容，并且图书内容可不断购买增加。

4.1.2　中文图书数据库

4.1.2.1　读秀中文学术搜索

1．简介

读秀中文学术搜索（http://www.duxiu.com）是全球最大的中文文献资源服务平台。收录了 228 万种中文图书元数据（约占 1949 年以来全部出版中文图书的 95%以上）；160 万种图书全文；6 亿页资料；2 亿条目次；每年 10 万种以上的图书更新速度。它集文献搜索、试读、文献传递、参考咨询等多种功能为一体，为用户提供切入目录和全文的深度检索，以及部分文献的全文试读，读者通过阅读文献的某个章节或通过文献传递来获取他们想要的文献资源，是一个真正意义上的知识搜索及文献服务平台。

读秀学术搜索可以从知识、图书、期刊、报纸、学位论文、会议论文、视频、课程课件、词典、人物、标准、专利、词条、图片、电影、网页、音乐、博客、论坛、新闻等多种信息资源中进行检索，并且可以提供在结果中检索的二次检索功能。

2．检索

读秀的检索步骤是：登录读秀（需要有使用权限）→选择所要检索文献类型（如知识、图书、期刊、报纸、学位论文等）→在检索框中输入中文（英文）检索词，单击"中文搜索"或"外文搜索"执行检索→浏览命中记录，获取所需文献。在检索结果页面的左侧，可以对"年代"、"学科"、"作者"等进一步限定；在检索结果页面的右侧，显示与查询词相关的其他类型文献的命中记录情况；在检索结果页面中部，对于不同文献，类型的检索结果显示情况不同，分述如下。

（1）对知识频道的检索结果，显示该检索词在图书正文中出现的情况，单击"标题"

或"阅读"链接，可看到详细信息。

（2）对图书的检索结果，图书名称后面可能会有"阅读全文"、"图书下载"、"馆藏纸本"、"阅读部分"等按钮，"阅读全文"表示所在馆有该书电子版，单击该按钮可在线阅读全文；"图书下载"可下载全文，需要选择相应的阅读器；"馆藏纸本"表示有纸本书，单击该按钮进入馆藏目录记录页面可了解该书的详细信息及借阅情况；"阅读部分"表示该书无馆藏，单击该按钮可阅读该书的版权页、前言、目录及正文的部分内容。单击图书名称可显示该书详细信息，这个页面可能会有"图书馆文献传递"按钮，单击该按钮便可通过文献传递获得该书部分全文；在此页面右侧的"其他图书馆借阅"处，可看到国内有哪些图书馆收藏了该书，单击某一图书馆名称可看到该馆入藏此书的具体信息。

（3）对"期刊"、"报纸"、"学位论文"、"会议论文"等文献类型的检索结果，显示文献的名称、作者、出处等信息。单击一篇文献的标题可显示该文的详细信息，在此页面可能有"图书馆文献传递"按钮，利用此功能可获得其全文。

4.1.2.2　超星数字图书馆

1．简介

超星数字图书馆（http://www.ssreader.com）是目前世界上最大的中文在线数字图书馆之一，由北京世纪超星信息技术发展有限公司制作，设文学、历史、法律、军事、经济、科学、医药、工程、建筑、交通、计算机和环保等几十个分馆。超星数字图书馆提供 24 小时在线服务，每一位读者下载并安装 SSReader 阅读器后，可通过互联网在线阅读，也可将电子图书下载到用户本地计算机上离线阅读和打印。

超星数字图书馆电子图书获取途径为：登录超星数字图书馆主页可以免费阅读约 5 000 种 PDG 图书，其他图书需要付费阅读。单位购买的用户可以在固定 IP 地址范围内利用远程访问方式使用超星数字图书馆的资源，或者采用镜像站点方式使用该资源。个人用户可以通过购买阅读卡注册会员后使用。

使用超星数字图书馆阅读或下载图书时，必须下载并安装 SSReader 阅读器才能阅读图书全文。

2．检索

超星数字图书馆提供分类浏览、快速检索、高级检索三种检索方式。

（1）分类浏览。检索者如无明确的检索目的或检索词，可以使用分类浏览找到所需图书。进入超星数字图书馆首页，在页面左侧将图书分为经典理论，哲学和宗教，社会科学总论，政治和法律，军事，经济，文化教育、文学，艺术，历史和地理，自然科学总论，数理科学和化学，天文学和地球科学，生物科学，医药和卫生，农业科学，工业技术，交通运输，航空航天，环境科学，安全科学和综合性图书等共计 22 个大类。单击分类目录，显示该目录下的子目录，依次单击子目录，可以检索到所需书目。检中的图书以列表形式呈现，每一条记录包括书名、作者、出版日期等信息，并有"阅读"和"下载"两个功能链接，单击相应链接将启动超星浏览器（SSReader）阅读或下载指定图书。

（2）快速检索。在超星数字图书馆任意网页都有快速检索栏，提供"书名"、"作者"、"主题词"三个检索字段。在快速检索方式下，可对检索的学科范围进行限定。

快速检索的方法是：在输入框中输入检索词，并在输入框下的选项中选择书名、作者或主题词，需要时可在输入框后的下拉列表中选择大类类目，单击"检索"按钮便可查找图书。在检索结果页面输入新的检索词，单击"在结果中检索"按钮，可进行二次检索。

（3）高级检索。如果同时已知书名、作者等多个检索信息，可使用高级检索，以提高检索效率。在检索主界面有"高级检索"链接，单击即可打开高级检索栏。高级检索提供了与快速检索相同的三个检索字段。高级检索中设有"并且"、"或"两种逻辑匹配方式，可根据实际需要进行选择；另外，在高级检索中，也可对出版年代进行选择；对于检索结果可按"出版日期"和"书名"进行"升序"或"降序"排列；此外，对于每页的显示数量也有 10、20、30 三种选择。

高级检索的方法是：先在下拉列表框中选择检索字段；然后在检索字段后面的输入框输入检索词，并在下拉列表框中选择"并且"或"或"逻辑关系；最后单击"检索"按钮执行检索。

4.1.2.3　方正 Apabi 数字图书馆

1. 简介

方正 Apabi 数字图书系统（http://ref.lib.apabi.com/Default2.asp？lang=gb）由北大方正电子有限公司制作，收录了近 500 家出版社 8 万种最新中文电子图书，2002 年以后出版的新书占 70%左右，并有意收藏出版社推荐图书、特色图书、高校与科研单位图书馆推荐的著作、相关奖项获奖图书、特聘顾问推荐图书等。内容涵盖社会学、哲学、宗教、历史、经济管理、文学、数学、化学、地理、医学、工程、机械等多种学科。

2. 检索

（1）分类检索。登录到方正 Apabi 数字图书系统主页后，单击左上角的"显示分类"，随即在此下部会出现 Apabi 的 23 个根类别，选择某一分类目录，可逐级单击进入子目录，页面右边出现该子目录下的馆藏书籍，可单击下载。

（2）快速检索。方正 Apabi 数字图书系统主页右上方为默认的初级检索界面，可提供书名、责任者、出版社、年份、全面检索、全文检索等多种检索渠道。首先选择其中一种，在右面的框内输入检索词，最后单击"查询"按钮完成检索。

（3）高级检索。单击主页上方的"高级检索"按钮，可进入高级检索页面，它提供了题名、作者、出版社、摘要及关键词等多字段组配检索功能。先选取要检索的字段名，并输入检索词，再通过"并且"、"或者"组配，然后单击"检索"按钮，即可进行检索。

（4）二次检索及浏览。在检索中，若输出的结果很多，可进行二次检索，可得到缩小范围的检索结果。对于检索到的结果可以通过在线阅读，也可以下载到本地查看，需要安装方正 Apabi Reader 阅读器阅览。

4.1.2.4　书生之家数字图书馆

1. 简介

书生之家数字图书馆（西安科技大学用户访问地址：http://202.200.60.102:9988/index.action）是建立在中国信息资源平台基础之上的综合性数字图书馆，由北京书生数字技术有限公司推出，2000 年 4 月 7 日试运行，5 月 8 日正式开通，是集支持普遍存取、分布式管理和提供集成服务于一身的基于 Intranet 和 Internet 环境下的数字图书馆系统平台，为广大读者创造了一个全新的阅读空间，提供了一个多元立体化的知识网络系统。

书生之家数字图书馆集成了图书、期刊、报纸、论文、CD 等各种载体的资源。书生之家直接与出版社合作，现有近 30 万种电子图书，每年收录新出版中文图书 6 万册。图书涉及社会科学、人文科学、自然科学和工程技术等所有类别，并以每年六七万种的数量递增。电子图书设有四级目录导航，并提供强大全文检索功能。

2. 检索

（1）分类检索。书生之家数字图书馆将全部电子图书按中图法分为 28 个大类，每一大类下又划分若干子类，子类下又有子类的子类，共 4 级类目，可以逐级检索。例如，在文学艺术 A 类下细分为文学理论、中国文学、世界文学、经典名著 4 个子类，在文学理论下又细分为总论、文艺美学、文学理论的基本问题、文艺工作者等几个子类……进行分类检索时，首先根据所检图书内容确定其所属类别，然后按分类体系逐级选择相应类目，便会出现该类目所包含的全部图书。单击对应于某本书的"阅读器阅读"链接，便启动阅读器在线看书。单击某一本书的书名，进入这本书的简要介绍，单击图书下面的"全文"按钮，便可在阅读器中进行阅读。

（2）简单检索。单击首页上方的"图书"链接，进入图书检索界面。在图书检索界面左侧为图书的简单检索方式，简单检索方式提供"图书名称"、"作者"、"丛书名称"、"主题"、"提要"等检索途径，在检索输入框左侧的下拉列表框中可选。

简单检索方式下支持模糊检索，即所有书名中含有该字符的图书都将被检索出来。单击检索条件的下拉列表框，选择检索项。例如，在下拉列表框中选择图书名称，在它右边的输入框中输入想查找的图书名称中的词，如"药理学"。检索结果显示图书名称中含有"药理学"的所有书，以及这些书的书名、作者、开本大小等信息。

（3）全文检索。单击书生之家数字图书馆首页上方的"图书"链接，在图书检索界面下，又细分为"图书全文检索"、"组合检索"、"高级全文检索"。

全文检索是对图书全文中包含某个词的全部图书进行检索。在"图书全文检索"界面下又分为"按图书内容进行查找"和"按图书目录进行查找"两种方式，输入检索词，并选择分类类目，可分别在图书内容和图书的目录中查找。

（4）组合检索。如果同时已知图书名称、作者等多个检索信息，可使用组合检索，以提高检索效率。"组合检索"提供"图书名称"、"作者"、"丛书名称"、"主题"、"提要"等检索项，并根据已知检索条件选择适当的逻辑关系。

选择检索项中的一种，在检索项后面的文本框内输入检索词，在后面的下拉列表中选择上下框之间的逻辑关系，便可实现图书的组合检索。

（5）高级全文检索。高级全文检索相当于全文检索的高级检索，即在全文检索的基础上增加各种限制条件和范围限定的选择。首先选择所需查找的类目，之后选择在"全文"或是在"目录"中查找，再选择检索的方式，该库提供"单词检索"、"多词检索"、"位置检索"、"范围检索"等四种检索方式。

（6）高级检索。单击首页上方的"高级检索"链接，进入高级检索界面。高级检索提供"一站式检索"和"全文检索"两种方式，其中"一站式检索"通过标准接口，可以整合各家数字图书馆（包括纸书）的元数据资源，从而实现一站式检索。

要阅览书生之家的图书，首先要下载书生专用阅读器。书生阅读器提供全文检索、树形目录、拾取文本、建立读书卡片等功能。

4.1.3 外文图书数据库

4.1.3.1 金图外文电子图书

1. 简介

金图外文原版数字图书馆（西安科技大学用户访问地址：http://202.200.60.115:8079/index.aspx）是由北京金图国际开创，联合美国出版在线、麦克索斯两家国外的数据商引进近 8 万种原版的外文电子图书，其中 90%以上为 2002 年以后出版的新书，年更新 2 万种左右。图书涉及范围广，内容涉及地理学和人类学、社会科学、政治学、法律、美术、语言学和文学、科学、农业、科技等 9 大类。全部图书严格依照美国国会分类法精准分类，并提供中图分类法分类对照。

金图外文原版数字图书馆（KIFDL）可按书名、作者、出版社、关键字、摘要等进行检索。金图外文数字图书馆的电子图书全部为文本格式，可以在线阅读和文字拾取，书中的每个词都可用来检索，因此，读者可很快找到所需的信息。阅读 KDF 图书，需先安装 KDF Reader 阅读器。登录网址后，单击右上方的"下载"链接，下载、安装"KDF Reader"。金图外文电子图书除了可实现各种检索功能外，还可对文本进行圈注、变色、标注、书签、自动滚屏、复制等多项操作；可以实现各项检索、缩略图、书签功能。

2. 检索

（1）快速搜索。在页面左上角为图书的快速搜索方式，提供"图书名称"、"作者"、"关键词"、"ISBN"、"出版社"、"丛书名"、"摘要"及"类别性状"等 8 种检索途径，在检索输入框左侧的下拉列表框中可选择，可下载到本地电脑进行阅读。

（2）分类检索。单击左侧的"分类目录（classification）"，读者可直接逐级单击相应类目，找到所需图书。也可以直接单击页面上方的"图书分类"，再单击"图书名称"，在"图书信息"页面单击"阅读全文"，即可在 KDF 阅读器中进行下载阅读。

（3）组合检索。在页面左侧单击"组合检索"，"组合检索"提供"图书名称"、"作者"、"关键词"、"ISBN"、"出版社"、"摘要"、"图书分类"等检索项，并根据已知检索条件选择适当的逻辑关系。选择检索项中的一种，在检索项后面的文本框内输入检索词，选择上下框之间"与"或"或"的逻辑关系，便可实现图书的组合检索。

4.1.3.2 SpringerLink 电子图书数据库

1. 简介

Springer 是全球著名的专业图书出版商。SpringerLink 电子图书（http://link.springer.com）涵盖 Springer 全系列图书产品，包括专题著作、教科书、手册、电子地图、参考文献、丛书等。内容涵盖化学和材料科学、计算机科学、地球和环境科学、工程学、数学、物理学和天文学、医学、生物医学和生命科学、建筑、设计和艺术、行为科学、商业和经济、人文科学、社会科学和法学等 14 个学科领域。

Springer 的电子图书数据库包括各种的 Springer 图书产品，如专著、教科书、手册、地图集、参考工具书、丛书等。SpringerLink 在 2009 年已经出版超过 3 万余种在线电子图书，每年将增加 3 500 种新书，Springer 电子图书与 Springer 其他电子资源（包括在线期刊、在线参考工具书）整合于 SpringerLink 这一平台上，链接便捷。

2. 检索

SpringerLink 系统提供浏览和检索服务。检索方式分为简单检索和高级检索。

（1）简单检索。在 SpringerLink 首页的中间单击 Books 按钮，在上方的检索框中输入检索词，检索词包括图书题名、关键词、著者等信息，然后单击文字输入框右侧的检索按钮即可进行检索。

（2）高级检索。在高级检索中，可以按照全文、标题、摘要、作者等字段设定检索词进行检索，并可输入日期及按相关性或出版日期对检索结果进行排序。在一个或多个检索词输入框中输入检索词，对检索范围进行限定，以达到精确检索的目的。

（3）检索结果及浏览。确定好检索项、输入检索词后，单击 Search 按钮，进入检索结果页面。Springer 在线电子图书系列利用 PDF 和 HTML 数据格式，单击 PDF 或 HTML 链接，进入图书的封面与目录页面。

在图书的介绍页面中，单击各章节进行浏览。还可以按照左侧提供的分类进行浏览，或者在检索框中进行二次检索。

SpringerLink 数据库的文件全部采用 PDF 和 HTML 文件格式，可以存盘、打印，但使用前必须下载、安装 Adobe Acrobat Reader 软件。SpringerLink 数据库提供个性化服务，用户通过登录或注册可以使用该服务。

4.1.3.3 NetLibrary 电子图书数据库

1. 简介

NetLibrary 是全球最大的在线计算机图书馆中心（OCLC）的下属部门，是世界上最早的电子图书生产商，也是世界上最大、最主要的电子图书提供商之一。OCLC NetLibrary 有 800 家出版社提供的 22 万余种电子图书，并以每月 3 000 多种、每年 4 万余种新电子图书的速度递增，内容涉及所有主题，涵盖所有学科，除英文外，还提供其他文种的电子图书，包括法文、德文、日文和西班牙文。除提供全文的电子书外，还提供 1 800 多种工具书、全文电子期刊和完整版的有声电子图书；OCLC NetLibrary 拥有全球最大的、顶尖级的客户群。目前世界上 50 多个国家和地区近 2 万所图书馆，包括全球最顶尖的大学、科研机构和大型公共图书馆都在使用 OCLC NetLibrary 电子图书。

2009 年 12 月，EBSCO 正式收购了 EBSCO 旗下的 NetLibrary。目前，世界上 7 000 多个图书馆通过 NetLibrary 存取电子图书，其中包括哥伦比亚大学、斯坦福大学、加州大学伯克莱分校，以及世界上其他成千上万的大小图书馆。

2．检索

Netlibrary 电子图书在 EBSCO 新平台的检索方法包括基本检索、高级检索等检索方法。

（1）基本检索（Basic Search）。打开 EBSCOhost 主页面，单击顶部工具栏的"eBook"链接，即可访问下方显示的"eBook Collection"，在"eBook Collection"中，可根据关键词检索图书，按照目录浏览，可查看最新图书或查看精选电子图书。单击"查看全部"链接可查看最新作品或精选电子图书的完整结果列表，结果列表中提供了多个选项，可根据左列的限制条件和主题类别精确检索结果，在电子图书结果中，可阅读、下载电子图书，或查看已选电子图书的目录。

（2）高级检索（Advanced Search）。单击基本检索框下面的 Advanced Search 按钮，可以链接到高级检索的界面，检索途径有 All Text（全文）、Title（题名）、Author（作者）、Subject（主题）、Abstract（摘要）、Keywords（关键词）、Full Text（全文）、ISBN（国际书号）等多个字段，可以在一个或多个检索字段中输入检索词，字段之间的逻辑关系可选为"And"、"Or"、"Not"，在可选的限制条件中可以限制出版年份、出版商、格式和图书出版语言。最后，单击 Search 按钮进行检索。

4.1.4　检索实例分析

1．通过西安科技大学图书馆超星汇雅电子图书数据库的高级检索功能查找近 5 年 Dreamweaver 网页制作方面的书籍

（1）由图书馆主页单击"电子资源—电子图书—超星汇雅电子图书"，进入如图 4-1 所示页面。

（2）在超星主界面上单击"高级检索"，进入高级检索界面；第一个检索项选择"书名"，其后检索框输入"Dreamweaver"；选择出版年代从 2008 年到 2013 年，如图 4-2 所示。

（3）单击"检索"，获得检索结果，如图 4-3 所示。

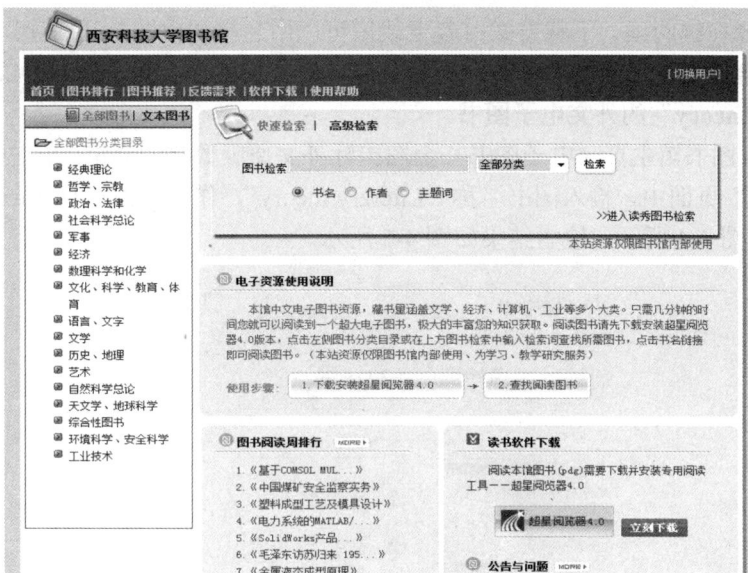

图 4-1　超星汇雅电子图书检索界面

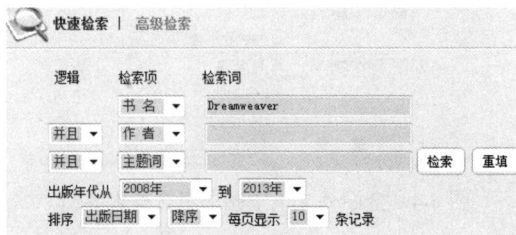

图 4-2　超星汇雅电子图书高级检索界面

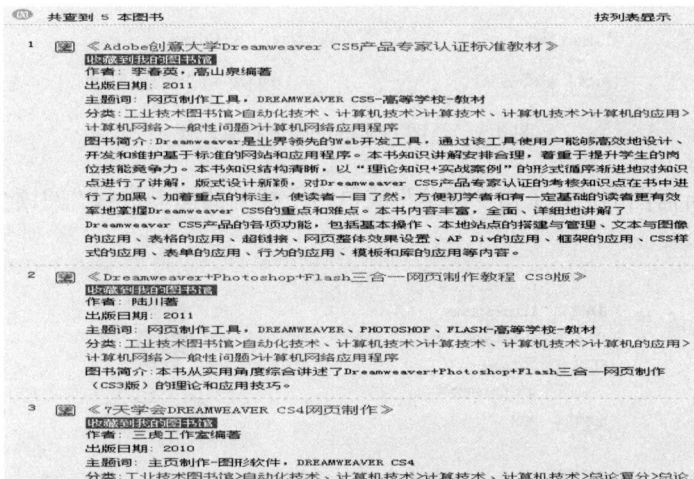

图 4-3　超星汇雅电子图书检索结果

（4）选择在线阅读、下载方式；若下载后可以用超星阅读器打开阅读。

2. 利用金图电子书数据库的组合检索功能，查找检索作者为"David Carter"、书名为"Literary theory"的外文电子图书

（1）进入图书馆主页—电子图书—金图国际外文原版数字图书馆；单击"组合检索"；在"组合检索"页面中，输入图书名称"Literary theory"，作者"David Carter"，单击"开始"按钮，如图 4-4 所示，检索结果如图 4-5 所示。

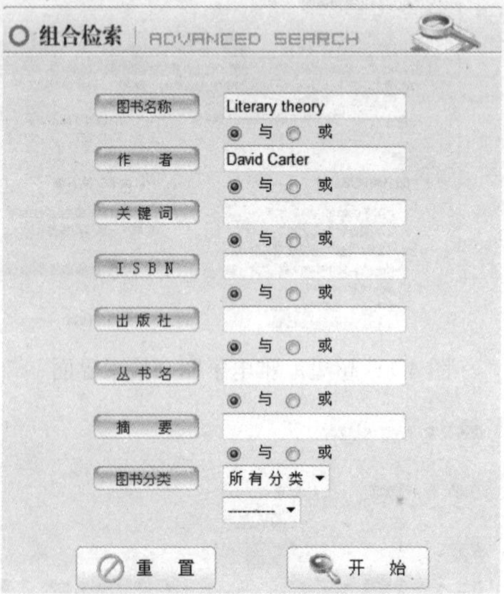

图 4-4　金图外文电子图书组合检索界面

图 4-5　金图外文电子图书检索结果

（2）找到所需图书后，单击"浏览"或单击所找到的图书进行"阅读全文"，如图 4-6 所示。

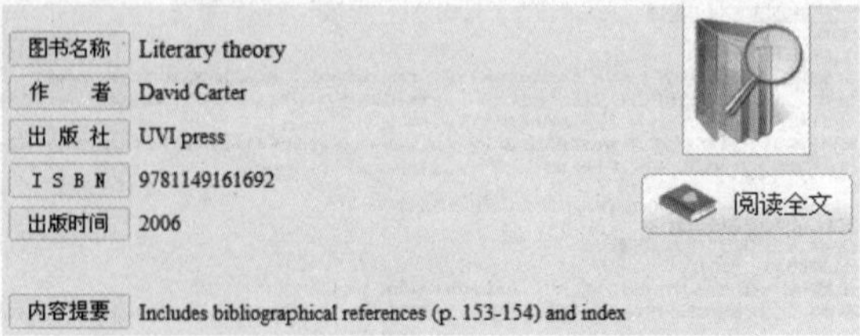

图 4-6　检索结果具体信息

4.2 期 刊 检 索

4.2.1 期刊的基本概念

期刊（Periodical）又名杂志，是一种定期或不定期连续刊发，有比较稳定、统一的名称和固定的版型、开本、篇幅、页码，用连续的卷期或年月顺序编号，汇集若干作者撰写的多篇文章或资料，并准备无限期地连续出版的出版物。

期刊的分类：

（1）按学科专业划分，可分为综合性期刊与专业性期刊。

（2）按内容性质划分，可分为学术性期刊、技术性期刊、行业性期刊、检索性期刊、资料性期刊、科普性期刊、宣传性期刊等。

（3）按刊期划分，可分为周刊、旬刊、半月刊、月刊、双月刊、季刊、半年刊、年刊等。

期刊具有出版周期短、报道速度快、信息含量大，内容广泛、新颖，学术性、资料性强，形式活泼等特点，载有大量原始性的第一手资料和原创性的观点成果，能及时报道学科发展的最新动向，反映科学研究水平，参考性强，是科技人员最常用的科技情报源。

4.2.2 中文期刊数据库

4.2.2.1 CNKI 中国期刊全文数据库

1. 简介

CNKI（http://www.cnki.net）是中国知识基础设施工程（China National Knowledge Infrastructure）的简称，是由清华大学发起，同方知网技术产业集团承担建设的一个以实现全社会知识信息资源共享为目标的国家信息化重点工程。CNKI 深度集成整合了期刊、博硕士论文、会议论文、报纸、年鉴、工具书等各种文献资源，并以"中国知网"为网络出版与知识服务平台，为全社会知识资源高效共享提供丰富的信息资源和有效的知识传播与数字化学习服务。

中国学术期刊网络出版总库（China Academic Journal Network Publishing Database，简称 CAJD）是世界上最大的连续动态更新的中国学术期刊全文数据库，是"十一五"国家重大网络出版工程的子项目，是《国家"十一五"时期文化发展规划纲要》中国家"知识资源数据库"出版工程的重要组成部分。网址为：http://acad.cnki.net/Kns55/brief/result.aspx？dbPrefix=CJFQ。

收录自 1915 年至今出版的期刊，出版内容以学术、技术、政策指导、高等科普及教育类期刊为主，内容覆盖自然科学、工程技术、农业、哲学、医学、人文社会科学等各个领域。

产品分为十大专辑：基础科学、工程科技Ⅰ、工程科技Ⅱ、农业科技、医药卫生科技、哲学与人文科学、社会科学Ⅰ、社会科学Ⅱ、信息科技、经济与管理科学。十大专辑下分为 168 个专题。截至 2012 年 6 月，收录国内学术期刊 7 900 多种，其中创刊至 1993 年 3 500 余种，1994 年 2012 年 6 月 7 700 余种，全文文献总量 3 400 多万篇。

2. 检索

CNKI 具有强大的检索功能，除了提供面向单个数据库的检索平台外，还提供了面向多个数据库进行一站式检索的跨库检索平台。根据学术文献的检索需求，CNKI 提供了简单检索、高级检索、专业检索、作者发文检索、科研基金检索、句子检索、来源期刊检索等多种面向不同需要的检索方式。

CNKI 提供了规范的检索步骤。基于学术文献查全查准的核心需求，平台提出了"三步骤"标准检索步骤：首先输入检索范围控制条件，其次输入目标文献内容，最后对检索结果分组筛选找到合适的结果。将以往散乱、低效率的检索方式转化为规范、标准、高效、可学习的检索过程，不仅使新用户可以直观地学习检索的整个流程，也为检索高手进一步提高检索能力，提高信息素养创造了空间，真正使检索变为一门可学习和研究的技能。

（1）初级检索。在 CNKI 左侧检索导航中选择所需主题目录；在字段的下拉框里选取要进行检索的字段，字段包括 "主题"、"篇名"、"关键词"、"作者"等；在检索词文本框里输入关键词。单击"逻辑"下方的"+"或"−"可增减逻辑检索行，可以输入多个检索项和检索词，多个检索项可以实现"并且"、"或者"、"不包含"等组配；限定日期、期刊类型，单击"检索"按钮，查看检索结果。

（2）高级检索。高级检索是一种比初级检索要复杂一些的检索方式。其检索步骤基本同于初级检索。不同的是，高级检索可以实现多项双词逻辑组合检索和双词频控制。多项是指可选择多个检索项；双词是指一个检索项中可输入两个检索词（在两个输入框中输入），每个检索项中的两个词之间可进行"并且"、"或含"、"不含"等组合，每个检索项中的检索词可使用词频选择；每一检索项之间可使用逻辑"与"、逻辑"或"、逻辑"非"进行项间组合。

（3）专业检索。专业检索是指对主题、题名、关键词、摘要、作者、第一作者等字段，检索项的检索表达式使用"AND"、"OR"、"NOT"进行组合。利用逻辑运算进行组合，构造检索式。3 种逻辑运算符的优先级相同，如要改变组合的顺序，可用英文括号"()"将条件括起。专业检索式对符号的使用有严格的要求。

在"结果中检索"又称为"二次检索"，是指在当前检索结果内进行的检索，主要作用是进一步精选文献。当检索结果太多，想从中精选出一部分时，可使用二次检索。二次检索这一功能设在实施检索后的检索结果页面。

该数据库同时提供期刊导航检索。一是从登录首页单击"期刊导航"进入；二是从首页进入"中国期刊全文数据库"后，再单击页面右上方的"期刊导航"进入。

期刊导航中提供了多种导航方式：专辑导航、世纪期刊、核心期刊、数据库刊源、期刊荣誉榜、中国高校精品科技期刊、出版周期、出版地、主办单位、发行系统等。

期刊导航提供三种信息显示方式：图形、列表、详细；提供按影响因子、被引次数和期刊名称等排序功能。

（4）检索结果显示。

① 检索结果分组筛选：CNKI 检索结果可按学科类别、中文关键词、研究层次、文献作者、作者单位、文献出版来源、研究获得资助、发表年度、来源数据库分组筛选。

② 全文显示：要阅读《中国学术文献网络出版总库》全文内容，必须在使用的计算机下载并安装其专用浏览器 CAJView 或 AdrobReader 才能正常阅读。

③ 知网节点文献显示：知网节点文献以一篇文献作为其节点文献，知识网络的内容包括节点文献的题录摘要和相关文献链接。题录摘要在显示节点文献题录信息的同时，也提供了相关内容的链接。相关文献是与节点文献具有一定关系（如引证关系）的文献，知网节显示这些文献的篇名、出处，并提供到这些文献知网节的链接。知网节对于文献的整合主要分为外部特征整合、知识网络整合、动态挖掘整合。

4.2.2.2　万方数字化期刊

1. 简介

万方数据资源系统（http://wanfangdata.com.cn）是以中国科技信息所（万方数据集团公司）的信息服务资源为依托建立起来的以科技信息为主，融经济、金融、社会、人文信息于一体的大型科技、商务信息服务系统。万方数据内容涉及自然科学和社会科学各个专业领域。收录文献类型有期刊论文、会议文献、学位论文、标准、专利、名录、科技成果、政策法规等。

万方数据知识服务平台（Wanfang Data Knowledge Service Platform）集品质知识资源、先进的发现技术、人性化设计于一身，是国内一流的品质知识资源出版、增值服务平台。目前平台出版的资源总量超过 2 亿条，全面覆盖各学科、各行业。基于海量高品质的知识资源，运用科学的方法和先进的信息技术，构建了知识脉络分析服务、论文相似性检测服务、查新咨询服务中心、科技文献分析服务、学术统计分析等多种增值服务。

万方数字化期刊论文是万方数据知识服务平台的重要组成部分，集纳了多种科技及人文和社会科学期刊的全文内容，其中，绝大部分是进入科技部科技论文统计源的核心期刊。内容包括论文标题、论文作者、来源刊名、论文的年卷期、中图分类法的分类号、关键字、所属基金项目、数据库名、摘要等信息，并提供全文下载。总计 1 600 余万篇。

2. 检索

进入学术期刊查询主页，该主页提供浏览和检索两种方式查询期刊。按期刊浏览又分为按期刊的学科浏览、按期刊的地区浏览和按期刊首字母浏览三种浏览方式。

按照期刊的学科分类浏览是将期刊按照一定的学科进行分类，进入所选择的分类后，系统列出此类资源的所有期刊信息,在此页面上可以选择期刊进入,也可以再进行检索,即在此学科分类中检索满足条件的资源。

按照期刊的地区分类浏览,是将期刊按照发行地进行分类,用户进入所选择的分类后,系统列出此地区期刊所有刊名信息,用户可以进入某个期刊详细查看,也可在此页面上进行检索,即在此地区的期刊中检索满足条件的资源。

按照期刊的首字母分类浏览,即列出字母 A~Z,用户选择刊首字母,列出所有以此字母开头的期刊,用户可以单击某个期刊查阅具体内容。

万方学术期刊检索主页提供简单检索、高级检索等检索方法。简单检索是以"论文检索"和"刊名检索"为检索项的检索方法。单击进入高级检索页面,又分为高级检索和专业检索,高级检索提供多种检索项进行检索;专业检索比高级检索功能更强大,但需要检索人员根据系统的检索语法编制检索式进行检索,适用于熟练掌握检索技术的专业检索人员。

4.2.2.3　维普中文科技期刊数据库

1. 简介

重庆维普资讯有限公司(http://lib.cqvip.com)是国内著名的科技资讯类软件企业,全文数据库提供商,隶属科学技术部西南信息中心。重庆维普资讯有限公司的主导产品《中文科技期刊数据库》是经国家新闻出版总署批准的大型连续电子出版物,收录中文期刊12 000 余种,全文 3 000 余万篇,引文 4 000 余万条,分 3 个版本(全文版、文摘版、引文版)和 8 个专辑(社会科学、自然科学、工程技术、农业科学、医药卫生、经济管理、教育科学、图书情报)定期出版,拥有高等院校、中等学校、职业学校、公共图书馆、研究机构、政府部门、企业、医院等各类用户 6 000 多家,覆盖海内外数千万用户。

2. 检索

《中文科技期刊数据库》提供基本检索、传统检索、高级检索、期刊导航等检索方式。

(1)基本检索。基本检索默认在"题名或关键词"字段进行检索。提供题名或关键词、刊名、作者、第一作者、机构、刊名等多个检索入口的检索,在检索结果页面上提供更多的条件限制检索功能,如期刊范围、出版时间等限制,可进行重新检索或二次检索(在结果中检索、在结果中添加、在结果中去除)。

(2)传统检索。用户登录《维普资讯网》首页,在数据库检索区,通过单击"传统检索",即可进入传统检索页面。

① 选择检索入口。《中文科技期刊数据库》提供十种检索入口:关键词、作者、第一作者、刊名、任意字段、机构、题名、文摘、分类号、题名或关键词,用户可根据自己的实际需求选择检索入口、输入检索式进行检索。

② 限定检索范围。《中文科技期刊数据库》可进行学科类别限制和数据年限限制。

学科类别限制:分类导航系统是参考《中国图书馆分类法》(第四版)进行分类的,

每一个学科分类都可以按树形结构展开，利用导航缩小检索范围，进而提高查准率和查询速度。

数据年限限制：数据收录年限从 1989 年至今，检索时可进行年限选择限制（如 2008—2013 年）。

期刊范围显示：期刊范围限制包括全部期刊、核心期刊和重要期刊三种。用户可以根据检索需要来设定合适的范围以获得更加精准的数据。

③ 二次检索。二次检索指用户一次检索的检索结果中可能会遇到某些数据是不需要的，这说明检索条件限制过宽，这时就可以考虑采用二次检索。二次检索是在一次检索的检索结果中运用"与"、"或"、"非"进行再限制检索，其目的是缩小检索范围，最终得到期望的检索结果。

（3）高级检索。高级检索提供了两种方式供读者选择使用：向导式检索和直接输入式检索。向导式检索为读者提供分栏式检索词输入方法，除可选择逻辑运算、检索项、匹配度外，还可以进行相应字段扩展信息的限定，最大程度地提高了检准率。直接输入式检索检索时，读者可在检索框中直接输入逻辑运算符、字段标志等，并对相关检索条件进行限制后单击"检索"按钮即可。

（4）期刊导航。在期刊导航页面，可以按学科分类、按核心期刊、按国内外数据库收录、按地区分布等方式了解相关的期刊，也可以按期刊名称、ISSN 或者字顺来查询期刊。

4.2.2.4　龙源期刊网

1. 简介

龙源期刊网（西安科技大学用户访问地址：http://xust.vip.qikan.com/text/text.aspx）于 1998 年 12 月试运营，1999 年 6 月开通，是龙源国际集团的核心企业，是以中国为基地、面向全球服务的数字化传媒聚合平台和营销平台。目前已经签约中国品牌期刊杂志 3 000 多家。龙源电子期刊网络出版与阅读平台所出版的每一种期刊都是与杂志社签约获得了充分授权的，与印刷版期刊实现了同步出版、同步更新，真正实现期刊杂志的网络同步出版，读者第一时间足不出户便可获悉最新信息。

龙源电子期刊内容涵盖时政新闻、经济法律、管理财经、社科历史、文学文摘、健康生活、文化艺术、科技科普、教育教研等 9 大类别、40 个小类的电子期刊。提供文本版、专题版、原貌版、语音版、手机版五个版本的阅读方式。

2. 检索

进入龙源期刊网首页，可以在检索框中输入检索词，选择"标题"、"全文"或"刊名"，可在下拉菜单中选择"按相关度排序"或"按时间排序"，然后单击"高级检索"；可以单击"按字母查刊"；也可以单击"期刊导航"检索浏览。

4.2.3　外文期刊数据库

4.2.3.1　Elsevier ScienceDirect 数据库

1. 简介

Elsevier 公司于 1580 年在荷兰创立，是全球最大的科技文献出版商。Elsevier ScienceDirect 数据库（http://www.sciencedirect.com）是 Elsevier 公司的核心产品，是全学科的全文数据库，集世界领先的科技和医学信息之大成，ScienceDirect 可以提供的期刊有 2 500 多种，该库出版的期刊大多数都被 SCI、EI 所收录，属国际核心期刊，很多期刊在学术界具有很大影响。期刊涉及的学科主要有生命科学、农业与生物、化学及化学工业、医学、计算机、地球科学、工程能源与技术、环境科学、材料科学、数学、物理、天文、社会科学等 24 个学科，几乎涵盖了所有学科门类。另外，该数据库还收录了参考工具书、手册、系列丛书等 6 000 余种电子图书。数据库更新频繁，时效性极强。

2. 检索

（1）快速检索（Quickly Search）。快速检索时可以按篇名，摘要，关键词，作者，出版物名称，出版物卷、期、页进行检索，在每个输入框中可以同时输入多个检索词，不区分大小写，系统默认各检索条件是"AND"的关系。按作者检索时，要用姓的全称，加上名字或名字的第一个字母，姓与名字之间用空格或逗号来分隔。

（2）高级检索（Advanced Search）。单击首页中的 Advanced Search 按钮进入高级检索界面，选择检索式输入框上方的资源类型导航标签，可以针对期刊、图书、网络资源等某一种资源进行检索。选择字段名，输入检索词，选择逻辑运算符表示各字段之间的逻辑关系。该平台根据收录文献的类型和特点，共定义了以下几个字段作为检索途径，分别是作者、特定作者、期刊名、题名、关键词、文摘、引文、ISSN、作者单位。选择学科主题（在滚动条内选择），可以通过按住 Ctrl 键进行多项选择。选择文献类型，限定出版时间，也可以输入卷、期、页，然后单击"Search"按钮，即可以实现高级检索。

（3）专家检索（Expert Search）。专家检索是指直接运用布尔逻辑表达式进行检索。用户可使用布尔逻辑算符和位置算符来输入检索条件（AND、OR、NOT、ANDNOT、NEAR、ADJ）。逻辑运算的优先级是 NOT、AND、OR，可用"（）"来改变执行顺序。在输入检索式时，逻辑运算符的两侧必须各留有一空格。专家检索与高级检索的限定条件相同。字段名有摘要（Abstract）、关键词（Keywords）、机构（Affiiation）、参考文献（References）、作者（Authors）、题名（Title）等。

（4）期刊浏览。在主页面左侧可以进行期刊浏览。单击页面上的 Browse 按钮也可进入浏览与快速检索界面。系统提供的浏览页面是按字母顺序（Browse by Title）和按学科领域分类（Browse by Subject）两种方式排列的期刊目录。

（5）检索结果处理。检索结果可以按题录、文摘、全文三种方式显示，预览（Preview）

是 ScienceDirect 独特的结果处理功能,选择 Open All Previews 选项后,检索结果中的每一命中文献题名下方自动打开一个窗口,用于显示该篇文章的更详细内容,可以选择预览文摘、文章中的图或表、参考文献,也可以预览全文,单击 PDF 按钮可以查看并下载全文。在检索结果界面的 Search Within Results 下方输入检索词,可以进行二次检索。文章题名前如果是绿色的小方框,说明可以查看全文;如果是白色的小方框,则看不到全文。在检索结果界面可对结果进行题名、摘要、日期和相关度排序。

（6）个性化服务。注册登录后可使用系统提供的各项个性化服务,包括保存、调用检索历史和定制检索通告（Search Alerts）、追踪自己关注的期刊/图书（Favorite Journal/Book）,特定主题的文献（Topic Alerts）等。登录后可使用 My Settings 功能菜单进行设置。另外,ScienceDirect 平台还提供 RSS 定制服务。借助该项服务,可以及时了解所关注的检索式最新文献信息、追踪所关注期刊的最新文章信息等。

4.2.3.2　SpringerLink 电子期刊数据库

1. 简介

SpringerLink 数据库（http://link.springer.com）由德国 Springer 出版社创建,Springer 出版社是目前自然科学、工程技术和医学（STM）领域全球第二大学术期刊出版社,于 1842 年在德国柏林创立。SpringerLink 在网络出版方面占有领先地位,是全球首个电子期刊全文数据库,成为全球第一个提供多语种、跨产品的出版服务平台,涵盖 SpringerLink 出版的所有在线资源。SpringerLink 中的多数全文电子期刊是国际重要期刊,是科研人员的重要信息源。

SpringerLink 系统提供电子期刊和电子图书的在线服务,目前 Kluwer 出版社已被 Springer 合并,Kluwer 的电子期刊也被收录在 SpringerLink 系统中。SpringerLink 收录电子期刊 2 700 余种,内容已涉及各个研究领域,涵盖不同学科,主要包括生命科学（Life Sciences）、医学（Medicine）、数学（Mathematics）、化学（Chemical Sciences）、计算机科学（Computer Sciences）、经济（Economics）、法律（Law）、工程学（Engineering）、环境科学（Environmental Sciences）、地球科学（Geosciences）、物理学与天文学（Physics and Astronomy）等。

2. 检索与浏览

SpringerLink 平台提供简单检索、高级检索和期刊浏览。

（1）简单检索（Search）。简单检索可以直接在页面上的检索框输入检索词进行检索,检索词为词或词组均可。

（2）高级检索（Advanced Search）。单击 Advanced Search 可以展开高级检索界面。高级检索可以限定在作者、全文、标题、摘要字段中检索,可以限定具体出版日期年限范围,可以对检索结果按新颖程度、出版日期进行排序。

在主界面上,SpringerLink 提供了分别按内容类型（期刊、图书、丛书、参考工具书、实验报告等）、学科和行业进行浏览。

4.2.3.3 EBSCO 期刊全文数据库

1．简介

EBSCO（http://search.ebscohost.com）是美国的一家具有 60 多年历史、全球最早推出全文在线数据库检索系统的公司之一，可以提供 100 多种全文数据库和二次文献数据库，所用检索系统为"EBSCOhost"。

EBSCO 可提供的数据库很多，有两个全文数据库：Academic Source Premier（ASP）（学术期刊精华数据库）和 Business Source Premier（BSP）（商业资源精华数据库）。还有其他数据库：Educational Resource Information Center（ERIC）（教育资源信息中心）、Newspaper Source（报纸资源）、Econlit 美国经济学会电子书目数据库、Legal Collection（法学精华）、Regional Business News（区域商业新闻）及 World Magazine Bank（世界杂志银行）等。

Academic Source Premier（ASP）综合学科参考类全文数据库涵盖社会科学、教育、法律、医学、语言学、人文、工程技术、工商经济、信息科技、通讯传播、生物科学、教育、公共管理、社会科学、历史学、计算机、科学、传播学、法律、军事、文化、健康卫生医疗、宗教与神学、生物科学、艺术、视觉传达、表演艺术、心理学、哲学、妇女研究、各国文学等学术研究领域。

ASP 数据库提供 8 500 多种期刊全文，其中包括 4 300 多种同行评审期刊的全文。它还提供 100 多种期刊，1975 年或更早期发表的 PDF 格式资料，以及 1 000 多种期刊的可搜索引用参考文献。

Business Source Premier（BSP）商管财经类全文数据库涵盖商业相关领域，如金融、银行、国际贸易、商业管理、市场营销、投资报告、房地产、产业报导、经济评论、经济学、企业经营、财务金融、能源管理、信息管理、知识管理、工业工程管理、保险、法律、税收、电信通讯等。

BSP 全文收录了 1 900 多种期刊（包括 1 100 多种同行评审期刊），全文内容最早可追溯至 1886 年，可搜索引文参考最早可追溯至 1998 年。相比同类数据库，BSP 优势在于全文收录的内容涵盖包括市场营销、管理、MIS、POM、会计、金融和经济在内的所有商业学科。该数据库通过 EBSCOhost 访问，每日更新。

2．检索

EBSCO 虽拥有多个数据库，但检索界面基本相同，可在一个界面下同时检索。EBSCOhost 检索系统具有基本检索（Basic Search）、高级检索（Advanced Search）、视觉检索（Visual Search）三种检索方式，默认的是基本检索。

（1）基本检索（Basic Search）。基本检索是页面默认的检索方式，可以随意在对话框内输入关键词或词组进行检索。页面支持逻辑运算符（AND、OR、NOt）组成检索表达式，检索词之间使用布尔逻辑算符，输入的词越多，检索就越准确。允许使用通配符、截词符、优先算符、字段限定代码、位置算符等检索技术。空格用来分割每一个检索词，相当于逻辑"AND"，适用于初学者检索。字段限定代码被用来限定检索字段，默认的是所有字段。

（2）高级检索（Advanced Search）。高级检索步骤如下。

登录高级检索界面：单击页面的"高级检索"超链接，即可直接进入跨库高级检索界面。

输入检索词：系统使用自然语言、关键词和主题词检索。有三个检索词输入框，可根据检索需要同时输入三组检索词。如果对话框不够，还可单击"添加行"，增加对话框行数。

选择检索模式：在检索选项（Search Options）下，可以选择检索模式（Search Modes）。该系统提供四种检索模式：布尔逻辑运算符/词组、查找全部检索词语、查找任何检索词语、智能文本检索。除此之外，还提供两种扩充检索模式：应用相关字词，也可以在文章的全文范围内搜索。

确定检索词逻辑运算关系：系统使用逻辑算符（AND、OR、NOT），确定各检索词之间的逻辑组配关系。默认逻辑算符为"AND"。

限制结果：为了使检索结果更加精确，该系统在检索界面的下半部设置限制结果。该区域有多个条件，可选一个、多个或不选。

检索及结果处理：上述检索条件确定之后，单击"检索"按钮开始检索。单击某条记录的标题，浏览或下载全文。

（3）视觉检索（Visual Search）。EBSCO 具有非常便利的视觉检索功能。需要安装 Adobe Flash Player Version，单击 Visual Search 按钮，输入检索词后，单击 Search 按钮，进入视觉检索结果界面。检索结果是按照分类聚集的视图，单击视图中任意一个聚类结果，进入下一级视图，直到右半部出现检索结果。EBSCO 的视觉检索功能可以更直观、清晰地显示检索结果。

4.2.3.4　John Wiley 电子期刊数据库

1. 简介

John Wiley&.Sons Inc（约翰威立国际出版公司）在美国创建于 1807 年，是全球知名的出版机构，面向专业人士、科研人员、教育工作者、学生、终身学习者提供必需的知识和服务，主要出版科学、技术、医学类图书和期刊；专业和生活类图书；大学、研究生等使用的教材和其他教育资料。经过 200 年的发展，威立（Wiley）已经在全球学术出版、高等教育出版和专业及大众图书出版领域建立起了卓越的品牌，成为全球唯一一家业务涵盖这三大领域并处于领先地位的独立出版商。Wiley-Blackwell 拥有 1500 多种高质量学术期刊，该出版社期刊的学术质量很高，很多重要学科领域中的顶级期刊都是该出版社出版的。

Blackwell 出版公司是世界上著名的期刊出版商之一，以出版国际性期刊为主，包含很多非英美地区出版的英文期刊。Blackwell Synergy 为 Blackwell 出版公司推出的电子期刊在线平台。

2007 年 2 月 Wiley 与 Blackwell 出版社合并，两个出版社出版的期刊整合到同一个检索平台上，通过 InterScience 向用户提供服务。

Wiley InterScience 是 John Wiely & Sons 公司创建的动态在线内容服务，1997 年开始在网上开通，是一个综合性网络出版及服务平台，在该平台上提供全文期刊、电子图书和电子参考工具书的服务。Wiley Online Library 拥有 1500 多种期刊的 400 万论文，1.1 万余种电子图书，上百种大型专业参考书、实验室手册和数据库。涵盖生命、健康和物理科学、社会科学和人文科学等多种学科，John Wiley 全文电子期刊数据库的学科覆盖：商业、金融和管理、化学、计算机科学、地球科学、教育学、工程学、法律、生命科学与医学、数学统计学、物理、心理学等。在化学、生命科学、医学、材料学以及工程技术等领域学术文献的出版方面颇具权威性。网址为：http://onlinelibrary.wiley.com。

2. 浏览与检索

（1）期刊浏览。期刊浏览可以通过字母顺序按刊名浏览期刊，也可以按照学科浏览期刊。选择所需刊名，可直接浏览最近一期的目次页，选择 ISSUE NAVIGATION 选项可进入该刊所有卷期表。在该刊右侧的 Search In This Title 检索框中输入检索内容，可以查找已知文章。Wiley-Blackwell 免费提供期刊的目次摘要。

（2）简单检索。在主界面的右端有"简单检索"对话框，在"检索栏"对话框中有两个单选按钮。All Content 用于在所有文献类型中进行全字段检索；Publication Title 用于仅对 John Willey 出版物标题中的词进行查询，知道具体文章或书名时可以选择 Publication Title。可以使用布尔逻辑算符，词组检索可以用引号把词组括起来。

（3）高级检索。单击"简单检索"对话框下方的 Advanced Search 按钮，进入高级检索界面，可以对检索字段（刊名、篇名、作者、全文/摘要、作者单位、关键词、资助机构等）进行设定，然后在检索框内输入检索词。在高级检索中，可以运用出版时间等进行检索条件限定，从而精确检索结果。

检索结果处理：检索结果界面显示命中文献的篇数、所用的检索词或检索式、命中的结果。可以选择排序方式，可以查看文章的文摘、参考文献和全文。

4.2.3.5　Emerald 电子期刊数据库

1. 简介

Emerald（http://www.emeraldinsight.com）于 1967 年由来自世界著名百强商学院之一的布拉德福商学院的学者建立。Emerald 一直致力于管理学、图书馆学、工程学专家评审期刊，以及人文社会科学图书的出版。总部位于英国，但所有期刊的主编、作者遍布世界各地，并且在世界许多国家建立了代表处，使 Emerald 成为真正意义的国际化出版机构之一。Emerald 的数据库主要包括两个全文数据库和四个文摘库。

两个全文数据库分别是 Emerald Management eJournals——Emerald 管理学电子期刊和 Emerald 工程学全文数据库，Emerald 出版的管理学专家评审期刊已经超过 200 种，占世界该类期刊总数的 12%以上；Emerald 工程学数据库涵盖先进自动化、工程计算、材料科学与工程、电子制造与封装。

四个文摘库主要包括 International Civil Engineering Abstracts（ICEA）《国际土木工程文摘库》、Computer Abstracts International Database（CAID）《国际计算机文摘数据库》、Computer and Communications Security Abstracts（CCSA）《计算机和通讯安全文摘》、Current Awareness Abstracts《图书馆和信息管理文摘》。

2．检索

（1）主页一般功能。

① 检索：用户可以在平台主页上直接进行检索操作，在检索框中输入检索词，并选择相应的检索字段进行检索操作。

② 浏览：平台主页上面提供按期刊名称和按学科类别两种浏览方式。

③ 个性化功能：单击 My Profile 按钮，可享受系统提供的增值的个性化服务。第一次使用时需要免费登录个人信息，获取个人的用户名和密码。

④ 资源（Resources）：主页右上角的 Resources 下拉菜单，可帮助特定用户获得更多帮助信息，Authors 为作者提供详尽的投稿信息；Librarians 为图书馆馆员提供更多的期刊、图书馆学研究热点和会议信息；Partners 提供 Emerald 与业内同行合作信息。

（2）检索与浏览。

① 快速检索（Quick Search）。单击主页侧面的 Quick Search 按钮，可进入快速检索界面，用户可以直接输入检索词进行检索，可选择四类不同的检索结果：期刊、图书、文摘以及辅助资源。

② 高级检索（Advanced Search）。单击 Advanced Search 按钮进入高级检索界面，高级检索提供更详细的检索信息。若检索条件是多个单词，可从 All、Any、Phrase 中任选一个。"All"返回的结果包含所有单词，但每个单词不一定连在一起；"Any"返回的结果包含其中任一词；"Phrase"返回的结果包含所有单词，并且按顺序紧密连在一起。

③ 浏览功能。单击 Browse 按钮可进入期刊浏览界面，具有以下浏览功能。

All Journals：浏览全部全文期刊，可以选择按期刊标题的字母顺序浏览，也可以按学科类别浏览。

My Subscribed Journals：浏览订购期刊，可以选择按期刊标题的字母顺序浏览，也可以按学科类别浏览。

Emerald Reviews：按学科类别浏览管理学评论数据库记录。

Emerald Abstracts：按学科类别浏览《国际民用工程文摘》、《国际计算机文摘数据库》、《计算机和通信安全文摘》三个文摘数据库记录。

4.2.3.6 SCI——《科学引文索引》

1. 简介

美国《科学引文索引》（Science Citation Index，简称 SCI，访问网址：http://apps.webofknowledge.com），由美国科技情报研究所（Insitute for Scientific information，简称 ISI）——现称汤姆森公司（Thomson ISI）出版，于 1961 年开始编制，1963 年正式出版，是国际公认的权威综合检索工具。

SCI 收录期刊，主要运用科学的引文数据分析和同行评估相结合方法，综合评估期刊的学术价值，截至目前其收录了 8 000 余种期刊，覆盖了国际上大多有重要影响的刊物，其收录的 80 万条论文，集合了各学科的重要研究成果，SCI 已逐渐成为国际公认的反映基础学科研究水准的代表性工具，由此，世界上大部分国家和地区的学术界将其收录的科技论文数量的多寡，看作是一个国家的基础科学研究水平及其科技实力指标之一。

SCI 索引对科技工作者查阅最新文献、跟踪国际学术前沿、科研立项，以及在具体的课题研究时及时了解国际动态都有很大帮助。

2. 检索

SCI 提供简单检索、被引参考文献检索、高级检索等检索方式。

（1）简单检索。简单检索为系统默认的检索方式，简单检索提供主题、标题、作者、团体作者、编者、出版物名称、出版年、地址、会议、语种、文献类型、基金资助机构、授权号等检索字段。

检索时，选定检索字段，在其对应的检索词输入框中输入检索词，设定检索的时间等检索条件，单击"检索"按钮即可得到相应的检索结果。检索者可以在单个字段中进行检索，也可同时检索多个字段；若检索字段超过 3 个，可单击"增加另一字段"按钮添加。

为方便检索者确定检索词，SCI 提供了几个索引词表——作者索引、团体作者索引、出版物名称、机构扩展索引，从作者、团体作者、出版物名称等字段进行检索时，单击词表按钮，即可打开相应词表，从中选择好检索词后单击"添加"、"确定"按钮可以将该检索词直接粘贴到检索界面的检索词输入框。

（2）被引参考文献检索。单击检索界面上的"被引参考文献检索"按钮，进入被引参考文献（引文检索）界面。该检索方式提供被引作者、被引著作、被引年份三个检索字段，被引作者、被引著作两个字段提供相应的索引词表供检索者挑选检索词。

（3）高级检索。检索式的构造："高级检索"使用两个字母代表的字段标识、布尔逻辑运算符和检索式引用来创建检索式进行文献检索。检索结果显示在页面底部的"检索历史"中。单击其中命中文献数链接可进入检索结果显示与页面处理。其检索字段标识如下：

TS=主题；TI=标题；AU=作者；GP=团体作者；ED=编者；SO=出版物名称；PY=出版年；CF=会议；AD=地址；OG=组织；SG=下属组织；SA=街道组织；CI=城市；PS=省/州；CU=国家/地区；ZP=邮政编码；FO=基金资助机构；FG=授权号；FT=基金资助信息；SU=研究方向；WC=web of science 分类；IS=ISSN/ISBN；UT=入藏号。使用作者（AU）、编者（ED）、出版物名称（SO）、OG（机构扩展）字段时，可打开系统提供的索引词表选词。

检索条件的限定：在"时间跨度"列表中选择检索的时间范围；在"语种"下拉菜单中进行文种的选择；在"文献类型"下拉菜单中进行文献类型的限定。

4.2.3.7　EI——《工程索引》

1. 简介

《工程索引》（The Engineering Index，简称 EI，网址：http://www.engineeringvillage.com）创刊于 1884 年，是美国工程信息公司（Engineering information Inc.）出版的著名工程技术类综合性检索工具。EI Compendex 是目前全球最全面的工程领域二次文献数据库，侧重提供应用科学和工程领域的文摘索引信息。

EI Compendex 涉及核技术、生物工程、交通运输、化学和工艺工程、照明和光学技术、农业工程和食品技术、计算机和数据处理、应用物理、电子和通信、控制工程、土木工程、机械工程、材料工程、石油、宇航、汽车工程以及这些领域的子学科。

EI Compendex Web 是《工程索引》的网络版，包括光盘版 EI Compendex 和 EI PageOne 两个数据库的内容。其中，EI Compendex 是印刷版《工程索引》的电子版，它收录论文的题录、摘要、主题词、分类号等，进行深加工；EI Page One 在 EI Compendex 的基础上扩大了收录范围，收录 2 800 多种工程期刊、会议录和科技报告，仅收录题录，一般不列入文摘，没有主题词和分类号，不进行深加工。EI Compendex Web 是目前全球最全面的工程检索二次文献数据库，它包含选自 5 100 多种工程类期刊、会议文集和技术报告。

EI Compendex Web 的检索平台为 Engineering Village 2。Engineering Village 2 是一个全球综合性的应用科学和工程技术领域的网络信息集成系统，它将工程信息资源筛选、组织、集成在一起，向用户提供"一步到位"的便捷式服务。EI Compendex Web 是其核心数据库。

2. EI Compendex Web 的检索

EI Compendex Web 提供快速检索（Quick Search）、专家检索（Expert Search）和叙词检索（Thesaurus Search）等检索方式。

1）快速检索（Quick Search）

快速检索为系统默认的检索方式，适用于各类用户。EI 检索界面的检索区默认为 3 个检索框，可根据需要添加检索框，在 Search for 选项下的检索框中输入检索词，在后面下拉列表框中选择检索字段；若在多个检索框中都输入了检索词，则要选择检索框之间的逻辑关系，再根据需要设置限定的条件（LIMIT BY）及检索结果的排序方式（SORT BY）。

（1）检索字段。快速检索提供了 All fields（所有字段，为默认检索字段）、Subject/Title/Abstract（主题/题名/文摘）、Abstract（文摘）、Author（作者）、Author affiliation（作者单位）、Title（题名）、EI Classification Code（EI 分类号）、CODEN（图书馆所藏文献和书刊的分类编号）、Conference Information（会议信息）、Conference Code（会议代码）、

ISSN（国际标准刊号）、EI Main Heading（EI 主标题词）、Publisher（出版者）、Source title（刊名）、EI controlled term（EI 受控词）、Country of origin（原出版国）等检索字段。检索者可以在单个字段中进行检索，也可以用逻辑算符同时检索多个字段。

为帮助检索者选择合适的检索词，检索系统提供了 Author、Author affiliation、Controlled term、Publisher、Source Title 五个字段的索引词表。当检索者在选择这些字段检索时可打开相应的索引词表，从中选取检索词。

以 Controlled term 词表为例介绍索引词表的使用方法为例，首先单击 Browse Index 中的 Controlled term 按钮，打开索引词表；然后，在 Search For 输入框中输入拟定的词，如 air pollution，单击 find 按钮，即可得到词表中的规范词/受控词；最后，在受控词前的标记框中打"√"确定，该词就被自动粘贴到检索界面中与 Controlled term 检索字段对应的检索词输入框中。

（2）检索条件限定。快速检索提供了语种、文献类型、文献处理类型、时间范围选择四个检索限定选项，检索者可以根据需要进行选择。

① 文献类型。在"文献类型"下拉菜单中有"全部文献类型"（All document types）、"期刊论文"（Journal article）、"会议论文"（Conference article）、"会议录"（Conference proceeding）、"专题论文"（Monograph chapter）、"专题综述"（Monograph review）、"专题报告"（Report chapter）、"综述报告"（Report review）、"学位论文"（Dissertation）、"（1970 年以前）专利"（Patents before 1970）等选项，默认为"全部文献类型"。

② 文献处理类型。文献处理类型用于说明文献的主要特征、研究方法及所探讨主题的类型。在"文献处理类型"下拉菜单中有"全部文献处理类型"（All treatment types）、"应用"（Appolications）、"传记"（Biographical）、"经济"（Economic）、"试验"（Experimental）、"一般性综述"（General review）、"历史"（Historical）、"文献综述"（Literature review）、"管理方面"（Management aspects）、"数值"（Numerical）、"理论"（Theoretical）等选项，默认为"全部文献处理类型"。

③ 语种。在"语种选择"下拉菜单中有"所有语种"（All Language）、"英语"（Enghsh）、"汉语"（Chinese）、"法语"（French）、"德语"（German）、"意大利语"（Italia）、日语"（Japanese）、"俄语"（Russian）、"西班牙语"（Spanish）等选项供检索者选择，默认为"所有语种"。

④ 时间。检索时间的限定可通过两种方式实现：一种是在起止年份下拉菜单中选择限定；另一种是通过在最近的 4 次更新中选择限定。

（3）检索结果排序（Sort By）系统提供了两种排序方式：相关度（Relevance）或者出版时间（Publication year）。

（4）自动取词根（Autostemming）。在检索中，系统会自动检索以所输入检索词的词根为基础的相应派生词（作者字段中的检索词除外）。例如，输入 management，结果为 managing、managed、manager、managers、management 等。勾选"关闭自动取词根"

（autostemming off）选项，则取消该功能。

（5）复位（Reset）。通过单击检索界面中的 Reset（复位）按钮，可以清除前面输入的检索式，并将所有选项复位到默认值。

2）专家检索（Expert Search）

适用于熟悉该系统的检索者。这种查询方式功能强大、检索灵活、效率高，专家检索只有一个检索框，需要利用系统支持的各种检索算符、字段代码、文献类型代码等构造检索式进行查询，例如（（groundwater wn ti）and {mathematical models}wn cv）and ja wn dt and English wn la，其中 wn 意为 within，其后为所限制的检索字段、文献类型、语种等。可以使用括号来明确检索执行的顺序，有多重括号时先运算最内层的逐步向外展开；无括号时，则从左到右执行。

在专家检索方式下，将快速检索方式中的文献类型限定、处理类型限定、语种限定改变为索引的形式，而且语言的种类比快速检索方式多。

3）叙词检索（Thesaurus Research）

适用于查询某一主题的文献。在这种方式下，是从 EI 叙词表中选择所需的叙词进行检索。

在查询框下有三个单选项分别为：Search——搜索词表中含有输入的查询词的条目；Exact Term——在词表中按查询词精确匹配；Browse——定位到词表中以查询词开头的条目。单击一个词条便在随后打开的页面上显示该词的详细信息，选中所需的叙词，被选定的叙词会自动增加到页面下部的查询框中，如果选择了多个词则需要在页面下部的检索框右侧选定这些词之间的逻辑关系，再单击 Search 按钮即可。

4）检索历史（Search History）

在 Ei village 平台每个页面的上方都有 Search History 链接，单击便进入检索历史界面。检索历史界面记录了进入系统后所做的每项检索情况，包括检索式序号、检索方式、检索表达式、Autostemming 开关状态、排序方式、命中记录数量、检索年代、所用数据库等。在此界面可以保存检索式（Save Search），设置电子邮件通报（E-mail Alert），还可以对已执行的检索式进行逻辑组配检索（Combine Previous Searches）。

4.2.4　检索实例分析

1. 检索西安科技大学的老师 2008—2013 年发表在《矿山机械》期刊上的论文情况

检索步骤：

（1）打开 CNKI《中国学术期刊网络出版总库》，单击文献检索的标准检索页面，在检索项里选择相关的检索字段，作者单位：西安科技大学；来源期刊：矿山机械；期刊年限 2008—2013 年，如图 4-7 所示。

（2）在对应的输入框中输入检索词，单击"检索文献"按钮，可检索到相关的文献 53 篇，如图 4-8 所示。

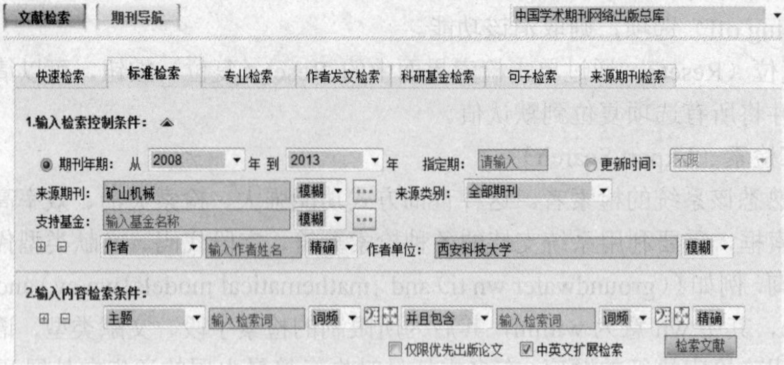

图 4-7　CNKI 期刊检索

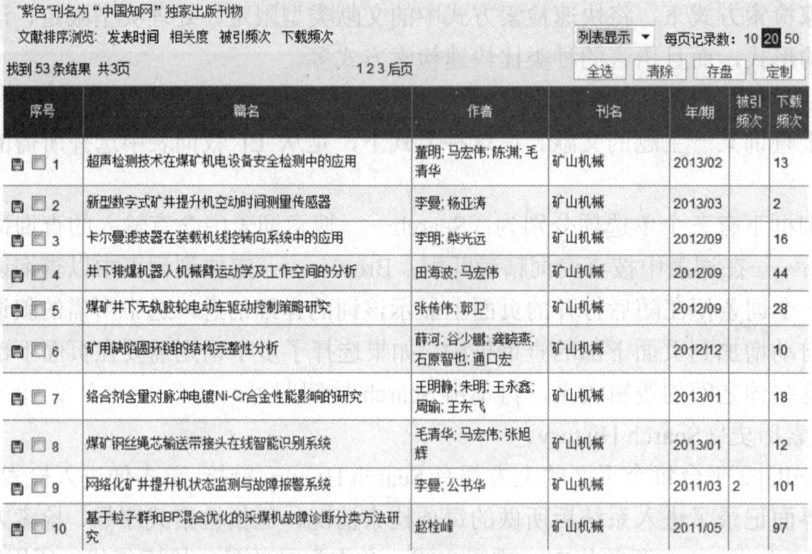

序号	篇名	作者	刊名	年/期	被引频次	下载频次
1	超声检测技术在煤矿机电设备安全检测中的应用	董明; 马宏伟; 陈渊; 毛清华	矿山机械	2013/02		13
2	新型数字式矿井提升机空动时间测量传感器	李曼; 杨亚涛	矿山机械	2013/03		2
3	卡尔曼滤波器在装载机线控转向系统中的应用	李明; 柴光远	矿山机械	2012/09		16
4	井下排爆机器人机械臂运动学及工作空间的分析	田海波; 马宏伟	矿山机械	2012/09		44
5	煤矿井下无轨胶轮电动车驱动控制策略研究	张传伟; 郭卫	矿山机械	2012/09		28
6	矿用缺陷圆环链的结构完整性分析	薛河; 谷少鹏; 龚晓燕; 石原智也; 通口宏	矿山机械	2012/12		10
7	络合剂含量对脉冲电镀Ni-Cr合金性能影响的研究	王明静; 朱明; 王永鑫; 周瑜; 王东飞	矿山机械	2013/01		18
8	煤矿钢丝绳芯输送带接头在线智能识别系统	毛清华; 马宏伟; 张旭辉	矿山机械	2013/01		12
9	网络化矿井提升机状态监测与故障报警系统	李曼; 公书华	矿山机械	2011/03	2	101
10	基于粒子群和BP混合优化的采煤机故障诊断分类方法研究	赵栓峰	矿山机械	2011/05		97

图 4-8　CNKI 期刊检索结果

2．请在万方数据库检索"《西安交通大学学报》2013 年第 1 期中的《采用低温太阳能集热的旋转热浮力射流风能利用概念》"一文的全文

（1）进入万方知识服务平台，单击"期刊"进入"万方学术期刊数据库"，或直接输入网址进入。

在检索框中输入"西安交通大学学报"，并单击"检索刊名"按钮，如图 4-9 所示。

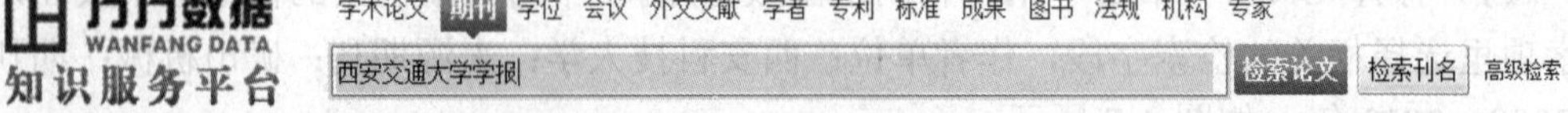

图 4-9　万方学术期刊数据库检索

（2）在检索结果中，选中"《西安交通大学学报》"，在"收录汇总"中选择"2013年 1 期"；打开该期，如图 4-10 所示。

图 4-10　万方学术期刊数据库二次检索

（3）浏览目次，找到"《采用低温太阳能集热的旋转热浮力射流风能利用概念》"，单击"查看全文"或"下载全文"，如图 4-11 所示。

图 4-11　万方学术期刊数据库检索结果

3. 在 Elsevier Science Direct 数据库中查找 2008—2013 年有关"网络安全"方面的期刊文献

（1）打开"Elsevier SDOL 数据库，单击"Advanced search"高级检索界面，在高级检索界面中，在"abstract，title，keywords"字段输入"network safety"，出版物类型选择"Journals"，时间范围选择"2008—present"，如图 4-12 所示。

（2）单击"Search"按钮，即可得到相应的检索结果，如图 4-13 所示。

网络信息检索与实践教程

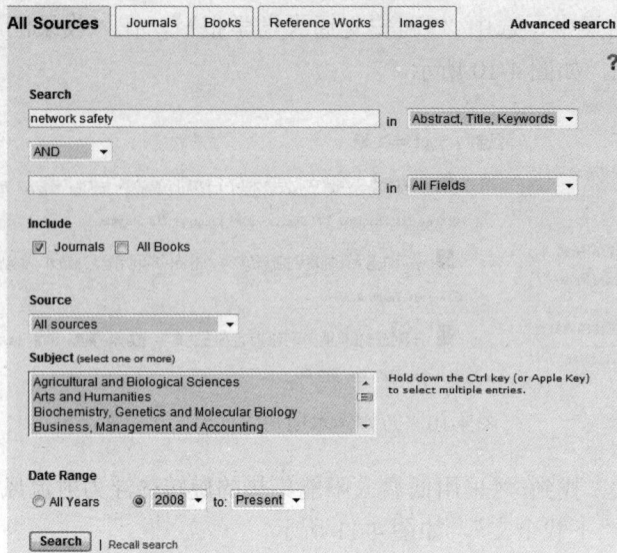

图 4-12　Elsevier SDOL 数据库高级检索

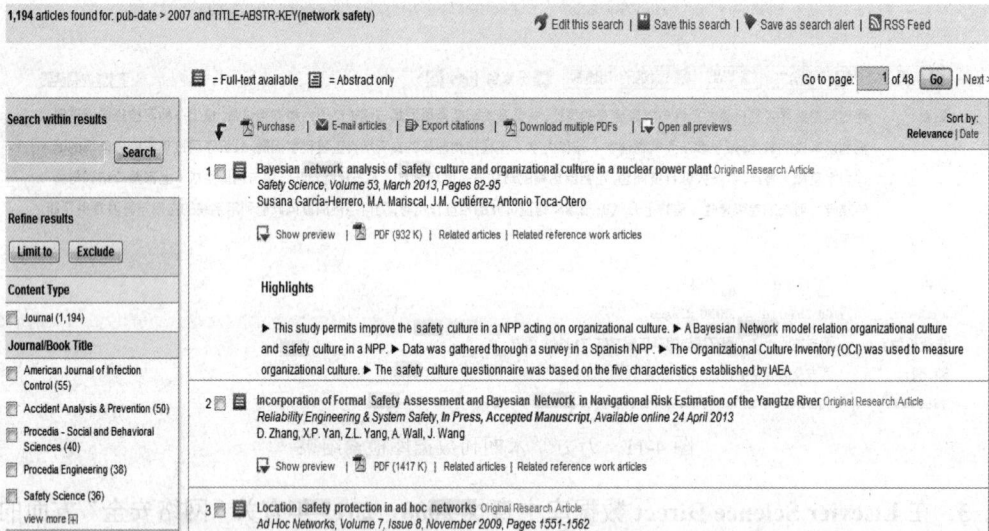

图 4-13　Elsevier SDOL 检索结果

4. 检索 2012 年 EI Compendex 收录西安科技大学发表论文情况

（1）打开 EI Compendex 数据库中的"Quick Search"检索界面（系统默认），在"DATABASE SEARCH FOR"第一行输入""Xi'an University of Science and Technology""，在字段中选择"All fields"，在"LIMIT TO"限定时间：2012—2012，如图 4-14 所示。

· 126 ·

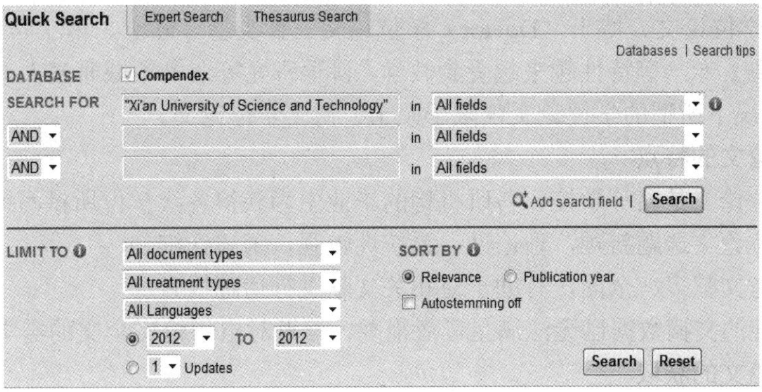

图 4-14　EI Compendex 检索界面

（2）单击"Search"按钮，查到 2012 年 EI Compendex 收录西安科技大学发表论文为
408 篇，如图 4-15 所示。

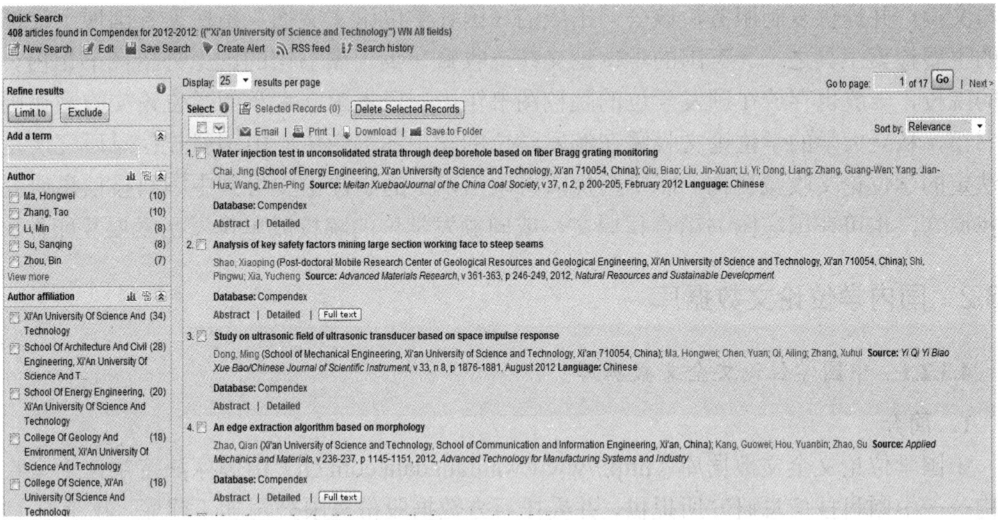

图 4-15　EI Compendex 检索结果页面

4.3　学位论文检索

4.3.1　学位论文概述

1. 学位论文概念

学位论文（Thesis，Dissertation）是指高等院校或科研机构的学生为获得学位资格而
提交，并通过答辩委员会认可的学术性研究论文。它包括学士（Bachelor）学位论文、硕

士（Master）学位论文、博士（Doctor）学位论文三种类型。硕士、博士学位论文因其新颖、独创、系统、专一等特性越来越受到教学、科学研究等众多领域研究人员的极大关注。因此，通常情况下所谓的学位论文仅限于硕士、博士学位论文。

2．学位论文的特点

（1）学位论文是高等学校、科研机构的毕业生为获得各级学位所撰写的论文。

（2）学位论文选题新颖，理论性、系统性较强，阐述详细。

（3）参考文献多、全面，有助于对相关文献进行追踪检索。

（4）单纯的文摘数据已无法满足读者需要，读者对电子论文全文的需求呈上升趋势。

3．学位论文的获取

学位论文不公开出版，一般以打印本的形式存储在规定的收藏地点，且每篇论文打印的数量也有限，因此收藏、查阅学位论文原文比较困难，一般只能通过复印来获取。美国20世纪30年代后期建立了美国大学缩微公司（University Microfilms Inc，简称UMI；现更名为Proquest Information and Learning），专门收藏、报道重点大学博士和硕士论文的题目与文摘，并提供复制服务，该公司出版的《国际学位论文文摘》是检索各国博士学位论文的主要检索工具之一。英国的学位论文统一收藏在英国图书馆的国家外借图书馆内。欧洲的院校，一般也存放在颁发学位的院校图书馆中。日本国立大学的学位论文收藏在国家图书馆，私立大学的学位论文收藏在颁发学位的学校图书馆中。中国科技信息研究所是我国法定的学位论文收藏机构。需要查找国内硕士以上的学位论文可到中国科技信息研究所查找原文，也可在国家图书馆查找原文，或向颁发学位的院校或单位发函索要复印件。

4.3.2　国内学位论文数据库

4.3.2.1　中国学位论文全文数据库

1．简介

中国学位论文全文数据库（http://www.wanfangdata.com.cn）由国家法定学位论文收藏机构——中国科技信息研究所提供，并委托万方数据股份有限公司加工建库。收录自1980年以来782家高校及科研院所的博硕士论文全文，涵盖自然科学、工程技术、社会科学、人文地理等各学科领域。论文共计136万余篇。其中211高校论文收录量占总量的70%以上，论文总量达110余万篇，每年增加约20万篇。内容包括论文题名、作者、专业、授予学位、导师姓名、授予学位单位、馆藏号、分类号、论文页数、出版时间、主题词、文摘等信息，对一般用户只提供题录和文摘信息，获取全文需通过注册付费。

2．检索与浏览

在首页中单击导航条中的"学位论文"链接，进入学位论文浏览页面。该页面提供浏览和检索两种方式查找论文。

浏览服务通过"学科、专业目录"和"学校所在地"两种分类导航模式提供。

学科、专业目录是将学位论文按照学科和专业进行分类，选择某一分类后，系统自动列出该分类下的学位论文。查找论文时，在学科、专业目录中选择论文相关学科通过逐级缩小范围浏览相关论文。同时，也可以在这个学科基础上通过二次检索、分类查询继续缩小范围，找到相关论文。

学校所在地导航是将学位论文按照学校所在地进行分类，选择某一地区后，系统自动列出该地区的学校，单击某一学校，则系统自动检索出属于该学校的学位论文，方便浏览查找。

检索服务分为学位论文的简单检索、高级检索。

（1）简单检索：是在检索框中输入检索词，单击"检索"，系统自动检索文献。

（2）高级检索：是在指定的范围内，通过增加检索条件满足用户更加复杂的要求，检索到满意的信息。高级检索又包括学位论文经典检索和专业检索。

经典高级检索提供了标题、作者、导师、学校、专业、中图分类、关键词、摘要等检索途径，同时五组检索途径之间是"逻辑与"的关系。

学位论文专业检索比高级检索功能更强大，但需要检索人员根据系统的检索语法编制检索式进行检索。

4.3.2.2　中国优秀博硕士论文全文数据库

1．简介

中国优秀博硕士论文全文数据库（http://epub.cnki.net/kns/brief/result.aspx？dbprefix=CDMD）是目前国内相关资源最完备、高质量、连续动态更新的中国博士、硕士学位论文全文数据库，2012 年 10 月，累积博硕士学位论文全文文献 170 万多篇。资料来源于每年收录全国 420 家博士培养单位的博士学位论文和全国 652 家硕士培养单位的优秀硕士学位论文，覆盖理工 A（数理化天地生）、理工 B（化学化工能源与材料）、理工 C（工业技术）、农业、医药卫生、文史哲、政治军事与法律、教育与社会科学综合、电子技术与信息科学、经济与管理。收录年限为 1999 年至今，并部分收录 1999 年以前的论文。CNKI 中心网站及数据库信息每日更新。用户可以免费检索，浏览题录、摘要和知网节。获取全文需通过注册付费方式。

该数据库的文献检索平台提供了以学科导航为基础的文献导航。统一导航分为十大专辑，即基础科学、工程科技 I、工程科技 II、农业科技、医药卫生科技、哲学与人文科学、社会科学 I、社会科学 II、信息科技、经济与管理科学。十专辑下分为 168 个专题和近 3 600 个子栏目。

2．检索

登录进入中国优秀博硕士论文全文数据库，检索页面提供初级检索及其相应的检索控制功能。在此页面上，用户可利用检索导航、检索框、检索控制项等完成简单检索和一般的逻辑组合检索。例如，要进行更复杂的检索，可单击页面右上方的"高级检索"和"专业检索"链接，进入高级检索和专业检索。同时，该检索页面上设有多项链接功能，可以快速地进入相关页面。主要的链接点如下：博士学位论文电子期刊、查看检索历史、学位授予单位导航、初级检索、高级检索、专业检索等。其中，学位授予单位导航分为地域导航和国家 211 工程院校导航，可以方便地从地域和学校两种途径浏览相关学位论文。

该数据库提供的基本检索方式有初级检索、高级检索、专业检索。三种检索方式遵循由高向低兼容的原则，即高级检索中包含初级检索的全部功能，专业检索中包括高级检索的全部功能。三种检索方式的检索方法和中国期刊全文数据库的检索方法相同。

4.3.3　国外学位论文数据库

4.3.3.1　PQDT 美国博硕士学位论文数据库

1．简介

PQDT（http://pqdt.calis.edu.cn）是 ProQuest Dissertations & Theses（原名 ProQuest Digital Dissertations（PQDD））的简称，是美国 ProQuest 公司出版的大型商业性博硕士论文数据库，收录 1861 年以来北美地区大部分及世界其他地区数千所高等院校的 270 多万篇博硕士论文，数据每周更新。PQDT 是目前世界上最大、收录最广的学位论文数据库，内容涉及理、工、农、医、人文、社科等领域。

为便于国内用户利用外国优秀的学位论文，2002 年起 Calis 集团联合订购 PQDT 中部分学位论文的全文，在国内设立 3 个镜像站（CALIS 镜像站、上海交通大学镜像站、中国科技信息研究所镜像站）供国内订购用户使用，国内若干图书馆、文献收藏单位每年联合购买一定数量的 ProQuest 学位论文全文，提供网络共享，即凡参加联合订购成员馆均可共享整个集团订购的全部学位论文资源。现已累积国外优秀博硕士论文全文 30 多万篇，内容涉及文、理、工、农、医等领域。

2．检索

（1）检索方法与技术。PQDT 国内镜像系统提供简单检索、高级检索以及按学科浏览。简单检索在简单检索方式下，只有一个检索框，若输入多个检索词，可以用 AND、OR、NOT 分别表示这些词之间的逻辑与、或、非检索；若输入的多个词用空格分隔，系统默认为逻辑"与"检索。短语检索时，短语/词组的两端用双引号。

在高级检索方式下，有多个检索框，利用下拉列表选择检索字段、检索词之间的关系，以及各个检索框之间的关系。可检字段包括标题、摘要、全文、作者、学校、导师、来源、ISBN、出版号。检索词之间的关系：所有词、任一词、短语；检索框之间的关系：逻辑与、或、非。可以限定出版年、学位级别、语种等。

在检索结果页面，可以进行二次检索，或者按二级学科、发表年度、学位级别分组，以进一步缩小检索范围。

（2）检索结果处理。检索结果可以按相关性（默认）、出版时间排序。命中记录以题录方式显示，包括名称、摘要、作者、学位、学校、出版年、全文链接等，单击题名可以看到详细信息，除前述内容外还有导师、学科、来源等。可以在检索结果中选择所需的记录，对所选记录的题录及摘要信息可以存盘、发送 E-mail。论文的全文只能单篇保存。

4.3.3.2　NDLTD 学位论文数据库

NDLTD（http://www.ndltd.org）是 Networked Digital Library of Theses and Dissertations 的简称，是由美国国家自然科学基金支持的一个网上学位论文共建共享项目，为用户提供免费的学位论文文摘，还有部分可获取的免费学位论文全文。目前全球有 170 多家图书馆、7 个图书馆联盟、20 多个专业研究所加入了 NDLTD，其中包括中国大陆的上海交通大学。20 多所成员已提供学位论文文摘数据库 7 万条，可以链接到的论文全文大约有 3 万篇。

和 PQDT 学位论文数据库相比，NDLTD 学位论文库的主要特点就是学校共建共享、可以免费获取。另外，由于 NDLTD 的成员馆来自全球各地，所以覆盖的范围比较广，有德国、丹麦等欧洲国家和我国香港、台湾等地的学位论文。但是由于文摘和可获取全文都比较少，适合作为国外学位论文的补充资源利用。

登录该网站，可以免费查询 NDLTD 联盟中所有成员机构的电子版博硕士论文，并可免费获得论文的题录和详细摘要，有相当部分的论文可以得到 PDF 格式或 SGML 格式的全文，但也有一些论文的全文有访问权限控制，需要付费获得。

4.3.4　检索实例分析

1. 在中国学位论文全文数据库中，查找 2003—2013 年中国矿业大学缪协兴教授指导的博硕士论文

（1）通过万方数据知识服务平台，选择学位论文子库。

（2）在学位论文子库，进入高级检索。

（3）选择导师姓名字段，输入"缪协兴"，选择授予单位字段，输入"中国矿业大学"，并将他们之间的关系设置为"与"，年限设置为 2003—2013，检索过程及检索结果如图 4-16、图 4-17 所示。

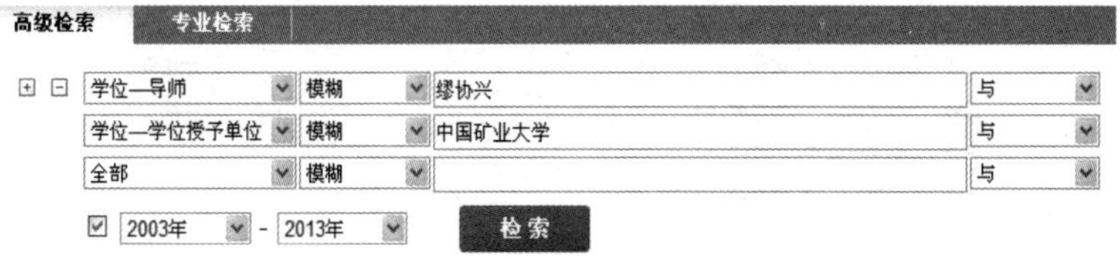

图 4-16　万方中国学位论文全文数据库检索过程

图 4-17　万方中国学位论文全文数据库检索结果

2. 在 PQDT 查找美国斯坦福大学（Stanford University）在 2001—2013 年期间发表的有关高温超导体的学位论文

（1）检索分析。本课题有三个限制条件：第一个是指定学校为 Stanford University；第二个是文献内容为高温超导体，超导体为 superconductors，高温有 high-temperature 和 high temperature 两种写法，在输入时用截词符代替，即输入 "high*temperature"（高温超导体可以在论文名称、摘要、学科等多个字段中进行检索，但在论文名称中检索比较准确）；第三个是年限限制为 2001—2013 年。

（2）进入 ProQuest 博硕士论文数据库的高级检索界面，按上述分析，在对应的字段中分别输入检索词，在学校中输入 "Stanford University"，在标题中输入 "high*temperature superconductors"，在出版年度输入 "2001—2013"，单击 "检索" 按钮。检索过程和结果如图 4-18 和图 4-19 所示。

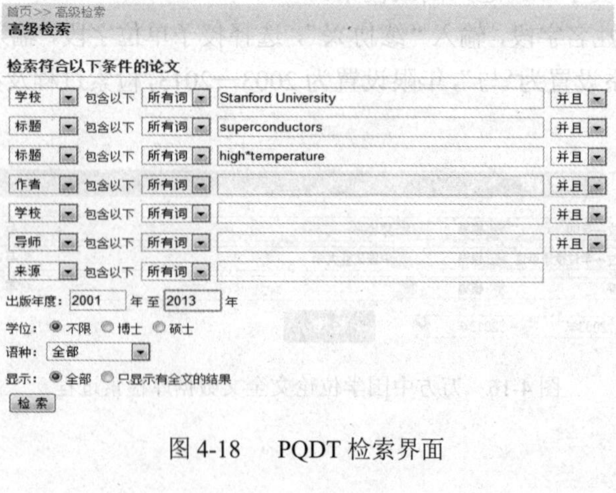

图 4-18　PQDT 检索界面

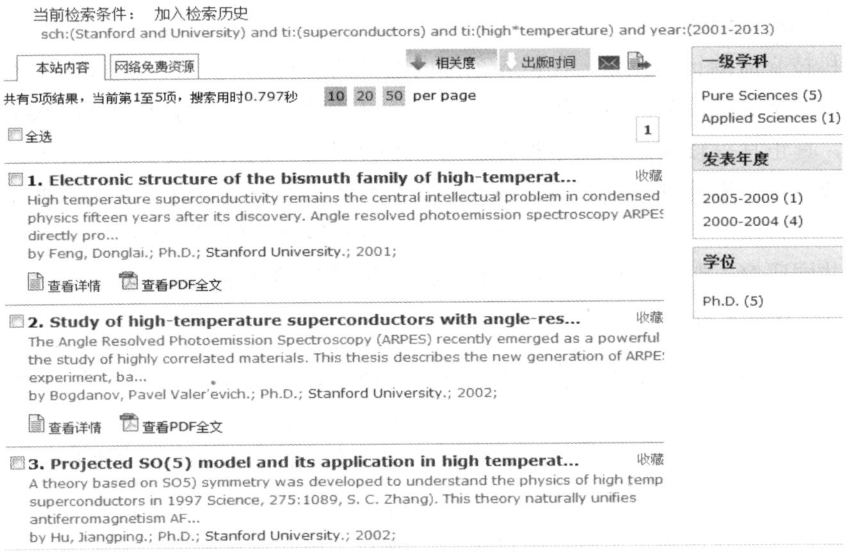

当前检索条件：　加入检索历史

sch:(Stanford and University) and ti:(superconductors) and ti:(high*temperature) and year:(2001-2013)

本站内容　网络免费资源　　　　　　　　　　相关度　　出版时间

共有5项结果，当前第1至5项，搜索用时0.797秒　　10　20　50　per page

□全选

□ 1. Electronic structure of the bismuth family of high-temperat...　　收藏
High temperature superconductivity remains the central intellectual problem in condensed
physics fifteen years after its discovery. Angle resolved photoemission spectroscopy ARPES
directly pro...
by Feng, Donglai.; Ph.D.; Stanford University.; 2001;

查看详情　查看PDF全文

□ 2. Study of high-temperature superconductors with angle-res...　　收藏
The Angle Resolved Photoemission Spectroscopy (ARPES) recently emerged as a powerful
the study of highly correlated materials. This thesis describes the new generation of ARPES
experiment, ba...
by Bogdanov, Pavel Valer'evich.; Ph.D.; Stanford University.; 2002;

查看详情　查看PDF全文

□ 3. Projected SO(5) model and its application in high temperat...　　收藏
A theory based on SO5) symmetry was developed to understand the physics of high temp
superconductors in 1997 Science, 275:1089, S. C. Zhang). This theory naturally unifies
antiferromagnetism AF...
by Hu, Jiangping.; Ph.D.; Stanford University.; 2002;

一级学科

Pure Sciences (5)
Applied Sciences (1)

发表年度

2005-2009 (1)
2000-2004 (4)

学位

Ph.D. (5)

图 4-19　PQDT 检索结果页面

（3）可对所需文献进行查看、浏览或下载。

4.4　会议文献检索

4.4.1　会议文献概述

4.4.1.1　学术会议概述

学术会议是指各种学会、协会、研究机构、学术组织等主持召开的各种研讨会、学术讨论会等。学术会议是讨论学术问题、交流学术成果的一种重要形式。

4.4.1.2　学术会议的分类

学术会议按代表来源划分为国际会议、全国会议和基层会议等。国际会议一般由国际性组织或若干个国家联合主办，或者由一个国家承办，邀请各国代表参加的会议。全国会议大多由全国性的专业学会、协会等主办，全国范围内的代表参加。基层会议一般以行政区域或行业、机构来进行，本行业或本单位的代表参加。

学术会议以会议名称或主办者划分，有以 Conference（会议）、Congress（大会）、Convention（大会）等形式召开的学术性会议，有以 Symposium（专题讨论会）、Workshop（专题学术研讨会）、Seminars（学术研讨会）或 Colloquia（学术讨论会）等形式召开的学术研讨会。前者会议的规模较大，参加的人数较多，讨论和交流的问题专业性强，后者会议参加的人数不多，讨论的问题比较专深，不仅能交流最新的科研成果，而且还能讨论本领域急待解决的问题。

随着科技交流的日趋频繁，在世界范围内召开的各种形式、不同规模的学术会议越来越多，据不完全统计，全世界每年召开的学术会议达数万次，但学术会议的水平和层次有很大差别，真正具有较高学术水平和影响的学术会议召开的次数很少，这类会议通常是由著名学会或下设的专业性学会举办，例如，世界著名的"电气与电子工程师协会（IEEE）"每年召开的上百次学术会议等。各国科技人员利用各种会议形式，尤其是通过 Internet，互相交流、共同研究、制定规划或政策，有力地促进了科学技术的发展。

4.4.1.3 会议文献

会议文献主要是指科技人员在国内外各类专业会议上发表的学术论文、科研报告、调查报告和统计资料等。会议论文一般是围绕会议主题由专家提供或从大量会议征文中筛选出来的，专业性强，学术性强，往往能代表本学科领域的学术水平和最新研究动向。再加上越来越多的专家学者喜欢通过学术会议发布自己的最新研究成果，因此，会议论文一般内容比较新颖、时效性强。所以，会议文献已成为一种非常重要的信息来源。

会议文献按会议的出版时间进行划分，可分为会前文献、会间文献、会后文献三种类型。会前文献是会议进行之前印发给与会者的预印本论文（Preprint）或摘要（Advance Abstracts）等，供与会者阅读，以便进行深入研究和讨论。会间文献是指开会期间发给与会者的文献。会后文献是会议后由会议主办者将会议上发表的论文，经过整理后编辑出版的会议文献，是会议文献的主要构成部分。会后文献包括会议录（Proceedings）、会议论文集（Symposium）、学术讨论论文集（Colloquium Papers）、会议论文汇编（Transactions）、会议记录（Records）、会议报告（Reports）、会议文集（Papers）、会议出版物（Publications）、会议纪要（Digest）等。

会议文献没有固定的出版形式，经常以下的形式出版。

（1）图书。一般称为会议录，而且多数都是以会议名称作为书名的最重要组成部分。如果会议定期举办，则常采用丛书形式出版。会议录一般由举办会议的学会、协会出版，也有的是由大学或政府机构出版，还有由商业出版社出版的，这一般说明该论文水平较高。

（2）期刊。一般是把会议论文由会议主办者推荐到专业刊物上发表，也有以附刊或增刊的形式出版论文集的，或者是附在主办会议的学会举办的刊物作为特辑。

（3）科技报告。有些会议录常编入科技报告，如著名的美国四大科技报告中就有不少的会议文献。

（4）视听资料。有些学术会议不出版会议录，而是在开会时当场录音、录像，会后就把录音带作为会议资料分发或出售。

（5）网络。当前，许多学术会议都在因特网上开设了自己的网站，或者是在会议主办者的网站上增设会议专用主页，甚至有的学术会议本身就是通过因特网召开的。通过因特网，就可以在第一时间获取会议文献，而且在某种意义上打破了会前文献和会后文献的界限，因此，网络已成为获取会议文献的最重要的途径。

4.4.2　国内会议文献数据库

4.4.2.1　中国会议论文全文数据库

中国会议论文全文数据库（http://c.g.wanfangdata.com.cn/conference.aspx）是万方学术资源的一部分，是国内重要的学术会议文献全文数据库。该库收录了 1998 年以来国家级学会、协会、研究会组织、部委、高校召开的全国性学术会议论文，目前收录了 76 万**余**篇中文全文数据及 16 万篇西文全文数据，数据范围覆盖自然科学、工程技术、农林、医学等所有领域。中文版所收会议论文内容是中文，英文版主要收录在中国召开的国际会议的论文，论文内容多为西文。该数据库每年涉及近 3 000 个重要的学术会议，总计 97 万余篇，每年增加约 18 万篇，每月更新。中国会议论文全文数据库依照《中国图书资料分类法》将所收会议论文分为 24 个大类。会议论文全文数据库既可以从会议信息也可以从论文信息进行查找，包括会议地点、会议名称、会议届次、会议时间、主办单位、母体文献、出版单位、出版地、出版时间、分类号、馆藏号、论文题目、个人作者、团体作者，情报单位、科研机构等团体和个人用户，是了解国内学术会议动态必不可少的检索工具。

在首页中单击导航条中的"学术会议"链接，进入学术会议首页。中国会议论文全文数据库提供浏览导航和检索服务。该数据库提供按照"学术会议分类"和"会议主办单位"两种导航模式的检索服务，可以根据需要分别按学术会议类别和会议主办单位进行分别浏览查找。

会议论文的检索分为简单检索和高级检索。简单检索是在检索框中输入检索词，单击"检索"，系统自动检索文献；高级检索是在指定的范围内，通过增加检索条件满足用户更加复杂的要求，检索到满意的信息。高级检索可以通过论文标题、作者、会议名称、主办单位、中图分类号等字段检索。

4.4.2.2　中国重要会议论文全文数据库

中国重要会议论文全文数据库（http://dlib.cnki.net/kns50/Navigator.aspx？ID=4）是CNKI 数据资源的一部分，系统收录我国 2000 年以来国家二级以上学会、协会、高等院校、科研院所、学术机构等单位的论文集，截至 2012 年 10 月，已收录出版国内外学术会议论文集近 16 300 本，累积文献总量 170 多万篇。内容覆盖理科（数理化，天地生）、工程学科、农林、医药卫生、电子技术、信息科学、文学、历史、哲学、经济、政治、法律、教育、社会科学综合等各方面，用户可以免费检索，免费浏览题录、摘要和知网节。如果需要下载全文需付费。

该数据库包括基础科学、工程科技 I、工程科技 II、农业科技、医药卫生科技、哲学与人文科学、社会科学 I、社会科学 II、信息科技、经济与管理科学十大专辑，十专辑下分为 168 个专题和近 3 600 个子栏目。

登录进入中国重要会议论文全文数据库，检索页面提供初级检索及其相应的检索控制功能。在此页面上，用户可利用检索导航、检索框、检索控制项等完成简单检索和一般的逻辑组合检索。如要进行更复杂的检索，可单击页面右上方的"高级检索"和"专业检索"链接，进入高级检索和专业检索。同时，该检索页面上设有多项链接功能，可以快速地进入相关页面。主要的链接点如下：查看检索历史、会议主办单位导航、初级检索、高级检索、专业检索等。会议主办单位导航分为分类导航和地域导航。

该数据库提供的基本检索方式有初级检索、高级检索、专业检索。三种检索方式遵循由高向低兼容的原则，即高级检索中包含初级检索的全部功能，专业检索中包括高级检索的全部功能。三种检索方式的检索方法和中国期刊全文数据库的检索方法相同。

4.4.2.3　中国学术会议在线

中国学术会议在线（http://www.meeting.edu.cn）是经教育部批准，由教育部科技发展中心主办，面向广大科技人员的科学研究与学术交流信息服务平台。有国内外学术会议预报、会议评述、报告视频、经验交流等。提供模糊检索、会议检索、视频检索、会议论文摘要检索等，或者按学科分类查询相关专业的学术会议。查询结果包括会议所属学科、会议名称、会期、会址、论文拟被收录情况、论文摘要截止时间等，记录的详细信息还有会议主办单位、协办单位、承办单位、会议主席、组委会、嘉宾、全文截稿日期、联系人、联系电话、会议注册费、会议网站、会议背景介绍、征文范围及要求、会议视频、相关资料下载等。

4.4.3　国外会议论文数据库

4.4.3.1　ISI proceedings

美国科学情报研究所（Institute of Science Information，ISI）基于 ISI Web of Knowledge 的检索平台，将科学技术会议录索引（Index to Scientific & Technical Proceedings，ISTP）和社会科学及人文科学会议录索引（Index to Social & Humanities Proceedings，ISSHP）两大会议录索引集成为 ISI Proceedings。ISI Proceedings 收录了 1990 年以来 6 万多个会议的 350 多万篇科技会议论文。每年增加近 26 万条记录，其中 66%来源于以专著形式发表的会议录文献，34%来源于发表在期刊上的会议录文献。数据每周更新。ISI Proceedings 同时还收录了自 1999 年至今的文后参考文献，其中 90%以上的记录都含有参考文献。

2008 年 10 月 20 日起，ISI Web of Knowledge 检索平台进行了升级，主要变化如下：

（1）提供全新的中文检索界面（也可在页面的左下方选择 English 界面）。

（2）ISI Proceedings 数据库并入 Web of Science，成为其中的子库，并更名为 CPCI-S（Conference Proceedings Citation Index - Science）和 CPCI-SSH（Conference Proceedings Citation Index-Social Sciences & Humanities）。

Conference Proceedings Citation Index-Science（CPCI-S）：原科学技术会议录索引 ISTP 新版。ISTP 是目前最著名的科技会议论文专用检索工具，创刊于 1978 年，网络版提供 1990

年以来以专著、丛书、预印本、期刊、报告等形式出版的国际会议论文文摘及参考文献索引信息，涉及自然科学和工程技术的所有领域。数据库每周更新。

Conference Proceedings Citation Index-Social Sciences & Humanities（CPCI-SSH）：原社会科学及人文科学会议录索引 ISSHP 新版，ISSHP 创刊于 1979 年，专门收录世界各种重要社会科学及人文科学的会议录。网络版提供 1990 年以来以专著、丛书、预印本、期刊、报告等形式出版的国际会议论文文摘及参考文献索引信息，涉及社会科学、艺术及人文科学的所有领域。数据库每周更新。

检索时读者登录后请单击"Web of science"检索界面（http://apps.webofknowledge.com），勾选科学技术会议录索引和社会科学及人文科学会议录索引，即可进行检索。检索方法与 SCI 相同。

（1）简单检索。简单检索提供主题、标题、作者、团体作者、编者、出版物名称、出版年、地址、会议、语种、文献类型、基金资助机构、授权号等检索字段。

检索时，选定检索字段，在其对应的检索词输入框中输入检索词，设定检索的时间等检索条件，单击"检索"，即可得到相应的检索结果。

检索者可以在单个字段中进行检索，也可用逻辑算符 AND、OR、NOT、SAME 组配同时检索多个字段；若检索字段超过 3 个，可单击"增加另一字段"添加。

检索时，还可借助截词符*（代表任意多个字符，包括空字符）或？（代表任意一个字符）或$（代表零或一个字符）及表示精确检索的""等检索技术。

（2）高级检索。单击检索界面上的"高级检索"按钮，进入高级检索界面，在检索式输入框中输入检索式，设置检索的扩展条件，如时间范围（默认为所有年份）、语言种类（默认为所有语言）、文献类型（默认为所有文献类型），单击"检索"按钮即可进行文献检索。

4.4.3.2　美国《会议论文索引》

美国《会议论文索引》（Conference Papers Index，简称 CPI）数据库是由美国剑桥科学文摘社（Cambridge Scientific Abstracts）创建的。CPI 数据库提供 1982 至今世界范围内的国际性、区域性或国家会议发表的科学会议论文、引文和会议预告。每两月更新一次。自 1995 年以来，其重点主题为生命科学、环境科学和水生科学，同时也包括物理学、工程学和材料科学。该数据库记录包括完整的订购信息（论文题名、论文的著者资料等），以便获得预印本、文摘、会议录及来自会议的其他出版物。

CPI Web 版（http://www.csa.com）是剑桥科学文摘（CSA）中的一个子库，国内引进此数据库的高校可以通过校园网直接进入。该数据库还在 Dialog、ESA-IRS 中提供服务。该数据库提供多库检索，可以记录检索历史，保存检索策略，帮助用户了解最新的研究成果。

4.4.3.3　IEEE 协会会议

美国电气和电子工程师协会（Institute of Electrical and Electronics Engineers，简称 IEEE）是一个国际性的电子技术与信息科学工程师的协会，是世界上最大的专业技术组织之一。

  IEEE 于 1963 年 1 月 1 日由 AIEE（美国电气工程师学会）和 IRE（美国无线电工程师学会）合并而成，是美国规模最大的专业学会。IEEE 是一个非营利性科技学会，拥有全球近 175 个国家三十六万多名会员。透过多元化的会员，该组织在太空、计算机、电信、生物医学、电力及消费性电子产品等领域中都是主要的权威。在电气及电子工程、计算机及控制技术领域中，IEEE 发表的文献占了全球将近百分之三十。IEEE 下属的协会和个专业委员会每年在全球举办 800 多个专业技术会议，同时各地的分会和学生组织也积极开展各项活动。IEEE 协会会议网址：http://ieeexplore.ieee.org/xpl/conferences.jsp。

  IEEE Xplore 提供简单检索（Research）、作者检索（Author Research）和高级检索（Advanced Research）等检索方式。

4.4.4　检索实例分析

  1. 在中国重要会议论文全文数据库查找 2012 到 2013 年 5 月期间有关汽车安全方面的会议文献

  （1）打开"中国重要会议论文全文数据"标准检索（系统默认），在会议时间中输入"2012-01-01 到 2013-05-31"，主题中输入"汽车安全"。检索过程及结果如图 4-20 所示。

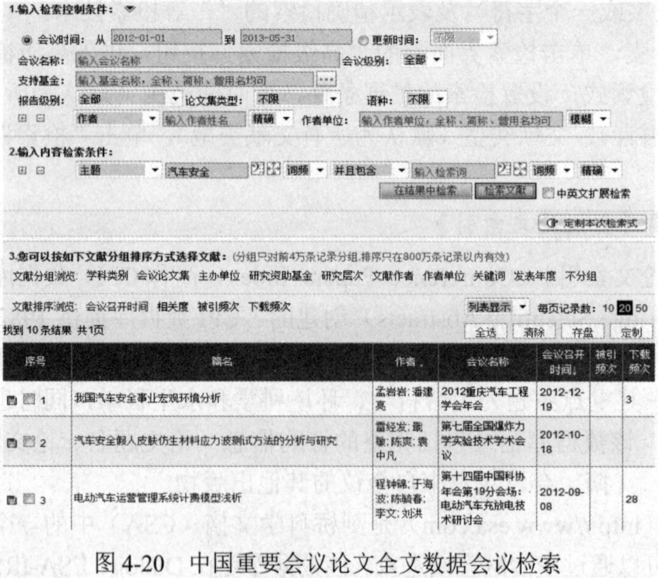

图 4-20　中国重要会议论文全文数据会议检索

  （2）可得到相关会议文献 10 篇，单击所需检索文献浏览并下载。

  2. 检索西安科技大学 2012 年发表的被 CPCI-S 数据库收录的会议文献

  检索步骤：

  （1）CPCI-S 与 SCI 位于同一个平台，具体检索方法与 SCI 数据库基本相同。西安科技大学的英文名：Xi'an University of Science and Technology，在 CPCI-S 数据库中，地址都用简写形式。

（2）打开 Web of Science 数据库，在第一个输入框中输入"Xian Univ Sci & Technol"，检索范围选择"地址"；日期范围选择"2012 至 2012"，并选中"conference Proceedings Citation Indes-Science（CPCI-S）--1996 年至今"复选框，如图 4-21 所示。

图 4-21　CPCI-S 检索界面

（3）单击"检索"按钮，查到被 CPCI-S 数据库收录的会议文献有 166 篇，如图 4-22 所示。

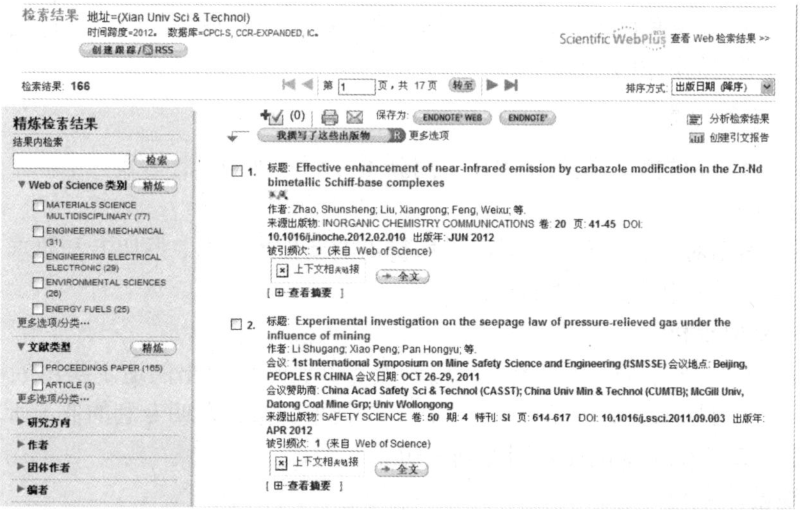

图 4-22　CPCI-S 检索结果页面

（4）单击某篇文献的标题，就可以得到该文献的作者、来源出版物、会议信息、通讯地址、出版商等详细信息。

4.5 专利文献检索

4.5.1 专利及专利文献概述

4.5.1.1 专利的含义

专利是专利权的简称。专利就是受法律保护的发明，即法律保障创造发明者在一定时期内独自享有的权利。专利从不同的角度叙述有不同的含义。

专利通常包括以下三方面含义。

（1）从法律角度上讲，专利就是指专利权，是指国家专利主管机关依法授予专利申请人独占实施其发明创造的权利。专利权是一种专有的、排他性的权利，其他人未经专利权人许可，不得实施其专利，否则就是侵权。专利权是知识产权的一种，具有时间性和地域性限制。在一个国家或地区批准的专利，仅在那个国家有效。专利的有效期限一般为6～20年。我国的专利法中规定：发明专利权的保护期限为20年，实用新型和外观设计专利权的保护期限为10年，均自申请之日起计算。专利权只在一定期限内有效，期限届满后，他所保护的发明创造就成为社会的公共财富，任何人都可以自由使用。

（2）从技术角度上讲，专利是取得了专利权的发明创造，即指发明创造成果本身，是指享有独占权的专利技术。专利技术是受保护的技术发明。在一项技术申请专利时，申请人必须将该项技术内容详细记载于说明书中，专利说明书由各国专利局公开出版发行。因此，专利技术是不保密的。

（3）从文献信息角度上讲，专利是指专利文献。即记载着发明创造详细内容、受法律保护的技术范围的法律文书。

4.5.1.2 专利的类型

专利主要有三种类型：发明专利、实用新型专利、外观设计专利。

1. 发明专利

发明专利是指对产品、方法或者改进所提出的新技术方案。发明专利要求有较高的创造性水平，是三种专利中最重要的一种。

2. 实用新型专利

实用新型专利是指对产品的形状、构造或者其结合所提出的适于实用的新的技术方案。实用新型专利与发明专利有两点不同：一是技术含量比发明专利的低，所以有人称之为"小发明"；二是保护期限比发明专利要短。

3. 外观设计专利

外观设计专利是指对产品形状、图案、色彩或者其结合所做出的富有美感并适于工业上应用的新设计方案，注重装饰性和艺术性。

4.5.1.3　专利的条件

并不是所有的发明都能自动成为专利，他必须要经过一定的程序，如申请、审查、授权等。此外，发明专利和实用新型专利还应具备新颖性、创造性和实用性，即通常所说的专利"三性"。

（1）新颖性，是指在申请日以前没有同样的发明，或者实用新型在国内外出版物上公开发表过、在国内公开使用过，或者以其他方式为公众所知，也没有同样的发明，或者实用新型由他人向国务院专利行政部门提出过申请，并且记载在申请日以后公布的专利申请文件中。

（2）创造性，是指同申请日以前已有的技术相比，该发明具有突出的实质性特点和显著的进步，该实用新型具有实质性特点和进步。

（3）实用性，是指该发明能够制造或者使用，并且能够产生积极效果。实用性应具备可实施性、再现性和有益性。可实施性是指申请专利的发明创造必须是已经完成的，使其所属技术领域的普通技术人员能够按照说明书实施；再现性是指发明创造必须具有多次重复再现的可能性，即能在工业上重复制造出产品来；有益性是指发明创造实施后能够产生一定的经济或社会效益。

4.5.1.4　专利文献的概念及其特点

世界知识产权组织 1988 年编写的《知识产权教程》阐述了现代专利文献的概念："专利文献是包含已经申请或被确认为发现、发明、实用新型和工业品外观设计的研究、设计、开发和试验成果的有关资料，以及保护发明人、专利所有人及工业品外观设计和实用新型注册证书持有人权利的有关资料的已出版或未出版的文件（或其摘要）的总称。"专利文献按一般的理解主要是指各国专利局的正式出版物。

专利文献主要有各种类型的发明专利说明书、实用新型说明书和工业品外观设计说明书、各种类型的发明专利、实用新型和工业品外观设计公报、文摘和索引以及涉及发明和实用新型、工业品外观设计的分类表等。

专利文献的特点如下。

（1）新颖性。专利文献传播最新技术信息，一项发明必须是在国内外属于首创，即必须具有新颖性才能够取得专利权，因此，经专利局实质审查批准出版的专利说明书，其内容在当时来说是最新的，反映了当时最新的科学技术发明。

（2）广泛性。范围广泛是指它涉及所有应用技术领域，从日常生活用品到复杂的高精尖技术，无所不包。

（3）完整性。即专利文献对发明创造各方面的表现比较完整、详尽。

（4）标准性。即专利文献的格式统一规范，高度标准化，并且具有统一的分类体系，便于检索、阅读和实现信息化。

（5）及时性。即专利文献反映新技术比较快，报道速度快，时间性强。

4.5.2 国内专利文献的检索

4.5.2.1 SIPO 专利检索数据库

1. 简介

中华人民共和国国家知识产权局（简称 SIPO）专利检索数据库（http://www.sipo.gov.cn）由国家知识产权局和中国专利信息中心开发，该专利检索系统（以下简称 SIPO）收录 1985 年中国实施专利制度以来的全部中国专利文献，可以免费检索及下载专利说明书，数据每周更新。SIPO 系统的全文为 TIFF 格式，需要装专用浏览器才能阅读。该系统是国内最具权威性的专利检索系统之一，检索方便。

2. 检索功能与方法

SIPO 系统提供简单检索、高级检索、IPC 分类检索，并提供专利的法律状态查询。SIPO 系统支持逻辑检索和截词检索。常用的检索算符有"AND、OR、NOT、%、？"，分别表示逻辑"与"、"或"、"非"、"无限截词"和"有限截词"。

（1）简单检索：在国家知识产权局的首页右侧中部有简单检索框，在此可以从申请号、申请日、公开号、公开日、申请人、发明人、专利名称、摘要、主分类号 9 个字段任选一项进行简单检索。简单检索中可以使用截词符，但不能使用逻辑算符。

（2）高级检索：高级检索适用于各类用户。在高级检索方式下可以选择数据库：发明专利、实用新型专利和外观设计专利，默认为全部专利。在此，提供 16 个检索字段，在名称和摘要字段可以进行逻辑检索，所有检索字段都可以进行截词检索，如果同时在多个字段中输入检索式，系统默认各字段间为逻辑"与"检索。

SIPO 系统的高级检索非常人性化，在各个检索字段都有检索提示。检索时，只要将鼠标指针放在一个检索字段上，屏幕上就会显示查询提示与检索示例。

（3）IPC 分类检索：在高级检索界面单击"IPC 分类检索"链接，进入国际专利分类检索界面。根据查询需要，逐层单击窗口左侧的类目名称，分类号就会自动添加到窗口右侧的查询框中，然后单击"检索"按钮即可。

（4）法律状态检索：在国家知识产权局的首页，单击"法律状态查询"链接，进入专利的法律状态检索界面。在这里可以根据申请（专利）号或者法律状态公告日，来检索一项具体专利的法律状态。由于专利公报及检索系统的法律状态信息都有一定的滞后，故利用该系统查出的法律状态信息仅供参考，及时准确的法律状态应以国家知识产权局出具的专利登记簿记载的内容为准。

4.5.2.2 中国知识产权网专利检索系统

中国知识产权网专利检索系统（http://www.cnipr.com）是由国家知识产权局知识产权出版社通过"中国知识产权网"提供的中国专利文献检索系统。该系统收录了 1985 年专利法实施以来公开的全部中国发明、实用新型、外观设计专利和发明授权专利。该数据库每周随中国专利公报出版而更新数据。

该系统既有免费检索又有收费检索。免费检索可免费查看专利的著录项目、摘要、主权项内容；收费检索可查看专利的法律状态信息、阅读专利说明书全文等。

该系统主页提供专利的快速检索，可以通过关键词进行检索；高级检索提供专利相关详细信息的检索，支持逻辑检索。

4.5.2.3　中国专利信息中心

中国专利信息中心（简称信息中心，http://www.cnpat.com.cn）成立于 1993 年，是国家知识产权局直属的事业单位、国家级专利信息服务机构，主营业务包括信息化系统运行维护、信息化系统研究开发、专利信息加工和专利信息服务等。

中国专利信息中心专利检索包括智能检索、表格检索、专家检索、IPC 分类检索、外观分类检索、药物分类检索等。

4.5.2.4　万方专利数据库

万方数据知识服务平台专利资源（http://c.g.wanfangdata.com.cn/Patent.aspx）是全文资源。收录了国内外的发明、实用新型及外观设计等专利 2 400 余万项，其中中国专利 331 万余项，外国专利 2 073 万余项。涵盖包括七国两组织（中、美、日、德、英、法、瑞，及欧洲专利局和世界知识产权组织）的国内、外专利信息数据。内容涉及自然科学各个学科领域，每年增加约 25 万条，每两周更新一次。国外专利每季度更新一次。是科技机构、大中型企业、科研院所、大专院校和个人在专利信息咨询、专利申请、科学研究、技术开发以及科技教育培训中重要的信息资源。

万方数据知识服务平台专利检索有简单检索、高级检索及 IPC 国际专利分类检索。

简单检索方式简单易用，在万方数据知识服务平台上方单击"专利"，在检索框中输入基本主题、关键词等基本信息，就可检索到相关信息；高级检索方式专业且功能强大，可以通过主题、题名或关键词、题名、创作者、作者单位、摘要、日期、申请号（专利号）、专利权人、公开号（公告号）、主权项、优先权、代理人等字段进行检索。

IPC 国际专利分类检索可在 IPC 的 8 个部浏览检索，将根据所属类别检索到的结果可通过专利名称、发明人、申请人、申请日期进行二次检索，检索结果可通过相关度优先、申请日期优先排序。

检索结果按国际专利分类（IPC 分类）、专利类型、发布专利的国家和组织、专利申请的日期进行分类，让读者能从众多的检索结果中快速筛选出所需的专利。

4.5.3　国外专利文献的检索

4.5.3.1　美国专利（USPTO）

1. 简介

美国专利商标局（United States Patent and Trademark Office，简称 USPTO；

http://www.uspto.gov）是美国商务部的下属机构，为发明者及其发明提供专利保护、商品商标注册和知识产权证明。该网站可以免费检索 1790 年以来美国专利的全文与图像。分为两个数据库：PatFT（授权专利数据库）和 AppFT（申请专利数据库），二者需要分别进入，各自单独检索。PatFT 提供 1976 年以来的全文数据以及自 1790 年以来的全文图像数据；AppFT 提供 2001 年 3 月 15 日以来所有公开的美国专利申请说明书扫描图像。专利类型包括实用专利（Utility patent）、设计专利（Design patent）、植物专利（Plant patent）、再公告专利（Reissue patent）、防卫性公告（Defensive patent），依法注册的发明（SIR-Statutory Invention Registration）、再审查证书（Re-examination）、附加改进（Additional Improvement）等，数据每周更新。

2．检索

进入 USPTO 的主页，单击右上方检索框上面的 Search for Patents—Patent full-text databases（PatFT&AppFT），即可进入专利数据库检索界面；或通过网址 http:www.uspto.gov/patft/index.html 直接进入专利数据库检索界面。

检索方法有快速检索（Quick Search）、高级检索（Advanced Search）、专利号检索（Patent Number Search）或公开号检索（Publication Number Search）等方式。USPTO 系统支持布尔逻辑检索、截词检索和短语检索，不区分查询词的大小写。

4.5.3.2　欧洲专利（EPO）

1．简介

欧洲专利局（The European Patent Organization，EPO；http://worldwide.espacenet.com）的 esp@cenet 专利检索系统是综合性的检索网站，也是目前经常使用的免费专利检索数据库，支持英文、德文和法文三种语言界面，该检索系统提供了包括欧洲专利局和欧洲专利组织成员国出版的欧洲专利数据库、世界知识产权组织 WIPO 出版的 PCT 专利数据库、世界专利数据库等。

esp@cenet 系统包含 EP-esp@cenet、Worldwide 和 WIPO-esp@cenet 数据库。esp@cenet 中的 EP 数据库可检索由欧洲专利局提供的最近两年的公开专利申请，可检索专利的著录信息，并可下载和显示专利全文的扫描图像，图像格式为 PDF，该数据库每周更新。

esp@cenet 中的 Worldwide 数据库可检索欧洲专利局收集的世界各国的专利信息，包括 63 个国家或地区最近 30 年来的专利文献著录数据，20 个国家自 1920 年以来的专利扫描图像以及 10 个专利机构的专利的英文摘要和全文。

esp@cenet 中的 WIPO 数据库可检索由世界知识产权组织 WIPO 出版的 PCT 专利，专利的扫描图像由 WIPO 提供，该数据库每周更新。

2．检索

（1）智能检索。智能检索（Smart search）适用于简单查询，直接在 esp@cenet 中的 Worldwide 数据库输入检索词（不区分大小写），单击 Search 按钮。

（2）高级检索。高级检索（Advanced search）界面分为数据库选择区（Database）和检索项输入区（Search terms），系统提供 10 个检索字段，包括 Keyword（s）in title（题名中的关键词）、Keyword（s）in title or abstract（题名或文摘中的关键词）、Publication number（公开号）、Application number（申请号）、Priority number（优先权号）、Publication date（公开日）、Applicant（s）（申请人）、Inventor（s）（发明人）、European Classification（欧洲专利分类号，ECLA）、International Patent Classification（国际专利分类号，IPC）。用户可以只在一个字段中检索，也可以在多个字段中进行组配检索。

（3）分类检索。分类检索（Classification search）提供欧洲专利分类号（ECLA）检索，ECIA 基于 IPC，但比 IPC 详细。

4.5.3.3　DII 数据库

1. 简介

德温特公司是全球最权威的专利情报和科技情报机构之一，1948 年由化学家 Monty Hyams 在英国创建，Derwent 隶属于全球最大的专业信息集团 Thornson 集团，并与姐妹公司 ISI、Delphiot、Techstreet、Current Drugs、Wila 等著名情报机构共同组建 Thomson 科技信息集团（Thomson Scietific），目前全球的科研人员、全球 500 强企业的研发人员、世界各国几乎所有主要的专利机构（知识产权局）、情报专家、业务发展人员都在使用 Derwent 所提供的情报资源。

德温特专利情报数据库（Derwent Innovations Index，简称 DII，访问地址：http://www.webofknowledge.com）是德温特公司与 ISI（Institute for Scientific Information，美国科技情报所）合作开发的基于 ISI 统一检索平台的网络版专利全文数据库。DII 将"世界专利索引（WPI）"和"专利引文索引（PCI）"的内容有机地整合在一起。DII 覆盖了全世界自 1963 年以后的约 1 000 万项基本发明专利。每周增加来自全球 40 多个专利机构授权的、经过德温特专利专家深度加工的 2 万篇专利文献。每周还增加来自 6 个主要的专利授权机构的被引和施引专利文献。这 6 个专利授权机构是世界专利组织（WO）、美国专利局（US）、欧洲专利局（EP）、德国专利局（DE）、英国专利局（GB）和日本专利局（JP）。DII 分为 Chemical Section、Electrical& Electronic section、Engineering Section 3 个部分，为研究人员提供世界范围内的化学、电子电气以及工程技术领域内综合全面的发明信息。

2. 检索

DII 数据库检索方法主要包括快速检索（Quick Search）、一般检索（General Search）、高级检索（Advanced Search）、被引专利检索（Cited Patent Search）及化合物检索（Compound Search）等。

4.5.4　检索实例分析

1. 在中华人民共和国国家知识产权局专利检索系统中检索 2008 年到 2013 年申请的有关"滑坡监测方法"方面的中国专利

检索步骤：

（1）进入中华人民共和国国家知识产权局专利检索系统，采用高级检索方式，在名称字段输入"滑坡 and 监测"，申请日字段输入"2008 to 2013"，如图 4-23 所示。

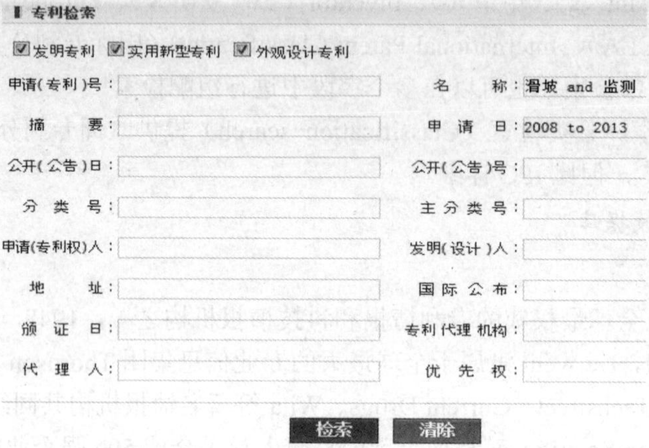

图 4-23　中华人民共和国国家知识产权局专利检索

（2）检索结果：命中 61 条记录，其中发明 36，实用新型 25 条，如图 4-24 所示。

专利检索　▶您现在的位置：首页>专利检索

发明专利 (**36**) 条　•　实用新型专利 (**25**) 条

序号	申请号	专利名称
1	200810068604.4	滑坡条带测缝监测法
2	201110008198.4	一种山体滑坡监测的方法
3	201110100058.X	落石、滑坡、塌方光电监测方法和监测报警装置
4	201110029251.9	山体滑坡监测报警仪
5	201210122651.9	基于GSM网络的滑坡监测数据传输系统及数据分析方法
6	201210056276.2	一种基于D-InSAR干涉差分的滑坡动态识别及监测技术
7	201210323377.1	边坡、滑坡综合监测系统
8	201210495770.9	一种基于分布式光纤应变传感的高铁边坡滑坡状况实时监测系统
9	201210440614.2	一种滑坡演化过程物理模型多场信息监测方法
10	201210506368.6	面向铁路防灾的山体滑坡监测系统
11	201220121519.1	一种用于滑坡监测的倾角无线传感器网络探测节点
12	201220448839.8	山体滑坡监测器
13	200810071107.X	牵拉触发式滑坡、滚石自动监测报警系统
14	200910058475.5	一种滑坡体滑动姿态加速度监测方法
15	200810119559.0	一种管道滑坡监测预警方法和系统及系统的构建方法

图 4-24　中华人民共和国国家知识产权局专利检索结果

2. 在欧洲专利局专利检索系统中检索 2008 年公开的有关"汽车尾气处理"方面的法国专利

（1）进入欧洲专利局（http://worldwide.espacenet.com）的"Advanced Search"检索

界面。

（2）找出关键词。汽车：automobile；尾气：exhaust gas，在名称/摘要字段输入：automobile and exhaust gas，如图 4-25 所示。

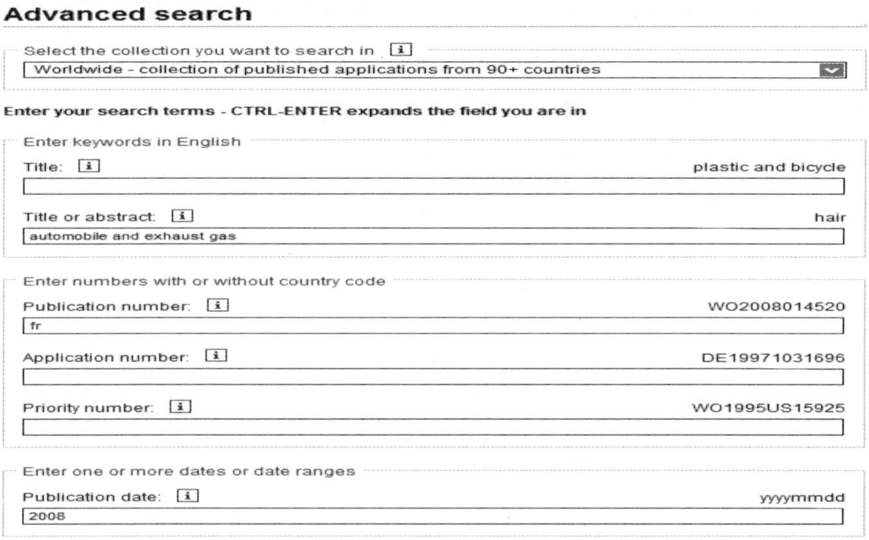

图 4-25　欧洲专利局专利检索

（3）输入其他限制条件。法国专利国别代码：FR；公开时间：2008。

（4）单击"Search"按钮进行检索，检索结果如图 4-26 所示。

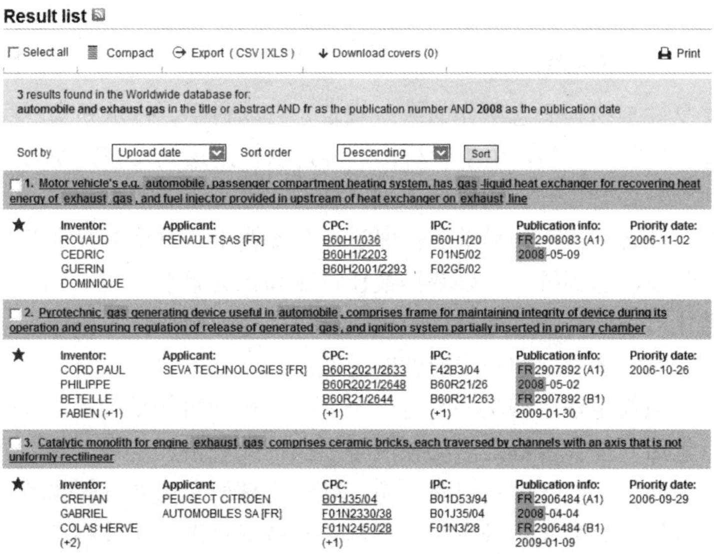

图 4-26　欧洲专利局专利检索结果

（5）单击篇名称，获取专利摘要的详细信息，如图 4-27 所示。

图 4-27　欧洲专利局检索到的文献

（6）单击"Original document"按钮，可以获取专利说明书的全文。

4.6　标准文献检索

4.6.1　标准及标准文献概述

4.6.1.1　标准和标准文献

标准是对重复性事物和概念所作的统一规定，它以科学、技术和实践经验的综合成果为基础，经有关方面共同协商，由主管机构批准，以特定形式发布，作为共同遵守的准则和依据。

标准化是指在经济、技术、科学及管理等社会实践中，对重复性事务和概念，通过制定、发布和实施标准，达到统一，以获得最佳秩序和社会效益。

标准是标准化活动的产物，是公认的权威机构批准的标准化工作成果。标准化程度的高低代表着一个国家经济发展和技术成就的高低。

标准文献是按照规定程序编制并经过一个公认的权威机构批准的，供在一定范围内广泛而多次使用，包括一整套在特定活动领域必须执行的规格、定额、规划、要求的技术文件。标准涉及工农业、工程建设、交通运输、对外贸易和文化教育等领域，包括质量、安全、卫生、环境保护、包装储运等多种类型，并有技术标准、工作标准和管理标准之分。

标准文献具有以下特点。

（1）标准的制定、审批有一定程序。

（2）具有一定的法律性质和约束力，是从事生产、建设和商品流通的共同技术依据和准则。

（3）具有时效性，旧标准会被新的标准代替。

（4）每件标准的适用范围明确专一。

（5）具有独立的检索系统和检索标志，一篇标准文献通常包括标准级别、标准名称、标准号、标准提出单位、审计单位、批准年月、实施日期、具体内容等著录项目，其中标准号由标准国家或标准组织、标准序号和制定年份组成，可以从任何途径进行检索。

4.6.1.2　标准的分类

1.　按照标准的使用范围划分

（1）国际标准。这是指经国际标准化组织通过的标准和在一定情况下经从事标准化活动的国际组织所通过的技术规范，并在国际上通用的标准。例如国际标准化组织（ISO）标准、国际电工委员会（IEC）标准等。

常用国家标准代码如下：

GB	中国	NF	法国
ANCI	美国	OCT	俄罗斯
BS	英国	DIN	德国
JIS	日本	CAN	加拿大

（2）区域标准。这是指世界某一区域性标准化组织通过的标准，或在一定情况下经从事标准化活动的区域性组织通过的标准，并在世界某一区域范围内适用。例如，欧洲标准化委员会（CEN）标准、亚洲标准化咨询委员会（ASAS）标准等。

（3）国家标准。这是由各国的标准化机构制定并颁布的标准，在本国范围内执行。

（4）行业标准或专业标准。这是指在一个国家内同一行业的主管部门或一些著名学术团体制定和批准的适用于本行业、本专业的标准，并在同一行业或相关专业使用。例如，我国的部颁标准、美国汽车工程师学会制定的关于汽车制造业的 SAE 标准、美国石油学会制定的石油工业标准等。

（5）地方标准。这是指一个国家的省或州及自治区等行政区内通用的标准。

（6）企业标准。这是指经某一个企业批准，并在企业内部适用的标准。

2.　按照标准化的对象划分

（1）技术标准。这是指对标准化领域中需要协调统一的技术事项所制定的标准，是从事生产、建设及商品流通的一种共同遵守的技术依据。具体包括基本标准，产品标准，工艺标准，方法标准，设备标准，原材料、半成品和外购件标准，安全、卫生、环保标准。

（2）管理标准。这是指对标准化领域中需要协调统一的管理事项所制定的标准。主要包括管理目标、管理项目、管理程序、管理方法和管理组织方面的标准。

（3）工作标准。这是指对工作的责任、权利、范围、质量要求、程序、效果、检查方法、考核办法所制定的标准。

3．按照标准的约束性划分

（1）强制性标准。强制性标准范围主要是保障人体健康，人身、财产安全的标准和法律、行政法规规定执行的标准。对不符合强制标准的产品禁止生产、销售和进口。根据《标准化法》的规定，企业和有关部门对涉及其经营、生产、服务管理有关的强制性标准都必须严格执行，任何单位和个人不得擅自更改或降低标准。对违反强制性标准而造成不良后果，以至重大事故者由法律、行政法规规定的行政主管部门依法根据情节轻重给予行政处罚，直至由司法机关追究刑事责任。

（2）推荐性标准。推荐性标准是指导性标准，基本上与 WTO／TBT 对标准的定义接轨，即"由公认机构批准，非强制性的，为了通用或反复使用的目的，为产品或相关生产方法提供规则、指南或特性的文件。标准也可以包括或专门规定用于产品、加工或生产方法的术语、符号、包装标准或标签要求"。推荐性标准是自愿性文件。

（3）标准化指导性文件。标准化指导性文件是为仍处于技术发展过程中的标准化工作提供指南或信息，供科研、设计、生产、使用和管理等有关人员参考使用而制定的文件。

4.6.1.3　我国标准的分类

《中华人民共和国标准化法》规定，我国标准分为四级，即国家标准、行业标准、地方标准和企业标准。

1．国家标准

国家标准是指对全国经济技术发展有重大意义而且必须在全国范围内统一的标准。国家标准一般为基础性、通用性较强的标准。国家标准由国务院标准化行政主管部门制定颁发。强制性国家标准号由国别（GB）+标准顺序号+制定或修改年份组成。例如，GB 18111—2000 燃气容积式热水器。推荐性国家标准号由国别（GB）+推荐性标准字母（T）/T+标准顺序号+制定或修改年份组成。例如，GB/T 2690—2000 毛竹材。

2．行业标准

行业标准是指在全国性的各个行业范围内统一的标准。行业标准是对国家标准的补充，是专业性、技术性较强的标准。行业标准号由行业标准代号+标准顺序号+制定或修改年份组成。例如，NY/T 390—2000 水稻育苗塑料钵体软盘（农业部推荐标准）。

3．地方标准

地方标准是指在某个省、自治区、直辖市范围内需要统一的标准。其标准号的表示方法：地方标准代号+地方行政区域代号+标准顺序号+制定或修改年份。例如，B11/367—2006 地下室防水施工技术规程（北京市地方标准）。

4．企业标准

企业标准是指企业所制定的产品标准和在企业内需要协调、统一的技术要求和管理、工作要求所制定的标准。企业标准号表示方法：企业标准代号（Q/）+标准顺序号+标准类型代号+制定或修改年份。例如，Q/321202WJB08—1999 地毯清洗机（泰州市第二纺织机械厂的企业标准）。

4.6.2　国内标准文献的检索

4.6.2.1　万方数据资源系统——中外标准数据库

万方中外标准数据库（http://c.g.wanfangdata.com.cn/Standard.aspx）综合了由国家技术监督局、建设部情报所、建材研究院等单位提供的相关行业的各类标准题录，包括中国标准、国际标准以及各国标准等 29 万多条记录。包括中国行业标准、中国国家标准、国际标准化组织标准、国际电工委员会标准、美国国家标准学会标准、美国材料试验协会标准、美国电气及电子工程师学会标准、美国保险商实验室标准、美国机械工程师协会标准、英国标准化学会标准、德国标准化学会标准、法国标准化学会标准、日本工业标准调查会标准等 29 万多条记录。内容涉及机械、冶金、电子、化工、石油、轻工、纺织、矿业、土木、建筑、建材、农业、交通、环保等行业。

标准的检索分为简单检索、高级检索和专业检索。简单检索是在检索框中输入检索词，单击"检索"，系统自动检索文献，简单检索页面浏览服务，可以直接单击浏览查询；高级检索则可以通过主题、题名或关键词、作者单位、日期、标准发布单位等字段进行检索；专业检索可检索字段与高级检索相同，可采用逻辑与（*）、或（+）、非（^）等逻辑运算，编写检索式，可以设置检索年限。

4.6.2.2　中国知网——中国标准全文数据库

中国知网《中国标准数据库》收录了所有的国家标准（GB）、国家建设标准（GBJ）、中国行业标准的题录信息，共计标准约 13 万条，标准的内容来源于中国标准化研究院国家标准馆，相关的文献、成果等信息来源于 CNKI 各大数据库。采用国际标准分类法（ICS分类）和中国标准分类法（CCS 分类）。用户可以根据各级分类导航浏览。

CNKI—《中国标准数据库》每条标准的知网节集成了与该标准相关的最新文献、科技成果、专利等信息，可以完整地展现该标准产生的背景、最新发展动态、相关领域的发展趋势，可以浏览发布单位更多的论述及在各种出版物上发表的信息。

可以通过标准号、中文标题、英文标题、中文关键词、英文关键词、发布单位、摘要、被代替标准、采用关系等检索项进行检索。可免费检索，免费浏览题录、摘要和知网节。

4.6.2.3　中国标准化信息网

1999 年 3 月，中国标准化协会在 Internet 上开通了中国标准化信息网（http://www.china-cas.org）。该网站主要包括标准与标准化、法律法规、杂志出版、标准查询等内容，并开通了英文网站。中国标准化信息网标准查寻系统提供目录查询和标准摘要查询两种检索方式，可进行免费查询。

4.6.3　国外标准文献的检索

4.6.3.1　ISO（国际标准化组织）标准

1．简介

国际标准 ISO 是由国际标准化组织（International Organization for Standard，简称 ISO）制定或认可的标准。因此，采用 ISO 作为国际标准的代号。ISO 是世界上最大的非政府机构标准化机构，成立于 1947 年，现有 160 多个成员国，我国也是成员国之一。它在国际标准化活动中占主导地位，其主要任务是制定除电工电子领域外的一切国际标准和协调国际标准化工作及成员国之间的信息交流等。通过 ISO 主页可以浏览或检索 ISO 所有的标准文献，设有分类号和关键词两种检索途径。

国际标准的类型有正式标准（ISO）、推荐标准（ISO/R）等，ISO 标准号的结构形式为：标准代号（ISO）+顺序号+制定或修订年份，如 ISO13461:2000，表示国际标准化组织 2000 年颁布的 13461 号标准。ISO 标准每 5 年修订一次，使用时应注意该标准是否有效。ISO 网站网址为 http://www.iso.org/iso/home.html。

2．检索方法

ISO 网站上的标准检索分为快速检索、高级检索和浏览检索。

（1）快速检索。每个页面右上方的输入框是快速检索输入框，下方的 Search the ISO Catalogue 输入框亦为快速检索的输入框，可输入关键词或短语，在标准名称和摘要字段进行检索。

（2）高级检索。可以单击检索框下方的 Advanced Search 按钮进入高级检索界面。ISO 高级检索可通过关键词或短语（可在标准名称、摘要、标准全文字段检索）、ISO 号码、ISO 分号、ICS 号、阶段码、时间范围、技术委员会或分委会的编号进行检索，可单独使用，也可组合起来进行检索。该检索方式支持逻辑运算符、截词符和短语检索等。

（3）浏览检索。浏览检索提供两种浏览方式：一是 Browse by ICS（按国际标准分类进行浏览）；二是 Browse by TC（按技术委员会进行浏览）。

4.6.3.2　IEC（国际电工委员会）标准

国际电工委员会（International Electrotechnical Commission，简称 IEC）是世界上成立最早的非政府性国际电工标准化机构。成立于 1906 年，主要负责研究、制定、批准电工和电子技术方面的标准，促进电工、电子和相关技术领域有关电工标准化等所有问题上的国际合作。现有 67 个成员国，我国于 1957 年正式加入该组织。IEC 标准号由 IEC 代号+标准顺序号+制定或修订年份组成。IEC 网址为：http://www.iec.ch。

在 IEC 网站主页上单击"WEB STORE"下的"Search & buy standard"即可进入 IEC 标准的检索页面。在此页面上，IEC 提供了"Search"、"Advanced search"和"Quick access by ref. number"等检索方式。

4.6.3.3　ITU（国际电信联盟）标准

国际电信联盟（International Telecommunication Union，简称 ITU）简称国际电联，是联合国负责国际电信事务的专门机构，是世界上历史最悠久的国际组织之一。其前身为根据 1865 年签订的《国际电报公约》而成立的国际电报联盟。1932 年，70 多个国家的代表在马德里开会决定把《国际电报公约》和《国际无线电公约》合并为《国际电信公约》，并将国际电报联盟改名为国际电信联盟。1934 年 1 月 1 日新公约生效，该联盟正式成立。1947 年，国际电信联盟成为联合国的一个专门机构，总部从瑞士的伯尔尼迁到日内瓦。

ITU 是电信界最权威的标准制定机构，电信标准部、无线电通信部和电信发展部承担着实质性标准制定工作。我国由信息产业部代表中国参加国际电信联盟的各项活动。ITU 的网址为 http://www.itu.int，在其页面上依次单击 ITU Sectors ｜ Standardization（ITU）按钮进入 ITU 的电信标准部页面。

ITU 提供的检索针对网页中所有内容，在页面右上方的检索框中输入检索词，单击 Search 按钮即可对网页中内容进行检索，也可使用 Google 进行检索。在检索结果页面上单击 Advanced Search 进入高级检索界面，在系统提供的 Search for 检索框中，可以直接输入检索关键词或标准号码进行检索。

4.6.4　检索实例分析

1. 利用万方标准数据库查找"砖混结构房屋加层技术"的有关标准，写出标准英文题目、标准号、发布单位

检索步骤：

（1）打开"万方数据知识服务平台"，单击"标准"，在检索框中输入"砖混结构房屋加层技术"，单击"检索"按钮，如图 4-28 所示。

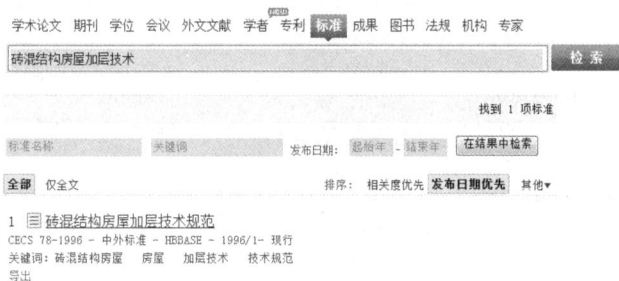

图 4-28　万方标准数据库检索

（2）单击检索到的标准名称，可得到标准文献的详细记录，如图 4-29 所示。

英文题目：Technical code for adding stories of brick-concrete structures of buildings

标准编号：CECS 78-1996

发布单位：CN-CECS

砖混结构房屋加层技术规范

Technical code for adding stories of brick-concrete structures of buildings

➕ 导出

标准编号：	CECS 78-1996
发布单位：	CN-CECS
发布日期：	1996年1月1日
状态：	现行
开本页数：	31P. ;A4
中图分类号：	TV22
中国标准分类号：	P32
国际标准分类号：	91.060
国别：	中国
关键词：	砖混结构房屋　房屋　加层技术　技术规范

图 4-29　万方数据知识服务平台标准检索结果

2．ISO 国际标准化组织标准检索"移动通信"方面的国际标准

（1）打开国际标准化组织（ISO）网站：http://www.iso.org/iso/home.html，在网站的右上角输入框中输入检索词"mobile communication"，如图 4-30 所示。

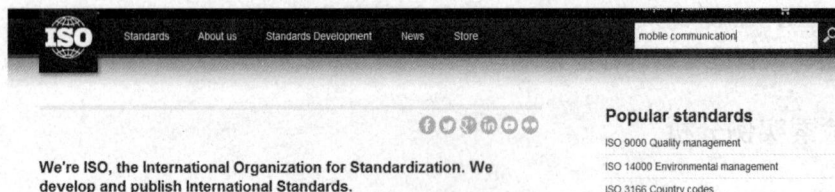

图 4-30　国际标准化组织（ISO）检索

（2）单击检索图标，就可以得到图 4-31 所示的检索结果。

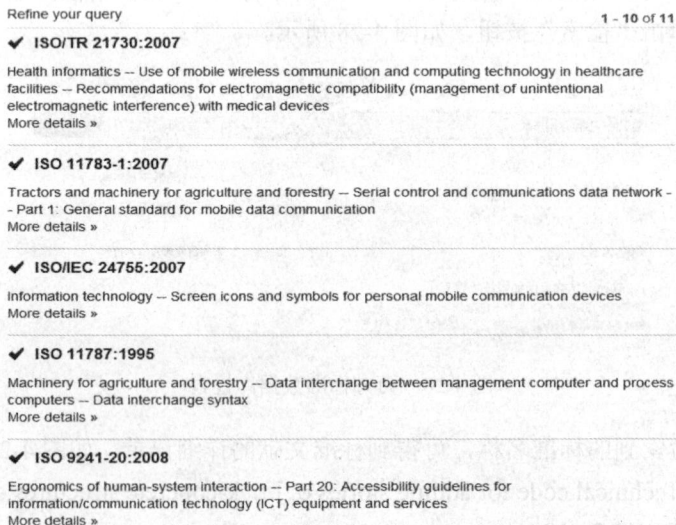

Refine your query   1 - 10 of 11

✔ **ISO/TR 21730:2007**

Health informatics -- Use of mobile wireless communication and computing technology in healthcare facilities -- Recommendations for electromagnetic compatibility (management of unintentional electromagnetic interference) with medical devices
More details »

✔ **ISO 11783-1:2007**

Tractors and machinery for agriculture and forestry -- Serial control and communications data network -- Part 1: General standard for mobile data communication
More details »

✔ **ISO/IEC 24755:2007**

Information technology -- Screen icons and symbols for personal mobile communication devices
More details »

✔ **ISO 11787:1995**

Machinery for agriculture and forestry -- Data interchange between management computer and process computers -- Data interchange syntax
More details »

✔ **ISO 9241-20:2008**

Ergonomics of human-system interaction -- Part 20: Accessibility guidelines for information/communication technology (ICT) equipment and services
More details »

图 4-31　ISO 国际标准检索结果

（3）单击其中一个标准号，就可以得到摘要信息，如要获取全文则需付费。

4.7　科技报告检索

科技报告起源于 20 世纪初，开始只是一种研究机构向上级主管部门的汇报材料，包括研究任务的进展、完成情况及经费使用等。第二次世界大战后，世界各国政府对科技的投入增加，科研项目、研究成果越来越多，科技报告的发展随之加快，逐步形成科技文献的一大门类。当前世界每年生产的科技报告约 8 万件。

4.7.1　科技报告概述

4.7.1.1　科技报告概念

科技报告（Scientific & Technical Report）是科学技术研究过程中所形成的技术性资料，是科研成果的最终报告或研究过程中的实际记录，如立项报告、各阶段进展报告、最终成果总结报告等。大多数科技报告都与政府的研究活动、国防及尖端科学技术领域有关，因此，具有较好的成熟性、可靠性、新颖性和保密性，是一种非常重要的学术信息资源。科技报告在文字上、篇幅上较随意，单独成册，没有固定发行周期，每篇报告都有连续性编号，即报告号。报告号常以研究的执行机构或主管部门的缩写字母加上顺序号组成。

4.7.1.2　科技报告的类型

科技报告的种类很多，可以按不同的标准进行分类。

（1）按报告的内容划分：基础理论研究和工程技术两大类。

（2）按报告的性质划分：科学报告（Science Report）、技术报告（Technical Report）、工程报告（Engineering Report）、调查报告（Investigation Report）、研究报告（Research Report）、专门报告（Special Report）、分析报告（Analysis Report）、正式报告（Formal Report）、非正式报告（Informal Report）、会议报告（Conference Report）等。

（3）按发行密级划分：秘密报告（Confidential Report）、机密报告（Secret Report）、绝密报告（Top Secret Report）、非密限制发行报告（Restricted Report）、非密公开报告（Unclassified Report）、解密报告（Declassified Report）等。

（4）按研究阶段划分：可分为初期报告（Primary Report）、中间报告（Interim Report）、总结报告（Final Report），另外，还有预备报告（Preparative Report）、状况报告（Status Report）、年度报告（Annual Report）、终结报告（Completion Report）等。

（5）按出版形式划分：技术报告书、技术札记、技术备忘录、技术通报、技术译文等。

4.7.1.3　科技报告的特点

每份科技报告无论篇幅大小均独立成册，编有序号（报告号），内容新颖，多为最新研究成果；时效性强，报道速度快；研究内容往往涉及尖端项目和前沿课题，有较强的前瞻性；内容翔实专深，既反映成功经验，又有技术失败教训，往往附有详尽的数据、图表和事实资料；发行范围受到控制，大部分属于保密文献，只有小部分在一定范围内公开或半公开发行，绝大部分要在相当长的一段时期之后才被解密公开。具体来说，有以下特点。

（1）不拘形式，出版无规律。每份报告的页数不等，有的只有几页，有的上千页。且有密级的规定，多数不公开发行，报道及时，传递信息要比期刊等其他文献类型快，大部分属于保密或控制发行之列，等到内容已无保密必要时方可转为公开。由于它的保密性和时间性，以及内容的高度专业性，因而采取一个报告单独成册的办法编印。每件报告都有机构名称和统一编号。

（2）内容新颖、专深、具体。科技报告的研究内容往往涉及尖端项目和前沿课题，有较强的前瞻性。论述的内容广泛、专深、系统、详尽，几乎涉及新兴的所有学科，对问题研究的论述包括各种研究方案的选择和比较，各种可供参考的数据和图表、成功与失败的实践经验等。它作为科研成果的体现，又需要经过主管部门和资助单位组织同行专家审查鉴定，技术上具有较高的可靠性。尤其是经过国家和部级行政机构鉴定的科研成果，在一定程度上代表一个国家科学技术发展水平。

（3）发行范围受到控制，大部分属于保密文献，只有小部分在一定范围内公开或半公开发行，绝大部分要在相当长的一段时期之后才被解密公开。

（4）种类多、数量大。科技报告几乎涉及整个科学、技术领域及社会科学、行为科学和部分人文科学。据统计，全世界每年出版的科技报告数量达 100 万件以上。其中，最多的是美国，约占 83.5%，其次为英国，占 5%，德国、法国各占 1.5%。此外，日本、加拿大等国也都有一定数量的科技报告。

4.7.2　国内科技报告检索

检索我国科技报告印刷版的主要检索工具是《科学技术研究成果公报》，它由中国科学技术信息研究所编辑出版。每月出版一期，专门报道内容涉及机械、机电、计算机技术、冶金、化学化工等领域的科技报告，供国内科研人员查询。与此同时，中国科学技术信息研究所还出版有光盘版和网络版的《中国科技成果库》。目前，基于 Internet 网络检索，我国科技报告可通过中国科技信息研究所的万方数据库网站，也可通过国防科工委信息所的网站检索有关国防的科技报告。如想了解中国科技方面的情况，可通过中国科技网等网站进行查询。

4.7.2.1　国家科技成果网

国家科技成果网（NAST，http://www.tech110.net），简称国科网，是由国家科技部创建的国家级科技成果创新服务平台。所拥有的全国科技成果数据库内容丰富、权威性高，已收录全国各地区、各行业经省、市、部委认定的科技成果 30 余万项，库容量以每年 3～

5 万项的数量增加，充分保证了成果的时效性。同时提供方便、快捷的免费上网查询，还可进行全国科研单位查询，发布科技成果供求信息等。自 1999 年 6 月向社会开放以来，在国内外产生了较大影响，在全国各省市建有几十个科技成果信息服务中心，直接用户达 10 万人。其开设的主要栏目有《科技成果》、《科研单位》、《科研人才》、《科技资讯》、《科技政策》、《统计与分析》等。提供分类检索、简单检索和高级检索。

4.7.2.2　中国知网——国家科技成果数据库

《国家科技成果库（知网版）》（http://epub.cnki.net/KNS/brief/result.aspx？dbprefix=SNAD）收录了 1978 年以来所有正式登记的中国科技成果，按行业、成果级别、学科领域分类。每条成果信息包含成果概括、立项情况、评价情况、知识产权状况及成果应用情况、成果完成单位情况、成果完成人情况、单位信息等成果基本信息。成果的内容来源于中国化工信息中心，相关的文献、专利、标准等信息来源于 CNKI 各大数据库。可以通过成果名称、成果完成人、成果完成单位、关键词、课题来源、成果入库时间、成果水平等检索项进行检索。

4.7.2.3　万方数据资源系统——中国科技成果库

中国科技成果库（http://c.g.wanfangdata.com.cn/Cstad.aspx）收录了自 1964 年至今的历年各省市、各部委鉴定后上报国家科技部的科技成果及星火科技成果，共有 60 万余条科技成果记录，包括高新技术和实用技术成果、可转让的适用技术成果以及获得国家科技奖励的成果项目，专业范围涉及化工、生物、医药、机械、电子、农林、能源、轻纺、建筑、交通、矿冶等，这些记录分成四个部分：实用技术、重大成果、中国科技成果、科技奖励项目。该库每年新增 2～3 万条数据，是科技部指定的一个新技术、新成果查新数据库。

用户可以从万方数据系统的主页选择"科技成果"进入成果库进行检索。单击进入该数据库检索页面，可以看到该数据库提供三种分类导航系统。即行业分类、学科分类及地区分类三种。用户可以根据自己的不同需要选择进入进行检索。

科技成果数据库提供快速检索和高级检索两种检索方式。快速检索支持关键词、主题、成果名称等字段检索。单击进入高级检索页面后，又提供高级检索和专业检索两种检索方式。高级检索提供成果的详细信息检索；专业检索通过编制检索式进行检索。

4.7.3　国外科技报告检索

4.7.3.1　美国政府四大报告

1.　PB 报告

PB 报告由美国商务部下属的国家技术情报服务局（National Technical Information Service，NTIS）出版发行。它起源于第二次世界大战末期。当时，美国在战争期间产生的大量与防卫相关的研究报告大部分已经解密，战争结束时又从德国、日本等战败国缴获了许多机密资料。1946 年，美国政府为此专门成立了商务部出版局（Publication Board，PB），主管这些报告以及整理发行工作。出版局对所收藏的每一件报告在号码前均冠以"PB"这一代号，并统称为 PB 报告。后来出版机构几经变化，但是编号一直沿用至今。目前，美国政府机构资助的研究报告，除美国国防部、农业部和航空航天局等少数单位外，一般均由 NTIS 编入 PB 报告。所以 PB 报告的内容主要涉及民用科学技术。内容包括土木、机械、工业管理、电子学与电机工程、化学、研究方法与设备、能量转换、农业技术、生物医学等。该报告主要汇集美国国内各科研机构的专题研究报告，也包括会议文献、专利、学位论文等。且公开发行，发行量每年约一万件。

2. AD 报告

AD 报告是美国国防部军事技术情报局（Armed Services Technical Information Agency，ASTIA）出版的文献，即 ASTIA Document 报告的缩写。该局成立于 1961 年 6 月，主要负责搜集、整理、出版美国国防部所属的科研机构的科研资料，资料的内容大多与国防科技有关，并逐步趋于综合，包括数学、物理、地球科学、海洋学、生物与医学等。近年来，除搜集美国国内科研单位的科研报告外，也搜集美国以外的科研机构的报告。经整理的文献冠以"AD"字样，编入 AD 报告的文献还有期刊、会议、学位论文等。每年发行的机密、秘密、非密限制发行和非密公开发行的文献在两万件以上。

3. NASA 报告

NASA 报告来源于美国国家航空航天局（National Aeronautics & Space Administration，NASA），报告名称来源于它的首字母。NASA 由 NACA（National Advisory Committee for Aeronautics）改组而来，建于 1968 年，它专门设有科技信息处来从事科技报告的收集和报道。NASA 报告是一种综合性科技报告，除航空航天科学技术外，它还涉及电子、机械、化工、冶金、天体物理等各相关学科。NASA 报告中还包括专利文献、学位论文和专著，也有外国的文献、译文。主要内容为空气动力学、发动机及飞行器结构、材料、试验设备、飞行器的制导及测量仪器等。

NASA 报告号采用"NASA+出版类型+顺序号"的形式，如 NASA-TP-107279。

NASA 报告的主要检索工具为《宇航科技报告》（STAR）。常用检索数据库为 NASA 数据库。

4. DOE 报告

DOE 报告是美国能源部（Department of Energy，DOE）发行的科技报告。DOE 报告由 AEC（Atomic Energy Commission）和 ERDA（Energy Research and Development Administration）报告演变而来。DOE 报告的内容主要是原子能及其他能源领域，也涉及其他各学科。其文献主要来源于能源部所属的技术中心、实验室、信息中心，也有一些来自国外。

DOE 报告没有统一的编号，绝大多数是由所属单位或合同户自行标志的编号。报告号大多采用来源单位名称的首字母缩写加上顺序号构成，有的还表示编写报告的年份或报告的类型等，可以通过一些工具书来识别它们。凡与能源有关的会议论文发行时冠于 CONF 字头，由能源部发行的报告采用"DE+年代+顺序号"的形式，如 DE97000630。

4.7.3.2　美国政府科技报告 NTIS 数据库

美国政府科技报告数据库（http://www.ntis.gov）由美国国家技术情报局（National Technical Information Service，简称 NTIS）提供，是美国《政府报告通报与索引》的网络版。该数据库是美国目前最大的政府信息资源中心，主要收集了 1964 年以来美国国防部、能源部、内务部、宇航局、环境保护局和国家标准局等国家、州及地方政府部门立项研究完成的项目报告，少量收录世界各国（如加拿大、法国、日本、芬兰、英国、瑞典、澳大利亚、荷兰、意大利）和国际组织的科学研究报告，包括项目进展过程中所做的初期报告、中期报告和最终报告等，能够及时反映科技的最新进展，专业内容覆盖科学技术各个领域，提供涵盖超过 350 个学科领域的 300 万出版物。美国政府科技报告（NTIS）中历史悠久、报告数量多、参考和利用价值大的主要有四类，即通常所说的"四大报告"，即 PB 报告、AD 报告、NASA 报告和 DOE 报告。NTIS 数据库可在许多联机检索系统中检索到，例如，CSA（Cambridge Scientific Abstracts）数据库组中包括有 NTIS 数据库。

NTIS 提供 Quick Search（快速检索）和 Advanced Search（高级检索）两种检索途径。提供的检索字段有关键词、题名、摘要、作者、NTIS 订购号、登录号等；"高级检索"可以通过限定检索字段、时间、排列等级和收集处归属等进行搜索。提供报告编码、题名，单击 moredetails，才能看到文摘、作者、年份和收集处等详细信息。

4.7.4　检索实例分析

在万方数据知识平台的《中国科技成果数据库》中检索山东省的题名中含"水稻收割机"但排除关于"含水率"方面的科技成果。

（1）检索分析

检索词切分：水稻　收割机　含水率

检索词扩展：水稻、　稻子、　稻谷、　谷物、　收割机、　收获机、含水率

检索式：1.（标题：水稻+标题：稻子+标题：稻谷+谷物）and（标题：收割机+标题：收获机）not 标题：含水率

或者：2.（title：水稻+ title：稻子+ title：稻谷+ title：谷物）and（title：收割机+ title：收获机）not title：含水率

（2）进入万方知识服务平台成果库，输入检索式，检索结果如图 4-32 所示。

（3）在左侧的"省份"中选择"山东"，进行二次检索。检索到 9 项结果，如图 4-33 所示。选择所需文献并单击查看详细文摘。

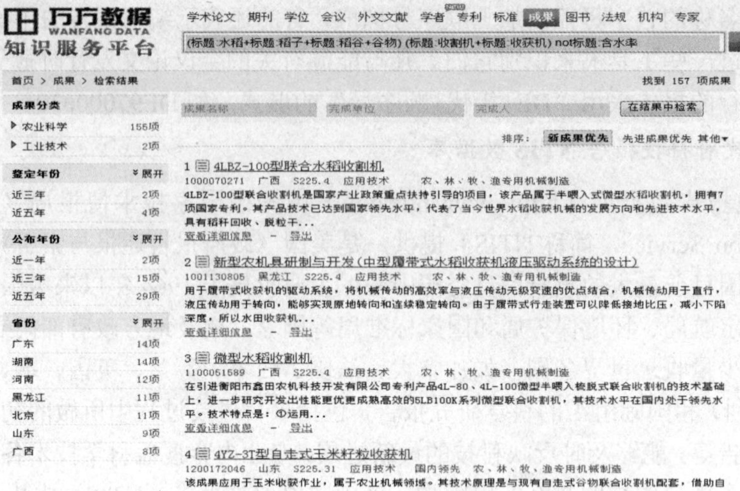

图 4-32　万方知识服务平台成果检索

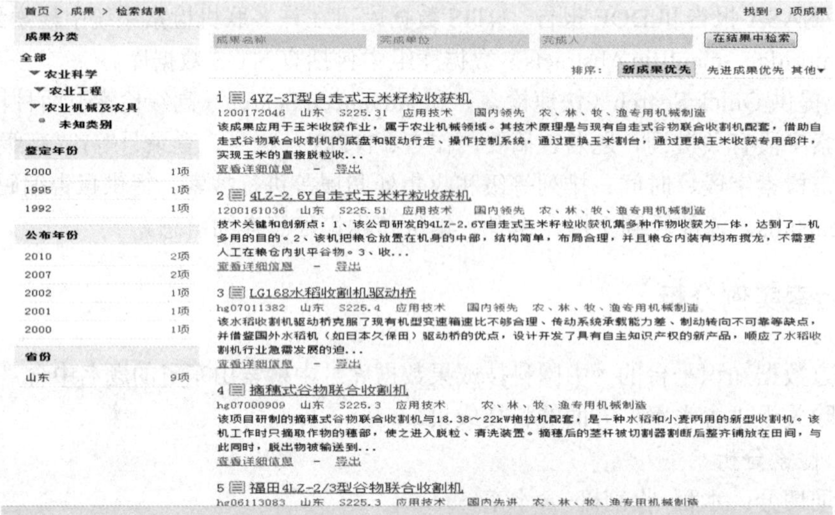

图 4-33　万方知识服务平台成果检索结果

4.8　综合文献服务平台

4.8.1　中国国家图书馆

4.8.1.1　中国国家图书馆概述

1．概况

中国国家图书馆（http://www.nlc.gov.cn）是国家总书库、国家书目中心、国家古籍保护中心、国家典籍博物馆。它履行国内外图书文献收藏和保护的职责，指导协调全国文献保护工作；为中央和国家领导机关、社会各界及公众提供文献信息和参考咨询服务；开展图书馆学理论与图书馆事业发展研究，指导全国图书馆业务工作；对外履行有关文化交流职能，参加国际图联及相关国际组织，开展与国内外图书馆的交流与合作。

本着"边建设、边服务"原则，2001 年 11 月，经国务院批准，中国国家数字图书馆工程立项，由国家图书馆组织建设。目前，国家数字图书馆工程主要建设任务已完成，软硬件平台已成功搭建，数字图书馆标准规范日趋完善，服务模式不断创新，专业人才队伍逐步形成。

中国国家图书馆为读者提供优质的网络阅读环境和智能化图书馆服务，推出以计算机、数字电视、手机、手持阅读器、平板电脑、电子触摸屏等为终端的新媒体服务，覆盖互联网、移动通信网、广播电视网等多种载体，为读者提供海量数字资源和互动的个性化数字图书馆服务，真正实现将文献信息服务送到读者身边。

2．资源

中国国家图书馆馆藏宏富，品类齐全，古今中外，集精撷萃。截至 2012 年底，馆藏文献已达 3 119 万册（件），居世界国家图书馆第五位，并以每年近百万册（件）的速度增长。

中国国家图书馆馆藏继承了南宋以来历代皇家藏书，最早的文献可远溯到 3 000 多年前的殷墟甲骨。馆藏敦煌遗书、善本古籍、金石拓片、古代舆图、少数民族文字典籍、名家手稿等珍品 290 多万册（件）。这部分藏品闻名遐迩，世界瞩目。

中国国家图书馆全面入藏国内正式出版物，是世界上收藏中文文献最多的图书馆。同时重视国内非正式出版物的收藏，是国务院学位委员会指定的学位论文收藏中心和博士后研究报告收藏馆，也是图书馆学专业资料集中收藏地、全国年鉴资料收藏中心，并特辟我国香港、澳门、台湾地区出版物专室。

中国国家图书馆外文书刊购藏始于 20 世纪 20 年代，123 种文字的外国文献资料约占馆藏的 40%，是国内最大的外文文献收藏馆，并大量入藏国际组织和政府出版物，是联合国资料的托存图书馆。

随着信息载体的变化和电子网络服务的兴起，国家图书馆不仅收藏了丰富的缩微制品、音像制品，还拥有了大量数字资源，截至 2012 年底，数字资源总量 807.3TB，其中自建数字资源总量 736.3TB，提供使用的中外文数据库达 251 个。

3．服务

中国国家图书馆的主要服务项目包括文献提供、馆际互借、文献查证、检索证明、科技咨询等内容。

（1）文献提供。文献提供中心以国家图书馆宏富的馆藏资源和各类数据库为基础，以其他图书馆和各个情报机构为外延，由专业的图书馆员提供个性化的周到服务。文献提供中心的服务网络覆盖了全国各个地区，作为全球最大的中文文献保障基地及国内最大的外文文献查询中心，为国家重点教育科研生产单位、广大图书馆界及个人用户提供多层次、全方位的服务。文献提供中心的具体业务包括原文提供、定题服务、补藏业务。

（2）馆际互借。国家图书馆已与全国 34 个省市自治区的 600 余家图书馆建立了馆际互借关系，各地各级各类型图书馆，以及通过资格审核的非图书馆机构，可以签订馆际互借协议，与中心建立馆际互借关系。

（3）文献查证。国家图书馆科技查新中心可以接受用户委托，对用户发表的论文或著作在 SCI、EI、ISTP、CSCD 等国内外著名检索工具中的收录及引用情况进行检索并出具检索报告，为客户申报两院院士、国家自然科学基金、杰出青年基金等国家各类教育科研基金，机构学术水平评估和个人职称评定等工作提供客观、准确的依据。

（4）检索证明。国家图书馆科技咨询室（暨国家图书馆科技查新中心），依托国家图书馆经验丰富的咨询服务队伍、宏富的馆藏中外文文献资源、包含各专业学科领域的国内外数据库资源，为用户提供及时、准确的检索证明服务。

（5）科技咨询。科技咨询室为国家图书馆科技咨询对外服务窗口，配备具有科技学科背景、熟悉学科文献资源、具有丰富文献信息检索经验的参考咨询馆员，依托国家图书馆丰富的印本文献资源，涵盖多学科的文摘和全文型数据库资源及 Dialog 联机检索系统，为国家机关、重点科研教育生产机构、企事业单位和社会公众提供专业的科技文献信息咨询服务。

4.8.1.2　中国国家图书馆检索

在国家图书馆联机目录公共查询系统（新版）查找所需文献，可通过以下几种方式。

1. 基本检索

可按照题名、主题词、中图分类号、论文专业、出版地、出版者等 19 个字段进行检索。

2. 多字段检索

可以同时检索多个词组，词组之间的逻辑关系是"AND"关系。

3. 多库检索

多库检索可以同时检索多个数据库，在选定的数据库中检索符合检索条件的一组记录。

4. 高级检索

可以让读者用多个关键词检索数据库，用下拉菜单指定检索字段，并定义检索式（是否词邻近）。高级检索提供多种检索字段，如著者、主题、题名。多个检索词之间通过逻辑运算符"AND"处理。

5. 浏览

浏览可以让读者基于来自书目记录或规范记录中的词或词组（例如著者、主题、题名等）的字顺列表来检索查看记录。

浏览依靠目标索引、词索引、直接索引，让读者的检索更加容易。分别提供浏览、分类浏览和标签浏览三种浏览方式。

4.8.2　国家科技图书文献中心（NSTL）

4.8.2.1　NSTL 概述

1. 概况

国家科技图书文献中心（National Science and Technology library，NSTL，网址：http://www.nstl.gov.cn）是经国务院领导批准，于 2000 年 6 月 12 日成立的一个基于网络环境的科技信息资源服务机构。中心由中国科学院文献情报中心、中国科学技术信息研究所、机械工业信息研究院、冶金工业信息标准研究院、中国化工信息中心、中国农业科学院农业信息研究所、中国医学科学院医学信息研究所、中国标准化研究院标准馆和中国计量科学研究院文献馆组成的一个网上科技文献信息服务机构，它是目前中国最大的科技文献资源共建共享服务体系。

其特点是通过网络集成提供成员馆丰富的文献资源，可以免费检索文献、浏览文摘；还可注册用户账号在网上订购全文。

按照"统一采购、规范加工、联合上网、资源共享"的原则，采集、收藏和开发理、工、农、医各学科领域的科技文献资源，以实现资源共享。目前收藏有中外文期刊、图书、会议文献、科技报告、学位论文、专利文献、标准文献等各种类型、各种载体的科技文献信息资源，其主要任务是面向全国提供馆藏文献的阅读、复印、查询、检索、网络文献全文提供和各项电子信息服务。

2. NSTL 资源

NSTL 资源包括两部分：一部分是印刷本文献资源；另一部分是网络版全文文献资源。

（1）印刷本文献。目前，NSTL 拥有印本外文文献 25 000 多种，其中外文期刊 17 000 多种，外文会议录等 8 000 多种，居国内首位。NSTL 是我国收集外文印本科技文献资源最多的，面向全国提供服务的科技文献信息机构。NSTL 订购和收集的文献信息资源绝大部分以文摘的方式，或者以其他方式在 NSTL 网络服务系统上加以报道，供用户通过检索或浏览的方式获取文献线索，进而获取文献全文加以利用。

（2）网络版全文文献资源。包括 NSTL 订购、面向中国大陆学术界用户开放的国外网络版期刊；NSTL 与中国科学院及 CALIS 等单位联合购买、面向中国大陆部分学术机构用户开放的国外网络版期刊和中文电子图书、网上开放获取期刊、NSTL 拟订购网络版期刊的试用、NSTL 研究报告等。

① 全国开通文献。是 NSTL 单独购买的国外网络版期刊，面向中国大陆学术界用户开放。用户为了科研、教学和学习目的，可少量下载和临时保存这些网络版期刊文章的书目、文摘或全文数据。

② 部分单位开通文献。包括 NSTL 与其他单位合作购买的国外网络版期刊和北大方

正中文电子图书两大类。

③ 开放获取期刊。是 NSTL 整理的可通过互联网免费获取全文的期刊资源，全国各界用户都可使用。

④ 试用期刊。是 NSTL 拟订购的国外网络版期刊，面向中国大陆学术界用户开放。

⑤ NSTL 研究报告。NSTL 研究报告是 NSTL 针对一些部门的需求，组织有关单位开展情报调研，形成的研究报告，供全国各界用户使用。

NSTL 的资源服务是通过网络服务系统来实现的，可通过 Internet 向广大用户提供二次文献检索和一次文献提供服务。任何一个 Internet 的用户都可免费查询该系统提供二次文献检索服务。注册用户还可方便地要求系统以各种方式（电子邮件、传真、邮寄等）提供所需的一次文献。

3. NSTL 服务

文献服务是 NSTL 的主要服务项目，包括文献检索与全文提供、网络版全文文献、期刊浏览、引文检索、全文获取、代查代借、参考咨询、热点门户、预印本服务等服务内容。

（1）文献检索。该系统将上面的资源按文献类型集成为三大类共 21 个数据库，实现在一个页面完成多库检索。

（2）引文检索。国际科学引文数据库（Database of International Science Citation，简称 DISC）是国家科技图书文献中心投入建设的集文献发现、引文链接、原文传递为一体的服务系统。

DISC 以全球出版的 2 500 余种核心期刊作为来源期刊，覆盖自然科学、医学、工程技术各领域，在全国范围内为用户提供引文检索、原文传递服务。引文将众多的论文有机地组合在一起，揭示出论文之间的学术联系，是拓展信息资源的有效方法。用户可以通过DISC 的引文检索途径了解关注的科学研究进展和相关文献，扩大相关信息线索，获得更多有价值的文献资源。

（3）期刊浏览。本栏目提供 NSTL 馆藏期刊文章题名与文摘的浏览服务，用户可根据需要订购原文。浏览和查询方法包括字顺浏览方式、分类浏览方式、期刊检索。

（4）全文提供。NSTL 文献全文提供服务仅限注册用户。

（5）热点门户。热点门户是国家科技图书文献中心组织建设的一个网络信息资源门户类服务栏目，其目标是针对当前国内外普遍关注的科技热点问题，搜集、选择、整理、描述和揭示互联网上与之相关的文献资源、机构信息、动态与新闻，以及专业搜索引擎等，面向广大用户提供国内外主要科技机构和科技信息机构的网站介绍与导航服务，帮助用户从总体上把握各科技热点领域的发展现状、资源特色与信息获取途径。

（6）预印本服务。预印本是指科研工作者的研究成果还未在正式刊物发表，而出于和同行交流的目的自愿通过邮寄或网络等方式传播的科研论文、科技报告等文献。与刊物发表的论文相比，预印本具有交流速度快、利于学术争鸣的特点。

预印本服务包括中国预印本中心和国外预印本门户（SINDAP）两个服务栏目。中国预印本中心主要向国内广大科技工作者提供预印本文献全文的上载、修改、检索、浏览等服务。同时还提供他人对现有文献的评论功能。国外预印本门户（SINDAP）是 NSTL 建立的一个国际预印本门户网站，汇聚了世界知名的 17 个预印本系统，实现了国外预印本文献资源的一站式检索。用户输入的检索式，可同时在汇聚的所有预印本系统中进行检索，并可获得相应系统提供的预印本全文。

（7）参考咨询。"参考咨询"栏目针对用户利用文献信息过程中遇到的各种问题，提供咨询服务。可通过实时咨询或者非实时咨询的途径提出问题。用户所提问题及其答复可能被加入到"已回答问题"或"常见问题"栏目中，供其他人参考借鉴。

（8）自助中心。"自助中心"提供原文订购状态、账户信息和费用信息检索功能，以及用户信息自助管理服务。

4.8.2.2　NSTL 检索

1．快速查询和期刊浏览

（1）快速查询。选择文献类型，在检索文本框中输入单个词或词组。

（2）期刊浏览。有刊名字顺浏览、分类目录浏览、查找期刊（刊名或代码）检索三种方式，用于检索外文期刊。

2．文献检索

提供普通检索、高级检索、期刊检索及分类检索四种方式。

（1）普通检索。首先选择检索字段，输入检索词，可根据需要增加检索词输入框，检索词间可进行逻辑"与"、"或"、"非"的组配，数据库的选择除常用的期刊论文外，还可以检索标准，设置查询条件（如馆藏范围、查询范围、时间范围和查询方式等）。

（2）高级检索。可使用字段限定符、布尔逻辑算符和截词符在检索文本框中直接输入检索表达式进行检索，或用页面下方的检索方式编辑器进行添加。

（3）期刊检索。用于检索西文、日文和俄文等外文期刊。有刊名和 ISSN 等检索途径。

（4）分类检索。检索条件与方式和"普通检索"相同，但多了一个《中图法》中的类目列表菜单，可以选择作为检索限定。

3．检索结果与原文获取

检索结果以题录形式列表显示，题录前面对有文摘和全文的记录分别加上标记。检索结果列表上面有字段限定（全部或单选），可以反复进行二次检索，以获得精确的检索结果。单击文章标题可浏览其详细信息，NSTL 还提供题目和文摘的自动翻译的参考服务功能。注册用户可以通过"加入购物车"索取原文或进行"加入我的收藏"操作。获取原文可通过三种方式实现。

（1）通过"文献检索"。将检索结果中的所需文献"加入购物车"进入全文订购流程。

（2）通过"期刊浏览"。将所需要的题录文献"加入购物车"进入全文订购流程。

（3）通过代查代借途径。已知文献具体题录信息（如刊名、卷期、页码、文章题目和作者等），通过手工填写全"代查代借"请求订单表，NSTL 的工作人员根据用户提供的文献线索及所限定的地域、时间与费用，依次在 NSTL 成员单位、国内其他文献信息机构和国外文献信息机构查找用户所需文献。

4.8.3　中国高等教育文献保障系统（CALIS）

4.8.3.1　CALIS 概述

1．概况

中国高等教育文献保障系统（China Academic Library & Information System，CALIS），是经国务院批准的我国高等教育"211 工程"、"九五"、"十五"总体规划中三个公共服务体系之一。CALIS 的宗旨是，在教育部的领导下，把国家的投资、现代图书馆理念、先进的技术手段、高校丰富的文献资源和人力资源整合起来，建设以中国高等教育数字图书馆为核心的教育文献联合保障体系，实现信息资源共建、共知、共享，以发挥最大的社会效益和经济效益，为中国的高等教育服务。

CALIS 管理中心设在北京大学，下设了文理、工程、农学、医学四个全国文献信息服务中心，华东北、华东南、华中、华南、西北、西南、东北 7 个地区文献信息服务中心和一个东北地区国防文献信息服务中心。

从 1998 年开始建设以来，CALIS 管理中心引进和共建了一系列国内外文献数据库，包括大量的二次文献库和全文数据库；采用独立开发与引用消化相结合的道路，主持开发了联机合作编目系统、文献传递与馆际互借系统、统一检索平台、资源注册与调度系统，形成了较为完善的 CALIS 文献信息服务网络。截至 2011 年参加 CALIS 项目建设和获取 CALIS 服务的成员馆已超过 1 000 家。

2．CALIS 信息资源共享服务的特点

CALIS 是在教育部的领导下，建设以中国高等教育数字图书馆为核心的教育文献联合保障体系为目标，为中国的高等教育服务为核心功能的信息资源共享系统。因此，CALIS 在信息资源共享方面有突出的特点。

（1）CALIS 信息资源共享服务的目标是高校的读者。CALIS 是在教育部的领导下，以高校成员馆为骨干核心，通过高校成员馆集团购买电子资源产品和自行数字加工等方式进行资源建设。这就决定了 CALIS 服务的对象必然以高校读者为主。

（2）CALIS 信息资源共享服务的直接服务提供者是高校成员馆。CALIS 采用"全国中心——地区（省）中心——高校图书馆"三级文献保障体系。全国中心包括文理、工程、农学、医学四个全国性文献信息中心，是 CALIS 服务体系的第一层。地区中心包括东北、华东北、华东南、华南、华中、西北、西南 7 个地区级和 21 个省级文献信息中心，是 CALIS

服务体系的第二层，各高校图书馆是 CALIS 服务体系的第三层。开展基础性的自我文献保障服务，直接面对读者，是 CALIS 三级保障体系的前端。

（3）CALIS 信息资源共享服务体系以文献传递和馆际互借为主。在信息服务方面，基于版权等方面原因，CALIS 的文献提供服务主要利用印刷和电子载体方式，通过成员馆提供信息检索、查收查引、科技查新等服务。同时，阿帕比与 CALIS 全面合作，针对高校数字内容需求，收录经典教材和高校指定教参，形成了学科导向性教参全文数据库。学科覆盖"文、理、工、医、农、林、管"等重点学科。

4.8.3.2　CALIS 检索

CALIS 联合目录公共检索系统包括以下内容的查询：中文现刊目次、西文期刊目次（CCC）、联合目录（中文）、联合目录（英文）、联合目录（日文）、学位论文库、会议论文库。在此页面可以链接"CALIS 统一检索平台"和"CALIS 馆际互借系统"。

CALIS 联合目录公共检索系统（OPAC）提供题名、著者、主题、分类/索书号、关键词、号码等检索途径，支持中文拼音题名、中文拼音责任者、日文假名题名、日文假名责任者的检索。既具有简单检索功能，也具有组合、限制等高级检索功能。

简单检索执行单一途径索引检索，包括全面、题名、责任者、主题、分类、ISBN 等。

高级检索的检索点分主检索点和限制性检索点，主检索点包括题名、责任者、主题、号码、拼音等，限制性检索点包括内容特征、数据库、出版时间、文献类型等。检索运用布尔逻辑运算符：用"与"表示所有的词，用"或"表示满足任意一个词，用"非"排除检索词。

高级检索同时还提供组配检索功能，如责任者与题名、责任者与主题、责任者与出版者、主题与主题等组配检索。

如果用户对检索结果不满意，可以重新检索，OPAC 也支持二次检索。

每一种检索手段都有"前方一致、精确匹配、包含"三种匹配方式。

4.8.4　中国高校人文社会科学文献中心（CASHL）

4.8.4.1　CASHL 概述

1. 概况

CASHL（http://www.cashl.edu.cn/portal/index.jsp）是中国高校人文社会科学文献中心（China Academic Social Sciences and Humanities Library）的英文简称，中文称为开世览文。CASHL 是在教育部的统一领导下，本着"共建、共知、共享"的原则、"整体建设、分布服务"的方针，为高校哲学社会科学教学和研究建设的文献保障服务体系，是教育部高校哲学社会科学"繁荣计划"的重要组成部分，也是全国性的唯一的人文社会科学文献收藏和服务中心，其最终目标是成为"国家哲学社会科学资源平台"。

CASHL 的建设宗旨是组织若干所具有学科优势、文献资源优势和服务条件优势的高等学校图书馆，有计划、有系统地引进和收藏国外人文社会科学文献资源，采用集中式门户平台和分布式服务结合的方式，借助现代化的网络服务体系，为全国高校、哲学社会科学研究机构和工作者提供综合性文献信息服务。目前 CASHL 是全国高校系统唯一的人文社会科学外文期刊保障体系，已成为各图书馆解决馆藏外文文献匮乏的辅助资源。

CASHL 于 2004 年 3 月 15 日正式启动并开始提供服务。目前已收藏有 11 796 种国外社会科学领域的核心期刊和重要期刊，1 799 种电子期刊和 28 万种早期电子图书，52 万种外文图书，以及"高校人文社科外文期刊目次库"和"高校人文社科外文图书联合目录"等数据库，基本涵盖全部人文社科学科领域。CASHL 开设电子资源订购，目前拥有 Jstor、Periodicals Archive Online（PAO）两个数据库的 900 余种国外著名的人文社会科学电子期刊回溯数据（最早始于 16 世纪），以及 Early English Books Online（EEBO）、Eighteen Century Collections Online（ECCO）两个数据库的 26 万种国外早期外文图书（最早始于 1473 年）。

2. 服务体系

CASHL 的资源和服务体系由两个全国中心、五个区域中心和十个学科中心构成，其职责是收藏资源、提供服务。CASHL 目前已拥有 600 家成员单位，个人用户近 5 万多个，机构用户逾 3 000 家。

CASHL 的全国中心设在北京大学和复旦大学，区域中心设在武汉大学、吉林大学、中山大学、南京大学、四川大学，学科中心设在北京师范大学、东北师范大学、华东师范大学、兰州大学、南开大学、山东大学、清华大学、厦门大学、浙江大学、中国人民大学。

CASHL 项目管理中心设在北京大学，其技术支持由 CASHL 管理中心承担，包括馆际互借与文献传递系统升级与维护等，并负责"高校人文社科外文期刊目次数据库"和"高校人文社科外文图书联合目录"的建设与更新，以及文科专款图书的集中编目等工作。教图公司提供印刷本和电子资源采购服务。

3. CASHL 信息资源共享服务的特点

CASHL 是集中了具有学科优势、文献资源优势和服务条件优势的高等学校图书馆组成的虚拟信息服务机构，通过有计划、有系统地引进和收藏国外人文社会科学文献资源，并利用网络提供文献传递服务，从而为全国高校乃至其他科研单位提供高水平的文献保障，是全国性唯一的人文社会学外文期刊保障体系。其信息资源共享服务的特点也非常突出。

（1）CASHL 信息资源主要集中于人文社科相关专业。CASHL 为高校哲学社会科学教学和研究建设的文献保障服务体系，其最终目标是成为"国家哲学社会科学资源平台"。CASHL 现已成为基本涵盖全部人文社科学科领域的信息资源系统。

（2）CASHL 的文献传递采取双重补贴，收费较低。在能够提供资源的中心馆，图书馆和 CASHL 的双重补贴基本能让本校师生免费获得所需的外文文献，使用户在获取所需文献时更经济、更便捷。

（3）CASHL 信息资源共享服务的目标是高校读者。CASHL 是在教育部的领导下，为高校哲学社会科学教学和研究建设的文献保障服务体系，是教育部高校哲学社会科学"繁荣计划"的重要组成部分，这就决定了 CASHL 必然以高校读者为主要服务目标。

4．CASHL 服务

CASHL 可以为注册用户（如何注册参见 CASHL 主页中的"用户注册流程"）提供以下服务。

（1）文献传递。单击 CASHL 主页中"用户服务"下的"文献传递"，用户可以选择 CASHL 有馆藏的文献付费索取全文，也可以选择 CASHL 没有馆藏的文献付费索取全文（当然 2 种文献的付费标准是不一样的，各收费标准请查阅 CASHL 的相关说明）。

CASHL 有馆藏的文献索取全文：用户即进入"高校人文社科外文期刊目次数据库检索"系统，用户根据自己的需要选择文献，发送"文献传递"请求，系统自动生成"文献申请单"，用户核对完"文献申请单"的信息后，确认申请，即可等待系统发送全文。

CASHL 没有馆藏的文献索取全文：通过其他图书馆代为查找，可选择一个图书馆根据服务协议发送文献传递请求。

（2）图书借阅。单击 CASHL 主页中"用户服务"下的"图书借阅"，用户可以进入"高校人文社科外文图书联合目录检索"系统，对检索出的图书的部分章节可以发送"文献传递"申请单，付费索取全文。

（3）代查代检。CASHL 为了更好地满足广大高校与科研院所人文社科研究人员的文献需求，弥补 CASHL 目前资源的不足，CASHL 特推出国内外文献代查代检服务。

当用户检索 CASHL 高校人文社科外文期刊目次数据库检索系统时，如果检索到一篇文章是"无馆藏"的情况，表明所需要的文章 CASHL 未收藏；用户可以选择通过北京大学、复旦大学、武汉大学、厦门大学任意一家图书馆在国内或者国外代为查找。

或者用户仅仅知道文献的信息，也可以在登录 CASHL 后，单击"用户服务"栏目下的"文献传递"中的"提交 CASHL 收录期刊以外的文献申请"，手工输入相关信息后，提交申请，CASHL 中心在国内或者国外代为查找。

（4）订购推荐。CASHL 系统的重点期刊推荐是指用户可以推荐订购重点期刊。

重点期刊指未被 SSCI 及 AHCI 收录但在有关学科领域具有一定地位的人文社会科学外文期刊，有"推荐"标识的可以推荐订购。

（5）专家咨询服务。CASHL 专家咨询服务包含免费服务和有偿服务两个层次。如果用户咨询与 CASHL 有关的各类问题，或咨询人文社会科学方面的一般问题，CASHL 的工作人员将在两个工作日内免费解答。如果需要人文社会科学方面的某一课题的详细信息和深度咨询服务，CASHL 将安排学科中心具有专业素质的咨询专家为用户服务，并根据实际情况进行适当收费。

4.8.4.2 CASHL 检索

CASHL 的主页网址为 http://www.cashl.edu.cn，用户可以免费浏览检索。但 CASHL 提供的文献传递服务对象目前暂定为全国高等院校的教师、学生、科研人员以及其他人文社会科学研究机构的科研人员，凡加入到 CASHL 高校成员馆的用户都可享受 CASHL 文献传递经费补贴。

进入 CASHL 主页，在"文献查询"栏目下有期刊、图书、文章、数据库、大型特藏文献、学科特色资源六种文献检索类型可选。

1. 高校人文社科外文期刊目次数据库检索

单击 CASHL 主页"文献查询"下的"期刊"，即进入"高校人文社科外文期刊目次数据库检索"系统，在此检索界面中，用户单击刊名首字母顺序或者学科分类名称，可以浏览该字母或者该学科下的所有期刊。或者先单击"核心期刊"，再按刊名字母顺序或者学科分类浏览核心期刊。

用户可以根据需要，选择"馆藏地址"，选择"电子期刊、核心期刊"，选择"刊名、ISSN"检索字段，输入检索条件，选择匹配方式（包含、前方一致和精确匹配三种可选），单击"检索"按钮，可以检索出特定期刊。例如，选择"所有馆藏"，选择"核心期刊"，选择"刊名"，输入检索词，匹配方式为"包含"，单击"检索"按钮，得到检索结果。

在检索结果界面中，用户可根据检索需求，选择检索字段（刊名、ISSN 号）和匹配方式（包含、前方一致、精确匹配），输入检索条件，执行"二次检索"或"重新检索"。

在检索结果界面中，单击期刊名称可以浏览该期刊在 CASHL 中有馆藏的所有卷期；选择某卷期可以浏览或者检索该卷期中的文章。单击文章篇名可以浏览该篇文章的详细记录，并根据需要的文献发送文献信息请求。

2. 高校人文社科外文图书联合目录检索

单击 CASHL 主页"文献查询"下的"图书"，即进入"高校人文社科外文图书联合目录检索"系统，系统默认的检索方式为"图书检索与浏览"，检索方法同"期刊检索"。

（1）图书简单检索。单击"高校人文社科外文图书联合目录检索"系统检索界面中的"图书简单检索"，进入"图书简单检索"界面，用户根据检索需要设置"检索限制"和"检索结果显示设置"，选择检索字段，输入检索条件，选择匹配方式，单击"检索"按钮即可检索出符合要求的图书。

（2）图书高级检索。单击"图书高级检索"，进入"图书高级检索"界面，用户根据检索需要设置"检索限制"和"检索结果显示设置"，选择多个检索字段，输入检索条件，选择匹配方式，选择各检索字段之间的逻辑关系，单击"检索"按钮即可检索出符合要求的图书。

3. 学科特色资源检索

CASHL 的 17 个中心馆都各自拥有丰富的特色资源，其中绝大部分可以提供目录的免费检索，如果需要深度服务，可以通过"咨询台"直接联系各收藏馆。

4.8.5　检索实例分析

1. 在 CALIS 中国高等教育文献保障系统中借阅一本书名为"汽车空气动力学"的图书

（1）登录 CALIS 主页，网址：http://www.calis.edu.cn，如图 4-34 所示。

图 4-34　CALIS 主页

（2）然后在资源检索列表中，输入检索词，找出自己所需的文献资源，进入文献详细检索页面，如图 4-35 所示。

图 4-35　CALIS 检索界面

（3）在获取详细信息页面后，可进行文献传递、馆际互借和借阅等项操作，如图 4-36所示。

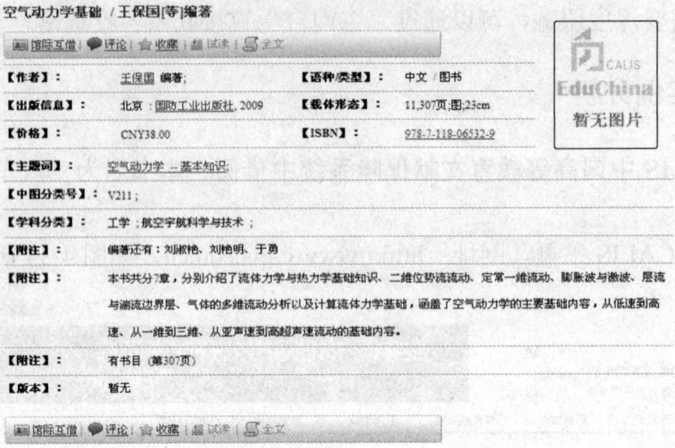

图 4-36　CALIS 检索结果页面

2. 在 NSTL 国家科技图书文献中心系统中查找题名为"How near-miss events amplify or attenuate risky decision making"的详细信息

（1）进入 NSTL 国家科技图书文献中心主页，如图 4-37 所示。

图 4-37　NSTL 主页

（2）单击上方的"文献检索"超链接，在"普通检索"中输入"How near-miss events amplify or attenuate risky decision making"，选择字段为"标题"，在"选择数据库"中选择"西文库"的"西文期刊"，单击"检索"按钮，如图 4-38 所示。

（3）检索结果如图 4-39 所示。

（4）单击该文献，即可得到该文献的详细信息，如图 4-40 所示。

图 4-38 NSTL 检索页面

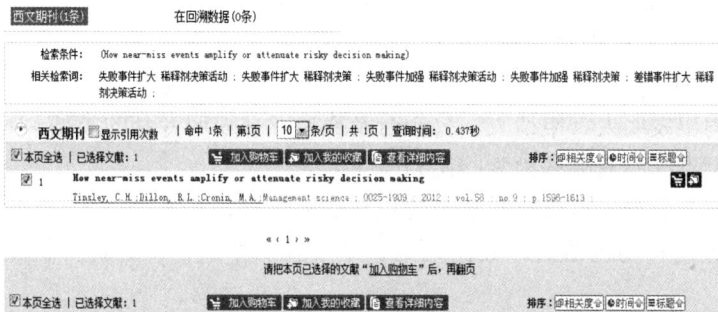

图 4-39 NSTL 检索结果页面

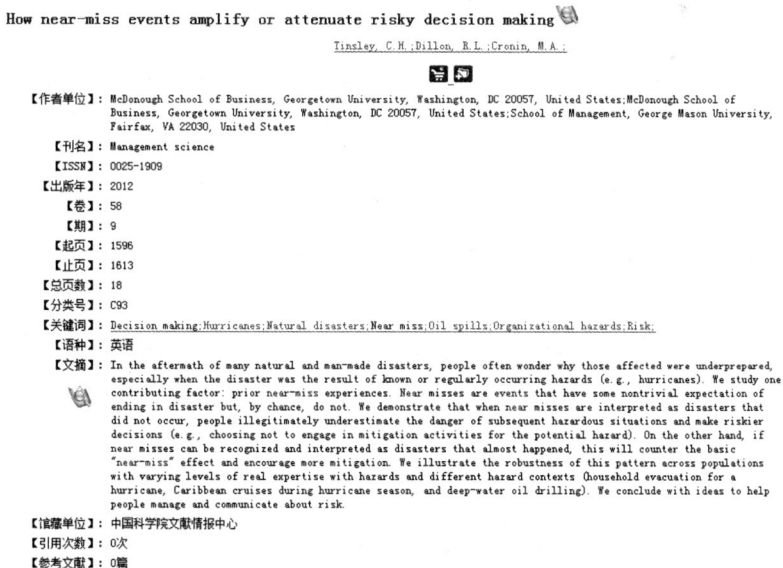

How near-miss events amplify or attenuate risky decision making

Tinsley, C.H.;Dillon, R.L.;Cronin, M.A.;

【作者单位】：McDonough School of Business, Georgetown University, Washington, DC 20057, United States;McDonough School of Business, Georgetown University, Washington, DC 20057, United States;School of Management, George Mason University, Fairfax, VA 22030, United States

【刊名】：Management science

【ISSN】：0025-1909

【出版年】：2012

【卷】：58

【期】：9

【起页】：1596

【止页】：1613

【总页数】：18

【分类号】：C93

【关键词】：Decision making;Hurricanes;Natural disasters;Near miss;Oil spills;Organizational hazards;Risk;

【语种】：英语

【文摘】：In the aftermath of many natural and man-made disasters, people often wonder why those affected were underprepared, especially when the disaster was the result of known or regularly occurring hazards (e.g., hurricanes). We study one contributing factor: prior near-miss experiences. Near misses are events that have some nontrivial expectation of ending in disaster but, by chance, do not. We demonstrate that when near misses are interpreted as disasters that did not occur, people illegitimately underestimate the danger of subsequent hazardous situations and make riskier decisions (e.g., choosing not to engage in mitigation activities for the potential hazard). On the other hand, if near misses can be recognized and interpreted as disasters that almost happened, this will counter the basic "near-miss" effect and encourage more mitigation. We illustrate the robustness of this pattern across populations with varying levels of real expertise with hazards and different hazard contexts (household evacuation for a hurricane, Caribbean cruises during hurricane season, and deep-water oil drilling). We conclude with ideas to help people manage and communicate about risk.

【馆藏单位】：中国科学院文献情报中心

【引用次数】：0次

【参考文献】：0篇

图 4-40 NSTL 检索到的文献信息

思考题

1. 检索中外文电子图书的数据库有哪些，请分别进行简要介绍。

2. 试比较分析中国知网（CNKI）、万方数据知识服务平台、维普资讯网中"中文科技期刊数据库"的异同。

3. 如何查找《软件学报》2006 年第 2 期中的一篇论文"P2P 分层流媒体中数据分配算法"，请将文章全文下载下来。

4. 查找外文期刊的主要数据库有哪些？请列举。

5. 国内学位论文有哪些数据库可以提供检索？请列举。

6. 简述 PQDT 博硕士学位论文的检索方法。

7. 会议文献有哪几种出版形式？检索国内外学术会议论文常用的数据库有哪些？

8. 专利的类型有哪些？专利文献的特点是什么？

9. 查找一篇有关"汽车防伪防盗车牌及其紧固一体化装置（申请号：201120206278.6）"方面的专利，写出发明人、申请人、公告号及摘要，并说明专利的类型。

10. 国内标准文献有哪些检索网站？

11. 利用哪些数据库可以检索我国的科技成果信息？

12. 分别查出移动机器人、数据挖掘、草甘膦除草剂、矿井提升机主题的科技报告一篇。

13. 分别简述中国国家图书馆、国家科技图书文献中心（NSTL）和中国高校人文社会科学文献中心（CASHL）的资源与服务。

第5章 专业网络信息资源及其检索

5.1 矿业工程网络信息资源

5.1.1 煤炭数字图书馆

煤炭数字图书馆（http://www.coallib.com）由国家安全生产监督管理总局信息研究院建设。国家安全生产监督管理总局信息研究院（简称煤炭信息研究院）为中央在京科研院所，成立于 1959 年，原隶属煤炭工业部，现为国家安全生产监督管理总局直属事业单位，主要从事信息研究和出版印刷两大业务。

煤炭信息研究院信息资源部专门负责收集国内外煤炭、安全生产及其相关专业各类文献信息并提供服务，拥有高速扫描仪、数码复印机和光盘制作系统、全文检索系统、数字化自动加工系统、网络信息自动获取系统等现代化手段，形成了以信息资源为基础、开发为重点、技术为保障、服务为龙头的信息工作体系，与国家图书馆、国家工程技术图书馆等文献机构建立了良好的合作关系，是科技部授权的国家级科技查新咨询单位。信息资源部于 2004 年开始建设煤炭数字图书馆。

煤炭数字图书馆提供中外文煤炭类图书、期刊与会议论文及国内外煤炭信息、机构，中国煤炭工业标准，中国矿业文摘（1984—2004 年）等资源，可授权进行资源浏览、检索和下载。煤炭数字图书馆主要资源涵盖煤炭、安全生产两大专业，集中于 2 类 7 个数据库。

1. 煤炭数字图书馆数据库文献类数据库

（1）图书资料，收录 1980 年以来的中外专著、教材、年鉴、年报、研究报告、会议录、学位论文等，现有 9 030 余本，其中 2004 年以前的多为文摘，每年新增约 500 种。

（2）科技期刊，收录近 200 种中文期刊和 70 种外文期刊，现有近 3 万本。

（3）科技论文，收录 1980 年以来的中外期刊论文、会议论文、汇编论文等，现有 35 万余篇，其中 2004 年以前的多为文摘，每年新增约 1.5 万篇。

（4）标准及政策法规库，收录相关行标、国标和政策法规，现有约 4 900 项，实时维护。

（5）动态信息，包括政策、经济、技术、会议等各类信息，现有 2.2 万余条。

（6）统计数据，现有 3 200 余条。

（7）组织机构，现有 1 200 余条。

2. 中国煤炭数字图书馆的特色

（1）专业——专门满足煤炭工业和安全生产的文献和信息需求。

（2）全面——全面收集各类各种相关信息资源，包括外文文献、内部资料。

（3）快速——信息资源更新快速，用户获取快速。

（4）准确——确保信息资源准确。

煤炭数字图书馆检索实例详见 5.9.1。

5.1.2 矿业工程数字图书馆

矿业工程数字图书馆是中国煤炭工业协会科技文献信息咨询专业委员会为保存和传播矿业工程类图书，满足会员单位对矿业工程及相关类图书的需要，与超星数字图书馆合作开发的专业数字图书馆，由中国矿业大学牵头建设。

矿业工程数字图书馆全面收录了煤田地质与勘探、矿业经济与管理、矿山地质与测量、矿山设计与建设、矿山压力与支护、矿山机械、矿山运输与设备、矿山电工、矿山安全与劳动保护、矿山开采、选矿、煤综合利用、矿山环境保护等方面的中文图书，有选择地收录了煤炭行业企事业单位的常用图书，首次收书 1 万余种，现有图书 1.5 万余种，依据《中国图书分类法》（第四版）分类编排，可方便实现所有图书丛书名、著者、索书号、出版年进行检索和全文浏览、阅读、下载、打印功能，适合煤炭行业企事业单位使用。

矿业工程数字图书馆集煤炭行业文献信息单位的资源为一体，以中国矿业大学的资源为主，煤炭图书馆、中国矿业大学北京校区、山东科技大学、西安科技大学、湖南科技大学、安徽理工大学、辽宁工程技术大学等单位也积极提供了相关图书，从而极大地丰富了该数字图书馆的资源，提高了权威性。

5.1.3 中国矿业大学矿业工程数据库

中国矿业大学图书馆矿业工程文献有百年收藏历史，其中，《矿业工程数据库》（http://121.248.104.154/tpi_4/sysasp/include/index.asp）即为中国矿业大学图书馆根据学校学科建设和发展特色建立的特色数据库。《矿业工程数据库》是 CALIS 和 JALIS 资助的专题特色库项目之一，是在自建的数据库基础上开发的独具矿业特色的数据库。《矿业工程数据库》立足于中国矿业大学积淀百年的独具矿业特色的馆藏资源（最早可以追溯到 1865 年）和国内外网络资源，在矿业工程学院、安全工程学院等单位参与建设并指导下，围绕中国矿业大学国家级重点学科（采矿工程、安全技术、岩土工程等八个学科）进行建设。文献类型包括图书、期刊、学位论文、会议论文、科技报告及课件、网络资源、多媒体视频等数据。

目前已建成和在建的特色数据库有以下几个。

（1）科研成果数据库，收录国内煤炭工业科学技术研究成果，部分包括全文。

（2）岩层控制题录数据库，收录国内与岩层控制相关的期刊论文文摘。

（3）煤矿事故案例库，收录自建国以来国内发生的煤矿事故，包括部分全文。

（4）煤炭用户与企事业名录，收录国内各大煤矿企事业单位的信息。

（5）岩层控制全文数据库，收录国内外与岩层控制相关的学术会议以及学术论文，部分包括全文。

（6）矿业工程会议论文数据库，收录国内外与矿业工程相关的学术会议，部分包括全文。

（7）矿业工程全文数据库，收录国内外与矿业工程相关的期刊论文，部分包括全文。

（8）中国矿业大学时事剪报数据库，收录国内报纸上与该校相关的信息及报道，包括全文。

（9）教学课件数据库，主要收录该校教职员工的教学课件及部分网络资源课件，包括全文。

（10）矿物岩石图像样本数据库，收录国内外的矿物岩石图像样本图片。

（11）矿业信息剪报数据库，收录国内报纸上与矿业工程相关的信息及报道，包括全文。

（12）多媒体视频数据库，收录与矿业相关的多媒体网络资源。

5.1.4　万方——中国采矿科学文献数据库

万方知识服务平台的科技文献子系统由 40 个典型主题数据库组成，主题的选取主要来源于国家中长期科学和技术发展规划纲要——重点领域及其优先主题，侧重社会关注度高的社会焦点、热点问题，兼容国家和社会的重大需求，有未来或当前重要的应用目标。其中的《中国采矿科学文献数据库》（http://librarian.wanfangdata.com.cn/ScientificLiterature/Default.aspx）收录了 1984 年以来与采矿相关的学术期刊、学位论文、会议论文、科技成果等多类型数据资源，内容涵盖了选矿工程、采矿工程等领域。

5.1.5　万方——中国煤炭科技文献数据库

万方数据知识服务平台中的科技文献数据库包括我国有史以来学科覆盖范围最广、文献时间跨度最长、文摘率最高的文摘型数据，是科学研究、技术开发、工程设计、信息咨询、科教培训中不可替代的科技信息资源。其中的《中国煤炭科技文献数据库》（http://librarian.wanfangdata.com.cn/ScientificLiterature/Default.aspx）收录了 1984 年以来与煤炭相关的学术期刊、学位论文、会议论文、科技成果等多类型数据资源，内容涵盖了煤炭研究、煤炭工业、煤炭经济等领域。

5.1.6　国道外文专题数据库——矿业工程与安全科学技术专题

国道外文专题数据库 SpecialSciDBS（http://www.specialsci.cn/views/index.aspx）是北

京中加国道科技有限责任公司开发的国内最大的外文特色专题数据平台。

目前，SpecialSciDBS 平台可供查询的外文电子资源，囊括高科技前沿的生命科学、信息科学、能源科学、海洋科学、材料科学、空间科学、环境科学、软科学、先进制造技术等 9 大门类，涵盖了自然科学、农业科学、医药科学、工程与技术科学、人文与社会科学等学科，涉及教育、食品、信息电子、化工冶金、土木建筑、农业、机械、医药卫生、经济管理、金融财会、法律、标准等 60 个专题领域。

《外文国外矿业工程专题数据库》内容主要包括矿山地质学、矿山测量、矿山设计、矿山地面工程、采矿工程、矿物加工工程（选矿）、安全技术工程、矿山机械、矿山电工、矿山环境、非能源矿产开发、煤炭开发、石油天然气开发、钻井工程、矿业工程其他相关学科 15 个方面，主要收录 1995 年至今的 240 余种国际网络站点及电子期刊。

《外文国外安全科学技术专题数据库》全面整合了安全科学与技术的国际网络资源，内容分为 16 个大类，涉及安全政策法规标准、安全理论、职业安全、矿山安全、工业生产安全、公共健康和安全、城市安全、信息安全、经济安全、消防安全、安全管理、重大事故分析、危险化学品安全、食品安全、安全生产检测技术/装备、自然灾害、风险评估等方面的内容。

收录的文献类型包括论文、报告、电子图书、课件、会议记录、议题议案、白皮书、专栏专题、法规标准、新产品介绍等 10 余种。数据逐日更新，统一采用 PDF 格式。

5.2 地球与环境科学网络信息资源

5.2.1 中国地质图书馆——中国地质文献数据库

中国地质文献数据库（http://124.42.30.4/ngds）由中国地质图书馆（又称中国地质调查局地学文献中心）出版，中国地质图书馆是国土资源部所属的公益性事业单位，主要承担地学文献的收藏、加工和开发工作，开展相关研究和信息化建设，向社会提供地学文献信息服务。目前馆藏文献量已达 60 万卷（册），包括近代地质学启蒙时期以来近 200 年的国内外地学文献；世界各国地质图件 1 万余套；有 10 余个大型文献数据库；与 60 多个国家和地区的近 400 个地学机构建立了文献交换及互借业务联系。中国地质图书馆是国际地科联地学信息委员会成员，是中国图书馆学会常务理事单位、中国科技情报学会理事单位。

《中国地质文献数据库》以中国地质图书馆馆藏期刊、图书为主要数据源，收录中文地球科学、土地科学及相关内容期刊、专著、汇编、会议论文集等文献资料。收录范围主要包括基础地质、矿产地质、各种地质勘查技术方法、国土资源管理、土地科学等内容。按地球科学及土地科学专业分为 51 类。数据库收录年限从 1985 年至现在，数据库总数据量达 35 万余条。为目前国内包含地质专业种类最全、覆盖范围最大、数据量最多的地质文献数据库。该数据库提供快速检索、高级检索。

5.2.2　中国地质科学数据网/地质科学数据共享服务平台

中国地质科学数据网（http://www.geoscience.cn），英文全称 Geological Scientific Data Shariong Net，是提供地质科学数据服务的共享平台，是国家科学数据共享工程"国土资源科学数据中心建设"项目的一部分。本平台由中国地质科学院建设，2004 年开通运行，数字化整合集成中国地质科学院建院 50 多年来积累的海量地质科学数据资源，为国家和社会公众提供地质基础数据服务。

中国地质科学数据网数据资源包括基础地质、区域地质、矿产地质、水文地质、工程地质、环境地质、灾害地质、地球物理、地球化学、地质文献资料等 10 个数据库群，基础地质类数据库包括《中国火成岩岩石学数据库》、《中国古生物地层标志化石数据库》、《全球矿物数据库》，矿产资源类数据库包括《中国矿床地质数据集》、《中国矿产资源集》，地质环境类数据库《中国地下水资源数据集》、《中国岩溶环境数据库》等，地球物理与地球化学类数据库包括《中国同位素地质年代数据库》、《中国同位素地球化学数据库》等，数字地质图类数据库包括《中国 1:500 万数字化地质图库》等。

5.2.3　中国地球系统科学数据共享平台

地球系统科学数据共享平台（http://www.geodata.cn）属于国家科技基础条件平台下的科学数据共享平台。该平台早在 2002 年就作为我国科学数据共享工程的首批 9 个试点之一启动建设，于 2004 年度纳入国家科技基础条件平台。它属于科学数据共享工程规划中的"基础科学与前沿研究"领域，主要是为地球系统科学的基础研究和学科前沿创新提供科学数据支撑和数据服务，是目前科学数据共享中唯一以整合、集成科研院所、高等院校和科学家个人通过科研活动所产生的分散科学数据为重点的平台。

地球系统科学数据共享平台由中国科学院地理科学与资源研究所承担建设。中科院资源、环境领域的研究所，国内地学领域的知名高校共 40 多家单位、世界数据中心（WDC）和国际山地中心（ICIMOD）、美国马里兰大学等国际组织和机构参与本平台建设与运行。

根据地球系统科学数据资源本身的特点，以便于资源的利用和管理为原则，将本平台的数据资源分为地表过程与人地关系、典型区域、日地系统与空间环境、地球系统综合集成、国外数据资源和对地观测数据及产品六大类。

（1）地表过程与人地关系数据。包括地貌、土地利用/土地覆被、土壤环境、水循环、生态系统、区域发展、古气候、古环境。

（2）典型区域数据。包括极地区域数据、西北干旱区数据、青藏高原数据、黄土高原数据、黄河中下游区域数据、东北平原数据、海岸带与三角洲数据、东北亚区域数据。

（3）日地系统与空间环境数据。包括空间环境要素地基观测数据、空间环境要素天基观测数据、空间环境分析数据。

（4）地球系统综合集成数据。包括气候变化数据、大气气溶胶数据、大气温室气体和污染物数据、碳平衡和碳循环研究数据、水循环和水资源研究数据。

（5）国外数据资源。

（6）对地观测数据及产品。包括陆地资源卫星（MSS/TM/ETM）、中巴资源卫星影像及产品、MODIS 精校正影像及产品、其他对地观测影像数据。

这些数据资源主要分布在中国科学院、研究型重点高校以及各类重大科研项目中。

该平台网站内容主要分为综合新闻、数据目录及数据搜索、国际资源导航、文献资料、知识园地等几部分。在网站上提供数据库、学科前沿与基础研究、学科动态、热点区域、最新发布数据等相关链接。其主体数据库包括地理科学、资源科学、极地研究、固体地球、空间科学、对敌观测等数据。学科数据库包括岩石圈子系统、陆地表层子系统、海洋子系统、外层空间子系统。另外，还包括其他类型数据库，如表格数据、矢量数据等。

5.2.4 WDC 中国地质学科中心

世界数据中心（World Data Center，简称 WDC，网址：http://www.wdcgeo.net），是国际科学联合会理事会下属的国际数据组织，成立于 1957 年。WDC 始设之初的主要目的是支持国际地球物理年的科学研究，50 多年的发展使其涉及的学科和领域越来越广，逐渐成为国际数据共享领域的一支重要力量。目前，WDC 在全世界共有 52 个学科中心，分布在美国、欧洲、中国、日本和印度等国家和地区，分属四个数据中心群，即 WDC-A 美国、WDC-B 苏联、WDC-C 欧洲和日本、WDC-D 中国。

中国于 1988 年加入 WDC，并建立世界数据中心中国中心（World Data Center D），成立了 9 个学科中心，分别是 WDC 海洋、气象、地震、地质、地球物理、空间、天文、冰川冻土、可再生资源与环境学科中心。WDC 地质学科数据中心（World Data Center D for Geology）于 1988 年建立，挂靠中国地质科学院信息中心，负责地质科学数据资源的调查、交换与共享服务。通过中国地质科学数据中心的首页可以检索有关中国地下水资源、国家地质公园、中国岩溶洞穴、中国岩溶环境、中国地质灾害、中国火成岩、中国地质图、同位素地质年代等数据库。

5.2.5 GeoRef 数据库

GeoRef 数据库（http://search.proquest.com）是由美国地质研究所（American Geological Institute，简称 AGI）编辑的地学文摘数据库。GeoRef 数据库创建于 1966 年，是包含地球科学领域文献最全面的 AGI 数据库，内容覆盖来自世界各地的地质和地球物理学方面的文献，包括 1660 年至今的北美地学文献和 1933 年以来的世界其他地区的地学文献。

GeoRef 收录的文献来源于世界各国出版的 3 500 余种期刊、会议录、图书、地图、学位论文和报告等，共涉及 40 种文字。收录的学科范围主要包括区域地质学、经济地质学、工程地质学、环境地质学、地外地质学、地球化学、地质年代学、地球物理学、水文地质学和水文学、数学地质学、矿物学和结晶学、古生物学、岩石学、地震学、地层学、构造地质学、地表地质学、海洋地质学和海洋学等，几乎涵盖了地质学的所有领域。

GeoRef 数据库收录了 300 多万条摘自地球科学期刊文章、图书、地图、会议论文、报告和学位论文的参考资料，并每年持续新增 8 万余条数据，每个月数据库中新增纪录在 4 000～7 000 条之间，成为世界上最全面的地球科学数据库。

目前，该数据库可通过 Proquest 数据库检索平台进行检索，提供基本检索和高级检索途径，可以对检索结果进行打印、保存、E-mail 发送。

5.2.6　GeoScience World（GSW）数据库

GeoScienceWorld（GSW）数据库（http://www.geoscienceworld.org）由 GeoScienceWorld 编辑出版，GeoScienceWorld 是由 7 家地球科学领域的顶尖协会共同建立的非营利性组织，包括美国石油地质师学会 American Association of Petroleum Geologists（AAPG）、美国地质研究所 American Geological Institute（AGI）、美国地质学会 Geological Society of America（GSA）、伦敦地质学会 Geological Society of London（GSL）、美国矿物学会 Mineralogical Society of America（MSA）、美国沉积地质学协会 Society for Sedimentary Geology（SEPM）和美国地球物理探矿工作者协会 Society of Exploration Geophysicists（SEG），旨在为研究人员提供最新的地球科学电子信息资源。

GeoScienceWorld（GSW）数据库现已出版 41 种地球科学领域相关的期刊文献，包括专题论文、地图和资料集等。主题涵盖石油地质、地质学、地震学、地球科学的环境工程、地质的探测与采矿、地质化学、孔虫学、古生物学、地球物理学、孢粉学、地下水文学等，被多家国际著名检索工具书和数据库收录、索引，包括 Chemical Abstracts、Engineering Index、GEOBASE、GeoRef、Mineralogical Abstracts、PASCAL/CNRS、GeoArchive、CAB International、Geo Abstracts、IBZ、Research Alert and Scisearch 等。

5.3　建筑与土木工程网络信息资源

5.3.1　中国建筑文化遗产数据库

中国建筑文化遗产数据库（http://tpi6.lib.tju.edu.cn/calisjz）是天津大学图书馆特色数据库，是在 TALIS 二期基础上，由 CALIS 三期资助建设而成，初步形成五万余条的文字、图像综合性全文数据库，主体由建筑图像资料库、研究资料库、天津建筑特色数据库、非文字文化遗产库、建筑专业导航数据库和建筑学院获奖作品及优秀作业特色数据库六个子库。特色库将各个时期具有代表性的古建筑图片和文字进行数字化处理和编排，使它们成为较为完整的文献体系和系列。从时间上，所选建筑上起秦汉，下迄明清，跨度达两千余年，涵盖大部分中国建筑史；从内容上，包括宫殿、园林、陵墓、宗教、民居、城池、会馆、礼制性、府衙及其他等十种类型；从空间上，分布于全国各个省份以及港澳台地区；从文献稀缺程度上，包括 20 世纪初庞大的"非文字文化"文献资料群，记录了中国建筑文化遗产的最初形态；在表现方式上，着重体现出同一建筑在不同时期的面貌。读者可通过建筑名称、类型、内容、简介、建筑所在地、保护级别（省级以上）等多种途径迅捷地检索到所需信息。

《中国建筑文化遗产数据库》本着忠实于建筑原貌的原则，融历史、文化、科学与素质教育于一体，为广大读者提供学习传统文化的载体，增进读者传承保护传统文化的意识，是一个具有极强可读性和较高的文献价值的专业资源库。

5.3.2　中国城建数字图书馆

中国城建数字图书馆（http://www.ccpd.cnki.net）的主要馆藏是《中国城市规划知识仓库总库》（China City Planning Knowledge Database，简称 CCPD）和《中国建筑知识仓库总库》（China Urban Architecture Knowledge Database，简称 CUAD），二者是专门针对城市规划设计和建筑设计人员的设计创新，专业技术人员科研项目选题、设计、撰写论文、成果鉴定，业内管理人员决策经营，专业人员继续教育等多方面的知识信息需要，开发的专业化知识仓库，是 CNKI 系列数据库的重要专业知识仓库。

文献类型包括期刊、报纸、博硕士论文、会议论文、政策法规、统计资料、景观图像、设计成果等。

5.3.3　万方——中国建材科技文献数据库

万方数据知识服务平台中的科技文献数据库包括我国有史以来学科覆盖范围最广、文献时间跨度最长、文摘率最高的文摘型数据，是科学研究、技术开发、工程设计、信息咨询、科教培训中不可替代的科技信息资源。其中的《中国建材科技文献数据库》（http://librarian.wanfangdata.com.cn/ScientificLiterature/Default.aspx）由国家建材局技术情报研究所提供原始文献，收录了 1984 年以来与建筑材料相关的学术期刊、学位论文、会议论文、科技成果等多类型数据资源，内容涵盖了结构材料、装饰材料、专业材料等领域，用于建筑行业用户文献检索。

5.3.4　ASCE Online Research Library

ASCE Online Research Library（http://www.ascelibrary.org）由美国土木工程师学会（The American Society of Civil Engineers，简称 ASCE）编辑出版，ASCE 成立于 1852 年，至今

已有 150 多年的悠久历史，是历史最久的国家专业工程师学会之一，是全球土木工程领域的领导者。目前，ASCE 已和其他国家的 65 个土木工程学会有合作协议，所服务的会员有来自 159 个国家超过 13 万名专业人员。同时，ASCE 也是全球最大的土木工程信息知识出版机构，每年有 5 万多页的出版物面世，目前有 30 余种技术和专业期刊，以及各种图书、会议录、委员会报告、实践手册、标准和专论等。

ASCE Online Research Library 是全球最大的土木工程全文文献资料库。它收录了 ASCE 所有专业期刊和会议录，总计超过 7 万余篇全文、65 万页资料；每年新增约 4 000 篇文献。研究者可以在此一站式检索土木工程领域的核心资源。ASCE 有预出版文献的阅览功能，即 ASCE 每本期刊都有 Preview Manuscripts 的文章链接。读者可以通过这部分内容，阅读到已经被 ASCE 期刊接收，即将发表的最新文章，第一时间了解科研发展的动态。

该数据库的读者对象是建筑与土木工程科技人员和管理人员，以及高等院校建筑与土木工程专业的师生。

5.3.5　ICE Virtual Library

ICE Virtual Library（http://www.icevirtuallibrary.com）由英国土木工程师学会（The Institution of Civil Engineers，简称 ICE）主办，ICE 创立于 1818 年，是世界上最具权威性的机构之一。ICE 经过近 200 年的逐步发展壮大，会员已遍及 150 个国家，成为世界上最大的代表个体土木工程师的独立团体。ICE 设于英国，拥有包括从专业土木工程师到学生在内的会员 8 万多名，其中五分之一在英国以外的 140 多个国家和地区。ICE 是根据英国法律具有注册资格的教育、学术研究与资质评定的团体。ICE 已经成为世界公认的学术中心、资质评定组织及专业代表机构。

ICE Virtual Library 拥有世界最全的土木工程类科技论文全文在线文献资源。其中，收录了自 1836 年至今出版的所有同行审评（Peer-reviewed）的文章。

ICE Library 的主要特点：权威的学会，权威的出版物，完整地展现近 200 年土木工程的实践和研究，堪称目前全球最完整的土木工程全文资料源；收录了逾 2 万篇文章，20 万篇幅的内容，包括报告、制图及照片；便捷的检索方式，细化为篇名、主题词、作者、地点、国家及时间检索；完整囊括了 ICE 出版的 Proceedings Package 8 种学报的全部内容。

Proceedings of the Institution of Civil Engineers 系列期刊是 ICE 的标志性出版物，也是土木工程领域历史最悠久的连续出版物，始于 1836 年。这系列期刊由 ICE 的全资出版机构——Thomas Telford 出版社出版，涵盖了土木工程研究和实践的所有关键领域。Thomas Telford 同时也出版 6 种高水准的土木工程类期刊，其中有 4 种被 JCR 收录。

ICE Virtual Library 于 2007 全新改版推出。它包含了完整的 ICE Proceedings 系列，全部回溯至创刊号，以及 Thomas Telford 的期刊。

5.4 机电网络信息资源

5.4.1 全球机械文献资源网

全球机械文献资源网（http://www.gmachineinfo.com）由机械工业信息研究院文献资源中心创建，机械工业信息研究院文献资源中心又名机械工业信息研究院情报研究所，是我国装备制造业科技文献收藏、研究、服务中心。中心有四十余年的馆藏积累和服务经验，被国家科学技术部确认为国家科技文献资源保障体系八家重点支持单位之一，是国家科技图书文献中心和国家工程技术图书馆的组成单位之一。

近年来，随着国家对科技信息资源保障体系支持力度的不断加大，以及国家科技图书文献中心的建立，机械工业信息研究院文献资源中心科技文献资源建设工作有了明显进步，收藏的国内外文献资源品种得以迅速增长，目前已达到历史最好水平。

机械工业信息研究院文献资源中心资源包括：

（1）期刊，拥有原版外文期刊 1 550 种，中文期刊 1 200 种。

（2）会议文献，拥有 400 余个国外权威学术机构长期连续出版的会议论文集和科技报告约 2 万余册。它们包含了在 7 500 个学术会议上发表的论文。

（3）中外文图书 10 万余种、10 余万册。重点收藏工具书、手册、年鉴、统计资料类图书；产业、企业、科技、管理、经济等研究类图书；企业名录和产品目录类图书。

（4）中外电子出版物，包括机电工程类、经济贸易类、报刊信息类、教育培训类等各种电子出版物。

（5）国内外经济及专业类报纸 150 余种。

（6）中国标准，包括国家标准和行业标准 13 000 余种。

（7）采集数据库 20 余种，数据量超过 1 100 万条。

机械工业信息研究院文献资源中心建立了世界机电文摘数据库，包含西文、日文、俄文和汉化篇名的文摘记录约 80 万条；建立了中国机电标准数据库；正在创建中文机电核心期刊文摘数据库。帮助用户从数据库中检索相关文献的文摘。

5.4.2 冶金信息网

冶金信息网（http://www.metalinfo.com.cn）由冶金工业信息标准研究院于 1997 年投资建设，是冶金行业专业从事科技文献、产业信息、技术信息、市场信息数据库建设和服务的科技信息资源网站，编辑提供各类电子出版物、图书资料等专业信息产品，开展冶金科技查新、冶金专利咨询、知识产权咨询等业务。经过多年积累和专业服务，冶金信息网已经成为"冶金信息资源宝库，专业技术信息门户"。

冶金信息网拥有冶金工业信息标准研究院行业背景和国家工程技术图书馆冶金分馆信息资源优势，建立有专业的冶金技术、市场信息研究团队，通过现代化手段对全球矿业原料、钢铁工业、用钢领域进行跟踪采集和专业研究，长期为钢铁企业、设计单位、工程单位、原料企业、加工企业、研究机构、设备公司、贸易机构、物流机构及下游用钢产业链提供专业信息产品和服务，为钢铁工业及产业链结构调整、科技创新及核心竞争力建设提供全面技术支撑，通过与客户开展各种合作实现资源共建共享。冶金信息网主要业务有以下几个方面。

1. 数据库业务

提供"冶金技术信息数据库"、"冶金专利信息数据库"、"冶金市场财经数据库"、"冶金外文数据库群"等数据库产品和服务。

（1）《冶金技术信息数据库》为冶金信息网独家建设、钢铁行业唯一的全中文、分技术数据库，信息量大、专业性强、应用面广，涵盖全球采矿、选矿、炼焦、烧结、球团、炼铁、铁水预处理、炼钢、精炼、连铸、轧钢（板带管材、棒型线材）、金属制品等钢铁主流程技术信息。通过数据库使用，可及时、全面了解全球钢铁科技创新、前沿技术进展情况，并能掌握和借鉴钢铁工艺技术、设备装备、产品研发的技术档案、历史信息，为钢铁企业技术改造、新产品研发、技术创新提供强大的技术支持。

（2）《冶金专利信息数据库》为冶金信息网全力开发建设的冶金全行业、分专业的专利技术数据库，全面涵盖国内外申请人在中国申请的冶金专利技术，收录了 1985 年以来国家知识产权局公开的采矿、选矿、炼焦、烧结、球团、炼铁、铁水预处理、炼钢、精炼、连铸、轧钢等领域的新材料、新产品、新工艺、新设备、新技术等专利文献信息。

（3）《冶金市场财经数据库》为冶金信息网立足全球钢铁市场开发的钢铁及上下游领域市场类数据库，跟踪收集钢铁原材料、钢材产品、深加工产品最新和历史贸易政策、经济分析、钢材市场及进出口贸易信息。关注国内外宏观经济形势、财经、冶金行业动态信息；国际主要国家和地区钢材市场价格行情信息，期货等价格信息、国内主要钢材市场、炉料市场、主要品种的最新价格行情信息；国内钢铁企业生产经营、价格调整、设备更新、技术改造及检修情况等信息；全球主要钢材品种、炼钢原材料市场行情，并对后续市场变化趋势进行预测。

（4）《外文数据库》为冶金信息网独家建设、规模较大的权威外文文献数据库，以国家工程技术图书馆冶金分馆丰富的历史和最新科技文献为基础，按照"统一采购、规范加工、联合上网、资源共享"的原则，对冶金、矿业、工程材料领域相关科技文献进行了数据库化加工，通过现代网络技术手段向冶金、矿业、工程材料等相关领域客户提供远程数据库检索、原文文献提供等服务。根据客户要求和实际情况，可建立本地数据库镜像服务，为冶金、矿业、工程材料等行业结构调整、科技创新提供全面支撑。

2. 出版业务

提供《国际钢铁壹周要闻》、《世界钢铁技术月刊》、《世界钢铁快讯》、《钢材市场月度分析报告》、《钢铁工业专题技术文集》等电子出版物。提供《中国冶金文摘》和各种图书及工具书。

3. 咨询业务

冶金科技查新、冶金专利咨询、信息咨询项目及定题服务。

4. 其他业务

数字图书馆共建、信息资源"一站式"提供、钢铁会展等服务。每年承办冶金工业信息标准研究院主办的"中国钢铁工业科技与竞争战略论坛",组织召开"冶金信息网资源应用与科技查新研讨会",承担中国金属学会情报分会秘书处工作,全国冶金专业信息网秘书处工作。

5.4.3 ASME Digital Library

ASME Digital Library(http://www.asmedl.org 或 http://scitation.aip.org)由美国机械工程师学会(American Society of Mechanical Engineers,简称 ASME)编辑出版,ASME 成立于 1880 年,在世界各地建有分部,是一个有很大权威和影响的国际性学术组织。ASME 主要从事发展机械工程及其有关领域的科学技术,鼓励基础研究,促进学术交流,发展与其他工程学、协会的合作,开展标准化活动,制定机械规范和标准。它拥有 13 万余成员,管理着全世界最大的技术出版署,每年主持 30 余个技术会议、200 余个专业发展课程,并制定了许多工业和制造标准。由于工程领域各学科间交叉性不断增长,ASME 出版物也相应提供了跨学科前沿科技资讯。

ASME Digital Library 涵盖的学科内容包括 Basic Engineering、Energy Conversion、Energy Resources、Environoment and Transportation、General Engineering、Materials and Structures。ASME Digital Library 电子期刊包括 23 种 ASME 学报期刊和 Applied Mechanics Reviews,数据回溯至 2000 年。其中包括 2009 年新增的两种期刊,分别为 Journal of Mechanisms & Robotics、Applications in Thermal Science and Engineering。除通过 ASME 网站访问外,还可以访问 Sciation 平台。

5.4.4 IEEE/IET Electronic Library

IEEE/IEE Electronic Library(http://www.ieeexplore.ieee.org),简称 IEL,是美国电气电子工程师学会(Institute of Electrical and Electronics Engineers,简称 IEEE)和英国电气工程师学会(The Institution of Electrical Engineers,简称 IEE)所有出版物的电子版全文数据库。

1. IEEE 介绍

IEEE 是一个国际性的电子技术与信息科学工程师的协会,是世界上最大的专业技术组织之一。1963 年 1 月 1 日,由美国无线电工程师协会(IRE,创立于 1912 年)和美国电气工程师协会（AIEE，创建于 1884 年）合并而成，总部在美国纽约市，IEEE 在 150 多个国家中拥有 300 多个地方分会。透过多元化的会员，该组织在太空、计算机、电信、生物医学、电力及消费性电子产品等领域中都是主要的权威。

IEEE 出版了全世界电子和电气及计算机科学领域 30% 的文献，IEEE 出版物包括《IEEE 学报》（月刊）、《IEEE 杂志》（月刊）、《IEEE 综论》（月刊）、《IEEE 指南》（每年出版一次）等。

IEEE 出版 70 多种期刊杂志，每个专业分会都有自己的刊物。

IEEE 除出版定期杂志外，还出版大量的论文集、图书和标准，其出版物的学术和技术水平是世界一流的。IEEE 编有各种继续教育教材，包括各种音像制品，开办各种短训课程和培训班，在大型学术会议前，举办带有继续教育性质的 Tutorial 等。

IEEE 由 37 个协会组成，还组织了相关的专门技术领域，每年本地组织有规律地召开超过 300 次会议。

IEEE 被国际标准化组织授权为可以制定标准的组织，设有专门的标准工作委员会，每年制定和修订 800 多个技术标准。IEEE 的标准制定内容有电气与电子设备、试验方法、原器件、符号、定义以及测试方法等。

2．IEE 介绍

IEE 是电子电气领域的国际知名专业学术团体，是电机电子和资讯科技最权威先进的资讯来源。总部设在英国伦敦附近的 Stevenage。IEE 创建于 1871 年，最初名称为电报工程师协会（Society of Telegraph Engineers），1880 年改为电报工程师和电机师协会（Society of Telegraph Engineers and Elec-tricians），1888 年改为电气工程师学会 IEE。

2006 年 3 月，国际电气工程师学会（IEE）和国际企业工程师学会（IIE）合并，更名为国际工程技术学会（The Institution of Engineering and Technology，IET）。目前，IET 学会在全球 37 个国家拥有 15 万以上会员，是学会所涉及的领域范围内，欧洲规模最大、全球第二的国际专业工程学会。

国际工程技术学会 IET 有资格授予全球广泛认可的资格证书，如特许工程师 CEng、企业工程师 IEng、工程技术员 EngTech 等。英国国际工程技术学会每年都在全球各地举办大量国际会议和其他国际交流活动，出版 500 多种出版物。

国际工程技术学会 IET 拥有的 Inspec 全球工程技术文献索引，可供查询全球的工程技术及科研类学术论文摘要，是占世界主导地位的英文工程出版物索引，提供专业资讯索引服务，资讯涵盖全球范围内 800 万篇科技论文、专业技术杂志以及其他多种语言的出版物，内容涉及电子、电气、制造、生物、物理、电信、资讯技术等多个工程技术领域。

国际工程技术学会 IET 出版大量报导研究和技术发展的专业技术期刊（Journals），包括 Proceedings 和 Electronics Letters 两大类。其中，Proceedings 包含 14 种专业领域的出版物：Circuits，Devices & Systems，Communications，Computers & Digital Techniques，Control Theory & Applications，Electric Power Applications，Generation，Transmission & Distribution，

Microwaves，Antennas & Propagation，Nanobiotechnology，Optoelectronics，Radar，Sonar & Navigation，Science，Measurement & Technology，Software，Systems Biology，Vision，Image & Signal Processing，以及即将出版的刊物学会 Proceedings Information Security。

国际工程技术学会 IET 的专业分类涉及如下 8 大行业、40 个专业领域。

（1）电力（Power）：Buildings Electrical Technology，Power Conversion & Applications，Power Systems & Equipment，Power Trading & Control。

（2）通信工程（Communications Engineering）：Antennas & Propagation，Communication Networks and Services，Electromagnetics，EMC，Multimedia Communications，Photonics，RF & Microwave Engineering，Satellite Systems and Applications。

（3）计算机及控制（Computing and Control）：Control & Automation，Functional Safety，Robotics & Mechatronics，Visual Information Engineering。

（4）电子系统及软件（Electronic Systems & Software）：Advanced Materials and Devices，Healthcare Technologies，Microelectronics & Embedded Systems，Microsystems and Nanotechnology，Signal Processing。

（5）信息技术（Information Professional）：Application Development，Computing Hardware，e-infrastructure，Human Factors Engineering，IT Management and Society，Security Management，Software Infrastructure and Business Applications，Systems Engineering。

（6）工程管理（Management）：Asset Management，Consultants，History of Technology，Management。

（7）工业制造（Manufacturing）：Engineering for a Sustainable Future，Manufacturing Enterprise，Measurement，Sensors Instrumentation and NDT。

（8）交通运输（Transport）：Aerospace，Automotive & Road Transport Systems，Radar Sonar & Navigation，Railway。

国际工程技术学会 IET 的电子图书馆可提供工程、商务、政策法规、市场及公司运作方面的最新信息，随时随地提供学会独具特色的电子书库服务，在这里可以查询由世界知名出版商提供的 800 种完整的工程技术和资讯交流技术类文章类目；准确搜索并浏览专业技术界内的最新高级技术资讯。

3．IEEE/IEE Electronic Library 简介

IEEE/IEE Electronic Library 内容包括 1988 年以来 IEEE/IEE 出版的所有期刊、会议录和标准全文信息，以及 IEEE/IEE 的其他学术活动信息，总计 1.2 万余种出版物、65 万多篇论文。其中，IEEE 学会下属的 13 个技术学会的 18 种出版物可以看到更早的全文。

IEL 内容包括 IEEE 学报、IEEE 期刊、IEEE 杂志、IEEE 函件、IEEE 会议录、IEEE 标准、IEE 期刊、IEE 会议等。

IEL 汇集了当今科技最重要的信息，包括：（1）超过 4 000 种公开发行的出版物；（2）超过 75 万篇文献；（3）235 万页全文 PDF 文件，包括照片和图表；（4）50 万位作者；（5）

所有现行的 IEEE 标准；（6）由超过 37 家非营利性协会和 IEE 出版的从 1988 年到 2002 年共计 14 年的期刊和会议集。

　　用户通过检索可以浏览、下载或打印与原出版物版面完全相同的文字、图表、图像和照片的全文信息（浏览全文需要下载、安装 Acrobat Reader 软件）。

5.4.5　ACM Digital Library

　　ACM Digital Library（http://acm.lib.tsinghua.edu.cn）由美国计算机学会（Association for Computing Machinery，简称 ACM）编辑出版，ACM 创立于 1947 年，是全球历史最悠久和最大的计算机教育和科研机构。目前提供的服务遍及 100 余个国家，会员人数达 8 万余位专业人士，ACM 致力于发展信息技术教育、科研和应用，全球计算机领域的专业人士将 ACM 的出版物视为最具权威和前瞻的领导者。ACM 于 1999 年起开始提供电子数据库服务——ACM Digital Library 全文数据库。

　　ACM Digital Library 收录内容包括 6 种专业期刊、10 种专业杂志、28 种学报汇刊、近 220 种学术会议录、时事通讯、SIG 定期简讯和有合作关系的出版机构的出版物全文；1954 年至今出版的期刊、杂志目录以及超过 2.3 万篇的引用文献；1985 年至今出版的 990 多卷会议记录的文章目录以及超过 4.8 万篇的引用文献；与 ACM 文章关联的大约 150 万篇参考文献，其中 20 万篇参考文献链接有全部书目资料，5 万篇可以链接全文。

5.4.6　其他重要网站

1．中国机经网

　　中国机经网（http://www.mei.gov.cn）由中国机械工业联合会主办，是国家优秀政府上网工程示范单位，也是中国机械工业的门户网站。中国机经网建立于 1998 年，是一个面向机械行业及关注机械行业发展的各类型企业、公司、组织和机构的在线信息及网络增值服务提供商。中国机经网拥有庞大的信息资源库、专业的服务团队和强大的专家力量，资源领域覆盖机械行业 176 个子行业。

　　中国机经网的业务由在线的数据信息查询服务、研究咨询服务、网络增值服务和会议培训服务四部分构成。

　　中国机经网提供的信息覆盖农业机械、工程机械、仪器仪表、石化通用、重型矿山、机床工具、电工电器、机械基础件、食品包装、汽车工业、其他民用 11 个分行业，涉及新闻、会展、供求、统计、分析、政策、价格、产品、材料、项目、贸易、管理、质量、技术标准 14 个分类，并提供 7 个在线查询的大行业和系统内企业、产品数据库。

　　中国机经网还拥有服务经验超过十年的咨询团队，借助机经网强大的专家咨询团队，成功为 GE、SIEMENS、RIO TINTO 等多家世界 500 强企业及 IFC、HSBC 等国际金融机构提供过机械类的咨询服务。

中国机经网每年还承办多场高层次的行业会议，同时承办行业百强企业发布与宣传工作。现在每年一届的机械行业信息化推进大会和机械行业经济形势报告会已经成为了机械行业会议的知名品牌，受到机械企业的热烈欢迎和推崇。

2．中国制造业信息门户

e-works（http://www.e-works.net.cn）是我国建设最早、规模和影响最大、用户群体最多的制造业信息化专业网站，已经成为制造业信息化的信息门户、知识门户、产品推介门户、培训门户及咨询门户。

e-works 网站的主要栏目有新闻、文库、资料、视频、辞海、书屋等，提供系统、丰富、全面、深入的制造业企业信息化理论、案例、知识、产品、解决方案，并介绍有关政策书刊、展会、学术活动等相关信息，在业界享有很高的知名度及美誉度。是我国制造业企业高级管理人员和技术人员首选的知识、信息平台和交流园地。

3．中国电子学会门户网站

中国电子学会门户网站（http://www.cie-info.org.cn）由中国电子学会创建，中国电子学会是由电子信息界的科技工作者和有关企事业单位自愿结成、依法登记的学术性、非营利性的全国性法人社团，是中国科学技术协会的组成部分，挂靠在信息产业部。中国电子学会于 1962 年在北京成立，现在拥有个人会员 10 万余人、团体会员 600 多个、专业分会 44 个、工作委员会 8 个和一个百人的办事机构。

中国电子学会下属的 44 个专业分会覆盖了半导体、计算机、通信、雷达、导航、微波、广播电视、电子测量、信号处理、电磁兼容、电子元件、电子材料等电子信息科学技术的所有领域。

中国电子学会编辑出版物主要包括期刊和会议录。出版学术类、技术类、科普类和产品信息类等各种类型的期刊 20 余种。同时，中国电子学会是国际信息处理联合会（IFIP）、国际无线电科学联盟（URSI）、国际污染控制联合会（ICCCS）、国际医药信息联合会（IMIA）、亚太神经网联合会的成员单位。中国电子学会与电气电子工程师学会（IEEE）、英国工程技术学会（IET）、日本应用物理学会（ISAP）、韩国电子工学会（KITE）等建立了会籍关系。中国电子学会与这些学术组织共同发起召开各种类型的国际性学术会议，已形成系列的国际会议有十多个。

中国电子学会网站提供有关中国电子学会及学会出版物信息。

4．AMT 网站

美国制造技术协会网站（http://www.amtonline.org）由美国制造技术协会（Association for Manufacturing Technology，简称 AMT）创办，AMT 成立于 1902 年，该协会自成立以来着重于反映美国机械制造业和机械装备业的总体情况，从而促进该行业的技术进步。经过 100 余年的发展，AMT 已经成为世界上政府和贸易组织在机械制造和销售市场上的倡导者和先驱者。AMT 所从事的领域包括制造业的全过程，从设计、加工、成型、装配到测试以及通信和控制。AMT 网站所提供的内容主要有行业预测报告、市场数据、客户信息和服务、贸易机会和合资企业、会议和研讨会、政府关系和国家政策等几个方面。

美国制造技术协会是世界制造业技术展览会的发起人。这个展会每年在芝加哥举办一次，是当今世界上最大的工业展会。

5.5　化学化工材料网络信息资源

5.5.1　化学专业数据库

化学专业数据库（http://202.127.145.134/scdb/default.asp）是中科院上海有机化学研究所承担建设的综合科技信息数据库的重要组成部分，是中科院知识创新工程信息化建设的重大专项。化学专业数据库是以化学化工研究和开发人员为用户的一个数据库群，可以提供有关化合物的命名、结构、基本性质、毒性、谱学、鉴定方法、化学反应，医药农药应用、天然产物、相关文献和市场供应等信息。

化学专业数据库目前有 20 个方面的数据内容，分别为化学综合数据库、化合物结构数据库、化学反应数据库、红外谱图数据库、中药与化学成分数据库、化学核心期刊文献数据库、药品名称数据库、化学品安全技术说明书（MSDS）数据库、精细化工产品数据库、 专业情报数据库、中国化学专利数据库、生物活性数据库、化学物质分析方法数据库、毒性化合物数据库、药物和天然产物数据库、化学配方数据库、化工产品数据库、中国化学文献数据库、质谱谱图数据库、工程塑料数据库等。部分数据库介绍如下。

（1）化合物结构数据库。收录了 600 万化合物的信息，包括化合物的二维和三维结构、SRN（化合物系统编号）、化合物的物化性质。用户通过全结构检索、子结构检索以及模糊结构检索，可查出目标化合物的物化性质、二维和三维结构。

（2）化学反应数据库。包括反应物和生成物的结构、名称、试剂、溶剂、催化剂、反应温度等反应条件及参考文献等。用户可以通过反应物、生成物的英文名称、反应条件、催化剂等来检索相关反应，也可以输入化合物结构检索其相关的反应。还可以从反应物或者生成物进行继续检索，扩展反应链。

（3）红外谱图数据库。收录了常见化合物的红外谱图。用户可以在数据库中检索指定化合物的谱图，也可以根据谱图/谱峰数据检索相似的谱图，以协助进行谱图鉴定。

（4）质谱谱图数据库。收录了常见化合物的质谱谱图。可以通过谱峰数据来检索相似谱图，检索途径为质荷比、丰度组合。也可以根据化合物的名称、CAS 号、分子式。

（5）药物与天然产物数据库。包括如下内容：① 化合物标识信息：CAS 号、中英文名称（系统命名和俗名、商品名）、分子式等；② 药物信息：理化性质、药理毒性、用途等；③ 天然产物信息：应用、开发状况、分解系数、毒性实验数据等；④ 专利信息：专利号、专利文献的标题、申请日期、批准日期、发明人、所有权人、专利的用途等。

（6）中药与化学成分数据库。将数千年来中国传统中医的临床实践融合成一个内涵丰富的疾病用药—中药药材—化合物性质的多层次信息数据库，其中包括了 5 万余个处方，1 400 多种疾病及其用药，2.2 万余种中药材，以及药材中的近 2 万种化合物。

（7）化学核心期刊文献数据库。收录了国外化学 SCI 核心期刊文献的文摘，所有记录描述均为英文。文摘详细内容包含了期刊的 ISSN 号、印刷语种、英文题名、作者及单位、来源期刊、年卷期页、英文文摘、关键字、相关化合物、参考文献等信息。

（8）中国化学文献数据库。收录了 1990 年至今的国内化学期刊文献，包括文摘、刊名、作者、关键字、出版日期等之外，部分文献还收录了一些具体数据，如文献中的化合物、图表、实验数据等。

（9）化工产品数据库。收录了共 1.6 万余家国内化学化工产品供应厂商，以及共 6.7 万余条化工产品信息。包括了产品厂商、产品物化性质以及产品价格等信息。

（10）毒性化合物数据库。收录了化合物的毒性数据，包括化合物物化性质、美国研究状况和化合物毒性标准、相关毒性实验结果、各国职业场所化合物毒性暴露限度、相关参考文献等信息。

目前，用户经过注册之后即可免费检索该数据库共享开放的各种数据。

5.5.2　中国化工信息网

中国化工信息网（http://www.cheminfo.gov.cn）是国内化工行业历史最悠久、具有国内权威性的化工行业门户网站之一。该网站始建于 1990 年，由中国化工信息中心（CNCIC）创建。该网站依靠中国化工信息中心大量权威、翔实、可靠、及时、丰富的信息资源，为用户提供网上浏览、查询、咨询等多项服务。

中国化工信息网站下设资讯、专题、科技、期刊、行情、企业、价格、贸易、统计近 40 个信息服务栏目，并按无机、有机、塑料、橡胶、能源、化肥、精细、安全、自动化、新材料等 10 个行业频道提供相关数据库检索，是一个集科技、生产、市场于一体的多方位综合性信息服务网站。

中国化工信息网站期刊栏目主要提供中文期刊的服务，内容包括中国化工信息、国际化工信息、现代化工、精细与专用、化学品、化工新型材料、化工安全与环境、中国化学工业年鉴、化工安全与环境经济运行分析报告。

中国化工信息网站提供的主要数据库服务有以下几个。

（1）化工要闻（1992 年至今）。报导最新有关化工及相关行业的要闻信息。内容涉及化工市场行情、市场预测、生产、基建动态、政策关注、合作交流、会展消息及科技等各类时事信息，以新闻报道方式及时反映国内各地、各企业、各市场情况及行业动态，为全面、及时把握化工行业动向提供决策支持。

（2）国外化工（1999 年至今）。主要报导国外化学工业发展动态。

（3）化工政策法规（1978 年至今）。提供化工行业颁布的各项政策法规。

（4）中国化工产品及生产厂家数据库。收录了 19 大类 3 万多种化工产品，2 万家生产企业，13 万条产品生产信息。基本涵盖了我国化工企业、化工产品的生产状况。

（5）中国化工产品进出口厂商数据库。该库收录了 3 万多家化工产品进出口厂商的联系信息，以及各厂商进出口的产品名称。

（6）全国化工产品价格数据库。报导国内主要化工产品的价格信息。利用该库可以检索出某一产品的规格/型号、产地/厂家及在某一时间段内的平均价、最高价、最低价。

（7）化工产品进出口数据库（1995 年至今）。收录了 1995 年以来 2 000 多种化工产品的进出口的数量、金额等信息。该库可对产品分月统计查询，也可通过产品名称或产品代码，按年、进/出口、海关关区、贸易方式、产销国家等检索字段做复合查询。

（8）国内化工市场行情分析（2001 年至今）。主要报导国内大陆地区化工市场价格与行情分析。

（9）国际化工市场价格与行情报导（2000 年至今）。主要报导、欧洲以及亚洲的日本、韩国及中国台湾地区化工市场价格与行情。

（10）中国化学化工文摘数据库（1985 年至今）。主要收录国内化学化工科技类型的文献信息，是全国化学化工科技文献的权威性数据库。该库主要报导我国公开发行的化学化工期刊近 1 000 余种，以及有关高等院校学报中发表的文献，并收录化工图书和会议记录、学位论文及化工专利文献。

（11）化工科技成果库（1999 年至今）。该库收录了全国能源和化工科技成果及新技术信息，是查找最新科技成果的重要数据库，可有效地为各生产部门提供技术转让信息，尽快使科技成果转化为生产力。

（12）化工专题（1995 年至今）。包括能源、农业化学品信息、无机化工信息、有机化工信息、精细化工信息、塑料信息、橡胶信息、医药及中间体信息、涂料各专业文档，收录各行业焦点新闻、专题报导及信息综述，对各行业的重点信息予以及时详尽的报导，对于行业领导、经营管理者及科技开发人员是具有很强专指性的信息资源。

5.5.3　CA——美国《化学文摘》

美国《化学文摘》（Chemical Abstracts，简称 CA，网址：http://scifinder.cas.org），1907 年创刊，由美国化学学会所属化学文摘服务社（CAS）编辑出版，现为世界上收录化学化工及其相关学科文献最全面、应用最广泛的一种文献检索工具。

CA 创刊至今，出版情况几经变动，1967 年至今为周刊，每年分两卷，每卷 26 期，全年共 52 期。2002 年已出至 137 卷，每卷出齐后随即出版一套卷索引，每隔 10 年或 5 年出版一套累积索引，1997 年出版了"1992—1996 年第 13 次累积索引"。

CA 不仅出版有印刷版，还有缩微版、机读磁带版和光盘版，可供联机检索、光盘检索和 Internet 网上检索。

SciFinder Scholar 是美国化学学会（ACS）旗舰下的化学文摘服务社 CAS（Chemical Abstract Service）所出版的《Chemical Abstract》化学文摘的在线版数据库学术版，除可查询每日更新的 CA 数据回溯至 1907 年外，更提供读者自行以图形结构式检索。它是全世界最大、最全面的化学和科学信息数据库。

CA 是化学和生命科学研究领域中不可或缺的参考和研究工具，也是资料量最大、最具权威的出版物。网络版化学文摘 SciFinder Scholar 更整合了 Medline 医学数据库、欧洲和美国等近 50 家专利机构的全文专利资料，以及化学文摘 1907 年至今的所有内容。它涵盖的学科包括应用化学、化学工程、普通化学、物理、生物学、生命科学、医学、聚合体学、材料学、地质学、食品科学和农学等诸多领域。它可以通过网络直接查看"化学文摘"1907 年以来的所有期刊文献和专利摘要，以及四千多万的化学物质记录和 CAS 注册号。

SciFinder 包含以下六个数据库。

（1）CAPLUSSM（>2 150 万条参考书目记录，每天更新 3 000 条以上，始自 1907 年）。

（2）CAS REGISTRYSM（>2 000 万条物质记录，每天更新约 4 000 条，每种化学物质有唯一对应的 CAS 注册号，始自 1957 年）。

（3）CASREACT®（>570 万条反应记录，每周更新约 600～1 300 条，始自 1974 年）。

（4）CHEMCATS®（>390 万条商业化学物质记录，来自 655 家供应商的 766 种目录）。

（5）CHMLIST®（>22.7 万种化合物的详细清单，来自 13 个国家和国际性组织）。

（6）MEDLINE（National Library of Medicine 数据库，>1 200 万参考书目记录，来自 3 900 多种期刊，始自 1958 年）。

它有多种先进的检索方式，例如，化学结构式（其中的亚结构模组对研发工作极具帮助）和化学反应式检索等，这些功能是 CA 光盘中所没有的。它还可以通过 Chemport 链接到全文资料库以及进行引文链接（从 1997 年开始）。其强大的检索和服务功能，可以让你了解最新的科研动态，帮助使用者确认最佳的资源投入和研究方向。根据统计，全球95%以上的科学家们对 SciFinder 给予了高度评价，认为它加快了他们的研究进程，并在使用过程中得到了很多启示和创意。

5.5.4 ACS Journals

ACS Journals（Web Edition）（http://pubs.acs.org）由美国化学学会（American Chemical Society，简称 ACS）出版。ACS 成立于 1876 年，一直致力于为全球化学研究机构、企业及个人提供高品质的文献及服务，现已成为世界上最大的科技学会及享誉全球的科技出版机构。ACS Journals 被公认具有较高的品质，同时被 ISI 的 Journal Citation Report（JCR）评为化学领域中被引频次最高的化学期刊。

ACS Journals 涉及的专业领域主要包括生化研究方法、药物化学、有机化学、普通化学、环境化学、物理化学、工程化学、应用化学、聚合物科学、分子生物化学、分析化学、无机与原子能化学、材料学、环境工程学、计算机科学、燃料与能源、药理与制药学、微生物应用生物科技、植物学、毒物学、食品科学、农业科学等。

ACS Journals（Web Edition）提供 ACS 出版的超过 30 种期刊的电子版全文，每一种期刊都回溯到期创刊卷，最早回溯到 1789 年。ACS Journals（Web Edition）除具备检索期刊的全文、图像、图表、结构、图形的功能外，还可具备电子邮件推送信发表文章、电子邮件推送期刊最新目录、文献链接等服务功能。检索方法包括基本检索、布尔检索、高级检索、复合主题检索等检索方法，简单易用。

5.5.5　RSC Online Journals

RSC Online Journals（http://pubs.rsc.org）由英国皇家化学学会（Royal Society Chemistry，简称 RSC）编辑出版，RSC 成立于 1841 年，是一个国际权威的学术机构，是化学信息的一个主要传播机构和出版商，目前拥有来自全世界的 4 万多个个人和团体会员。该学会出版的期刊一向是化学领域的核心刊物，大部分被 SCI 收录，属被引频次较高的期刊。

目前，RSC Online Journals 收录的现刊共 38 种，大部分刊物的全文数据回溯至 1997 年。其中，Chemical Communications 报道化学领域中涉及各个专业主题的创新性研究动态；Journal of Chemistry 和 Chemical Society Reviews 主要报道关于普通化学领域的文献；PCCP（Physical Chemistry Chemical Physics）、Dalton Transactions、Organic & Biomolecular Chemistry 和 Journal of Materials Chemistry 登载的文献主要覆盖了物理、化学、无机化学、有机化学、材料化学等学科领域；Molecular BioSystems 和 Soft Matter 主要报道有关化学与其他学科交叉研究发展的动态等。另外，在 RSC 网站中，除了可以获得 RSC 出版期刊的相关信息之外，使用者还可以通过 RSC 网站获得化学领域相关资源，如最新的化学研究进展、学术研讨会信息、化学领域的教育传播等。

RSC 网站提供以下四个文摘数据库。

1.　Analytical Abstracts（AA）

为分析化学领域特制的文摘信息，全面覆盖新技术与应用方面的内容。收录 250 多种国际性期刊，每月新增约 1 400 条文摘。内容包括：普通分析化学，色谱和电泳，波谱和放射化学方法，无机、有机和金属有机分析，应用和工业分析，临床和生化分析，药物分析（包括生物体中的药物分析），环境分析，农业分析，食品分析。

2.　Catalysts & Catalysed Reactions

报道催化领域最新研究进展的文摘数据库，内容选自 100 多种主要期刊。涵盖催化化学研究的所有领域，包括均相、异相和生物催化，着重于当前发展的领域，如手性催化剂（chiral catalysts）、聚合物催化剂（polymerisation catalysts）、酶催化剂（enzymatic catalysts）和绿色催化方法（clean catalytic methods）。学科范围包括无机、有机、物理化学和生物化学。

3.　Methods in Organic Synthesis（MOS）

有机合成方面最重要新进展的通告服务，提供反应图解，涵盖新反应、新方法。包括新反应和试剂、官能团转化、酶和生物转化等内容。只收录在有机合成方法上具新颖性特征的条目。

4. Natural Product Updates（NPU）

有关天然产物化学方面最新发展的文摘，内容选自 100 多种主要期刊。包括分离研究、生物合成、新天然产物以及来自新来源的已知化合物、结构测定，以及新特性和生物活性。

5.5.6　ASM International eBook

ASM International eBook（http://asminter.igpublish.com）由美国材料信息学会（ASM International）编辑出版，ASM International 成立于 1913 年，到今天已有 100 年的历史。学会一直致力于材料科学和工程专业的研究发展，同时也在做促进行业内信息及专业人员的交流活动。美国材料信息学会当初成立于美国底特律，是由 20 个成员组成，现今 ASM International 已经成为世界范围内材料信息领域界的领先团队，成员遍布世界各地，多达 36 000 家。为专业人员提供了从材料结构到纳米材料工艺领域的权威信息。学会出版了很多材料科学类的专著及特色图书。

ASM International 电子图书数据库收录了出版社出版的特色图书 141 种，出版年限为 1984—2012 年，ASM 电子图书数据库预计每年新增图书 15 种。

ASM 电子图书数据库是通过 iGroup 公司开发的 iKnowledge 平台提供访问。使用界面清晰，可显示中文。通过整合 Systran 技术可提供 7 种语言的翻译。平台有设计精良的扩展检索功能，检索历史及组合使用检索式，书签功能可随时收藏感兴趣的内容并可以多种方式输出。

5.5.7　其他重要网站

1. 美国化学文摘服务社（CAS）网站

CAS 网站（http://www.cas.org）提供与印刷版 CA 相对应的化学化工信息联机检索网络系统，主要提供有关化学化工方面的信息，现在有 160 万条文件记录和多于 250 万条化学物质记录，还提供化学反应、商业上应用的化学制品及化学专利等方面的信息。此外，它还向用户提供许多链接，如链接到 STN 系统等。

2. 世界理论有机化学家组织

世界理论有机化学家组织（World Association of Theoretical Organic Chemists）网站（http://www.ch.ic.ac.uk）的信息由英国伦敦皇家学院化学系向用户提供。其内容包括世界理论有机化学家学会即将召开的会议、会员注册消息、在线学术会议报告和有关化学物理学方面的信息资源。

3. 化学信息网（ChIN）

化学信息网 ChIN（http://chin.csdl.ac.cn）是由中国科学院过程工程所建立的关于 Internet 化学化工综合性资源的导航系统。

ChIN 以对 Internet 化学化工资源进行系统研究为基础，注重对资源的评价和精选，并采用积累信息源知识的方法为资源建立了反映资源概貌和特征的简介页，并建立相关资源简介页之间的链接。除了导航系统通用的浏览模式外，可通过 ChIN 站点的快速检索和高级检索功能来定位自己感兴趣的内容。ChIN 还提供基于数据库检索的最新内容查询功能，可随时了解 ChIN 中最新增加/更新的内容。ChIN 还提供用户对某个资源进行打分和进行评论的接口等。在中国科学院国家科学数字图书馆的支持下，化学学科信息门户对有关软件进行升级，对分类体系进行改进。2005 年被 ISI Current Content 收录。目前 ChIN 已成为国内用户利用互联网化学化工信息资源的基本工具之一。

4. 中国现有化学物质名录

中国现有化学物质名录（http://www.crc-mep.org.cn）由国家环保总局化学品登记中心和北京化工研究院环保所共同开发，是中国第一部现有化学物质名录，收集了我国境内生产、加工以及从国外进口的化学物质，用于鉴别新化学物质、掌握我国现有化学物质的状况。

中国现有化学物质名录的电子版本和国际互联网检索系统可实现按照中英文名称和美国化学文摘登记号检索。名录按年度动态更新，对于根据《新化学物质环境管理办法》办理登记和符合"已在中国生产或者进口的现有化学物质名单"要求的化学物质，将被适时收录到中国现有化学物质名录中并予以公布。

中国现有化学物质名录已发布 2013 版，收录物质总数为 45 612 种，其中标识保密物质 3 270 种，非标识保密物质 42 342 种；有 CAS 号物质 37 126 种，无 CAS 号代之以流水号的物质 8 486 种；有结构信息的物质 31 088 种，暂无结构式物质 14 524 种。目前用户注册后即可免费查询。

5. 材料复合新技术信息门户

材料复合新技术信息门户网站（http://atmsp.whut.edu.cn）由材料复合新技术国家重点实验室资助，武汉理工大学图书馆于 2003 年创建完成，其服务对象是该学科领域的科研、教学和学习人员。建设的目标是建立该学科领域信息资源和信息服务的门户网站，提供权威可靠的信息导航，整合文献信息资源系统及其检索利用，并逐步实现定题服务、个性化定制的开放机制。

该信息门户设立新技术专题 16 个，包括自蔓延高温合成与原位复合技术、剃度复合技术、纳米复合技术、陶瓷材料先进制备与烧结技术、薄膜材料技术、光电子信息材料、能源新材料、生物医用材料、智能材料与结构、生态与环境材料、材料设计、纳米半导体光催化材料、高性能热电材料、稀土功能材料、高性能聚合物基复合材料、自旋电子学材料与器件。除此之外，本网站还提供学术新闻、材料学重要期刊、学术会议、相关学科信息资源、科技政策法规等文摘信息。

6. 其他化学化工类网站

其他一些有用的网站如表 5-1 所示。

表 5-1 其他化学化工网站

网 站 名 称	网 址	内 容
中国化工网	http://china.chemnet.com	中国的化工企业、化工产品以及化学化工方面
易创化工网	http://www.chempages.com	化工产品和化工企业数据库
国家科技图书文献中心化工分中心	http://www.chemdoc.com.cn	产品制备、反应工艺及设备
ChemNet	http://www.chemnet.com	化学、医药、石油等信息
Center for Atmospheric science	http://www.atm.ch.cam.ac.uk	大气数据和当前天气信息
German Chemical Society	http://www.gdch.de	化学化工信息
North American Catalysis Society	http://www.duport.com/naco	催化科学信息
Association of Office Analytical Chemists	http://www.aoac.org	协会活动、教育、出版物信息
Chemweb Inc	http://www.chemweb.com	化学杂志、数据库等
Chemical Week	http://www.chemicalweek.com	新闻、产品、服务信息
International Chemical Company	http://www.intlchemco.com	金属加工、化学产品信息
DUPONT Themiracles of Science	http://www.dupont.com	科技、商业等信息
The Chemistry of Atmosoheric Pollutions	http://www.arat.co.uk/netcen/airqual/kinetics	酸沉积、重金属、污染等信息
The University of Liverpool Department of Chemistry	http://www.liv.ac.uk/Chemistry/Links	化学化工信息
CCL NET	http://www.osc.edu/chemistry.html	计算化学信息
The electrochemical Society	http://www.electrochem.org	电化学信息

5.6 数理学科网络信息资源

5.6.1 Project Euclid（欧几里得项目）数据库

Project Euclid（欧几里得项目）数据库（http://projecteuclid.org）由康奈尔大学图书馆于 2003 年创建。欧几里得项目是一个非营利性在线出版平台，由康奈尔大学图书馆（Cornell University Library）和杜克大学出版社（Duke University Press）共同管理，它提供读者能够负担得起查阅的理论数学和统计学方面的具有高影响力并经同行评议的期刊、专著、会议文献，旨在促进这些专业领域的学术交流。欧几里得项目在出版商和各国图书馆之间建立了互惠互利的伙伴关系，从而加强和鼓励学术交流，开创了非传统的出版模式。同时，欧几里得项目不断增添新内容，努力创建新功能，致力于在全球范围内建造一种崭新的期刊合作关系。

欧几里得项目创办于 2000 年，得到了安德鲁梅隆基金会（Andrew W. Mellon

Foundation）的大力支持。目前，欧几里得项目包含美国、日本、欧洲、巴西、伊朗等国家出版的期刊，共 48 种可供用户订购。其中 29 种期刊被 SCI 收录，这些期刊收录年限为各刊创刊号至今，最早可追溯至 1935 年。文章多达 103 000 篇以上，已成为数学家和统计学人员的重要资料来源。

　　长期以来，独立期刊一直是一种有效的、可负担的、传播高质量的研究成果的方法。Project Euclid 为独立期刊的发行创造一种环境，通过与学术性出版商、专业学会和大学图书馆的合作来满足独立期刊或专业学会低成本的出版需求；并在保障智慧、经济自主及合理的前提下，联合出版商的力量共同建立具有前瞻性功能的网上出版机制；最终目标是为独立期刊和学会期刊创造一个充满活力的"一站式"的网上文献库，从而使研究人员及学者可以方便地检索数学和统计学领域的重要期刊，确保数学和统计学可以在企业、专业学会和独立出版社三者的均衡发展中获益。

　　Project Euclid 体现了一种全新的学术交流的模型，使得数学和统计学领域的独立期刊的出版商得以克服经济和技术上的困难，在网上出版这些独立期刊，创造规模经济，通过网络集中展示增加它们的能见性。

5.6.2　MathSciNet——美国《数学评论》

　　MathSciNet（http://www.ams.org/mathscinet）是美国数学学会（American Mathematical Society，简称 AMS）出版的《数学评论》（Mathematical Reviews）的网络版，目前提供 200 多万条数学研究文献的书目数据及评论，数据回溯至 1864 年，每年增加书目数据 8 万条、评论 6 万个。MathSciNet 收录的文献涉及数学及数学在统计学、工程学、物理学、经济学、生物学、运筹学、计算机科学中的应用等，数据来源于期刊、图书、会议录、文集和预印本等。MathSciNet 中的书目数据每日更新，其评论内容随后添加。

5.6.3　AMS Journals

　　AMS Journals（http://journals.ametsoc.org）由美国数学学会（American Mathematical Society，简称 AMS）编辑出版，美国数学学会创建于 1888 年，多年来一直致力于促进全球数学研究的发展及其应用，也为数学教育服务。AMS 出版物包括数学评论（Mathematical Reviews）及多种专业期刊和图书。

　　AMS 包括的电子期刊主要有：Bulletin of the American Mathematical Society，Earth Interactions，Journal of Applied Meteorology and Climatology，Journal of Atmospheric and Oceanic Technology，Journal of Climate，Journal of Hydrometeorology，Journal of Physical Oceanography，Journal of the Atmospheric Sciences，Monthly Weather Review，Weather and Forecasting，Weather，Climate，and Society，Meteorological Monographs 等。

5.6.4　SIAM Digital Library

SIAM Digital Library（http://epubs.siam.org）由美国工业与应用数学会（Society for Industrial and Applied Mathematics，简称 SIAM）编辑出版，SIAM 成立于 20 世纪 50 年代初期，出版发行应用与计算数学方面的 13 种期刊，这些同行评审的研究期刊涵盖了整个应用与计算数学领域，内容丰富而全面且有高学术价值性，在高等研究领域非常著名，并均被 SCI 收录为核心期刊。

SIAM Digital Library 除收录期刊外，还收录 20 世纪 70 年代以来的 SIAM 出版的图书 355 本，SIAM 电子图书通过 iGroup 的电子图书平台提供访问。

SIAM Digital Library 收录的期刊有：Multiscale Modeling & Simulation，SIAM Journal on Applied Dynamical Systems（e-only），SIAM Journal on Applied Mathematics，SIAM Journal on Computing，SIAM Journal on Control and Optimization，SIAM Journal on Discrete Mathematics，SIAM Journal on Mathematical Analysis，SIAM Journal on Matrix Analysis and Applications，SIAM Journal on Numerical Analysis，SIAM Journal on Optimization，SIAM Journal on Scientific Computing，SIAM Review，Theory of Probability and Its Applications 等。

5.6.5　Zentralblatt MATH——德国《数学文摘》

德国《数学文摘》（http://www.zentralblatt-math.org/zmath/en），英文全称 Zentralblatt MATH，简称 Zbl MATH，是国际数学领域重要的检索系统之一，主要提供数学及应用数学方面的文献信息。Zbl MATH 于 1931 年在德国创刊，主要收录东欧、美国、日本、德国的出版物。目前，该数据库有来自全球 3 000 多种期刊杂志的近 200 多万个条目的文摘索引信息（其中一些记录有同行的评论信息）。中国目前也有 100 多种刊物作为刊源被 Zbl MATH 收录。

作为合作内容，Zbl MATH 编委会自 2001 年 11 月开始为国内用户提供 Zbl MATH 的免费使用，并在清华大学建立了镜像站点（Zbl MATH 在全球建立了 10 余个镜像站点）。授权使用的用户均可通过因特网或者镜像站点访问 Zbl MATH，不需要账号和口令。

5.6.6　AIP 数据库

AIP 数据库（http://www.aip.org/pubs 或 http://scitation.aip.org）由美国物理联合会（American Institute of Physics，简称 AIP）编辑出版，AIP 成立于 1931 年，作为一家历史悠久享誉世界的科学出版社，AIP 及其会员的出版物占据了全球物理学界研究文献四分之一以上的内容，包含一般物理学、应用物理学、化学物理学、地球物理学、医疗物理学、核物理学天文学、电子学、工程学、设备科学、材料科学、数学、光学、真空科学、声学等。对全世界的图书馆及机构而言，AIP 及其成员学会的期刊已成为物理学相关文献的核心。鉴于其在学术界的突出地位和影响力，以及 AIP 自身定位极高的编辑标准，其出版物吸收了来自世界不同地区的物理学界领导权威们撰写及发表的最重要及目前最为流行的研究论文与评论文章。

　　AIP 数据库包含有 20 余种 American Institute of Physics（AIP）的电子出版物，其中 16 种电子期刊和 2000 年 1 月以来的所有电子会议录（AIP Conference Proceedings）及电子杂志。通过 AIP 网站或 Scitation 平台可浏览或检索全部数据，AIP 电子出版物详细目录如表 5-2 所示。

表 5-2　AIP 电子出版物详细目录

AIP 电子出版物名称	AIP 电子出版物名称
AIP Advances	JCP: BioChemical Physics
Applied Physics Letters	Journal of Mathematical Physics
APL: Organic Electronics and Photonics	Journal of Renewable and Sustainable Energy
Applied Physics Reviews	Low Temperature Physics
Biomicrofluidics	Journal of Physical & Chemical Reference Data
Chaos	Physics of Fluids
Journal of Applied Physics	Physics of Plasmas
Journal of Chemical Physics	Review of Scientific Instruments
AIP Conference Proceedings	Physics Today
Computing in Science & Engineering	Radiations

5.6.7　APS 电子期刊

　　APS 电子期刊（http://publish.aps.org）由美国物理学会（The American Physical Society，简称 APS）编辑出版，APS 成立于 1899 年，是世界比较有影响的物理学组织，出版以下十余种学术期刊。

　　（1）Physical Review A：Atomic，Molecular，and Optical Physics：《物理学评论 A 辑：原子、分子和光学物理学》。

　　（2）Physical Review B：Condensed Matter and Materials Physics：《物理学评论 B 辑：凝聚态物质与材料物理学》。

　　（3）Physical Review C：Nuclear Physics：《物理学评论 C 辑：核物理学》。

　　（4）Physical Review D：Particles，Fields，Gravitation，and Cosmology：《物理学评论 D 辑：粒子、场、重力与宇宙学》。

　　（5）Physical Review E：Statistical，Nonlinear，and Soft Matter Physics：《物理学评论 E 辑：统计物理学、等离子体、流体和相关跨学科论题》。

　　（6）Physical Review X：《物理学评论 X 辑》，接收物理学所有领域投稿的开放获取期刊。

（7）Physical Review Letters：《物理评论快报》。Reviews of Modern Physics：《现代物理学评论》。

（8）Physical Review Online Archive：《物理评论在线文库》（1893 年以来所有期刊的资料）。

（9）Physical Review Focus：《物理评论论文集萃》。

（10）Physical Review Special Topics：Accelerators and Beams：《粒子加速器与粒子束》。

（11）Physical Review Special Topics：Physics Education Research：《物理学教育》。

5.7　经济商务网络信息资源

随着市场经济在我国的深入发展，经济信息的重要性也越来越多地被人们所认识。在市场竞争日益激烈、多变的时代，各类经济组织得以生存和发展，国家经济系统的正常运行，科学知识和科技成果转化为直接生产力，推动我国国民经济加速发展，都离不开信息的支持。而网络上的经济、商务类信息资源更是铺天盖地。这里收集整理了其中一些最主要的各具特色的经济、商务类网络资源，供人们学习、研究或经营时参考。

5.7.1　中国经济信息网

中国经济信息网（http://www.cei.gov.cn），英文全称 China Economic Information Network，简称 CEInet，中文简称中经网，是国家信息中心组建的、以提供经济信息为主要业务的专业性信息服务网络，于 1996 年 12 月 3 日正式开通。该网站继承了国家信息中心多年来丰富的信息资源和信息分析经验，利用自主开发的专网平台和互联网平台，为政府部门、金融机构、高等院校、企业集团、研究机构及海内外投资者提供宏观经济、行业经济、区域经济、法律法规等方面的动态信息、统计数据和研究报告，帮助其准确了解经济发展动向、市场变化趋势、政策导向和投资环境，为其经济管理和投资决策提供强有力的信息支持。

用户通过用户名和口令访问中经网，并采用分类浏览和全文检索两种方式获得高质量的专业信息，包括宏观经济、金融、行业经济、地区经济、国际经济等方面的新闻、统计数据、市场预测、专家观点、政策法规、企业产品、行情、商业机会等。

中经网的信息分为综合篇、行业篇、区域篇、数据库、视频篇、China Economy、网站篇等几个部分。

1．综合篇

（1）综合专辑。综合专辑包括党委工作、政府管理、财政税收、高等教育等。

（2）经济动态。经济动态包括综合快讯、政策动向、领导讲话、市场观察、招商投资、价格供求、科技专利、海外媒体等。

（3）经济分析。经济分析包括中经评论、世经评论、外脑精华、50 人论坛、联合论坛、经济学人等。

（4）经济数据。经济数据包括数字快讯、宏观观测、经济地图、名词解释、宏观月报、行业月报、地区月报、经济年鉴、地区年鉴、世经年鉴、宏观图谱等。

（5）法律法规。法律法规包括法律、国务院法规、司法解释、法院案例、裁判文书、国际条约、世贸组织文件、各国惯例与规范等。

2．行业篇

（1）行业要报。行业要报汇集各行业经济要报。

（2）行业动态。行业动态包括金融保险、汽车产业等各行业经济动态。

（3）行业季度报告。行业季度报告包括宏观经济、农业、煤炭等各行业经济季度报告。

（4）行业数据。行业数据包括能源、机械、化工、医药等各行业经济数据。

（5）部委法规。部委法规包括公安、司法、民政等各部委法规信息。

3．区域篇

（1）区域要报。汇集各地区经济要报。

（2）综合主题。包括地区快讯、监测预测、区域研究、政务信息、领导论谈、政策动向、发展计划、招商投资、分析报告、规划报告、政府报告、统计公报、国外经验。

（3）地区动态。包括北京、天津等各地区经济动态。

（4）地区报告。包括北京、天津等各地区经济分析报告。

（5）地区数据。包括各地区季度数据、年度数据、数据分析。

（6）地区法规。包括北京、天津等各地区法规信息。

4．数据库

（1）中外经济动态全文库。中外经济动态全文库包括中外要报库、行业动态信息库、地区动态信息库。

（2）中国权威经济论文库。本库搜集国内外权威机构及著名经济专家的优秀研究成果。

（3）中国行业季度报告。本报告由资深行业专家写成，涵盖 24 个大类行业、36 个细分行业的研究报告，特别适合投资者与管理者参阅。

（4）中国行业年度报告。本报告包括宏观经济、资源与能源、加工制造、现代服务以及公用事业等五大板块，涵盖电力、煤炭、石化、钢铁、汽车、造船、建材、房地产、铁路、民航、银行等 40 个重要行业。

（5）中国环境保护数据库。该数据库包括环境保护资讯库、法律法规库、统计数据库、环保产品库、环保技术库、环保项目库、环保企业库和环保专家库，及 11 个行业的污染治理解决方案。

（6）中国经济统计数据库。该数据库包括综合年度库、宏观月度库、行业月度库。

（7）中国法律法规库。该库汇集各级人大、政府、检察院、法院颁布的法律、法规、司法解释、案例，以及世贸文件、国际条约等。

（8）中国地区经济发展报告。该报告提供全国 31 个省区市、16 个省会和计划单列市、部分中心城市的季度年度分析报告、发展规划文件、政府工作报告、统计公报。

（9）中国企业产品库。该产品库依托国家经济信息系统，提供企业产品库、外资企业库、上市公司库、企业排行、名牌产品等。

（10）中经网产业数据库。该数据库覆盖机械、汽车、电子通信、医药、石油化工、能源、交通、房地产、钢铁、旅游、金融、商贸、宏观等 10 多个产业集群的全新数据库产品。

5．视频篇

为了更好地服务于各类机构用户，根据其不同的使用特点和需求趋向，兼顾时效性、针对性、实用性的原则，中经视频开发了不同类型的课程资源数据包，分别呈现在四个版面上，供用户灵活选择。

6．China Economy

China Economy 主要针对海外读者，向国外的公司、政府、研究机构提供全方面的有关中国经济的信息，是中经网目前唯一的一个英文栏目。

7．网站篇

此部分将为中经网提供支持的网站及中经网全国各地的站点进行了链接，方便用户快速登录到中经网相关站点。

此外，中经网还有对不同服务对象所设计的中经专网，如中经专网——政府版、中经专网——银行版、中经专网——企业版、中经专网——教育版。

5.7.2 国研网

国务院发展研究中心信息网（http://www.drcnet.com.cn），简称"国研网"，由国务院发展研究中心主管、国务院发展研究中心信息中心主办、北京国研网信息有限公司承办，创建于 1998 年 3 月，是中国著名的专业性经济信息服务平台。

国研网以国务院发展研究中心丰富的信息资源和强大的专家阵容为依托，与海内外众多著名经济研究机构和经济资讯提供商紧密合作，以"专业性、权威性、前瞻性、指导性和包容性"为原则，全面汇集、整合国内外经济金融领域的经济信息和研究成果，本着建设"精品数据库"的理念，以先进的网络技术和独到的专业视角，全力打造中国权威的经济研究、决策支持平台，为中国各级政府部门、研究机构和企业准确把握国内外宏观环境、经济金融运行特征、发展趋势及政策走向，从而进行管理决策、理论研究、微观操作提供有价值参考。

国研网已建成了内容丰富、检索便捷、功能齐全的大型经济信息数据库集群，包括六十几个文献类数据库及四十多个统计类数据库，同时针对党政用户、高校用户、金融机构、企业用户的需求特点开发了《党政版》、《教育版》、《金融版》、《企业版》四个专版产品，并应市场需求变化推出了《世经版》以及《经济·管理案例库》、《战略性新兴产业数据库》、《国务院发展研究中心行业景气监测平台》几款专业化产品。具体专版及栏目如下。

1. 综合版

（1）国研视点。该栏目汇集国务院发展研究中心专家撰写的研究报告摘要、发表的深度分析文章和会议讲话，具有权威性和预见性。

（2）宏观经济。该栏目分为国内宏观经济和国际宏观经济两大块，分为经济要闻、运行数据、运行分析、政策探讨、理论探讨五个部分。提供中国宏观经济政策及运行状况信息，突出权威人士对宏观经济形势、经济热点问题的评论、分析及预测。

（3）金融中国。该栏目包括货币政策与货币市场、金融纵览、银行信托、证券期货、保险保障等，提供银行、证券、保险、汇市的运行数据、政策信息及权威评测分析，透视海内外金融市场。

（4）行业经济。该栏目包括信息产业、房地产业、汽车行业、石油化工、冶金行业、能源及其他近 50 个行业大类的经济信息、行业运行数据，对行业基本面进行系统分析，及时提供热点行业深度信息和分析。

（5）区域经济。该栏目包括经济动态、权威视点、经济分析、决策参考、发展数据、比较借鉴等项目，从新闻、政策、数据、深度分析、海外经验等方面全面、准确、及时地提供中国各地的经济现状、特点和发展趋势，密切关注开发区、招商引资、西部大开发等热点话题。

（6）国研参考。该栏目集聚了国家及各相关部委的重要政策与市场信息，荟萃了国内外著名专家学者的观点精华，是政界、商界高层领导及学界高级研究人员把握国内外经济风云变幻、运筹帷幄的必备参考工具。

（7）世经评论。该栏目汇集了世界经济领域专家学者对世界经济、金融方面的评论，包括世界经济、世界金融、环球产业、中国聚焦、理论探讨等。

（8）企业胜经。该栏目包括改革与发展、经营与管理、战略管理、市场营销、人力资源、财务管理、案例研究、企业风云录等。该栏目提供企业战略分析指导、经典案例研究、企业投融资顾问，以及提供企业间、企业与周边环境间信息交流的平台。

（9）高校参考。该栏目包括要事要闻、校长论坛、高教博览、考试与就业、理论研究、外国教育等，为高校管理决策提供参考。

（10）职业教育。该栏目包括教育新闻、考试认证、就业市场、产业追踪、理论探讨、政策导航等，倾力打造中国最具影响力的职教信息平台。

（11）基础教育。该栏目包括新闻纵览、校园之窗、管理视窗、校长论坛、教师发展、海外看台、政策法规、中外名人库等，旨在汇集教育权威资讯，服务学校品牌建设。

（12）热点专题。该栏目汇集以上各栏目热点，进行专题报道。

2. 世经版

（1）全球经济。该栏目包括包括中短期形势分析、长周期分析与展望、经济社会可持续发展等。

（2）全球金融。该栏目包括金融市场、金融发展、金融稳定、金融监管等。

（3）聚焦中国。该栏目包括宏观经济研究、金融改革开放与发展、构建和谐社会等。

（4）国别研究。该栏目包括美洲、欧洲、亚太地区、新兴经济体、其他。

（5）重点产业。该栏目包括房地产、金融业、能源与矿产、服务业、高新技术、制造业、其他。

（6）中国视角。该栏目包括世界经济研究、国际金融研究、国际镜鉴等。

（7）热点关注。该栏目包括经济危机、全球经济失衡、国际金融体系、国际贸易与投资、大宗商品、社会发展、食品安全、城市化、货币政策、主权财富基金等。

3. 金融版

包括宏观经济、央行观察、银行观察、研究报告、国研数据、证券期货、保险保障、外汇市场、信托私募、金融纵览、行业经济、行情信息、金融法规、产权天地等栏目。

4. 教育版

包括全文数据库、统计数据库、研究报告数据库、专题数据库、世经数据库、文化产业数据库、经济•管理案例库、战略性新兴产业数据库、DRC 行业景气监测平台、作者库、专家库、国研大讲堂等栏目及数据库。

5. 企业版

包括国研视点、国研数据、宏观经济、金融中国、世经评论、区域经济、企业胜经等栏目及能源行业、冶金行业、石油化工、汽车行业、交通运输、房地产业、信息产业、生物医药、服务行业等行业信息。

6. 党政版

包括领导讲话、宏观调控、体制改革、国际贸易、市场与物价、人口与就业、政府工作报告、政府统计公报、发展规划报告、经济形势分析报告、政策法规、社会保障等近 30 个栏目。

5.7.3　中国资讯行

中国资讯行（http://www.infobank.cn 或 http://www.bjinfobank.com），英文全称 China Infobank，成立于 1995 年，是中国香港一家专门从事收集、加工、处理及传播中国商业信息的高科技企业机构。其数据库（中文）建于 1995 年，为全球 14 亿华语人口服务，号称"全球第一家以互联网传播中文资讯的公司"。内容覆盖面极广，为现存中文商业数据库之冠。内容包括实时财经新闻、权威机构、经贸报告、法律法规、商业数据及证券消息、行业信息等。所涉猎的行业包括能源运输、金融保险、食品服装等 19 个行业领域。目前，存储的中国商业信息资料超过 150 亿汉字，近 1 200 万文献的庞大网上数据库，并以每日

2 000 万汉字的数据量增新。资料搜集每天通过对国内 1 000 余家媒体和国外几十家媒体的适时监测，并和国内 60 余家官方和权威机构合作，拥有丰富的在线信息提供经验，为经济、工商管理、财经、金融、法律、政治等 197 个行业提供原始数据。该数据库具体分为如下子库。

1．中国经济新闻库（1992 年至今）

本数据库收录了中国地区及海外商业财经信息，以媒体报道为主。数据来源于中国千余种报刊及部分合作伙伴提供的专业信息，内容按 197 个行业及中国各省市地区分类。

2．中国商业报告库（1993 年至今）

本数据库收录了经济专家及学者关于中国宏观经济、金融、市场、行业等的分析研究文献及政府部门颁布的各项年度报告全文，主要为用户的商业研究提供专家意见的咨讯。

3．中国法律法规库（1903 年至今）

本数据库收录以中国法律法规文献为主，兼收其他国家法律法规文献。收录自 1949 年以来中华人民共和国中央及地方的法律法规，以及各行业有关条例和案例。为读者提供最及时的法律参考。

4．中国统计数据库（1986 年至今）

本数据库中大部分数据收录自 1995 年以来国家及各省市地方统计局的统计年鉴及海关统计、经济统计快报、中国人民银行统计季报等月度及季度统计资料，其中部分数据可追溯至 1949 年，亦包括部分海外地区的统计数据。数据按行业及地域分类，数据日期以同一篇文献中的最后日期为准。例如《中国统计年鉴 1999》中绝大部分为 1998 年的统计数字，数据时间即为 1998-12-31。

5．中国上市公司文献库（1993 年至今）

本数据库收录了中国上市公司（包括 A 股、B 股及 H 股）的资料，内容包括在深圳和上海证券市场的上市公司发布的各类招股书、上市公告、中期报告、年终报告、重要决议等文献资料。

6．香港上市公司资料库（中文）（1998—2001 年）

本数据库收集了香港 1 000 多家上市公司 1999 年以来公开披露的各类公告及业绩简述。可按公司代码、行业分类、公告型进行分类检索，为用户提供了一个全面了解香港上市公司动态的有效途径。

7．中国医疗健康库（1995 年至今）

本数据库收录了中国一百多种专业和普及性医药报刊的资料，向用户提供中国医疗科研、新医药、专业医院、知名医生、病理健康资讯。

8．中国企业产品库

本数据库收录了中国27 万余家各行业企业基本情况及产品资料，文献分为 13 个大类。

9．中国中央及地方政府机构库

本数据库保存了中央国务院部委机构及地方政府各部门资料，内容包括各机构的负责人、机构职能、地址、电话等主要资料。

10．名词解释库

本数据库收录了有关中国大陆所使用的经济、金融、科技等行业的名词解释，以帮助海外用户更好地了解文献中上述行业名词的准确定义。数据库定期更新。

11．中国人物库

本数据库提供详尽的中国主要政治人物、工业家、银行家、企业家、科学家以及其他著名人物的简历及有关的资料。此库文献内容主要根据对中国八百多种公开发行的资料搜集而生成。本数据库提供免费信息服务。

12．INFOBANK 环球商讯库

本数据库保存了 China INFOBANK 网站自 1998 年以来实时播发的"环球商讯"的全部新闻文献。

13．中国拟建在建项目数据库

本数据库收集经国家计委、国家经贸委以及地方计（经）委批准建设的各行业投资总额在人民币 1 000 万元以上的各行业拟建和部分在建项目的详细资料，包括项目概况、项目规模、主要投资者简介、所需关键设备、负责人简历及联系方式等。行业的范围覆盖全国交通、能源、电信、市政、环保、原材料加工、石油、化工、医药、机械、电子、农林水利和旅游开发等领域。

此外，该系统还提供英文出版物检索、商业网站导航、政府网站导航、国际金融数据库等辅助服务。中国资讯行检索实例详见 5.9.2。

5.7.4　中宏数据库

中宏数据库（http://www.macrochina.com.cn）是全新概念、全新应用的经济巨型数据库，它是由国家发改委所属的中国宏观经济学会、中宏基金、中国宏观经济信息网、中宏经济研究中心联合研创。

中宏数据库在中宏专家长期积累的"资料库"和"成果库"的基础上研创而成，由 19 类大库、74 类中库及 500 类细分库组成，数据量超过 100 万条，文字量超过 20 亿字，每日更新量超过 1 000 条，为目前门类最全、分类最细、容量最大的专业数据库。内容涵盖了 20 世纪 90 年代以来宏观经济、区域经济、产业经济、金融保险、投资消费、世界经济、政策法规、统计数字、研究报告等方面的详尽内容。

中宏数据库的内容主要包括以下 19 类大库、74 类中库。

1．中国宏观经济形势库

本库全面收录了 1988 年以来我国经济的运行状况、形势判断、热点分析和趋势预测等信息内容和研究报告。反映了金融、投资、消费、出口、外贸、物价等方面的宏观运行状况。

2．中国经济发展战略与规划数据库

本库包含人口、资源、环境、战略、规划、社会保障 6 个子数据库，主要收录 1988 年以来国内外在人口、资源、环境、战略、规划、社会保障等方面的战略思路、发展规划、背景资料、动态信息、统计数据、政策法规、焦点分析及相关分析研究报告。

3．金融数据库

本库包含银行、证券、基金、保险、期货、国际金融 6 个子数据库，主要收录 1998 年以来有关银行、证券、基金、保险、期货、国际金融等行业运行状况、形势判断、热点分析和趋势预测等信息内容和研究报告。

4．财政税收数据库

本库包括财政、税收 2 个子库，财政数据库全面收录了 1998 年以来财政发展战略、方针政策、中长期规划、改革方案、政策解读、背景资料以及权威部门、专家对热点问题的分析；税收数据库全面收录了 1998 年以来税收的运行状况、形势判断、热点分析和趋势预测等信息内容和研究报告。

5．投资数据库

本库全面收录了 1998 年以来投资方面的信息内容和研究报告，包括投资新闻、政策法规、背景资料、统计数据、投资体制、投资环境、投资管理、国际投资。

6．消费数据库

本库全面收录了 1998 年以来消费市场的运行状况、形势判断、热点分析和趋势预测等信息内容和研究报告。

7．物价数据库

本库全面收录了 1998 年以来物价运行状况、形势判断、热点分析和趋势预测等信息内容和研究报告，包括新闻动态、政策法规、政策解读、背景资料、统计数据、深度分析等。

8．国内贸易数据库

本库全面收录了 1998 年以来国内贸易方面信息内容和研究报告，包括新闻动态、粮食流通体制改革的政策，商品期货市场的理论和政策、农产品流通的中近期对策、流通产业政策、商贸发展战略、中国物流发展战略的实证分析、国内贸易基本状况、全国消费品市场交易情况、社会消费品零售总额、限额以上批发零售贸易业主要商品分类销售额等。

9．对外经济与合作数据库

本库全面收录了 1998 年以来对外经济与合作方面的信息内容和研究报告，包括对外经济与合作基本状况、战略规划、政策法规、统计数据、市场分析、国际经贸动态。

10．中国外资数据库

本库全面收录了 1998 年以来中国利用外资方面的信息内容和研究报告，包括利用外资和境外投资规划、利用外资的政策措施、外商投资管理体制、投资环境、分年度、分地区、分产业利用外资基本情况、国际投资概况、政策法规、政策解读、背景资料、利用外资方式、成果分析、专题研究报告等。

11．中国产业发展数据库

本库包括 20 个子库：农村经济数据库、能源矿产数据库、冶金数据库、轻纺数据库、机械数据库、电子数据库、家电数据库、汽车数据库、化工数据库、航空航天数据库、建材数据库、生物医药数据库、IT 产业数据库、交通运输数据库、邮电通信数据库、建筑房地产数据库、文化传媒数据库、教育产业数据库、体育产业数据库、社会服务数据库，全面收录了 1998 年以来中国各个行业方面的信息内容及研究报告。

12．中国区域经济数据库

本库包括区域综合库、东部地区经济数据库、中部地区经济数据库、西部地区经济数据库 4 个部分，其中，东部地区经济数据库、中部地区经济数据库、西部地区经济数据库又细分为具体区域的子库，全面收录了 1998 年以来中国国内综合类及不同区域经济方面的信息内容和研究报告。

13．世界经济数据库

本库包括 10 个子库，分别是《世界经济综合库》、《美国加拿大经济库》、《欧洲与欧盟经济库》、《日本经济库》、《港台韩经济库》、《东盟印度经济库》、《俄国独联体经济库》、《拉美地区经济库》、《中东经济库》、《其他地区经济库》，内容包含了这些国家和地区经济方面的信息内容和研究报告。

14．中国政策法规数据库

本库全面收录了 1949 年以来全国人大法律、国务院行政法规、最高人民法院和最高人民检察院司法解释、国务院各部委规章、各地人大法规和地方政府规章等。

15．中国国家统计数据库

本库全面收录了国家计委、国家统计局、海关总署、人民银行、各行业主管部门的统计资料，不仅具有国家统计局各专业每月、每年定期的综合性统计信息资料，而且还具有分地区、分行业、分经济类型、分时点、分时期等多种分组统计信息资料，涵盖了月度、季度、年度的国内外经济数据，包括宏观经济、产业经济、专题类、区域经济、行业以及世界经济的相关数据。

16．中国体制改革数据库

本库全面收录了中国体制改革方面的信息内容和研究报告，包括改革动态、改革思路、改革方案、背景材料、调研报告、专题研究报告等。

17．焦点专题数据库

本库全面收录了 1998 年以来各个经济发展时期的难点、焦点问题的研究成果和资料。

18．中宏学术成果数据库

全面收录了中宏专家百人团、中宏研究院研究人员所有的研究成果与资料，包括宏观经济、产业经济、专题类、区域经济、行业以及世界经济方面的内容，也收录了中宏基金的经济研究成果和资料。

19．企业管理和经营战略数据库

全面收集了国内外企业管理与经营战略方面的信息内容和研究报告，包括管理理论、管理方法、管理实务、典型案例、规章制度、合同文书范本、企业精英等。

该数据库分为一般检索和高级检索。可以在全部数据库的基础上进行总体上的综合检索，也可以选择数据库分门别类地检索。值得一提的是，在"统计数据库"中有大量的统计结果，可根据用户不同需要按月、季、年查看。此外，该数据库还根据读者对象提供多种专业版，如银行版、证券基金版、政府版、高教版等。

5.7.5 ABI/INFORM Complete

ABI/INFORM，英文全称 Abstracts of Business Information /INFORM，由美国 ProQuest® Information & Learning 公司出版，是欧美大学普遍使用的世界著名商业、经济管理期刊全文数据库。该数据库涉及主题覆盖财会、银行、商业、计算机、经济、能源、环境、金融、国际贸易、保险、法律、管理、市场、税收、电信等领域，包括各个行业的市场、企业文化、企业案例分析、公司新闻、国际贸易与投资、经济状况和预测等方面的资料。

ABI 数据库收录商业方面的期刊 3 100 余种，其中 2 400 余种期刊有全文和图像，其余的期刊提供文摘。ABI 完全版收录的子库包括以下几种。

（1）ABI/INFORM Global——全文期刊数据库。

（2）ABI Archive Complete——回溯期刊数据库。

（3）ABI Trade and Industry——行业与贸易信息数据库。

（4）ABI Dateline——北美地区中小型企业与公司贸易信息数据库。

（5）EIU ViewsWire——经济学家报告（无延迟）。

（6）Dissertations——16 000 篇博士、硕士学位论文全文。

（7）Going Global Career Guide——全球就业指导数据库。

（8）Author Profiles——作者信息数据库。

（9）Wall Street Journal（Eastern Edition）——华尔街日报（美国东部版，即美国本土版）。

ABI/INFORM 收录了商业领域的主要刊物，专门提供商业各学科的重要内容资讯，是商业学术理论与实践领域的顶级资源。通过 ABI，用户可以访问来自商业理论和实践领域里的领袖人物的思想精华。

5.7.6 OECD iLibrary

OECD iLibrary（http://www.oecd-ilibrary.org）由经济合作与发展组织（Organisation for Economic Cooperation and Development，简称 OECD）编辑出版，OECD 成立于 1961 年，是由 30 多个市场经济国家组成的政府间国际经济组织，旨在共同应对全球化带来的经济、

社会和政府治理等方面的挑战，并把握全球化带来的机遇。

OECD iLibrary 主要收录 OECD 出版的电子出版物，包括图书及报告、期刊、在线统计数据库。

1. 图书及报告

OECD 共出版书籍、报告 3 200 余种，可以 PDF 形式在网上提供从 1998 年以来出版的 1 500 多种图书和报告的在线阅览，每年增加 200 余种。OECD 出版的图书涉及范围广泛，包括农业和食品、发展学、教育和技术类、新兴经济形态、就业、能源、环境和可持续发展、财政和投资/保险和社会保障、宏观经济和未来学研究、政府管理、工业，服务业和贸易、OECD 成员国数据统计、核能源、科学和信息技术、转型经济、统计资源和方法、社会问题/移民/卫生健康、税收、交通、城市、乡村及地区发展等 20 个领域类别。

2. 期刊

OECD 出版 28 种期刊，可分为期刊、参考类期刊、统计类期刊三大类，涵盖经济、金融、教育、能源、法律、科技等各方面领域。

3. 在线统计数据库

OECD 出版 27 个在线统计数据库。包括从 1960 年至今的统计资料。内容涉及 OECD 加盟国与主要非加盟国经济最新动向的综合性统计资料，主要有 OECD 加盟国在对外贸易方面的统计数据、农业政策相关统计数据、OECD 加盟国的国民经济核算，包括 GDP、附加价值、总资本形成等，同时还详细收录来自 OECD 地区和流向 OECD 地区的直接投资统计资料等方面。用户可以自行创建所需要的表格，将 OECD 中的数据整理建立成自己想要进行研究的数据库格式。所用的软件都可以在其网站上直接免费下载。

5.7.7　World Bank e-Library

World Bank 数据库（http://www.worldbank.org/online）由世界银行（The World Bank）和 Ingenta 公司合作创建，是一个汇集世界银行出版物的数据库。World Bank 数据库于 2003 年 6 月开始提供服务，其主要目的是为社会和经济领域的研究人员提供世界银行所有有关社会和经济类的图书、报告和多种文件。

World Bank 数据库主要包括以下四个数据库。

1. 世界银行在线图书馆：World Bank e-Library

此数据库主要提供世界银行从 1987 年以来出版的所有有关社会和经济类的 4 000 多种图书、研究工作报告和各种文件的全文，同时也介绍即将出版的图书信息等内容。

2. 世界发展指数在线数据库：World Development Indicators

此数据库是对全球经济发展各方面基本经济数据的汇总。它包含了 695 种发展指数的统计数据，以及 208 个国家和 18 个地区与收入群从 1960 年至今的年度经济数据。数据包括了社会、经济、财政、自然资源和环境等各方面的指数。

3．全球金融发展在线数据库：Global Development Finance

此数据库涵括 136 个国家的外债与金融流程数据资料，收录了 1970 年以来 217 种参数的统计数据。此数据库覆盖了外债总计和流向、全球主要的经济整合、基本的债务比率、新协议的常规条件、长期债务中的货币构成、债务重组等。

4．全球经济监控在线数据库：Global Economic Monitor

该数据库是早期世界银行为了便于银行成员内部监控和报告每日全球经济状态而建立的，是一个能够分析当前经济趋势以及经济与金融指数的"一站式"平台。将几个早期的"内部"银行产品整合为单一的单界面产品，可链接至优质的高频率更新的（每日、每月）经济和金融数据资源。

5.8　法学法律网络信息资源

5.8.1　北大法意——中国法律资源全互动数据库

北大法意网（http://www.lawyee.net）是由北京大学实证法务研究所联合北京大学图书馆共同研发和维护的法律数据库网站，旨在提供专业、全面、持续的法律信息服务，目前已经构筑起全球最大的中文法律信息数据库。

1．北大法意网主要提供的服务

（1）案例教学服务。随着法学教育事业的发展，我国法律案例教学的浪潮方兴未艾。北大法意网的案例数据库为各学科授课教师的课堂教学和教材编写提供可靠、高效的素材资源，同时北大法意网的精品案例库的法律点为各法学专业的学生强化自身的专业素质提供了最佳训练资源。

（2）法律实证研究数据支持服务。北大法意新近推出法律实证研究数据支持服务，旨在为法律研究者提供司法案例等经验数据收集、抽样、分析框架设计、数据整理、统计分析和结论分析等一整套支持，辅助研究者基于实证方法对某一论题进行论证。

2．北大法意网主要包括的数据库

（1）北大法意法规库。该库内容包括宪法法律数据库、行政法规数据库、司法解释数据库、部委规章数据库、地方法规数据库、江苏省法规数据库（专项提取）、政策纪律数据库、行业规范数据库、军事法规数据库、国际条约、大陆法规英译本库、香港法规库、澳门法规库、台湾法规库、立法资料库（附赠）、行政执法库（附赠）、法务流程库（附赠）。

检索功能：法规层级引导检索系统、法规专题引导检索系统、法规主体引导检索系统、法规快速关键词检索系统、法规高级条件性（关键词）检索系统、法规行业检索系统、跨库综合检索（两个以上数据库可使用）、文本打印及.doc 下载功能。

数据统计：大陆法规 405 826 部；港澳台法规 14 986 部；大陆法规英译本库 3 700 部；国际条约库 5 033 部；立法资料库 6 807 部；行政执法库 1 380 部；法务流程库 5 923 部。

共计 443 655 部。

数据来源：各种途径通过官方权威机构采集。

（2）北大法意案例库。该库内容包括刑事案例、行政案例、民商案例、知识产权案例、海商海事案例、专题分类案例、大陆法院案例、香港法院案例、台湾民商案例、澳门法院案例、审判参考库、法律文书库（附赠）。

检索功能：案例案由检索系统、案例专题检索系统、案例法院引导检索系统、案例快速关键词检索系统、案例条件性（关键词）检索系统、跨库综合检索（两个以上数据库可使用）、文本打印及.doc 下载功能。

数据统计：大陆案例库 13 万余条；香港地区案例库 4 万余条；澳门地区案例库 1 000 余条；台湾地区案例库 8.7 万余条；审判参考库 2 870 余条；法律文书库 652 条。共计 26 万余条。

数据来源：国家法官学院项目合作、各地区法院的协作获取。

（3）北大法意合同库。该库内容包括中文合同文本库、英文合同文本库。

检索功能：合同快速检索系统、合同高级条件性（关键词）检索系统、合同分类引导检索系统、合同逐条对照检索系统、合同自助起草（特色功能）、合同风险提示功能（特色功能）、跨库综合检索（两个以上数据库可使用）、文本打印及.doc 下载功能。

数据统计：中文合同文本库 3 689 条；英文合同文本库 2 402 条。共计 6 091 条。

数据来源：涵盖官方发布的范本，主要同跨国企业、国内大型企业的交流合作中获取的实务合同。

5.8.2 "北大法宝"——中国法律检索系统

"北大法宝"（http://www.pkulaw.cn）是由北京大学法制信息中心与北大英华科技有限公司联合推出的智能型法律信息一站式检索平台。1985 年诞生于北京大学法律系，经过 20 多年不断的改进与完善，是目前最成熟、最专业、最先进的法律信息全方位检索系统。

"北大法宝"在全国率先进行法律信息的数据挖掘和知识发现，独创了法规条文和相关案例等信息之间的"法条联想 Clink"功能。不仅能直接印证法规案例中引用的法律法规和司法解释及其条款，还可链接与本法规或某一条相关的所有法律、法规、司法解释、条文释义、法学期刊、案例和裁判文书；不仅让用户方便地查到法条，更能进一步帮助用户理解、研究、利用法条，创造了全新的信息呈现体系。

目前"北大法宝"已发展成为包括"法律法规"、"司法案例"、"法学期刊"、"专题参考"、"英文译本"、"法宝视频"六大检索系统，全面涵盖法律信息的各种类型，在内容和功能上全面领先，取得了绝对优势的市场占有率，受到国内外客户的一致好评，已成为法律信息服务领导品牌、法律工作者的必备工具。

1. "北大法宝"——法律法规检索系统

"北大法宝"是由北京大学法制信息中心与北大英华科技有限公司联合推出的智能型法律法规一站式检索平台。1985 年诞生于北京大学法律系，经过 20 多年不断的改进与完善，是目前国内最成熟、最专业、最先进的法律法规检索系统。

2. "北大法宝"——司法案例检索系统

全面精选收录我国大陆法院的各类裁判文书，撰写案例报道内容，根据用户需求提供全方位检索、导航功能，并且对案例进行了深加工（包括提炼核心术语、争议焦点、案例要旨等），极大提高了案例的参考价值。

3. "北大法宝"——法学期刊检索系统

为从事法律实务和法学研究的专业人士精心打造，提供专业的法学期刊服务，收录国内核心法学期刊全文和目录、法律集刊全文和目录等，各刊内容覆盖创刊号至今发行的所有文献，是国内覆盖年份最完整、更新最快、使用最便捷的专业法学期刊数据库。

4. "北大法宝"——专题参考检索系统

从审判实务出发，内容涵盖裁判标准、实务专题、法学文献、法律年鉴、法学教程等，为从事法律实务工作的人士提供更好的服务，满足专业人员对审判实践工作经验的学习。

5. "北大法宝"——英文译本检索系统

为用户提供中国法律法规（Laws & Regulations）、案例（Cases）、中外税收协定（Tax Treaties）、公报（Gazettes）、法律新闻（Legal News）、法学期刊（Journals）等中国法律信息的英文译本，内容涉及行政、民事、刑事、经济、知识产权和海事等多个领域，所有英文译本均与中文法律文本相对照，可同时同步进行中英文双版本浏览。

6. "北大法宝"——法律视频课件库

集合了北京大学数位顶尖名师、全国优秀法官、检察官和著名律师的精品演讲课程，加工整理成近千余门优质课件，总时长达 2 000 多个小时，根据资源使用对象的不同及群体特征和特定需要，分为 7 个大类、32 个子类。分类体系相对科学合理，既考虑有充分容纳资源的类目，也考虑了用户使用的检索效果和易用性。充分利用各类信息资源之间的相互联系和区别，遵循各类资源纵向逐级分类和横向并列的规律。

5.8.3　中国法律信息网——法律之星

中国法律信息网（http://www.law-star.com）由北京大学法制信息中心、北京中天软件公司研制，北京大学出版社出版，收录自 1949 年 10 月以来全国人大发布的法律、国务院及各行政主管部门发布的行政法规和政策性文件、地方性法规政策、司法解释、港台法规、国际公约、中外协定、合同范本、司法文书范本等 4 万余件。

本网站开发的栏目有最新法规、法规查询、法律论文、案件追踪、中国律师、法律图书、谈法论道等。其中，法规查询栏目收录的数据库包括中国法律法规规章司法解释数据库、中国地方法规数据库、中国司法判例和裁判文书数据库、中外经济和科技协定数据库、国际公约和惯例数据库、香港台湾经济法律数据库、合同范本和法律文书数据库等。

（1）《中国法律法规规章司法解释数据库》收录全国人大（常委会）、国务院、各部委、最高人民法院、最高人民检察院批准和颁布的各类现行法律、行政法规、部门规章、规范性文件、司法解释。

（2）《中国地方法规数据库》收录全国各省、自治区、直辖市、省会城市、计划单列市和国务院批准的较大市等地方人大（常委会）、地方政府批准和颁布的地方性法规、规章、规范性文件。

（3）《中外经济和科技协定数据库》收录中国与亚洲、欧洲、北美洲、南美洲、非洲各国签定的经济协定、科技协定和双边条约。

（4）《国际公约和惯例数据库》收录有关贸易、航运、税收、保险、投资、金融等方面多边条约、国际公约，以及国际组织通过和发布的国际商业惯例和规范性文件。

（5）《中国司法判例和裁判文书数据库》收录最高人民法院审判委员会讨论通过并公布的各级法院在审判活动中应参照遵循的典型案例，以及最高人民法院公布的司法裁判文书。

（6）《香港台湾经济法律数据库》收录香港立法局、台湾各立法机构制定的经济法律、法规。

（7）《合同范本和法律文书数据库》收录国家工商行政管理局和有关管理机关提供的示范合同式样和非官方合同范本，以及常用文书范本和格式文书。

该法律法规查询系统自 1986 年出版后进行了多次升级。该系统可通过目录关键词、主题分类、层次分类、批准部门、发布部门、发布日期、批准日期、施行日期、正文关键词、文件序号等多种途径进行检索。

5.8.4　LexisNexis 数据库

LexisNexis（http://www.lexisnexis.com）是由美国 LexisNexis 公司于 1973 年创办的面向大学法学院、律师、法律专业人员设计的数据库产品。该库链接至 40 亿个文件、11 439 个数据库及 3.6 万个来源，资料每日更新。在法律界具有很高的知名度，全球许多著名法学院、法律事务所、高科技公司的法律部门都在使用该数据库。数据库的主要内容包括新闻、商业、法律研究、医学以及参考文献五大研究领域。

1. 新闻

收录了美国和全球各地出版的 350 多种报纸、300 多种杂志和期刊以及 600 多种新闻简报，并可回溯到 20 多年前。另外，还提供电视台和广播电台的文字新闻稿。其新闻服务的资料来自世界各地 9 000 多个数据库，非常丰富。

2. 商业

提供商业新闻、市场研究、行业报告或美国证券交易委员会备案材料。收录全球主要的商业新闻媒体、报纸、期刊、行业信息、有关美国和外国公司的行政和财务信息、公司破产情况以及关联公司等信息，覆盖全球 800 余万家公司，收有超过 25 个行业的有针对性的信息和范围广泛的会计资料。

3．法律研究

美国联邦与州政府的案例（收录约 300 年的全文案例）、美国最高法院案例（1790 年至今）、美国最高法院上诉案例、美国地方法院及州法院的案例及判决书、所有联邦律法及规则、50 州法规、法律评论（论文来自 450 多种评论杂志）、欧洲联邦律法、专利数据库（收录 1980 年以来的欧洲、美国、日本的专利全文）、英联邦国家法律法规和案例、WTO 的相关案例和条文、其他律法主题等。

4．医学

普及性的医学和健康新闻资源的全文内容服务，对医学和健康期刊的全文检索，国家图书馆的联机医学文献分析和检索摘要。

5．参考文献

包括各种传记信息、有关美国各个州县的统计数字 1 万多条名言、世界年鉴等的检索。

5.8.5　Westlaw International

Westlaw International（http://www.westlaw.com），中文称为西方法律文库，由世界著名的法律信息出版集团 Thomson Legal&Regulatory 面向法律专业人员推出的专业数据库，是一个比较成功的以检索美国法律为主的大型计算机法律信息检索系统。Westlaw 可以检索到西方所有版本的法律出版物，尤其是对那些特别复杂和实用的检索课题，其优势更加明显。

Westlaw 最初是从汇集判例开始的，后来发展到检索美国所有的法律文件。也就是说，文库除了提供每个单行判决意见外，还提供有法规、行政条例及命令等原始法律资料，法学教材、期刊、百科、词典、活页出版物等派生法律资料，范围广泛。通过 Westlaw 联机使用指南或它的数据库目录，可了解所包含的各类法律信息和服务方式。

Westlaw 的特点和优势表现在如下几方面。

1．判例的机检速度快

美国最高法院判例最早和最快的印刷型出版物有两种：一种是《美国法律周刊》（The United States Law Week），另一种是《最高法院公报》（Supreme Court Bulletin）。而 Westlaw 提供信息速度更快：West Group 从收到法院的单个判决意见时就把它输入到 Westlaw，同时插入该判决的批注（Headnotes）以及其他编辑事项。此外，Westlaw 对美国法律原始文件（判例法、制定法、国际条约和惯例等）及派生法律资料（法学方面的专著、百科、期刊、字词典等）提供全文信息检索，检索方式有联机和光盘两种。Westlaw 还与 Eurolex（伦敦欧洲法律中心数据库）联机，进而检索到欧盟及欧洲大陆国家的法律信息。除了提供法律文献外，通过联机方式还可检索到世界上最大的文献信息服务系统 Dialog 的上百个数据库。

2．信息量大

用户可通过选择不同范围、大小和价格的数据库，检索到几十年的联邦法院的判例。

3．检索途径多

可按关键词、按审理案件法官的名字或诉讼所涉双方当事人的姓名、按审理日期、按法院名称、按案件援引形式等。

4．以提供判例信息为主要特色所在

判例数据库既包含非官方版判例汇编中出现的判例，也包括在官方版的判例汇编中出现的案例，还有在印刷出版物检索不到的判决意见。另外，一些从不发表的判决意见全文也在该数据库中。

5．检索方法简捷，功能强大

5.8.6　Kluwer Arbitration 数据库

Kluwer Arbitration online（http://www.Kluwerarbitration.com），也称 Kluwer 仲裁数据库，由国际商事仲裁委员会、常设仲裁法庭、国际仲裁学会以及 Kluwer Law International 机构联合推出，提供超过 12 万页与仲裁相关的最必需资料；拥有定期更新和强大的搜索功能，帮助用户随时掌握世界各地的最新信息。

1．主要内容

26 个仲裁条约；400 项机构法规；5 000 项法院判决；1 700 个双边投资条约；1 750 个仲裁裁决；130 个国家仲裁相关立法；100 种权威出版物(包括自 1976 年以来出版的 ICCA（国际商事仲裁委员会年鉴)，超过 3 500 个条目的书目提要和广泛的参考书目；多达 27 年的年度报告等。

2．独享信息资源

仲裁期刊（自 1984 年以来全套）+权威书籍：Journal of International Arbitration《国际仲裁期刊》；Arbitration International《国际仲裁》；Revue de l'arbitrage《国际仲裁-法语》；Asian International Arbitration Journal《亚洲国际仲裁期刊》；ASA Bulletin《瑞士仲裁协会公报》；ICCA Congress Series《国际商事仲裁委员会宪法系列》；ICCA Handbook《国际商事仲裁委员会手册》；ICCA Yearbook《国际商事仲裁委员会年鉴》。

3．最新添加实践工具

包括两个省时省力的实践工具：智能比较图表工具（Smart Charts）及 IAI（国际仲裁协会）仲裁员工具。

（1）智能比较图表工具（Smart Charts）。通过问与答的方式帮您快速检索或比较特定司法管辖区或仲裁机构的相关内容。

① 仲裁协议的起草：主要司法管辖区跨境仲裁协议主要内容的比较归纳。帮助起草真实有效、有约束力的仲裁协议，并确保管辖区内执行的裁定免受质疑，避免该裁定难以执行。

② 国家豁免权：对主要司法管辖区各国及国家实体在何种情况下、依据何种法律基础所提出的执行豁免权进行比较归纳。帮助管理及规划争议并有效执行裁定。

③ 仲裁机构：对主要国际仲裁机构的程序法规进行一目了然的归纳。

Smart Charts 由国际仲裁知名机构——Clifford Chance LLP 的首席专家 Audley Sheppard 主编。

（2）IAI（国际仲裁协会）仲裁员工具。该工具由国际仲裁协会（IAI）打造，可查找国际仲裁协会 44 个成员国、超过 600 个权威仲裁专家的通讯录，并对专家信息进行比较。信息检索可根据以下内容进行：姓名、居住地、国籍、使用语言、仲裁员或顾问的相关经历、出版书籍（或发表的论文）及执行的裁定。

5.8.7　其他重要网站

1．国信中国法律网

国信中国法律网（http://www.ceilaw.com.cn）由国家信息中心信息开发部法规信息处主办，1999 年开发，目前采用网员制方式提供服务。网员用户可以下载法规正文，非网员用户仅可以查询法规名称、简介等，是专业的法律网站。该网站每周更新法规内容，每月公布新法规目录。

国信中国法律网站有以下栏目。

（1）新法规联机查询。该栏目每月公布一期新的法规目录，内含当月收集的法律法规的名称、简介和法规正文等，并随时补充新的法规。法规的收集范围包括全国人大法律、国务院行政法规、最高人民法院和最高人民检察院司法解释、国务院各部委规章、各地人大法规和地方政府规章等。用户可以通过法规目录编号查询法规，因为每篇法规都有不同的编号，也可以用法规的任意标题词、颁布日期、颁布单位来组合查询。用户如果需要法规正文，可以通过法规与下载功能将指定法规下载到自己的计算机上。

（2）国家法规数据库。该数据库中国家法律法规数据库联机查询，内容包括自 1949 年建国以来全国人大法律、国务院行政法规、最高人民法院和最高人民检察院司法解释等。可以通过标题词、颁布日期和内容分类查询法规正文。

（3）法律理论专刊。该专刊由国家信息中心聘请法律界专家和专业工作者为公众关心的法律问题进行解释和评论。并对新颁布的法律、法规及规章做全面、系统地介绍。

（4）人民法院报特辑。该栏目国家信息中心法规信息处与人民法院报编辑部合办，精选人民法院报上部分优秀文章上网以飨读者。

（5）律师事务所名录。该名录可以通过律师事务所名称、地区、业务范围等查询网上律师事务所的有关信息，为网络客户和上网律师建立联系。

2. 北大法律信息网

北大法律信息网（http://www.chinalawinfo.com）是北大英华公司和北大法制信息中心共同创办的法律综合型网站，创立于 1995 年。北大法律信息网凭借北大法学院的学科优势，在网站内容的广度、深度方面颇有建树，下设法学在线、法律网刊、法律新闻、法律专题、天问咨询、法学论坛等精品栏目。同时，北大法律信息网关注法律知识的专业性、系统性，关注技术革新和研发，关注用户体验，提供中文法律法规、司法案例、法学期刊、专题参考、英文译本五大数据库在线检索服务，独创的法条联想 Clink 全方位立体化展示法律信息，清晰便捷。

北大法律信息网主要栏目有以下几个。

（1）法学在线。2009 年，北大法律信息网在原有的法学文献栏目基础上尝试创新，全新推出"北大法律网·法学在线"栏目，承袭一贯宗旨，致力于促进学术成果的交流、学人慧思的闪光，为法律学人打造思想交互的属地。迄今为止，"北大法律网·法学在线"拥有众多法学名家文集，并收录了四千多位法律学人不同时期的法学文章，总文章数达到了三万余篇。作者自主投稿踊跃，文章首发率高，真正成为了法律学人的思想家园。

（2）法学网刊。2010 年推出精品栏目"北大法律网刊"。秉承探讨学术问题、交流学术观点、推进依法治国的宗旨，以网络期刊的形式将精粹法学文章集结，希望藉此弘扬法学研究事业，促进社会和谐发展。"北大法律网刊"关注最新的国内外法律学术动态、法制焦点热点问题等，每月一期提供法学精品文章，现开辟了立法聚焦、焦点争鸣、理论前沿、法治时评、域外法学、法学随笔、实务探讨等多个栏目。

（3）北大法宝——中国法律信息总库。北大法律信息网提供"北大法宝"——中国法律信息总库信息的检索，包括"北大法宝"——法律法规检索系统、司法案例检索系统、法学期刊检索系统、专题参考检索系统、英文译本检索系统。

（4）天问咨询。北大法律信息网是回馈社会的公益性栏目，旨在为需要法律援助和咨询的求助者提供法律帮助。2005 年与北大法律援助协会联手，合力打造此栏目，进一步提高咨询的质量，从而向咨询者提供更好的服务。

（5）法律网校。北大法学院网络远程教育的窗口。凭借现代化的网络技术和北大法学院强大的师资力量，远程教育为诸多希望接受著名学府高等教育的学子提供了条件，并且为他们提供尽可能好的教学和管理。

（6）资源导航。资源导航内收录了 4 000 多个法律网址，主要分为国内和国外两大部分法律资源，几乎囊括了所有网上的法律资源。

（7）英华司考。北京英华法律培训学校的辅导老师们都有着丰富的司考经验，他们在多年教学经验的基础上结合司考特点，逐步探索出了司法考试的规律，通过浅显易懂的方式传授给大家并辅之以科学的记忆方式，令所有学员都受益匪浅。

3．其他中国法学法律网站

其他一些有用的网站如表 5-3 所示。

表 5-3　其他法学法律网站

网 站 名 称	网　　址	网 站 名 称	网　　址
全国人大信息网	http://www.npc.gov.cn	中国民商法律网	http://www.civillaw.com.cn
中国法官网	http://www.china-judge.com	中国检察网	http://www.52zcy.com
法制网	http://www.legaldaily.com.cn	《法周刊》	http://solicitor.com.hk
正义网	http://www.jcrb.com	中国诉讼法律网	http://www.procedurallaw.cn
中国劳动争议网	http://www.btophr.com	中国法律网	http://www.5law.cn
中国法院网	http://www.chinacourt.org	中国律师网	http://www.acla.org.cn
中国法律资源网	http://www.lawbase.com.cn	"法律帝国"	www.fl365.com
中华法律网	http://www.isinolaw.com	香港律政司网页	http://www.doj.gov.hk

4．英国法律在线

英国法律在线（http://www.justis.com）是侧重英国和欧盟的法律、官方和商业方面的法律信息的免费全文数据库。数据库定期更新，内容较全面，是比较权威的法律信息库。

5．美国律师协会

美国律师协会（http://www.abanet.org）是美国律师的全国性组织。美国律师协会（American Bar Association，简称 ABA）建立于 1878 年，目的是推动法律科学、提高律师素质、完善司法管理、促进立法与裁判的统一性，并加强成员之间的社会交流。协会是自愿性组织，工作出色的律师都可参加。设有代表机构，协会的工作由代表机构的主管委员会及其他委员会监督、指导。下设许多分部，每一分部负责法律的一个领域或法律事务的一个分支。注重保持律师职业行为的准则及提高法学教育水平，支持有助于完善司法管理与实现立法统一的措施。定期出版《美国律师协会月刊》及年鉴。

5.9　检 索 实 例

5.9.1　矿业工程网络信息检索实例

本小节以"煤炭数字图书馆"为例检索矿业工程类专业信息。

例：检索西安科技大学伍永平教授发表的有关"大倾角煤层"方面的文章。

首先，进入检索平台和页面，登录该校图书馆主页 http://202.200.59.7，单击"电子资源>中文数据库"中的"煤炭数字图书馆"进入本数据库首页，如图 5-1 所示。

图 5-1　煤炭数字图书馆首页

单击首页左上方的"IP 登录"按钮，进行 IP 自动识别登录，在西安科技大学 IP 范围内登录后即显示如图 5-2 页面，单击"确定"按钮后即显示如图 5-3 页面。

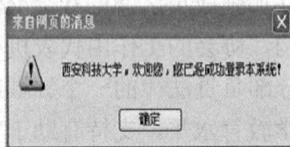

图 5-2　欢迎登录页面

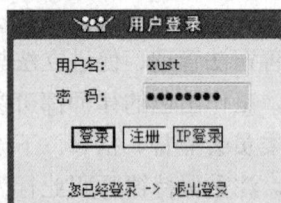

图 5-3　IP 登录后显示页面

其次，在数据库中进行检索，本数据库提供简单检索/复合检索、单库检索/多库检索等多种检索功能。

1．简单多库检索

在本数据库首页的简单检索框内直接输入检索词进行检索。例如，首先输入检索词"大倾角煤层"，其次在检索范围的下拉框里选取检索范围，分为文献类和事实类，系统默认为全部，如图 5-4 所示。

图 5-4　简单多库检索实例

单击"搜索"按钮，系统进行检索并分库显示检中记录结果，如图 5-5 所示。

检索词：大倾角煤层 命中：3个数据库，339条相关信息，检索词出现次

二次搜索　　全部出现(AND)　　二次检索　　重新检索

序号	数据库名称	检索结果条数	浏览信息
1	动态信息	7	
2	图书资料	3	
3	科技论文	329	

图 5-5　简单多库检索结果页面

再次，在检索结果页面的“二次搜索”框中输入检索词“伍永平”进行二次检索，检索结果如图 5-6 所示。

检索词：伍永平 大倾角煤层 命中：1个数据库，16条相关信息，检索词出现次

二次搜索　　全部出现(AND)　　二次检索　　重新检索

序号	数据库名称	检索结果条数	浏览信息
1	科技论文	16	

图 5-6　二次检索结果页面

然后，单击“科技论文”或“浏览信息”下面的图标，即可进入详细的结果列表页面，如图 5-7 所示。

检索词：伍永平 大倾角煤层 命中：科技论文数据库，16条相关信息，

序号	篇名
1	大倾角煤层覆岩断裂带高度影响因素的数值分析
2	清水营煤矿大倾角煤层赋存特征综合分析
3	大倾角煤层综放工作面“降坡段”布置方式
4	大倾角煤层开采覆岩空间倾斜砌体结构
5	大倾角煤层开采围岩空间非对称结构特征分析
6	大倾角煤层坚硬顶板预裂弱化的数值分析
7	大倾角坚硬顶板深孔超前预爆破研究与应用
8	大倾角硬顶软底软煤走向长壁综放开采集成技术
9	大倾角走向长壁开采“R-S-F”动态稳定性实验
10	大倾角煤层开采“顶板－支护－底板”系统的动力学方程
11	大倾角煤层开采“顶板－支护－底板”系统稳定性及动力学模型
12	大倾角煤层综采基本问题研究
13	绿水洞煤矿大倾角煤层综采技术研究与应用
14	大倾角煤层机械化开采的关键技术与对策
15	大倾角综采支架稳定性控制
16	大倾角煤层群开采岩移规律数值模拟及复杂性分析

全选　　浏览　　另存　　页数：1/1

图 5-7　检索结果详细列表页面

单击其中的文章题目，即可进入本文章的介绍页面，如单击列表中的第 1 篇文章，进入如图 5-8 页面。

数据库：科技论文

篇名	大倾角煤层覆岩断裂带高度影响因素的数值分析
作者	伍永平；王红伟；解盘石；曾佑富
出处	煤炭工程^201103
页数	4
附件	**全文1**

图 5-8　单篇文章介绍信息

单击单篇文章界面页面的"全文"链接，即可在线浏览或下载此篇文章进行全文观看，如图 5-9 所示。本数据库中的文章全文均为 PDF 格式，需用 PDF 阅读器阅读全文。

2011年第 3期　　　　　　煤 炭 工 程　　　　　　研究探讨

大倾角煤层覆岩断裂带高度影响因素的数值分析

伍永平[1,2]，王红伟[1,2]，解盘石[1,2]，曾佑富[2]

(1. 西部矿井开采及灾害防治教育部重点实验室，陕西 西安　710054

2. 西安科技大学 能源学院，陕西 西安　710054)

摘　要：基于对大倾角煤层开采特点的分析，认为在工作面长度一定的条件下，煤层倾角、顶板岩层强度、开采高度是大倾角煤层开采顶板断裂带高度的主要影响因素。对上述影响因素进行正交试验，对模拟结果进行单因素极差分析与多元线性回归分析，得出各因素对断裂带高度的影响程度，依次为：岩层倾角＞顶板岩层强度＞采煤高度，得出大倾角煤层开采顶板断裂带高度的回归公式。最后用回归公式与相似模拟实验数据进行对比验证，表明数值模拟结果的正确性。

关键词：断裂带高度；正交试验；单因素极差分析；多元线性回归分析；数值分析

中图分类号：TD 325^.1　**文献标识码**：A　**文章编号**：1671-0959(2011) 03-0063-04

Numerical Analysis on Influence Factors of Fractured Zone Height in Overburden Strata Above High Inclined Seam

WU Yong-ping[1,2], WANG Hong-wei[1,2], XIE Pan-shi[1,2], ZENG You-fu[2]

(1. Ministry of Education & Key Lab of Mining and Disaster Prevention and Control in West China Mine, Xi'an 710054 China;

2. School of Energy, Xi'an University of Science and Technology, Xi'an 710054 China)

Abstract Base on the analysis on mining features of high inclined seam, under the certain length condition of the coal mining face, the seam inclination, roof strata strength and mining height would be the main influence factors of the roof fractured zone height in the high inclined seam mining. The orthogonal experiments were conducted on the above factors.

图 5-9　文章全文信息

2．复杂多库检索

单击本数据库首页的 ▶检索中心 按钮，进入复杂多库检索页面，在检索框中分别输入两个检索词"大倾角煤层"和"伍永平"，两个检索词中间用空格分隔，逻辑关系选择为"全部出现（AND）"，在检索范围选择框中选择"文献类"，单击 开始检索 按钮进行检索，如图 5-10 所示，检索结果如图 5-6 所示。

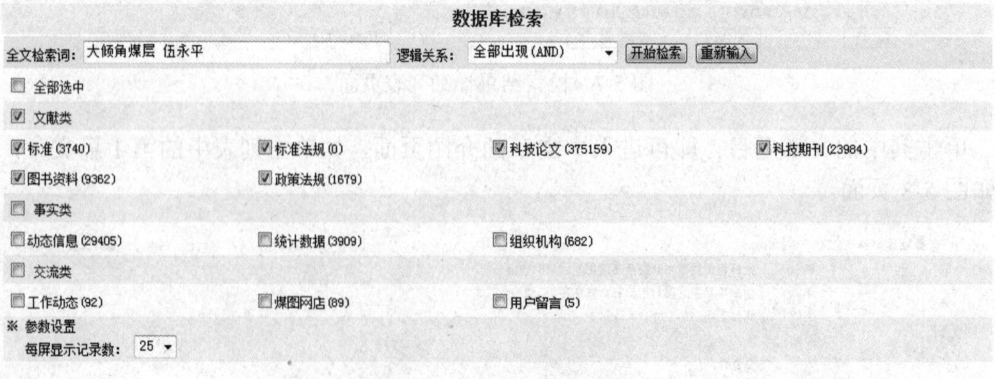

图 5-10　复杂多库检索界面

3．单库检索

本数字图书馆收录的信息分为图书资料、科技期刊、科技论文、统计数据、动态信息、组织机构、政策法规、标准等类型，可直接进入每种信息类型单库进行检索，还以检索西安科技大学伍永平教授发表的有关"大倾角煤层"方面的文章为例，直接在数字图书馆首页导航栏单击"科技论文"进入科技论文单库检索界面进行检索，输入的检索词及其之间的逻辑组配关系和复杂多库检索时一致，输入检索词和检索结果页面如图 5-11 所示。

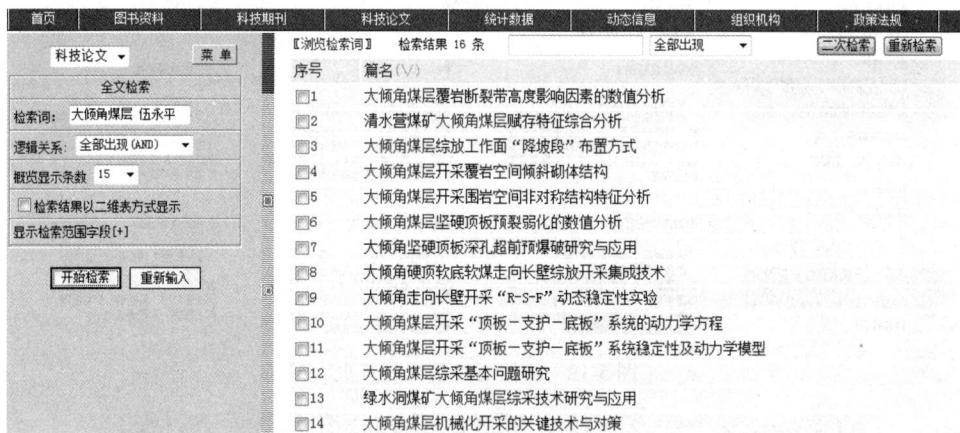

图 5-11　"科技论文"单库检索及检索结果界面

检索结果和前面的保持一致，查看检索结果文章全文如前所述。

5.9.2　经济商务网络信息检索实例

本小节以"中国资讯行（China InfoBank）"为例检索经济商务类专业信息。

例如，检索最近一年有关煤炭价格方面的商业报告信息（注：检索日期为 2013 年 5 月 8 日）。

首先，登录高校财经数据库网站（网址：http://www.bjinfobank.com），首页如图 5-12 所示。

其次，在本网站数据库中进行检索，本网站数据库提供单库简单检索和单库专业检索两种检索模式。

1．单库简单检索

在本网站首页选择"中国商业报告库"，逻辑关系设置为"全部字词命中"，时间选择设置为"前一年"，检索范围设置为"标题"，输入检索词"煤炭价格"，检索页面如图 5-13 所示。

单击"检索"按钮，进入检索结果页面，如图 5-14 所示。

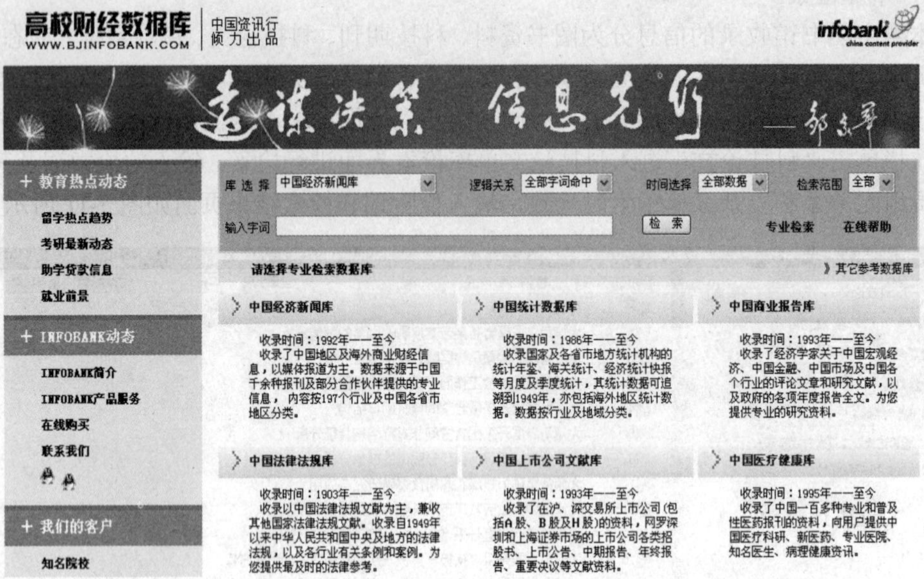

图 5-12　高校财经数据库首页

图 5-13　单库简单检索界面

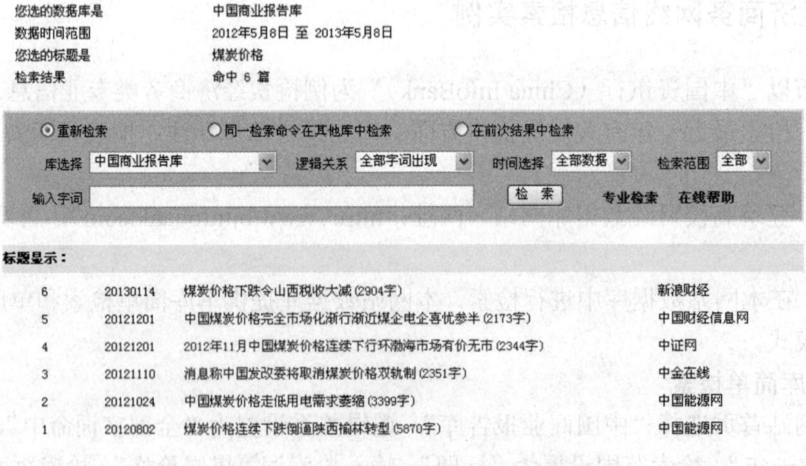

您选的数据库是	中国商业报告库
数据时间范围	2012年5月8日 至 2013年5月8日
您选的标题是	煤炭价格
检索结果	命中 6 篇

6	20130114	煤炭价格下跌令山西税收大减(2904字)	新浪财经
5	20121201	中国煤炭价格完全市场化渐行渐近煤企电企喜忧参半(2173字)	中国财经信息网
4	20121201	2012年11月中国煤炭价格连续下行环渤海市场有价无市(2344字)	中证网
3	20121110	消息称中国发改委将取消煤炭价格双轨制(2351字)	中金在线
2	20121024	中国煤炭价格走低用电需求萎缩(3399字)	中国能源网
1	20120802	煤炭价格连续下跌倒逼陕西榆林转型(5870字)	中国能源网

图 5-14　单库简单检索结果页面

　　检索结果默认按时间先后顺序排序,最新的信息排在前面,可选择检索结果中的任意一条信息查看详细内容,如选择标题为"煤炭价格连续下跌倒逼陕西榆林转型"的文章,打开链接可看到此篇文章的详细信息，包括行业、地区、时间、文献出处等信息，如图 5-15 所示。

数据库浏览　　中国商业报告库　　INFOBANK提供

正文显示：

【行业分类】煤炭/矿业

【地区分类】陕西

【时间分类】20120802

【文献出处】中国能源网

【标　题】煤炭价格连续下跌倒逼陕西榆林转型(5870字)

【正　文】

7月27日，陕北榆林遭受了一次罕见的暴雨袭击，让神木县几处矿区价值数十亿元的“黑金”也正裸露在风险中：堆积如山的煤炭像黑色巨人一般屹立在风雨中，若暴雨持续，这些“黑金”面临着被洪水冲走的危险；而随着雨水的浸入煤堆内部氧气的增加，煤堆自燃的风险亦随之提高。

对于榆林来说，有个称呼最特别：中国科威特。全市一半以上的土地中含有煤炭资源，煤炭资源探明储量占全国已探明储量的12%，是世界七大煤田之一。这个与鄂尔多斯一样因煤炭而暴富的西部城市，近年来以一种蓬勃向上的生长力量，实现了经济的跨越式发展，目前，人均GDP已突破1万美元，城市亦一派繁荣景象。

但目前或许不是榆林的最好日子。和全国一样，受国内经济下行压力不断加大的影响，煤炭作为工业“粮食”，市场需求整体不足，价格暴跌。统计显示，榆林原煤价格较去年同期每吨下降约200元，上半年全市煤炭库存量1000万吨，导致煤炭生产企业普遍开工不足，部分企业出现亏损。这对于榆林市以煤为主的产业结构来说，其受到的冲击力度、影响程度在一定意义上超过了上一轮金融危机。

7月25日，榆林市召开2012年上半年经济运行分析会，商讨如何应对这次经济波动，当地政府提前预判，主动作为并及时出台了电价补贴、贷款贴息等一系列干预政策，力求确保榆林市经济稳增长。

图 5-15　单篇文章详细信息

同时，在检索结果页面，可实现“同意检索命令在其他库中检索”及“在检索结果中检索”的功能，可根据需要选择使用。

2．单库专业检索

在本网站首页选择“专业检索”模式，单击“专业检索”后进入如图 5-16 页面。

INFOBANK专业检索

请选择您要浏览的数据库

	数据库名称	库记录数	最后更新日期	数据库提供者
1	中国经济新闻库	3897042	20130508	CHINAINFOBANK
2	中国商业报告库	383106	20130508	CHINAINFOBANK
3	中国法律法规库	278111	20130508	CHINAINFOBANK
4	中国统计数据库	572437	20130503	CHINAINFOBANK
5	中国上市公司文献库	382954	20130508	CHINAINFOBANK
6	香港上市公司资料库（中文）	12625	20010404	CHINAINFOBANK
7	中国医疗健康库	26644	20110720	CHINAINFOBANK
8	English Pulication	41290	20020702	CHINAINFOBANK
9	中国企业产品库	279324	20010404	CHINAINFOBANK
10	中国中央及地方政府机构库	163	20010404	CHINAINFOBANK
11	名词解释库	1551	20030514	CHINAINFOBANK
12	中国人物库	16740	20030514	CHINAINFOBANK

图 5-16　专业检索数据库选择页面

选择"中国商业报告库",进入中国商业报告库的专业检索界面,在专业检索框输入检索词并限制检索条件,和简单检索条件一致,如图 5-17 所示。

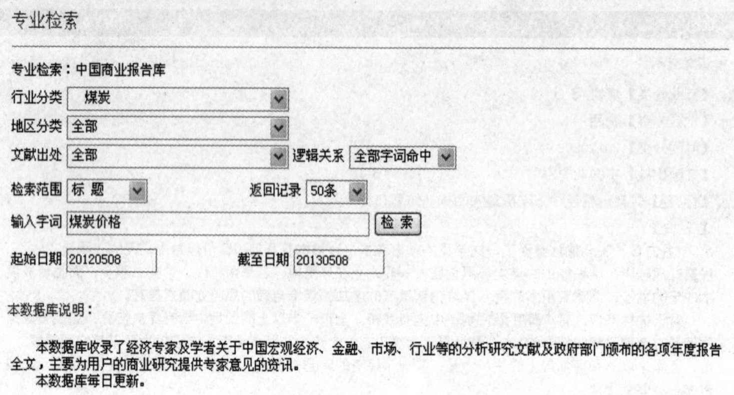

专业检索

专业检索:中国商业报告库

行业分类 煤炭

地区分类 全部

文献出处 全部　　　　　　　　逻辑关系 全部字词命中

检索范围 标 题　　　　　　返回记录 50条

输入字词 煤炭价格　　　　　　　　　　检 索

起始日期 20120508　　　截至日期 20130508

本数据库说明:

本数据库收录了经济专家及学者关于中国宏观经济、金融、市场、行业等的分析研究文献及政府部门颁布的各项年度报告全文,主要为用户的商业研究提供专家意见的资讯。

本数据库每日更新。

图 5-17　专业检索数据库检索页面

单击"检索"按钮即可进入检索结果页面,检索结果页面和单篇文章信息与简单检索一致,分别如图 5-14 和图 5-15 所示。

思考题

1. 煤炭数字图书馆包括哪些资源?煤炭行业的标准文献可以使用哪个数据库检索?应如何检索?

2. 有关矿业工程方面的中文电子图书应如何获取?请利用矿业工程数字图书馆检索我校李树刚老师编著的图书。

3. 如何利用网络资源查找有关建筑与土木工程方面的英文信息?

4. 如何利用网络资源查找有关机械电子类信息?

5. 世界上著名的有关化学化工方面的文摘数据库是什么?可以获取化学化工全文信息的数据库有哪些?中国重要的化学化工方面的网络资源有哪些?

6. 如何利用网络资源查找有关数理科学方面的英文信息?

7. 查找政府统计数据可用哪些数据库检索?应如何检索?

8. 如何利用网络数据库资源查找有关行业报告?

9. 检索中国法律的数据库有哪些?应如何检索?

第 6 章　搜索引擎及开放获取资源检索

6.1　搜 索 引 擎

随着网络的发展，因特网上的资源以惊人的速度不断增长，人们在浩如烟海的信息面前无所适从，想迅速、准确地获取自己需要的信息，变得十分困难。为了解决用户的信息需求与网上资源的海量、无序之间的矛盾，20 世纪 90 年代，网络信息资源检索工具应运而生，这就是搜索引擎。

6.1.1　搜索引擎概述与工作原理

搜索引擎（Search Engine）是指根据一定的策略、运用特定的计算机程序从因特网上搜集信息，在对信息进行组织和处理后，为用户提供检索服务，将用户检索相关的信息展示给用户的系统。

1. 搜索引擎的构成

搜索引擎一般由搜索器、索引器、检索器和用户接口四个部分组成。

（1）搜索器。搜索器即通常所说的蜘蛛（Spider），也叫网页爬行器、爬行者（Webcrawler）、机器人（Robot）等，搜索器的功能是在因特网中发现和搜集信息。它通常是一段计算机程序，日夜不停地运行，要尽可能多、尽可能快地搜集各种类型的新信息。同时因为因特网上的信息更新很快，所以还要定期更新已经搜集过的旧信息，避免死链接和无效链接。

（2）索引器。索引器又称目录或数据库，索引器的功能是理解搜索器所搜索的信息，从中抽取出索引项，用于表示文档以及生成文档的索引表。

索引器的标引方法因系统而异，但大多数均采取自动标引技术。有的建立的是对万维网的网页内容进行全文索引，有的则从文章中按某些分类或特征对信息进行抽取。索引项分为客观索引项和内容索引项两种。客观索引项与文档的语意内容无关，如作者、URL、更新时间、编码、长度、链接流行度（Link Popularity）等；内容索引项是用来反映文档内容的，如关键词及其权重、短语、单字等。一般来说，标引的索引项越多，检索的全面性越高，而查准率就相对较低。

（3）检索器。检索器是根据用户的查询要求在索引库中快速匹配文档，对将要输出的结果进行排序，并实现某种用户相关性的反馈机制。

（4）用户接口。用户接口供用户输入查询，显示匹配结果。主要目的是方便用户使用搜索引擎，高效率、多方式地从搜索引擎中得到目标信息。

2．搜索引擎的工作原理

搜索引擎的"网络机器人"或"网络蜘蛛"是一段程序，它在 Web 空间中采集网页资料，为保证采集的资料最新，还会回访已抓取过的网页。搜索引擎还要有其他程序对抓取的网页进行分析，根据所采用的相关度算法建立网页索引，添加到索引数据库中。

用户平时使用的全文搜索引擎，实际上只是一个搜索引擎系统的检索界面。当输入关键词进行查询时，搜索引擎会从数据库中找到符合该关键词的所有相关网页的索引，并按一定的排序规则呈现给用户。分类目录搜索引擎同样分为收集信息、分析信息和查询信息三部分，只不过分类目录的收集信息、分析信息两部分主要依靠人工完成。用户不使用关键词也可进行查询，只要找到相关目录，就完全可以找到相关网站。用户使用搜索引擎进行检索时并不真正搜索因特网，它搜索的实际上是预先整理好的网页索引数据库。

搜索引擎的原理，可以看作三步：从因特网上抓取网页；建立索引数据库；在索引数据库中搜索信息。

因特网虽然只有一个，但各类搜索引擎的功能和偏好不同，所以抓取的网页各不相同，排序算法也各不相同。用户在使用搜索引擎时，往往不会只使用一种搜索引擎，因为它们能分别搜索到不同的内容。因特网上有更大量的内容，是搜索引擎无法抓取并进行索引的，也是我们无法用搜索引擎搜索到的。

6.1.2　搜索引擎分类

1．按检索功能分

（1）目录型搜索引擎。实质就是网站目录索引，是将网站分门别类地存放在相应的目录中。用户提交网站后，目录编辑人员会亲自浏览用户的网站，由专业信息人员以人工或半自动的方式搜索网络信息资源，并将搜索、整理的信息资源按照一定的分类体系编制成一种等级结构式目录。国外的 Yahoo!、Open Directory Project、LookSmart 和国内的 Hao123 属于这类搜索引擎。

目录型搜索引擎具有分类清晰的特点，所收录的网络资源经过专业人员的鉴别和选择，确保了检索的准确性。但该类搜索引擎的数据库规模相对较小，系统更新速度受工作人员的限制，可能导致检索内容的查全率不高。

（2）全文型搜索引擎。全文搜索引擎是名副其实的搜索引擎，提供的是因特网上各网站的每一个网页的全部内容，搜索的范围较大，并具有全新的、强大的检索功能，可以直接根据文献资料的内容进行检索，真正为用户提供对因特网上所有信息资源进行检索的手段，但该类搜索引擎没有清晰的层次结构，有时会给人一种杂乱无章的感觉。全文型搜索引擎具有较高的查全率。Google、百度等都属于这类搜索引擎。

从搜索结果来源的角度，全文型搜索引擎又可分为两种：一种是拥有自己的检索程序（Indexer），俗称"蜘蛛"（Spider）程序或"机器人"（Robot）程序，并自建网页数据库，搜索结果直接从自身的数据库中调用；另一种则是租用其他引擎的数据库，并按自定义的格式排列搜索结果，如 Lycos 引擎等。

2．按检索语言分

（1）关键词型搜索引擎。关键词型搜索引擎是通过用户输入关键词来查找所需的信息资源，这种方式方便直接，而且可以使用逻辑关系组合关键词，可以限制查找对象的地区、网络范围、数据类型、时间等，可对选定条件的资源准确定位。Infoseek、Google、天网、百度等都属于这类搜索引擎。

（2）分类型搜索引擎。分类型搜索引擎是把搜集到的信息资源按照一定的主题分门别类，建立分类目录，大目录下面包含子目录，子目录下面又包含子目录，依次建立一层层具有包含关系的分类目录。用户查找信息时，逐层浏览打开分类目录，逐步细化，就可以查到要找的信息。Yahoo!、Look Smart 等都属于这类搜索引擎。

（3）混合型搜索引擎。混合型搜索引擎兼有关键词型和分类型两种检索方式，既可直接输入检索词查找特定资源，又可浏览分类目录了解某个领域范围的资源。新浪、网易、搜狐等都属于这类搜索引擎。

3．按检索范围分

（1）综合类搜索引擎。综合性的信息检索系统，利用它几乎可以检索任何方面的信息资源，但有时会出现因字形相同而实际上互不相关的内容，或因检出的内容太泛而无法一一过目。Google、Yahoo!、百度、新浪等都属于这类搜索引擎。

（2）专业类搜索引擎。专业类搜索引擎是专业信息机构根据专业需求，将因特网上的资源进行筛选整理、重新组织而形成的专业性的信息检索系统。专业类搜索引擎能针对用户的特定需求来提供信息，特定用户只要登录到相应的搜索引擎即可迅速、准确地找到符合要求的精准信息。因此，高质量专业类搜索引擎是学科专业领域研究人员获取网上信息资源的重要工具，是因特网搜索引擎研究开发的方向。Medscape、Intute、PhysLink 等都属于这类搜索引擎。

（3）特殊型搜索引擎。特殊型搜索引擎是专门搜集特定的某一方面信息的，例如音乐搜索引擎 Sogou、地图搜索引擎 Mapbar、图像引擎 Eefind 等。

4．按搜索方式分

（1）独立搜索引擎。独立搜索引擎也称单一搜索引擎，它局限于单个搜索引擎建立的数据库进行检索，且必须适应各个搜索引擎的查询法与规则，查准率和查全率往往受到一定限制。例如 Google、Yahoo!、百度、新浪、网易等。

（2）元搜索引擎。元搜索引擎（Meta Search Engine）也称集成化搜索引擎，它是集成了若干个独立的搜索引擎，能够综合利用多个索引数据库系统中的信息资源，从而提高搜索引擎的查询性能。

元搜索引擎出现于 1995 年，用户只需提交一次搜索请求，由元搜索引擎负责转换处理，之后提交给多个独立搜索引擎，并将从各独立搜索引擎返回的所有查询结果进行聚合、去重和排序等处理，将结果返回给用户。相对于元搜索引擎，可被利用的独立搜索引擎成为"源搜索引擎"（Source Search Engine）或"成员搜索引擎"（Component Search Engine）。元搜索引擎一般没有自己的网络机器人及数据库，但在检索请求提交、检索接口代理和检索结果显示等方面，通常都有自己研发的特色元搜索技术。

元搜索引擎能提供较快的搜索速度、智能化处理搜索结果、设置个性搜索功能和友好的用户检索界面，查全率和查准率都比较高。元搜索引擎有 Metacrawler、Dogpile、Ixquick、Mamma 等。

在搜索引擎发展进程中，元搜索引擎有一种初级形态称为集合式搜索引擎。集合式搜索引擎是通过网络技术，在一个网页上链接多个独立搜索引擎，检索时需点选或指定搜索引擎，一次输入，多个搜索引擎同时查询，搜索结果由各搜索引擎分别以不同的页面显示，其实质是利用网站链接技术形成的搜索引擎集合，而并非真正意义上的搜索引擎。集合式搜索引擎无自建数据库，不需要研发支持技术，也不能控制和优化检索结果。

5．按运营方式分

（1）综合搜索引擎。以搜索为专业服务和主要业务来源，提供综合性信息的搜索，主要适用于社会性搜索和有明确目的的搜索，搜索对象的相关性较差。例如百度、Google 等。

（2）门户搜索引擎。适用门户网站应用的新闻、消息、购物、地图和饮食等生活性检索。例如新浪爱问、搜狐搜狗、网易有道、腾讯搜搜等。

（3）垂直搜索引擎。垂直搜索引擎是针对某一领域、某一专业的资源检索，在学术应用中，垂直搜索引擎较广泛。例如 CALIS 学科导航、数字图书馆、学科门户等。

6.1.3　搜索引擎使用技巧

各种搜索引擎在查询范围、检索功能等方面各有千秋，在对多种搜索引擎特点分析的基础上，应当有选择地使用与自己信息需求特点相关的搜索引擎。

1．选择合适的搜索工具

每种搜索引擎都有各自不同的特点，用不同的搜索引擎查询得到的结果往往有很大的差异，只有选择合适的搜索工具才能达到事半功倍的效果。选择合适的搜索工具有以下两点原则。

（1）去信息应该在的地方。直接到信息源这种方法既简单又有效，也是搜索运用上的首要原则，即掌握工具的特点直接登录。例如知道旅游专业网站，查找旅游信息便可直接登录，而不一定要用搜索引擎去搜索这方面的信息。也就是说，查行业性强的信息去优秀的行业网站要比搜索引擎强，搜索专业性的知识尽量用垂直搜索引擎。例如搜索科学类信息，除利用各种数据库外，用 Sircus 搜索引擎也非常有效；对于某些确定的信息，选择专用搜索，例如利用 Google、Usenet、IRC 信息等；如果要查找某指定公司的 Web 页，可以使用 Open Market Commercial Sites 索引（http://www.dir.info）。

（2）优先选择目录式搜索引擎。对于搜索信息的主题和学科属性比较明显的，优先选择分类目录式搜索引擎。同时目录索引工具在提供的某种产品或服务上也略占优势，因而搜索中文此类信息时，经常还用到搜狐、新浪或网易的目录搜索。

2．确定关键词

在搜索引擎利用上，关键词选择的准确与否直接影响检索结果。如果关键词选择已经非常准确的话，往往就可以迅速找出所要找的信息，而不需要用其他更复杂或高级的搜索技术来构造表达式。选择搜索关键词有以下几个原则。

（1）要明确检索目标，为什么检索，以确定关键词的范围是大是小。

（2）多利用反映具有个性和特性特征的概念作为关键词，使用特定的词汇。例如在图书网输入"图书"查找图书不会有区别，而输入"对外贸易"对图书查询则更能达到目的。又如，不用"服装"而用"牛仔服"，用"rose"而不用"flower"，并尽可能删去一些同义词或近义词。

（3）要注意搜索引擎对关键词识别上的特殊规定。例如，是否区分字母的大小写，如果搜索人名或者地名等关键词，应该正确使用大小写字母形式；是否有不支持的停用词（Stop Words）或过滤词（Filter Words），因为这类词不能用作关键词，如常用的名词，英文中的 and、how、what、web、homepage 和中文中的"的"、"地"、"和"等。

（4）根据需要适当增加关键词数量精确检索。如果在给出一个单词进行搜索后，发现获得的数以千计甚至以百万计的匹配网页不相关时，就需要再加上一个或多个关键词，则搜索结果会更加准确。例如查找"苹果计算机"的资料时，若只输入"apple"，则结果的多和杂会令人无法查询，而若加上"computer"一词，则检索结果的范围相对会缩小，也更准确。

3．选用高级搜索

"您得到什么答案，取决于您怎么提问"。提问表达式的构造质量将直接影响检索质量，而检索工具是通过利用其高级检索功能来实现对提问表达式的精确与深度构造，所以从某种程度上讲，高级搜索功能是反映其总体搜索水平高低的重要指标。对用户来讲，能灵活选用高级搜索功能有助于控制检索结果的质量。一般情况下，搜索引擎多从检索技术应用、检索条件限定和搜索结果处理三方面来体现高级搜索的特点。

搜索技术的应用包括常用的布尔逻辑技术、截词技术、位置算符运用、字段检索、限制检索等。其中，以布尔逻辑技术应用最为广泛。

首先，要能正确使用布尔逻辑检索方式。搜索逻辑命令通常是指布尔逻辑命令"AND"、"OR"、"NOT"及与之对应的"*"、"+"、"-"等逻辑命令，用逻辑与"AND"来缩小检索范围，逻辑或"OR"来扩大检索范围，逻辑非"NOT"来排除部分概念。不同的搜索引擎支持的逻辑运算符略有区别，因此，在了解使用布尔逻辑检索之前，也要了解其在不同搜索引擎的使用方法，在此基础上再利用布尔逻辑技术进行复合表达式的构造。用好这些命令可使我们日常搜索应用达到事半功倍的效果。

搜索条件的限定包括对检索结果的时间、数量、排列次序、域名、文件类型、显示程度等信息的设置，给出的搜索条件越具体，搜索引擎返回的结果也会越精确。对结果限定条件的选择配合检索技术的应用可大大提高查准率和查全率。

在对搜索引擎结果的处理上，每种工具都各有特色。有的提供进阶检索功能，有的提供相关主题提示和链接检索，在获得每一次检索结果的基础上再细化查询，利用好这部分功能可以扩大检索成果或精确检索结果。

4．特殊搜索命令

搜索引擎还支持一些特殊的搜索命令，方便用户快速定位检索。例如利用双引号进行精确查找；利用"title:"或"t:"表示标题搜索；用命令"site:"表示在某个特定的站点中进行搜索；用"url:"表示利用某个特定的 URL 搜索；通过"link:"命令链接其后的网址；用"filetype:"表示限定搜索的文档类型；用"daterange:"表示限定搜索的时间范围；用"phonebook:"表示查询电话等。对于上述各种特殊命令，不同的搜索引擎支持的程度各不相同。对用户而言，要先学习再使用，并且这种搜索命令不能为深入检索所用，但若能将特殊命令熟练掌握，再配合其他搜索技巧一起使用，将会非常有效。

对于以上介绍的搜索技巧，需要在日常搜索中多运用，对于什么时候使用何种技巧，只能靠日常积累和总结，这就需要日常养成良好的搜索习惯。多向搜索高手学习，多查询介绍搜索技术的信息，多交流，多总结优秀搜索工具和数据库，并将它们放在浏览器的收藏夹上，形成个人常用的网络资源导航或导航页，以便于调用。其中很重要的一条就是在利用工具之前阅读理解检索工具的帮助信息，阅读搜索引擎相关命令、自身的操作、定义符及规则说明等，多尝试使用，从而提高检索技能。

6.1.4　综合搜索引擎

1．Google（谷歌）搜索引擎

Google（http://www.google.com）是一家以提供搜索服务为重点的盈利公司，是由两位斯坦福大学博士生拉里·佩奇和谢尔盖·布林于 1998 年 9 月在美国硅谷共同创建，旨在提供全球最优秀的搜索引擎服务。Google 以其强大、迅速而方便的搜索引擎，为用户提供准确、翔实、符合需要的信息，目前已经成为全球规模最大的搜索引擎。

Google 的搜索服务产品主要包括网页搜索、学术搜索、图书搜索、图片搜索、美国专利信息全文查询、API 程序和开放源代码存取、地图搜索、3D 绘图软件搜索、视频搜索、照片搜索、博客搜索、财经信息搜索、购物信息搜索等服务。用户可以利用 Google 提供的基本搜索、高级搜索和特殊搜索功能实现不同的搜索需求。

（1）基本搜索。Google 查询简洁方便，仅需输入查询内容并单击"Google 搜索"按钮即可得到相关资料。Google 的基本检索功能包括：

① 自动"AND"查询。Google 只显示那些符合全部查询条件的网页，不需要在关键词之间加上"AND"或"+"。如果想缩小范围，只需输入更多的关键词，在关键词中间留空格。

② 忽略词。Google 会忽略最常用的字词，如"http"、".com"和"的"等字符以及数字和单字。使用英文双引号可将这些忽略词强加于搜索项，如输入"画家的故事"时，加上双引号会使"的"强加于搜索项中。

③ 根据上下文查看网页。每个 Google 搜索结果都包含从该网页中抽出的一段摘要，这些摘要提供了搜索关键词在网页中的上下文。

④ 汉字繁简转换。Google 运用智能汉字繁简自动转换系统，完成繁简体文本之间的转换。同时检索繁体和简体网页，将搜索结果的标题和摘要转换成搜索项的同一文本，便于阅读。

⑤ 词干法。Google 会同时搜索关键词和与关键词相近的字词。词干法对英文搜索尤其有效，例如，搜索"dietary needs"，Google 会同时搜索"diet needs"和其他该词的变种。

⑥ 忽略英文大小写。Google 搜索不区分英文字母大小写，所有的字母均作小写处理。例如，搜索"google"、"GOOGLE"或"GoOgLe"，得到的结果都一样。

⑦ 拼音汉字转换。Google 运用智能软件系统对拼音关键词能进行自动中文转换并提供相应提示。例如，搜索"Shang WU tong"，Google 能自动提示"您是不是要找：商务通"。如果单击"商务通"，Google 将以"商务通"作为关键词进行搜索。对于拼音和中文混合的关键词，系统也能作有效转换。

（2）高级搜索。对于某些复杂的搜索，我们希望更好地控制显示的搜索结果，可以尝试访问高级搜索页，以查看更精确的搜索和获取更实用的搜索结果的选项。访问 Google 的高级检索页面（见图 6-1）可以通过单击搜索结果页右上角的 ✿ 齿轮图标，选择高级搜索，也可以通过 http://www.google.com/advanced_search 直接访问。

图 6-1　Google 高级搜索界面

Google 高级检索功能包括以下几个方面。

① 排除无关资料。如果要避免搜索某个词语，可以在这个词前面加上一个"—"号，但在"—"之前必须留一空格。

② 英文短语搜索。在 Google 中，可以通过添加英文双引号来搜索短语整体。这一方法在查找名言警句或专有名词时很有用处。一些字符如"—"、"\"、"—"和"…"等标点符号识别为短语连接符。

③ 指定网域。要在某个特定的域或站点中进行搜索，可以在 Google 搜索框中输入"Site:XXX.corn"。

④ 限制搜索。利用 Google 目录可以根据主题来缩小搜索范围。例如，在 Google 目录的 Science>Astronomy 类别中搜索"Saturn"，可以找到只与 Saturn（土星）有关的信息。而不会找到"Saturn"的其他含义。将搜索范围限制在某个特定的网站中、排除某个特定网站的网页、将搜索限制于某种指定的语言、查找链接到某个指定网页的所有网页、查找与指定网页相关的网页等。

⑤ 链接搜索。在"link"后面加上冒号是显示所有指向该网址的网页。例如，"link:www.Google.corn"将找出所有指向 Google 主页的网页。"link:"搜索不能与普通关键词搜索结合使用。

（3）特殊搜索。对于一些特殊的需求，Google 提供了针对特殊需求的特殊搜索功能，方便用户精确定位所需信息。

① 查找特定类型的文件。Google 可以支持 13 种非 HTML 文件的搜索，有 PDF、Microsoft Office（doc、ppt、xls、rtf）、Shockwave Flash（swf）、PostScript（ps）和其他类型的文档。新的文档类型只要与用户的搜索相关，就会自动显示在搜索结果中。例如，如果只想查找 PDF 或 Flash 文件，而不要一般网页，只需搜索"关键词 filetype:pdf"或"关键词 filetype:swf"即可。同时，Google 也为用户提供不同类型的"HTML 版"，方便用户在即使没有安装相应应用程序的情况下阅读各种类型文件的内容，也能帮助用户防范某些类型的文档中可能带来的病毒。

② 网页快照。Google 在访问网站时，会将看过的网页复制一份作为网页快照，以备在找不到原来的网页时使用。单击"网页快照"链接时，将看到 Google 将该网页编入索引时的页面。Google 依据这些快照来分析网页是否符合需求。在显示网页快照时，其顶部有一个标题，用来提醒这不是实际的网页。符合搜索条件的词语在网页快照上突出显示，便于快速查找所需的相关资料。尚未编入索引的网站没有"网页快照"；另外，如果网站的所有者要求 Google 删除其快照，这些网站也没有"网页快照"。

③ 货币转换。要使用内置货币转换器，只需在 Google 搜索框中键入需要完成的货币转换，并按 Enter 键或单击 Google Search 按钮即可。

④ 计算器。Google 为用户提供了一个内置计算器，只需要在搜索字段中输入算式，

按 Enter 键或者单击"搜索"按钮即可。这个计算器可以用来做所有简单的计算、一些复杂的科学计算、单位换算以及提供各种物理常数。

⑤ 相关搜索和类似网页。Google 能够提供与原搜索相关的搜索词。这些相关的搜索词一般比原搜索词更常用，并且更可能产生相关的结果。只需单击提供的相关搜索词，就会自动被带到这个词的结果页。类似网页主要用于对某一网站的内容很感兴趣，但又资料不够时，Google 可以找到其他有类似资料的网站。

⑥ 手气不错。单击"手气不错"按钮将自动进入 Google 查询到的第一个网页。用户将完全看不到其他的搜索结果。使用"手气不错"进行搜索，表示用于搜索网页的时间较少而用于检查网页的时间较多。例如，要查找 Stanford 大学的主页，只需在搜索字段中输入"Stanford"，然后单击"手气不错"按钮，Google 将直接进入 Stanford 大学的官方主页 www.stanford.edu。

⑦ 错别字改正。Google 的错别字改正软件系统会对输入的关键词进行自动扫描，检查有没有错别字。如果发现用其他字词搜索可能会有更好的结果，它能提供相应提示来帮助纠正可能有的错别字。例如，搜索"互连网"，Google 会自动提示"您是不是要找：互联网"。如果单击"互联网"，Google 将以"互联网"作为关键词进行搜索。因为 Google 的错别字改正软件系统是建立在互联网上所能找到的所有词条之上，它能够提示常用人名及地名的最常见的书写方式，这是一般的错别字改正软件所不及的。

⑧ 天气查询。用 Google 查询中国城市地区的天气和天气预报，只需输入一个关键词（"天气"、"tq"或"TQ"）和要查询的城市地区名称即可。Google 返回的网站链接会显示最新的当地天气状况和天气预报。例如，"上海 tq"。

⑨ 字词定义。要查看字词或词组的定义，只需输入"define 定义词"。如果 Google 在网络上找到了该字词或词组的定义，则会检索该信息并在搜索结果的顶部显示。通过包含特殊操作符"define:"，并使该操作符与需要其定义的字词之间不留空格，还可获得定义的列表。例如，搜索"define:HTML"将显示从各种在线来源收集到的"HTML"定义的列表。

2. 百度搜索引擎

百度（http://www.baidu.com）是全球最大的中文搜索引擎，2000 年 1 月由李彦宏、徐勇两人创立于北京中关村，致力于向人们提供"简单，可依赖"的信息获取方式。"百度"二字源于中国宋朝词人辛弃疾的《青玉案·元夕》词句"众里寻他千百度"，象征着百度对中文信息检索技术的执著追求。

百度的搜索服务产品主要包括网页搜索、图片搜索、视频搜索、音乐搜索、新闻搜索、词典、地图搜索、老年搜索、百度寻人、专利搜索、百度房产等。

百度搜索引擎的使用方法有以下几种。

（1）基本搜索。在百度主页的搜索框中输入需查询的关键词，单击"搜索"按钮，百度就会找到相关的网站和资料。输入多个词语搜索（不同字词之间用一个空格隔开），可以获得更精确的搜索结果。

（2）高级搜索。在搜索框中除了根据提示输入相关关键词以外，还可以根据提示设置一些查询条件，这就是百度的高级搜索（百度高级搜索页面如图 6-2 所示）。

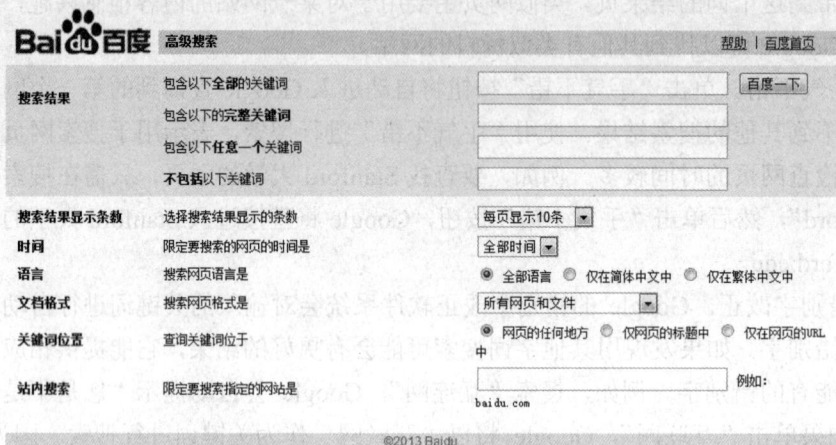

图 6-2　百度高级搜索界面

（3）百度高级搜索语法。

① 搜索范围限定在网页标题中——intitle。网页标题通常是对网页内容提纲挈领式的归纳，把查询内容范围限定在网页标题中，有时能获得良好的效果。使用方法是把查询内容中特别关键的部分用"intitle:"领起来。例如，找林青霞的写真，就可以这样查询：写真 intitle:林青霞。注意，"intitle:"和后面的关键词之间不能有空格。

② 把搜索范围限定在特定站点中——site。有时如果知道某个站点中有自己需要的信息，就可以把搜索范围限定在这个站点中，提高查询效率。使用方法是在查询内容的后面加上"site:站点域名"。例如，天空网下载软件不错，就可以这样查询：msn site:skycn.com。注意，"site:"后面跟的是站点域名，不要带 http://；另外，"site:"和站点域名之间不留空格。

③ 把搜索范围限定在网页的 URL（链接）中——inurl。网页 URL 中的信息常常有很高的检索价值。如果对搜索结果的 URL 作某种限定，就可以获得良好的效果。实现方式是用"inurl:"后跟需要在 URL 中出现的关键词。例如，找关于 Photoshop 的使用技巧，可以这样查询：photo shop inurl:jiqiao。这个查询串中的"Photoshop"可以出现在网页的任何位置，而"jiqiao"则必须出现在网页 URL 中。

④ 精确匹配——双引号和书名号。如果输入的查询词很长，百度在经过分析后，给出的搜索结果中的查询词可能是拆分的。如果对这种情况不满意，可以尝试让百度不拆分

查询词，给查询词加上双引号，就可以达到这种效果。书名号是百度独有的一个特殊查询语法。在其他搜索引擎中书名号会被忽略，而在百度，中文书名号是可被查询的。加上书名号的查询词有两层特殊功能：一是书名号会出现在搜索结果中；二是被书名号括起来的内容不会被拆分。书名号在某些情况下特别有效果，如查询名字很通俗和常用的那些电影或小说。例如，查电影"手机"，如果不加书名号，很多情况下出来的是通信工具——手机，而加上书名号后，《手机》结果就都是关于同名电影方面的了。

⑤ 要求查询结果中不含特定查询词。如果发现搜索结果中有某一类网页是您不希望看见的，而且这些网页都包含特定的关键词，那么用"－"号语法就可以去除所有这些含有特定关键词的网页。例如，搜"神雕侠侣"，希望是关于武侠小说方面的内容，却发现很多关于电视剧方面的网页，那么输入下面的关键词进行检索"神雕侠侣 －电视剧"。注意，前一个关键词和"－"号之间必须有空格，否则"－"号会被当成连字符处理而失去减号的语法功能，"－"号和后一个关键词之前有无空格均可。

⑥ 专业文档搜索。很多有价值的资料在互联网上是以 Word、Excel、PowerPoint、PDF文档、RTF 文档等格式存在。百度支持对 Office 文档（包括 Word、Excel、PowerPoint）、Adobe PDF 文档、RTF 文档进行全文搜索。要搜索这类文档很简单，在普通的查询词后面加一个"filetype:"文档类型限定。"filetype:"后可以跟以下文件格式：doc、xls、ppt、rff、pdf、all。其中 all 表示搜索所有这些文件类型。例如查找张五常关于交易费用方面的经济学论文，输入"交易费用张五常 filetype:doc"，单击结果标题直接下载该文档，也可以单击标题后的"HTML 版"快速查看该文档的网页格式内容。通过百度文档搜索界面http://file.baidu.com，可以直接使用专业文档搜索功能。

（4）百度的特色搜索引擎。

① 百度快照。如果无法打开某个搜索结果，或者打开速度特别慢，该怎么办？"百度快照"能帮助解决这个问题。每个被收录的网页，在百度上都存有一个纯文本的备份，称为"百度快照"。百度速度较慢时，可以通过"快照"快速浏览页面内容。

② 相关搜索。搜索结果不佳，有时是因为选择的查询词不是很妥当，可以通过参考别人是怎么搜的，来获得一些启发。

③ 拼音提示。如果只知道某个词的发音却不知道怎么写，或者嫌某个词拼写输入太麻烦，百度拼音提示能帮助解决问题。只要输入查询词的汉语拼音，百度就能把最符合要求的对应汉字提示出来。

④ 错别字提示。由于汉字输入法的局限，在搜索时经常会输入一些错别字，导致搜索结果不佳，百度会给出错别字纠正提示。错别字提示显示在搜索结果上方。

3．Yahoo！（雅虎）搜索引擎

Yahoo！（http://www.yahoo.com）由美国斯坦福大学的华裔博士杨致远与他的同学David Filo 于 1994 年开发，是全球著名搜索引擎之一。Yahoo!的搜索服务主要是分类目录和 YST 检索平台。

（1）分类目录检索。Yahoo! 的分类目录检索（http://dir.yahoo.corn）已经独立运营，其目录有近 100 万个分类页面，14 个国家和地区当地语言的专门目录，包括英语、汉语、丹麦语、法语、德语、日语、韩文、西班牙语等。它按内容分为 Arts & Humanities（艺术与人文科学）、Business & Economy（商业与经济）、Computers & Internet（计算机与因特网）、Education（教育）、Entertainment（娱乐）、Government（政府）、Health（健康）、News & Media（新闻与媒体）、Recreation & Sports（休闲与体育）、Reference（参考资料）、Regional（地区）、Science（科学）、Social Science（社会科学）、Society & Culture（社会与文化）14 个大类，每个大类又分若干小类，每个小类有数以千计的相关网站与网页信息。用户可以根据要查找的内容所属的类目，选择分类目录中的某一类或者某一个小类。例如，要查找"计算机硬件"方面的信息，首先在 Yahoo!主页的分类目录下选择 Computer &Internet 大类，进入有关计算机领域的页面。在该页面中，列出计算机领域的多个小类，选择 Hardware 分类，将会进入有关多媒体技术的页面。

目前，Yahoo!的分类目录检索能够添加很多新的主题，并在首页反映变化，对集中研究某一领域的知识比较有帮助，而且具有推荐功能和目录检索功能。推荐功能就是用户可以把认为优秀的网站推荐到某一目录下；目录检索功能则是在分类表中进行检索。目前提供高级检索功能，可分为网页检索、整个分类目录检索和当前目录检索三类。

（2）YST 平台。YST（http://search.yahoo.com）是 Yahoo! Search Technology 的缩写，也称"一页到位"技术，是雅虎推出的整合原有的目录索引、主题索引、网页、图片、音乐、知识等的综合检索平台。

如果用户知道自己要查找的主题概念，就可以使用 Yahoo!的关键词检索方式，直接在检索框中输入关键词，然后单击 Search 按钮或按 Enter 键，Yahoo!会找出满足检索条件的记录，并出现搜索结果返回页。在搜索结果返回页中，包括以下五方面的信息。

① 满足搜索条件的 Yahoo!分类目录（Categories）。

② 满足搜索条件的站点链接（Web Sites）。

③ 含有页面索引的 Yahoo!分类目录（Web Pages）。

④ 满足搜索条件的新闻文章列表（Related News Stories）。

⑤ 满足搜索条件的网络事件列表（Net Events）。

在搜索结果返回页底部给出了其他搜索引擎的链接点，当用户对 Yahoo!的搜索结果不满意时，可以启动其他搜索引擎搜索同一个关键词。在搜索结果返回页的底部，还有一个文本输入框，通过它可以进行其他搜索工作。

（3）高级检索。在 Yahoo!主页上，单击 Web 按钮下的 Advanced Search 链接，进入 Advanced Web Search 页面（见图 6-3）。在该页面中，用户可以对搜索方式和范围加以限制。用户可以选择四种搜索方式：完全匹配（All of these Words）、准确检索（Exact Phrase Match）、任意匹配（Any of these Words）和排除检索（None of these Words）。

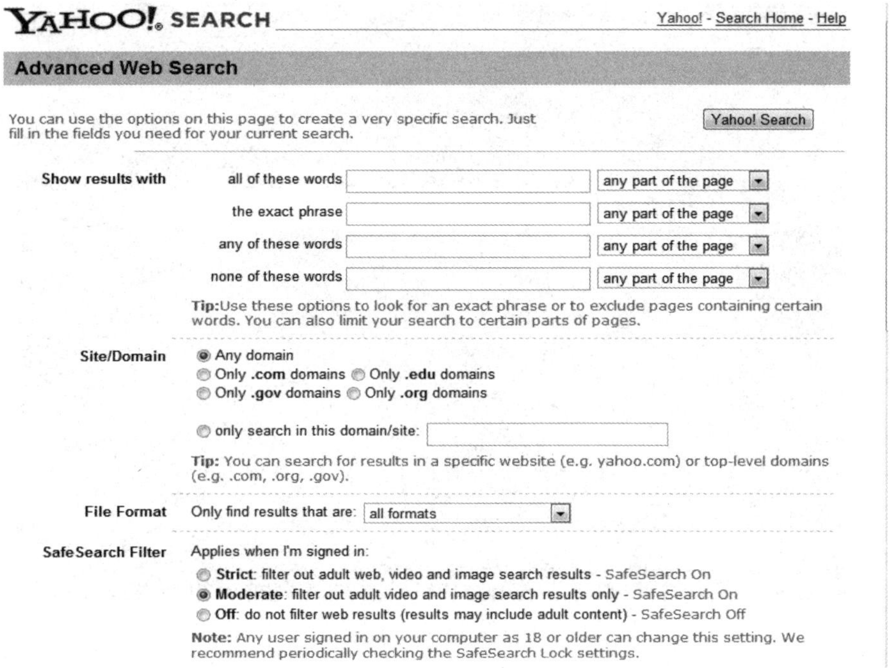

图 6-3 Yahoo!高级搜索界面

Yahoo!高级检索的特色包括：

① 指明了文献的可获取性：告知 Consumer Reports、Factiva、Forrester Research、FT.corn（60days）、IEEE publications、LexisNexis、New England Journal of Medicine、Wall Street Journal（30days）、TheStreet.com 等网站或杂志的文本不收费。

② 提供网络安全过滤：可以对网页质量进行认证，对不安全网页进行过滤。

③ 语言选择：可以提供多种语言的检索文本。

④ 文档形式界定：可以选择 pdf、html、txt、doc、xls、ppt、xml 等格式的文档。

⑤ 提供 CC 检索：对于音乐、多媒体、软件可以选用"创作共用"（Creative Commons）组织的资料，即具有 CC 标记的资源，为全球首家采用 CC 检索的搜索平台。

⑥ 国家限定：可以对资源所在国的国家作出界定。

4．Bing（必应）搜索引擎

Bing(http://www.bing.com)是一款微软公司于 2009 年 5 月推出的用以取代 Live Search 的搜索引擎，中文名称定为"必应"，与微软全球搜索品牌 Bing 同步，提供网页、图片、视频、地图、资讯、词典、在线翻译、导航等搜索服务。必应的界面不像谷歌那样只有简单的白色背景，取而代之的则是一幅精美照片，并且是会定期更换的，搜索结果在网页搜索结果页面的左侧会列出一部分相关搜索，Bing 搜索界面如图 6-4 所示。

图 6-4 必应搜索界面

（1）Bing 搜索引擎特色。Bing 搜索引擎的界面较其前身 Live.com 有很大改观。在每个搜索结果后面有一个垂线，单击之后，就可预览更多搜索结果的内容，这对于衡量搜索结果的实用性是非常有益的。Bing 在主页面上还有一系列旋转的图片，在新界面中添加了"快速标签"（Quick Tab），帮助用户更快、更准确地进行搜索。

与传统搜索引擎只是单独列出一个搜索列表不同，Bing 搜索的最大特点是会对返回的结果加以分类。例如，当用户搜索某位歌星的名字时，搜索结果的主要部分会显示传统的列表，左侧的导航栏则会显示图片、歌曲、歌词、专辑和视频等几个类别。当用户输入某一产品名称时，侧边栏会显示评价、使用手册、价格和维修等类别。而如果输入的是某一城市名称，则会显示地图、当地商业指南、旅游路线以及交通信息等类别。另外，侧边栏会显示一组相关的搜索关键词。

Bing 除了和全球同步推出的搜索首页图片设计、崭新的搜索结果导航模式，创新的分类搜索和相关搜索用户体验模式，视频搜索结果无须单击直接预览播放，图片搜索结果无须翻页等功能外，还推出了专门针对中国用户需求而设计的必应地图搜索和公交换乘查询功能，增强了专门针对中国用户的搜索服务和快乐搜索体验。必应搜索打破常规，在搜索结果页面左侧设置了统一的浏览栏，对不同类型的搜索结果进行动态分类，帮助用户更加方便地找到相关搜索结果。Bing 的搜索历史不仅能够永久保存至微软的在线网络存储 SkyDrive 上或本地文件夹，还能够通过 Windows Live、Facebook 或 E-mail 分享。

（2）Bing 高级搜索语法。

① 只搜索里面含有指定文件类型的链接的网站——contains。如果要搜索里面含有

Microsoft Windows Media Audio（wma）文件链接的网站，可输入：音乐 contains:wma。

② 仅返回以指定文件类型创建的网页——filetype。如果要查找以 Adobe PDF 格式创建的报表，可输入主题，后面加 filetype:pdf。

③ 返回元数据中包含指定搜索条件（如定位标记、正文或标题）——inanchor、inbody、intitle。如果要查找定位标记中包含 msn，且正文中包含 spaces 和 magog 的网页，可输入 inanchor:msn inbody:spaces inbody:magog。

④ 查找托管在特定 IP 地址的网站——IP。IP 地址必须是以英文句点分开的地址。如果要查找托管在服务器 207.46.249.252 上的网站，可输入 IP:207.46.249.252。

⑤ 返回指定语言的网页——language。在关键字 language:后面直接指定语言代码。使用搜索生成器中的"语言"功能也可以指定网页的语言。如果只需查看有关古董文物的英文网页，可输入"antiques" language:en。

⑥ 返回特定国家或地区的网页——loc 或 location。在关键字 loc:后面直接指定国家或地区代码。若要搜索两种或两种以上语言，可使用逻辑运算符 OR 对语言分组。如果要查看有关美国或英国雕塑的网页，可输入 sculpture（loc:US OR loc:GB）。

⑦ 返回属于指定网站的网页——site。若要搜索两个或更多域，可以使用逻辑运算符 OR 对域进行分组，也可以使用 site:搜索不超过两层的 Web 域、顶级域及目录，还可以在一个网站上搜索包含特定搜索字词的网页。如果要在 BBC 或 CNN 网站中查找有关心脏病的网页，可输入"heart disease"（site:bbc.co.uk OR site:cnn.com）。如果要在 Microsoft 网站上搜索有关 Halo 的 PC 版本的网页，可输入 site:www.microsoft.com/games/pc halo。

⑧ 在网站上查找搜索条件的 RSS 或 Atom 源——feed。如果要查找关于足球的 RSS 或 Atom 源，可输入 feed:足球。

⑨ 在网站上查找包含搜索条件的 RSS 或 Atom 源的网页——hasfeed。如果要在 New York Times 网站上查找包含与足球有关的 RSS 或 Atom 源的网页，可输入 site:www.nytimes.com hasfeed:足球。

⑩ 检查列出的域或网址是否位于 Bing 索引中——url。如果要验证 Microsoft 域是否位于索引中，可输入 url:microsoft.com。

5．ixquick 元搜索引擎

ixquick（http://www.ixquick.com）是著名的元搜索引擎之一。是由一家荷兰公司 Surfboard Holding BV 于 1998 年在纽约建立。利用 ixquick 进行搜索时，用户实际上是在同时利用多个流行的搜索引擎展开搜索。从 Web 搜索的覆盖范围看，ixquick 可同时调用包括 AOL、AltaVista、Direct Hit、Yahoo!等在内的 14 个主流搜索引擎，基本可以保障其信息源的全面性和可靠性。在检索性能的完善程度上，ixquick 可以说是独树一帜，突破了传统元搜索引擎在这方面的局限性，主要表现在：支持各种基本的和高级的检索功能，包括关键词检索、短语检索、截词检索、布尔检索、概念检索、自然语言检索、指定字段检索、包含（+）或排除（-）检索等；值得一提的是 ixquick 知道哪些搜索引擎能够处理短语、布尔逻辑、截词等，ixquick 将负责把"翻译"后的查询请求直接递交到那些能够处理这些复杂请求的搜索引擎中，实现更加有针对性的搜索服务，瞄准更加高、精、专的检索结果。另外，为了方便用户了解和使用这些高级检索功能，ixquick 以表格的形式和具体的检索实例，给用户提供了清晰实用的帮助，ixquick 搜索界面如图 6-5 所示。

图 6-5　ixquick 搜索界面

ixquick 对于目标搜索引擎采取充分肯定和接纳的态度，以该记录被多少个搜索引擎所青睐为基本衡量标准，独创了"星星体系"。ixquick 只获取每个搜索引擎返回的前十条记录，如果一条记录被一个搜索引擎列入前十位了，它将获得一颗星星，如果被两个搜索引擎列入前十位了，它将获得两颗星星，依此类推。谁获得的星星最多，ixquick 自然认为它就是最好的，将被安排在检索集合的首要位置上。正是由于采用了这样一种机制，保证了ixquick 有异乎寻常的检索速度和准确率。

ixquick 支持全球搜索，支持包括中文、日文和朝鲜语在内的 18 种语言。无论用户使用何种语言，ixquick 都会对本地和国际性的搜索引擎调用后集中搜索，以便用户能准确找到所需的信息。

6.1.5　专业搜索引擎

专业搜索引擎，特指一些搜索引擎提供专注于某些方面信息的搜索服务。专业搜索引擎因为具有很强的针对性，能够排除冗杂信息，在很大程度上减少不相关的检索结果，从而提高了检索的查准率。

1. 学术搜索引擎

学术搜索引擎是专门搜索学术资源的搜索引擎，具有信息涵盖广、重复率低、相关性

好、学术性强等特点。学术搜索引擎能够为用户提供某一特定领域的全面的、快速的、高
价值的学术信息，很好地满足检索人员搜索相关文献的需求。

（1）Google Scholar。Google Scholar（http://scholar.google.com），即 Google 学术搜索，
是由 Google 公司提供的学术文献搜索引擎。Google Scholar 的学术文献来源主要包括专业
机构网站（特别是大学网站）、开放获取的期刊网站、学术著作出版商，如 ACM、Nature、
IEEE、Wiley、Springer link、OCLC、万方、维普等。此外，Google Scholar 还提供对各大
图书馆资源的链接和查询；目前，通过 Google Scholar 可以查看到斯坦福大学、清华大学
等多家单位提供的书目信息。借助 Google Scholar 广泛的数据搜索源，检索人员可以使用
Google Scholar 提供的搜索入口检索学术文献资源，使得检索人员在面对浩瀚的待检索资
源时不再感觉无从下手。Google Scholar 搜索界面如图 6-6 所示。

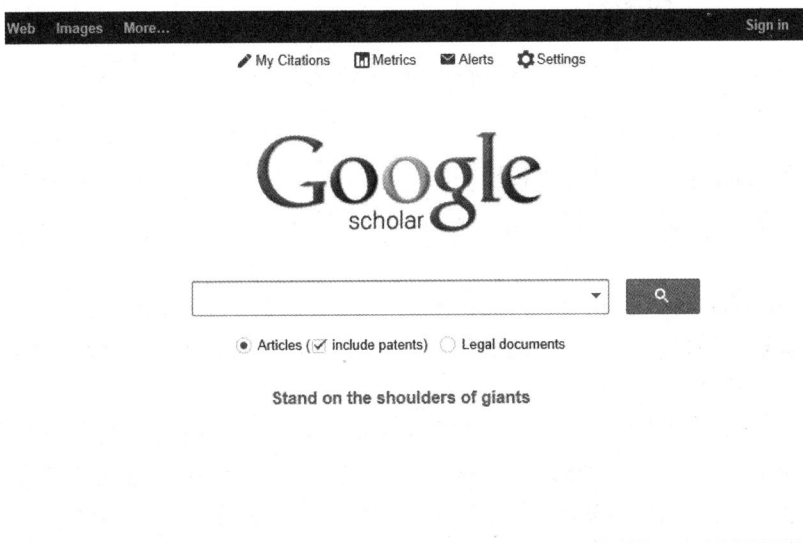

图 6-6　Google Scholar 搜索界面

Google Scholar 具有如下突出特点。

① 按照搜索结果相关性对文献进行排名，将最有价值的文献显示在搜索结果显示页
面的最顶端。文献的价值是在考虑每篇文章的完整文本、作者、刊登文章的出版物，以及
文章被其他学术文献引用的频率等因素基础上作出的。

② 覆盖大量出版社和图书馆，为各个研究学科的经同行评论的文章、论文、预印本、
文摘和技术报告编制索引。

③ 提供到图书馆资源的查询和链接，可以通过简单地单击获得文献全文。

④ 可根据个人喜好和搜索数据的特点定制学术搜索设置。学术搜索设置能对包括页
面语言、搜索语言、结果显示等在内的诸多搜索选项进行设定。

Google Scholar 提供简单搜索入口和高级搜索入口。单击简单检索框的 ▼ 可以进入高

级搜索界面，如图 6-7 所示。

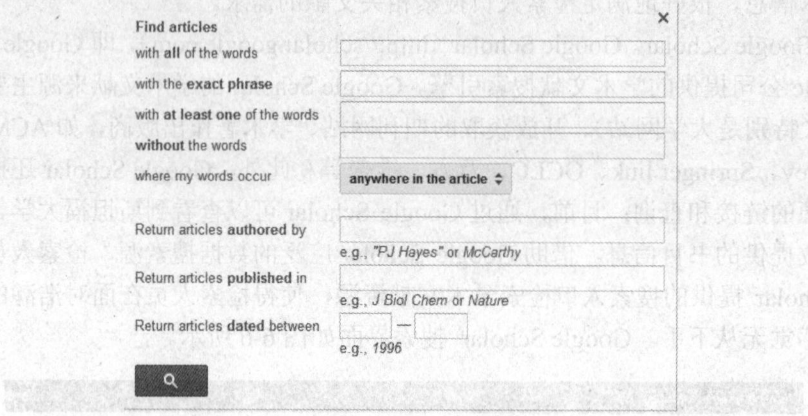

图 6-7　Google Scholar 高级搜索界面

Google Scholar 高级搜索：

Google Scholar 高级搜索可以设置作者、出版物、日期和搜索词等多个选项。而搜索词选项又涉及包含全部字词、包含完整字句、包含至少一个字词、不包含字词以及字词位置等。

Google Scholar 高级搜索为用户提供了更多的用于对搜索结果进行进一步筛选的搜索选项。这些搜索选项包括搜索字词的逻辑组合、搜索词出现的位置、文章的作者、文章出现的刊物和发表的日期。

Google Scholar 高级搜索可以通过搜索字词的逻辑组合提高搜索效率和准确率，可在简单搜索页面中直接输入搜索表达式完成，也可通过高级搜索中的搜索选项组合来完成。

在 Google Scholar 高级搜索的英文版中，还提供了对检索集合的选择，检索集合包括文章和专利、法律文书，用户可以通过勾选相应的选项来选择相应检索集合。文章和专利选项包括检索所有领域、是否检索专利；法律文书选项包括检索所有法律文书，并对法院进行指定。

Google Scholar 检索技巧有以下几种。

① 了解技术现状。通过 Google Scholar，用户能够了解任何科研领域的重要论文。Google Scholar 集合众多学术领域的文献，并提供了简洁的搜索入口。使用 Google Scholar 有利于了解背景技术，增强对该领域现有技术水平的理解和把握，制订出准确、有效的检索策略。

② 文献追踪。采用 Google Scholar，可以利用文献间的引用"被引用次数"以及 Google Scholar 生成的具有较高相似度的文章集合"相关文章"对感兴趣的文献进行追踪搜索。

例如，如果想了解国内大学的研究情况，考虑其多以论文的形式在会议或期刊等处发表，可使用 Google Scholar 对论文作者全部论文进行搜索。通过搜索，可以追踪论文作者的科研活动，了解和研究该作者的文献发表情况。

通过单击"被引用次数"可以搜索引用期刊论文及会议论文等文献的文献，并可从引用文献进一步查找相关文献。这有助于全面了解某领域的研究状况。利用 Google Scholar 提供的"相关文章"，可以查看与当前文章密切相关的文章。对于每个搜索结果，Google Scholar 都设法自动确定其索引中哪些文章与其最密切相关。单击"相关文章"链接，可以看到这些文章的列表。列表中相关文章的排序主要依据的是这些文章与原始结果的相似程度，同时也兼顾了每篇论文的相关性。

③ 获取文献全文。对于大部分的链接，Google Scholar 都提供了论文的全文，可以通过单击带有文件类型标记（例如[PDF]、[DOC]等）的链接直接完成文献下载，方便快捷。

但是，很多时候并不能直接获得带有文献类型标识的文献链接，可以通过如下方法来获取全文。

方法一：利用"所有×个版本"。Google Scholar 后返回的每个结果后面几乎都有"所有×个版本"，或对应英文"All×versions"链接。这表明该文献存在于×个来源中，单击该链接即可获得该文章的多个来源。一般来说，可获取全文的文献来源大多为开放网站和大学数据库以及个人网站。这些来源，例如带有.edu 的教育网，一般都免费公开；不可获取全文的是数据提供商的网站、受限的机构数据库网站，一般需要授权或付费；在进行全文获取时，一般优先选择免费公开的网站，最后选择需授权网站来尝试下载。

方法二：借助 Google Web 搜索。如果方式一不成功，还可以尝试一下 Google Web 搜索，也就是返回 Google Web 搜索来帮助查找相应的文献。

当需要查找 PDF、DOC、PPT 等类型的文献时，在 Google Scholar 中可能无法查找到相应格式的文件。这种情况下，可以通过 Google Web 作进一步查找。

方法三：使用作者、期刊来锁定文献。在 Google Scholar 的结果记录或者所有版本的结果记录中，很可能存在仅有作者、期刊和 / 或年份的情形，对于这样的记录，可以首先尝试直接在 Google Scholar 中检索，可以直接获得相应文献。如果不能通过 Google Scholar 获取全文链接，可以通过 Google Scholar 确定期刊或会议的全称，以及被收录在哪个数据库中，进一步查找，获得文献。

④ 与文献管理软件联用。Google Scholar 提供了将搜索结果导入文献管理软件的功能。单击 Google Scholar 简单搜索页面的设置按钮，在打开页面的最下方有文献管理软件选项，可选择搜索结果中显示导入链接的文献管理软件，如 BibTex、EndNote、RefMan、RefWorks 等，设置完成后，在检索结果页面便会显示导入的文献管理软件标记。

（2）Scirus 科学搜索引擎。Scirus（http://www.scirus.com）是由著名出版公司爱思唯尔（Elsevier）开发的科技信息网络搜索引擎，专注于免费为科学家、研究人员和学生提供快捷、精准的科学信息检索。Scirus 的数据来源主要为网页和期刊。目前 Scirus 已将 5.4 亿个与科学相关的网页编入索引中，包括大学网站、科学家主页、公司主页、政府网站、会议信息等。除此之外，Scirus 还可搜索包括 SeienceDirect、American Physics Society、

Pubmed、Scitation 和 NASA 等众多学术数据库。Scirus 覆盖的学科范围非常广泛，涉及农业与生物学、天文学、生物科学、化学与化工、计算机科学、工程、能源与技术、生命科学、材料科学、医学、神经系统科学、药理学、物理学等。

Scirus 作为世界上最大的免费学术搜索引擎，具有如下的特点。

① 检索资源范围广泛，可同时对期刊论文、会议论文、科技报告、专利文献、预印本、书籍、公司网页、科学网页、学位论文等进行检索。

② 过滤非科学性网站，并可便捷查找专家评审文献，如 PDF 以及 PostScript 文件，这些信息在普通搜索引擎中经常被忽略。

③ 采用基于 Web 的文本信息挖掘技术，对科学网站信息进行挖掘和索引，并对这些网站进行分类，使得检索在已建立索引库的相关主题中进行查找，结果更加准确。

Scirus 检索分为基本检索和高级检索。访问主页进入基本检索模式，直接输入关键词或短语进行检索。单击基本检索框上面的"Advanced search"可以进入高级检索页面，如图 6-8 所示。

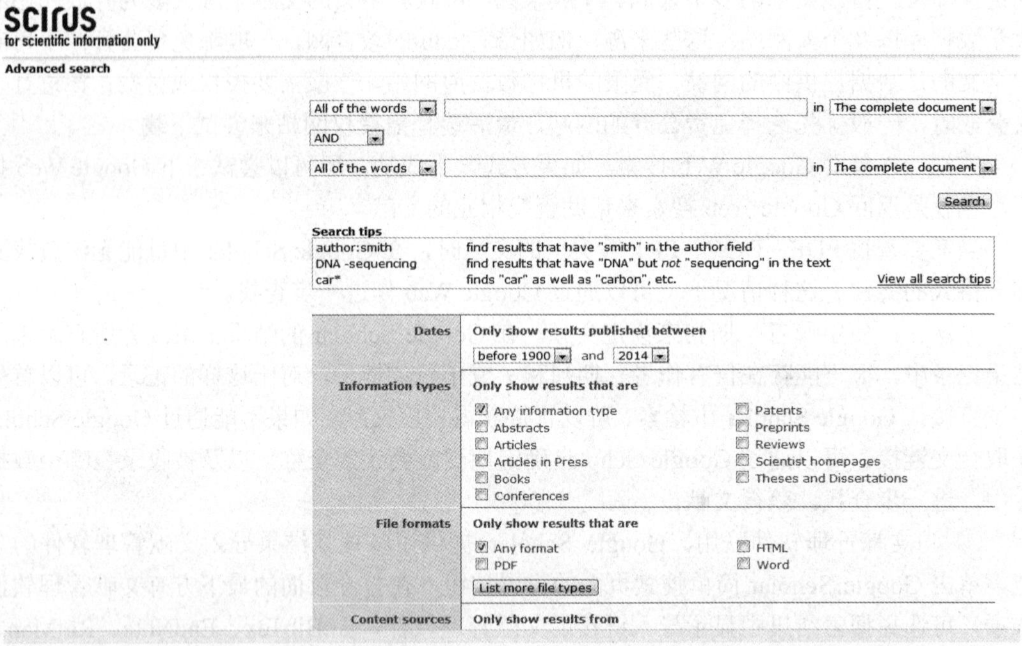

图 6-8　Scirus 高级检索界面

Scirus 高级检索页面提供了两个搜索框，检索人员根据检索式的差异性进行个性化检索配置，高级检索支持逻辑运算。每个检索框的左侧和右侧分别配置了检索词类型和检索词出现位置选项按钮，检索人员可通过下拉菜单选择合适的检索配置。为了提高检索的个性化、灵活性和准确性，高级检索页面还配置了"Dates"（检索结果日期）、"Information types"（信息类型）、"File formats"（文件格式）、"Content sources"（信息来源）、"subject areas"（学科）等配置选项，可以对检索结果从多角度进行交叉性限定。

Scirus 检索技巧：

① 利用相关度排序来提高检索的效率。Scirus 检索结果显示提供了相关度排序模式，相关度高的文献排列在检索结果的前面，利用该功能可在很大程度上提高检索的效率。Scirus 基于静态和动态两种标准进行相关度排序，故排序功能较为强大和完善。其中，静态标准依赖被检索词所处的位置和使用频率，动态排序依赖于该网页被其他的网页链接的次数。

② 利用高级检索个性化设置来提高检索的精准度。Scirus 高级检索页面提供了多样化的检索配置，将检索条件细化为检索字段、检索结果日期、信息类型、文件格式、信息来源、学科等多个方面。这极大方便了使用者的个性化检索，并可缩小检索的范围，提高检索的精准度。例如，检索人员可选择某一具体学科范围（如 computer science）和感兴趣的信息来源（如 Sciencedirect）进行检索。

③ 利用高级检索个性化设置实现专利全文检索。在 Scirus 高级检索页面的信息类型配置中选择专利，便可实现对专利全文的检索。Scirus 专利检索采用的爱思唯尔旗下商用 LexisNexis 专利数据库，可对美国专利、欧洲专利、PCT 专利、英国专利全文以及日本专利摘要进行检索。检索结果可按相关度排序，在 LexisNexis 检索页面仅能按日期进行排序，故检索结果阅览相对于 LexisNexis 更加便捷。此外，Scirus 专利检索结果详细信息阅览，默认连接为 EPO 和 USPTO 检索系统（Full text available at patent office），单击每条记录最后一行右侧的 LexisNexis 图标才连接 Lexisnexis 进行结果显示。

④ 利用 Scirus 工具栏来实现高亮显示。单击 Scirus 工具栏上的 Highlight，可实现检索词在网页浏览过程中的高亮显示，从而更加方便地找到用户关注的内容。

2. 其他专业搜索引擎

（1）专利搜索引擎。百度专利搜索（http://zhuanli.baidu.com）是百度公司与国家知识产权局下属中国专利信息中心合作推出的针对中国专利数据的专业搜索工具，其数据源于中国专利信息中心提供的所有备案专利文献信息。包括发明、实用新型和外观设计等三种专利文献。

用户只需在搜索框内直接输入想要找的内容，按 Enter 键或者单击"百度一下"按钮，即可得到最符合要求的内容。用户也可以选择按发明名称搜索方式搜，选择按发明名称搜索方式能有助于更快、更准确地找到想要的结果。

（2）查找电话号码、人物、电子邮件。Four11（http://www.four11.com）是最著名和最优秀的个人信息搜索引擎，因美国电话查号台号码为 411 而得名。它提供电话查询、电子邮件地址查询服务，具有超级的搜索能力、优秀的综合能力以及对用户友好的界面。Four11 也是个人信息搜索引擎中唯一可以只使用名字搜索的网点，所以，如果要找的人有不太常见的名字，Four11 就是最佳选择。当搜索电子函件地址时，Four11 允许按域进行搜索，如果要找的人在某个专门领域工作，这项功能就显得更加方便。

Whowhere（http://www.whowhere.com）提供简单的查询向导，除了追踪电子邮件外，还可检索被调查人的 E-mail 地址、电话号码和住址。另外，还可以检索个人主页、美国政府机构工作人员、企业名录、寻找祖先、美国 800 免费电话号码、美国黄页、美国股市行情、网络电话。

（3）查询地图信息。MapQuest（http://www.mapquest.com）是美国一家专业的提供网上地图的网站，为 200 多个国家和地区提供地图查询服务。它的显著特点是为用户提供驾驶路径和行车距离查询，开始以提供美国境内的地图信息为主，后来逐渐增加了查询其他国家城市地图、交互性地图的服务。

6.1.6　搜索引擎评价

1．搜索引擎的评价

在传统信息检索中，衡量检索系统的基本指标是查全率（Recall）和查准率（Pricision）。"查全率"是检索出的相关文档数和文档库中所有的相关文档数的比率，"查准率"是检索出的相关文档数与检索出的文档总数的比率。查全率和查准率在检索系统中又被称为"召回率"和"精度"。对于一个检索系统来讲，召回率（查全率）和精度（查准率）不可能两全其美，召回率高时，精度低，精度高时，召回率低。

对于搜索引擎系统来讲，因为没有一个搜索引擎系统能够搜集到所有的 Web 网页，所以召回率很难计算。由于互联网海量信息的特征，查询返回的结果都非常多，因此目前的搜索引擎系统都非常关心精度。同时，互联网的信息是动态变化的，搜索引擎必须反映这种变化。简单来讲，搜索引擎要满足用户对信息查询的需求，提高用户的搜索体验非常重要，以下是几个比较重要的指标。

（1）网页覆盖率。网页覆盖率是提高查全率保证查准率的基础。

（2）返回结果的准确性。返回结果的准确性，特别是第一页结果的准确性，关系着网站的使用率，因为大部分用户仅仅察看搜索结果的第一页。

（3）重复信息返回的过滤。返回结果应该尽可能不出现重复、类似的结果。

（4）网页更新速度。取决于新网页的发现和死链（指无法访问网页）的及时删除，如果结果中大量出现死链和过时信息的链接，将会降低用户体验。

（5）搜索服务的相应时间。也就是用户提交检索后得到结果返回的等待时间，一般要低于 1 秒。

（6）搜索服务的系统稳定性。

总之，影响一个搜索引擎系统的性能有很多因素，最主要的是信息检索模型，包括文档和查询的表示方法、评价文档和用户查询相关性的匹配策略、查询结果的排序方法和用户进行相关度反馈的机制等。

2. 影响选择搜索引擎的因素

对于搜索引擎的选择有以下几点影响因素。

（1）收录范围。指收录的是综合性信息资源还是专科性信息；是仅收录 Web 信息还是兼收 Usenet、FTP、Gopher、E-mail 等其他网络信息。综合性搜索引擎通常以全球的因特网资源为目标，如常用的 Google、百度等；而一些中小型搜索引擎则致力于某一区域或某一领域的专业资料信息。综合性搜索引擎的范围虽然广泛，但就某一领域而言，不一定有中小型搜索引擎信息收集的丰富和完备。在实际中，用户可根据课题的专业性程度来考虑选择何种搜索引擎。

（2）数据库的大小及其覆盖率。在传统的计算机情报检索系统中，数据库的覆盖率是影响其检索性能的重要指标，它直接影响系统的查全率。尽管由于网上信息分散、无序，更新和消亡无法预测，覆盖率对系统的查全率的影响可能不是那么明显，但是在用户选择搜索引擎的过程中数据库的大小仍有一定的借鉴作用，毕竟从统计学的角度看，收集的网页多，查到更多的结果的可能性也就越大。

（3）用户界面。指用户界面的易用性情况，包括是否有帮助文件、是否有查询举例、是否有检索功能说明。

（4）响应速度。指完成一个检索要求所用的时间，通常情况下由网络传输的速度决定。

（5）更新周期。指搜索引擎信息源的更新频度、时效性。因特网上的信息始终处于不断变化发展之中，一个好的搜索引擎，除了内容丰富、查找迅速外，还应该对数据库中已有内容进行审核、更新，及时删除死链接、坏链接。

（6）准确性与全面性。用户总是希望搜索引擎反馈的内容是准确和全面的，但实际操作中，准确性与全面性是搜索引擎的一个矛盾，目前对此还不能过于苛求。当然，在实际中为了优选搜索引擎，用户可以通过阅读各种搜索引擎的软件说明来了解常用搜索引擎的性质、功能、类型、搜索范围和检索方法等，然后根据检索目的，通过比较加以选择。

6.2　学科信息门户资源及其利用

6.2.1　学科信息门户资源概述

学科信息门户（Subject Information Gateway，简称 SIG）又称学科门户、主题网关，是针对特定学科或主题领域，按照一定的资源选择和评价标准、规范的资源描述和组织体系，对具有一定学术价值的网络资源进行搜集、选择、描述和组织，并提供浏览、检索、导航等增值服务的专门性信息网站。学科信息门户借鉴传统的文献信息处理技术和经验，对网络信息资源进行深度加工和更为系统的组织，克服了搜索引擎检索效率低的缺点，成为解决网络信息过载问题的有效途径和手段之一。

世界学科信息门户的研究和建设开始于 20 世纪 90 年代初，其时国外一些机构面对网络上日益增长的学术信息，开始建立相关学科或主题的信息导航，如加州大学伯克利分校参考馆员 1990 年制作的 LII 图书馆员因特网索引，就是将图书馆组织信息资源的方法利用于学科信息门户的典型。SIG 的建设起始于 1996 年 DESIRE 项目的一期工程。20 世纪 90 年代中期以后，以主题门户（Subject Gateway）为名出现的学科信息导航的建设不断涌现。到目前为止，许多国家，如英国、美国、德国、澳大利亚等都建立了众多的学科导航站点，在世界范围有影响的有上百个。早期的网络学科资源导航一般都是有独立单位建设并维护的，但联合建设的模式已经成为目前建设大型网络学科资源导航的主要形式。这种由某一大型机构/项目联合发起的、由多个成员单位共同参与的建设模式，既可避免重复建设所带来的人力与财力的浪费，又可集中各自优势建成更具价值的网络导航，符合经济效益及资源共享的原则。OCLC CONNEXION、INFOMINE、RDN 等都是国外大型网络学术资源导航联合建设的具有代表性的在建项目。

国内学科主题门户网站的建设兴起于 20 世纪 90 年代末，一些机构如国家交通部科技信息研究所在 1996 年 8 月开始研究建设"交通专业网络资源指引库"，包含了交通方面的网络信息资源。目前在国内有重要影响的两大网络学科主题门户系统是 CALIS 的重点学科导航库和国家科学数字图书馆的学科信息门户。2000 年 4 月中国高等教育文献保障系统启动"九五"重点学科网络资源导航库建设，共有 48 个图书馆参加完成了 217 个重点学科的导航库建设。2003 年 10 月 CALIS 启动了"十五"期间项目，联合了国内多家高校图书馆共同建设重点学科导航库，要建立一个至少覆盖 50 个一级学科的系统、完整的网络资源学科导航数据库。国家科学数字图书馆专业信息门户网站项目也已于 2002 年正式开题，各学科门户网站正在逐步建立完善中，国家科学数字图书馆现已初步建成数理学科、化学学科、资源环境、生命科学和图书情报信息门户等 5 个信息门户。同时产生了长江流域资源生态环境、天然药物、微生物、科技政策与管理等特色学科门户，以及由 NSTL 建设的热点门户，如纳米科技、认知科学、食物与营养、艾滋病预防与控制等热点门户。

6.2.2 国内学科信息门户资源

1. CALIS 重点学科网络资源导航数据库

重点学科网络资源导航数据库（http://navigation.calis.edu.cn）是国家"211 工程"中国高等教育文献保障系统（CALIS）"十五"重点建设项目之一。该项目以教育部正式颁布的学科分类系统作为构建导航库的学科分类基础，建设一个集中服务的全球网络资源导航数据库，提供重要学术网站的导航和免费学术资源的导航，网站主页如图 6-9 所示。

受 CALIS 管理中心的委托，CALIS "十五"期间"重点学科网络资源导航库"子项目建设由 CALIS 西北地区中心（西安交通大学图书馆）牵头组织，联合有关高校组成项目管理组，负责项目研究分析、软件系统功能设计、软件招投标组织、相关标准的制定、数据质量控制及导航资源建设的管理和协调工作。

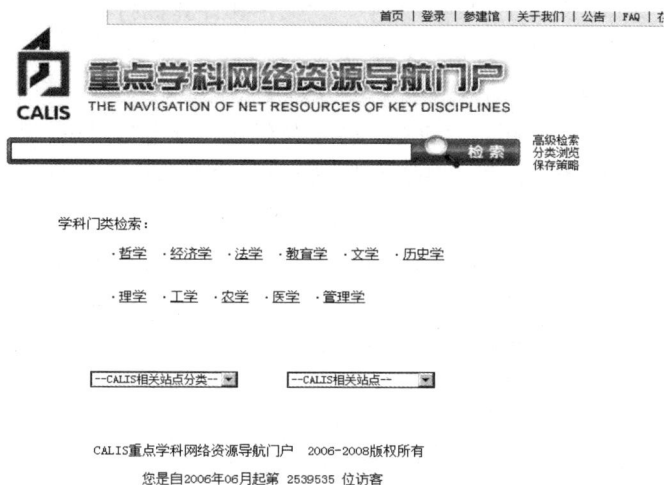

图 6-9 CALIS 重点学科网络资源导航界面

经过专家评审，共有 52 个学校获得导航库参建许可。导航库建设的学科范围涉及除军事学（大类）、民族学（无重点学科）之外的所有一级学科，共 78 个。经费上获得重点资助的学科为 48 个，一般资助学科 13 个，非资助学科 17 个。重点学科网络资源导航库系统建设的总原则是"统一平台、统一标准、合作建设、分头维护、集中管理、全国共享"，采用分布式数据收集、集中服务的模式。整个系统为子项目中心系统和参建馆本地系统二级结构，其中中心系统负责数据集中发布及管理，并可通过 OAI 从各参建馆收割元数据。在 CALIS 管理中心的领导下和项目管理组以及各参建馆的共同努力下，"十五"导航库项目从 2003 年 10 月正式启动，到 2006 年 6 月在北京通过 CALIS 专家组验收，历时两年多，顺利完成了预期目标和建设任务，成为率先在网上向读者提供信息服务的 CALIS 子项目之一。导航库目前正式发布的记录数 154 825 条，涉及 11 个学科门类、79 个一级学科。

2．CSDL 学科信息门户

国家科学数字图书馆（CSDL）专业信息门户网站项目于 2002 年正式开题，现已初步建成物理数理学科、化学学科、资源环境、生命科学和图书情报信息门户等 5 个信息门户。

（1）物理数理学科信息门户。物理数理学科信息门户网站（http://phymath.csdl.ac.cn）是由国家科学数字图书馆建设完成的，中国科学院文献情报中心承建，收集大量中英文数理学科信息资源。主题范围包括数学、物理学及其相关领域的信息资源，即数学主题分类表和国际物理学主题分类中涵盖的核心主题。物理分类采用《国际物理学分类法》，它是国际上权威的英国"IN-SPEC"和德国的"Physics Briefs"两个物理学文献数据库所采用的分类体系，包括了物理学各分支、物理学在各个工程技术领域的应用学科，还包含了物理学交叉学科、新技术与物理学的相关关系等内容。数学分类采用《美国评论》和《德国数学文摘》采用的《数学主题分类表》，包含了数学各个基础分支学科，其交叉学科类目涉及物理学的多个分支、生物学、力学、天文学和计算机科学等，还涉及对策论、经济、社会科学和行为科学等社会经济层面。

资源类型包括数据库（书目数据库、文献数据库、科技产品库、其他）、软件、期刊、图书、专利、图书馆、新闻、讨论组、会议、就业、学会与组织、研究单位、大学院系、公司、搜索引擎、参考信息源（包括手册、标准、物理和数学常数、物理或数学教学资料、其他）、多媒体等。

资源覆盖的地理区域：覆盖国内和国外的数理学科信息资源。

资源提供者：大学、政府、非营利性机构、研究机构、学术团体和协会、企业、出版社、图书馆等机构。登录该门户网站的主页后，除直接搜索相关的主题外，还可以按照物理及数学的下一级主题或者按照资源类型进行浏览。

（2）化学学科信息门户。化学学科信息门户（http://chin.csdl.ac.cn）是中国科学院知识创新工程科技基础设施建设专项"国家科学数字图书馆项目"的子项目，化学学科信息门户建设的目标是面向化学学科，建立并可靠运行 Internet 化学专业信息资源和信息服务的门户网站，提供权威和可靠的化学信息导航，整合文献信息资源系统及其检索利用，并逐步支持开放式集成定制。

化学学科信息门户的建设基础是中国科学院过程工程所建立的 Internet 化学化工资源导航系统 ChIN。

ChIN（http://www.chinweb.com.cn）是一个关于 Internet 化学化工综合性资源的导航系统。ChIN 的近期目标是帮助利用 Internet 上飞速增长的化学化工资源，长远目标是成为 Internet 化学化工信息资源咨询的基本工具。

ChIN 以对 Internet 化学化工资源进行系统研究为基础，注重对资源的评价和精选，并采用积累信息源知识的方法为资源建立了反映资源概貌和特征的简介页，并建立相关资源简介页之间的链接。

除了导航系统通用的浏览模式外，可通过 ChIN 站点的快速检索和高级检索功能来定位自己感兴趣的内容。ChIN 还提供基于数据库检索的最新内容查询功能，可随时了解 ChIN 中最新增加/更新的内容。ChIN 还提供用户对某个资源进行打分和进行评论的接口等。关于 ChIN 的更多内容，请参见 ChIN 的"帮助"信息。

（3）生命科学学科信息门户。生命科学学科信息门户（http://biomed.csdl.ac.cn）是国家科学数字图书馆（CSDL）资助的建设项目之一，由中国科学院上海生命科学研究院、上海图书馆、上海科技情报研究所、生命科学图书馆负责建设。它是由生命科学图书馆资深信息资源建设人员和生命科学领域专家共同精心建设的生命科学网络资源导航（中、英文版）。主要建设宗旨为对生命科学信息资源有所需求的用户（研究者、师生、爱好者）提供免费服务，成为在本学科范围内具有相当知名度和一定权威性的学科信息门户网站，成为企事业单位拓展事业的宣传平台。

（4）资源环境学科信息门户。资源环境学科信息门户网站（http://www.resip.ac.cn）是由中国科学院资源环境科学信息中心建立的资源环境学科信息门户网站和资源环境科学数字图书馆，是一个综合性资源环境学科专业信息资源和信息服务的门户网站。

资源环境学科信息门户主要收集与资源环境学科有关的所有因特网资源，针对科研、教育与其他用户对资源环境学科信息资源需求，建构以学科分类为核心的、多功能交叉检索的专业信息导航系统。提供免费的因特网信息资源导航服务，实现资源环境学科专业领域各种文献信息数字资源系统（包括二次文献数据库、全文数据库、联合目录、馆藏目录、馆际互借和文献传递等相关服务系统）的横向整合，逐步实现同构和异构数据库的统一检索服务。该网站每天 24 小时不间断地提供服务，基本能满足科研人员的信息需求，成为在本学科范围内具有相当知名度和一定权威性的学科信息门户网站。

资源环境学科信息门户目前收录的内容分为地球科学、农业科学、生态科学、资源环境技术、资源科学、综合等 6 大类，50 多个学科。根据主题/领域和资源特点又分为若干子类。内容覆盖资源环境学科领域核心资源及相关学科资源的分布式信息资源导航、检索利用系统。目前，中心馆藏文献近 170 万册（件）；有关数据库 40 多种。

（5）图书情报学科信息门户。图书情报学科信息门户网站（http://www.tsg.net.cn）是由国家科学数字图书馆项目管理中心资助建设的项目之一，承建单位为中科院成都文献情报中心。该中心经过多年文献服务，在资源收藏、编目和检索方面积累了丰富的经验。同时，该中心是中国科技网成都网络管理中心，拥有一大批性能优良的网络软、硬件设备和突出的技术优势，在网络系统开发、网络资源的检索以及实验系统网络平台的搭建上都有着得天独厚的条件。

图书情报学科信息门户近期目标是通过合理的分类组织与浏览体系，对在 Internet 上可以直接查询到的国内外各学科领域、各类型的重要图书情报系统及其馆藏资源进行搜集、评价、分类、组织和有序化整理、揭示。从整个国家科学数字图书馆项目的角度来说，最终目标则是与其他学科门户网站密切合作，切切实实地为科研人员提供查询各学科领域、各类型信息资源的捷径和方法。

本门户是一个综合性的导航系统，目标用户群的主体是国内外各学科领域的科研人员及其他相关人员。

3. 国家科技图书文献中心（NSTL）热点门户

NSTL（http://www.nstl.gov.cn）是根据国务院领导的批示于 2000 年 6 月 12 日组建的一个虚拟的科技文献信息服务机构，成员单位包括中国科学院文献情报中心、工程技术图书馆（中国科学技术信息研究所、机械工业信息研究院、冶金工业信息标准研究院、中国化工信息中心）、中国农业科学院图书馆、中国医学科学院图书馆。网上共建单位包括中国标准化研究院和中国计量科学研究院。中心设办公室，负责科技文献信息资源共建共享工作的组织、协调与管理。根据国家科技发展需要，按照"统一采购、规范加工、联合上网、资源共享"的原则，采集、收藏和开发理、工、农、医各学科领域的科技文献资源，面向全国开展科技文献信息服务。其发展目标是建设成为国内权威的科技文献信息资源收藏和服务中心；现代信息技术应用的示范区；同世界各国著名科技图书馆交流的窗口。NSTL 的主要任务是统筹协调，较完整地收藏国内外科技文献信息资源；制订数据加工标准、规范，建立科技文献数据库；利用现代网络技术，提供多层次服务；推进科技文献信息资源的共建共享；组织科技文献信息资源的深度开发和数字化应用；开展国内外合作与交流。

NSTL 热点门户（http://www.nstl.gov.cn/NSTL/nstl/facade/hotweb.jsp）是国家科技图书文献中心组织建设的一个网络信息资源门户类服务栏目，其目的是针对当前国内外普遍关注的科技热点问题，搜集、选择、整理、描述和揭示互联网上与之相关的文献资源、机构信息、动态与新闻，以及专业搜索引擎等，面向广大用户提供国内外主要科技机构和科技信息机构的网站介绍与导航服务，帮助用户从总体上把握各科技热点领域的发展现状、资源特色与信息获取途径。目前提供服务的热点门户包括纳米科技、海洋生物技术、认知科学等 17 个领域，页面如图 6-10 所示。

图 6-10   NSTL 热点门户界面

4．方略学科导航系统

方略学科导航系统（http://www.firstlight.cn）是雷速公司创办的一个包括哲学、经济学、法学、教育学、文学、历史学、理学、工学、农学、医学、军事学和管理学、旅游学、文化学等 14 大学科门类、108 个一级学科、600 多个二级学科在内的新型、综合性的学科网站集群，每个学科网站以收录各个学科灰色文献为主，如图 6-11 所示。

图 6-11　方略学科导航系统界面

　　方略设有知识要闻、国际动态、人物、开放资源、学术站点、研招资料、会议中心、学术指南、必读书目、知识库等栏目。方略将各学科上述内容高品质的灰色学术文献包罗无遗，并通过先进的知识管理技术，集学术搜索引擎、在线百科、学术博客、BBS、RSS聚合等因特网学术应用于一体，为广大学术工作者、科研工作者、教学工作者、管理工作者以及高级求学者提供了一个良好的知识平台。

　　为便于读者使用，方略新版开辟了学科导航、主题词导航、基于 XML 的 RSS 聚合功能和单机用户服务区。学科导航是按照学科进行浏览文章，查找需要的知识内容；主题导航即主题词导航，方略在生产和研发过程中，形成了一套包括 20 多万条词汇的中英文主题词表。该词表涉及各个学科领域，主题导航就是依据主题词表进行的精确聚类检索，有利于读者快速找到自己需要的知识内容；基于 XML 的 RSS 聚合功能，读者只需将各个学科的 XML 链接复制到自己的 RSS 聚合器中，即可及时了解方略所提供的 14 个学科门类、108 个一级学科、600 多个二级学科的国内外最新学术动态等学术信息；单机用户服务区，可以方便读者在学校外时能够使用方略学科导航查找自己需要的知识内容。

　　截至 2011 年 12 月，方略已经收录了全球高品质学术站点 5 万多个，遴选上述站点中高品质学术文献和非因特网学术文献 101 万多篇，原文附件 40 万多篇，图片 21 万余幅，存档文本 99 万多篇，数据总容量 980GB，方略年增加数据量 25 万多条，150G。方略已经持续为包括首都师范大学图书馆在内的全国 130 多个图书馆、几千个高校院系的数百万读者提供了卓有成效的个性化知识服务。

6.2.3　国外学科信息门户资源

1. WorldWideScience 信息门户

WorldWideScience（http://worldwidescience.org）是美国能源部和英国图书馆于 2007 年联合推出的全球科学信息门户，可同时对 70 多个国家的 61 个数据库及门户进行跨语言搜索。本文对其搜索信息来源、跨语言检索方法进行介绍，能为科学工作者有效地搜索学术信息提供帮助，首页如图 6-12 所示。

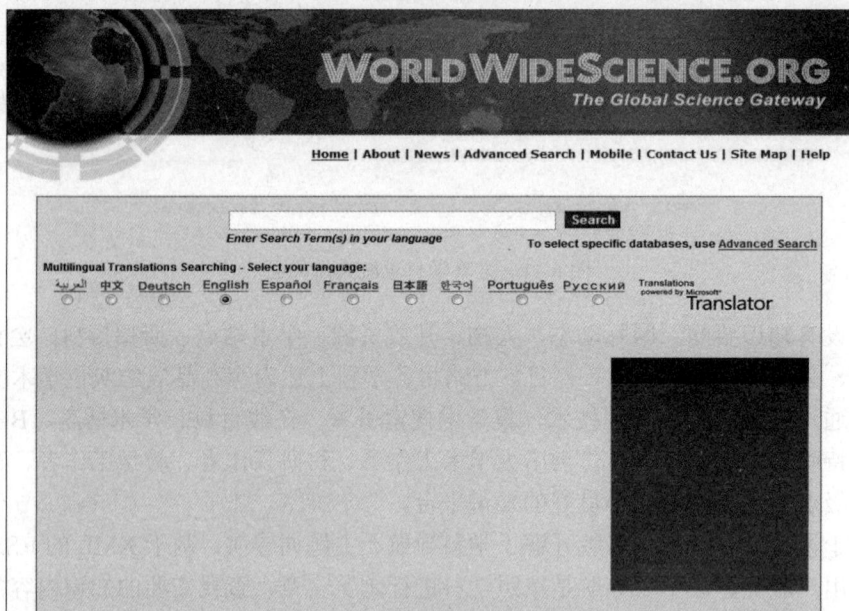

图 6-12　WorldWideScience 首页

2. INFOMINE 学术网络资源集

INFOMINE 虚拟图书馆（http://infomine.ucr.edu）是为大学教师、学生和研究人员建立的网络学术资源虚拟图书馆。它建于 1994 年，由加利弗尼亚大学、威克福斯特大学、加利弗尼亚州立大学、底特律—麦西大学等多所大学或学院的图书馆联合建立。

INFOMINE 共有 10 万多条资源链接，其中由图书馆员精选 2.6 万条，网络爬虫收集 7.5 万条，资源类型有实质性数据库、电子期刊、因特网上大多数学科指导、教科书和会议程序等。INFOMINE 收录资源的著录内容包括资源名称、简介、URL、相关资源链接、人工选择或专家选择、收费情况，并为用户提供了对资源发表评论的平台，搜索界面如图 6-13 所示。

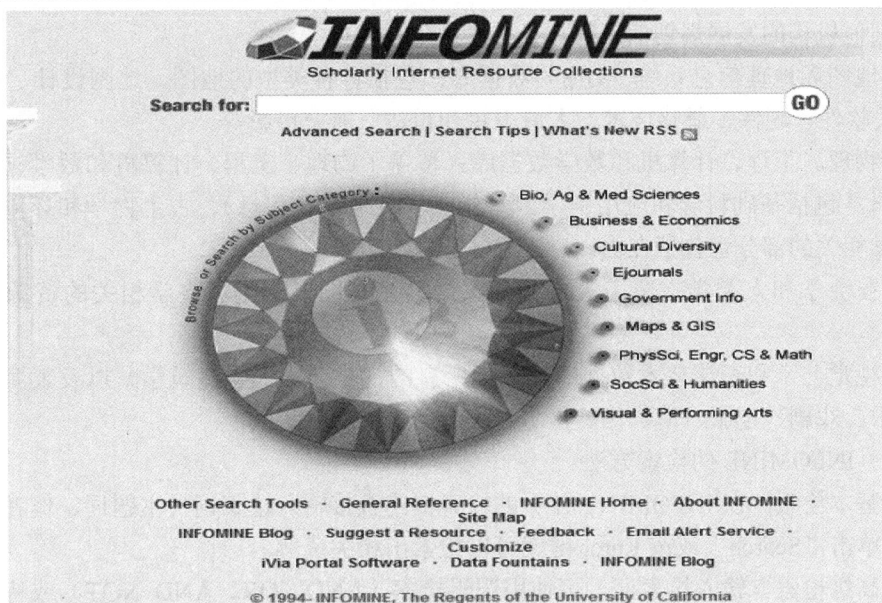

图 6-13　INFOMINE 搜索界面

（1）INFOMINE 收录范围及内容。

① 生物、农业和医学数据库：覆盖了生命、农业和医学的大部分领域，着重于基础理论和相关的应用研究，有关遗传学、生物化学、生态学的资源均能通过特殊主题数据库和检索工具检索到。

② 商业和经济数据库：覆盖了商业和经济的大部分领域，包括财政、银行组织管理、市场、人力资源、会计、收入分配、福利、环境经济、劳工政策、城市经济、经济发展、国际贸易和公共财政等。

③ 多样性文化及种族资源数据库：覆盖美国的多样性文化和种族资源领域，关于文化、文学、社会、经济和人口统计学的许多资源均包括在内。

④ 电子期刊：包括大量学术性和研究性的免费或付费期刊，付费资源能否利用取决用户所在的图书馆是否购买了该数据库的使用权。

⑤ 政府信息数据库：包括美国联邦、州、地方政府和国际组织的信息资源。

⑥ 教育资源数据库（K-12）：包括大量的对教师、管理者、学生和家长有用的 K-12 资源。主要有课程设置、教学大纲、课外作业和 K-12 补充资料等。

⑦ 教育资源数据库（大学）：为决策者、管理者、社会学家和其他高等教育的人员提供大量的教育资源，有关艺术、教育学、远程教育、教育技术和普通教育资源也包括在内。

⑧ Internet 利用工具：包括各种帮助研究者和学生更好地利用 Internet 和数字化、网络化资源的工具，如软件、搜索引擎、标记语言、网页设计、网络技术、信息技术以及来自

政府和其他机构的发展规划信息等。

⑨ 地图和地理信息系统（GIS）数据库：包括各种类型的地图、地图设计、GIS 及 GIS 相关软件、硬件、遥感技术、人造卫星和雷达、航空摄影等。

⑩ 物理、工程、计算机和数学数据库：覆盖了物理、工程、计算机和数学领域的大部分学科，包括基础科学和应用科学。气候学（气象变化信息）、古生物学和环境科学中与物理学相关的部分也包括在内。

⑪ 社会学和人类学：覆盖大部分相关学科，与图书馆学、文学相关的资源也包括在内。

⑫ 视觉艺术和表演艺术数据库：包括所有的视觉艺术（含建筑学）以及表演艺术，包括音乐、戏剧、电影、博物馆、区域性文化等。

（2）INFOMINE 的检索方法。

① 基本检索。在 INFOMINE 首页的检索框中直接输入检索词（主题词、作者、关键词等），单击"Search"或按 Enter 键就可以检索出相关资料。

② 高级检索。输入检索词，可使用逻辑检索（AND、OR、AND NOT）或特定符号（*、||、()、" "等）来扩大、缩小检索范围。例如，输入检索词 industr*，可检出 industries、industry、industrial、industrialization 等结果。输入检索词|rivers|，检出的结果必须和 rivers 完全匹配，包括大小写。输入"new mexico"，表示引号内的词必须完全紧密相连。这些逻辑检索的使用方法与其他数据库基本相同。

通过选择菜单和下拉菜单的组合使用，可以限定检索范围，如关键词、主题词、资源描述、作者、标题等，限定检索的数据库范围，限定资源的类型和路径，以及检索结果的显示方式，每页显示的检索结果数和检索结果的排序方式。

单击"Search"或按 Enter 键就可以检出相关文献。

③ 浏览。对普通用户而言，浏览是一种有效和常用的检索方式。INFOMINE 在基本检索、高级检索和每个数据库的页面下都提供了浏览功能，可以从目次表、美国国会主题词表、标题、关键词和作者等途径进行浏览，查找所需的资料。

3．因特网公共图书馆 IPL2

因特网公共图书馆（Internet Public Library，简称 IPL，网址：http://www.ipl.org）是由美国密歇根大学信息管理学院的教师及该校的图书馆员们于 1995 年开发的基于 Web 技术的数字图书馆。后德雷塞尔大学、佛罗里达州立大学等加盟，与密歇根大学组成大学联盟共同开发和维护该数字图书馆，赞助单位包括 Intel 和 Sun 公司。十多年来，该馆已发展到近 4.5 万个链接，并且分别在阿根廷和日本建立了镜像站点。

2010 年，美国著名的图书馆员因特网索引（Librarians'Internet Index，简称 LII）资源并入 IPL，LII 由美国加州大学图书馆员创建，内容包括艺术与人文、商业、计算机、政府、健康、家庭与房屋、法律、媒体、人物、娱乐、参考资料、地区、科学以及社会与社会学等 14 个大类，上百个子类的学科导航，收集超过 1.4 万个经过严格选择、评估、高质量、有学术意义的 Internet 站点，如图 6-14 所示。

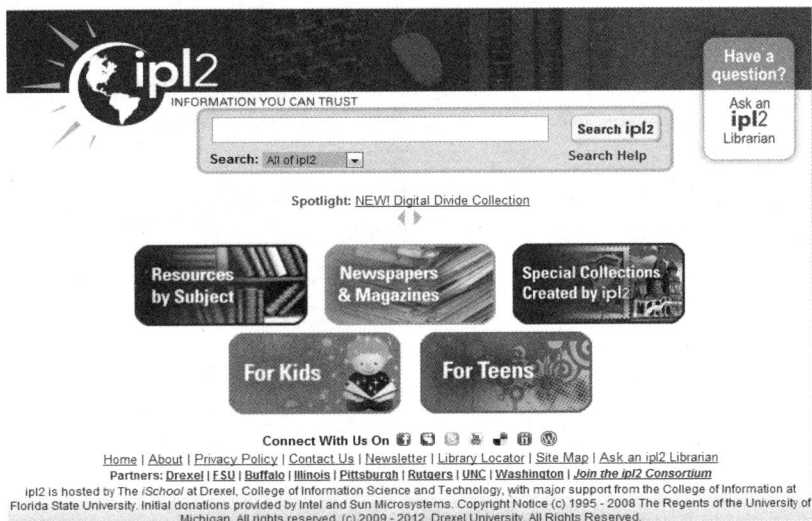

图 6-14　IPL2 搜索界面

两个网站合并后形成 IPL2，旨在提供因特网最值得信赖的信息。用户可以通过索引查询和关键字查询来检索 IPL2 资源。

（1）索引查询。用户可以根据学科主题（包括艺术与人文科学、商业与经济、计算机与因特网、教育、娱乐与闲暇、健康与医学、法律、政府与政治学、科学与技术、社会科学）、参考资料（字典、百科全书等）、阅览室（报纸、杂志、期刊等）、青少年空间等类别进行查询。

（2）关键字查询。用户可以通过输入搜索条件和关键字来查询内容，输入的条件包括：

① 学科领域（Field）：题目（Title）或者描述（description）。

② 资源内容（Contains）：含有或者未含有。

③ 关键字（Query）。

④ 关系与（AND）/或（OR）。

4. 万维网虚拟图书馆

万维网虚拟图书馆（http://vlib.org）是一个专业性比较高，网络信息资源评价的集成之作，学术领域的专家推荐某一学术领域的专家，由于熟知本专业的研究方向，他们对网络信息资源的评价具有相当的权威性。其管理和维护者由来自大学或专业研究机构的各个学科领域的专家组成，通常学科专家也会发表评论来介绍本学科专业领域中优秀的站点，如图 6-15 所示。

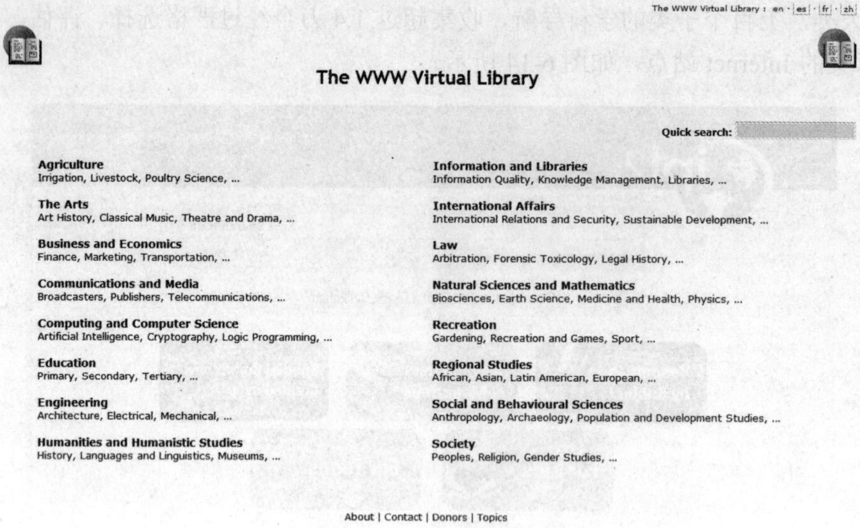

图 6-15 万维网虚拟图书馆界面

6.3 开放存取（OA）资源及其利用

6.3.1 开放存取资源概述

1. 开放存取资源概念和开放存取运动介绍

"开放存取"（Open Access，简称 OA）是在基于订阅的传统出版模式以外的另一种选择。通过新的数字技术和网络化通信，任何人都可以及时、免费、不受任何限制地通过网络获取各类文献，包括经过同行评议过的期刊文章、参考文献、技术报告、学位论文等全文信息，用于科研教育及其他活动，从而促进科学信息的广泛传播、学术信息的交流与出版，提升科学研究的共利用程度，保障科学信息的长期保存。这是一种新的学术信息交流的方法，其核心特征是在尊重作者权益的前提下，利用因特网为用户免费提供学术信息和研究成果的全文服务。作者提交作品不期望得到直接的金钱回报，而是提供这些作品使公众可以在公共网络上利用。

"开放存取资源"（Open Access Resources），又被称为"开放存取资料"（Open Access Materials）和"可公共利用的资源"（Publicly Available Resources）等。狭义的开放存取资源主要指通过开放存取的实现途径出现的信息资源，即开放存取期刊、学科库、机构库和个人网站（博客）中收录的资源；本书指广义的开放存取资源，即指任何用户均可免费在线获取的、不受许可限制的所有数字化学术信息资源，包括正式发表的论文的后印本（Post-print），正式出版的著作、教材、会议论文集与研究报告等学术成果，非正式出版的论文的预印本（Pre-print）、学位论文、工作论文、各种原始数据和元数据、教学参考资料、照片、图表、地图以及数据库、政府出版物、网站等。

　　开放存取运动兴起于 20 世纪 90 年代，出现背景是大型商业出版机构随着不断的兼并和收购，日益垄断学术期刊市场，从而大幅度地提高期刊价格，导致了所谓的"学术交流危机"；而同时随着计算机和网络技术在出版领域中的应用和普及，在线出版和在线传播的总成本大大降低，为开放存取实现提供可能。国际学术界、出版界、信息传播界和图书情报界大规模地兴起为了推动科研成果利用因特网自由传播，促进学术信息的交流与出版，提升科学研究的公共利用程度，保障科学信息的长期保存的开放存取运动。美国雪城大学 Kellogg 项目在 1987 年秋季创办的 New Horizons in Adult Education，被看作第一份真正意义上的 OA 期刊；美国洛斯阿拉莫斯实验室的 Paul Ginsparg 在 1991 年 8 月创办的 arXiv 电子印本文档库被看作第一个真正意义上的 OA 知识库。2001 年 12 月，开放协会研究所（Open Society Institute，简称 OSI）在匈牙利的布达佩斯召集了一次在开放存取运动发展史上具有里程碑意义的会议，2002 年 2 月 14 日，会议内容被整理后，发布《布达佩斯开放存取先导计划》（Budapest Open Access Initiative，简称 BOAI），其内容提出了开放存取的定义、开放存取的三个主轴：使用者权利、障碍排除和作者权利，以及开放存取实现的两种途径等。OSI 号召全球的研究者、大学、实验室、图书馆、基金会、学刊、出版社、学会及相关的机构签署支持开放存取运动，截至 2010 年 3 月 1 日，已有 5 197 名个人和 528 家机构签署支持 BOAI。2003 年 4 月 11 日在霍华德•休斯医学研究所总部马里兰举行的会议上发表了《关于开放存取出版的贝塞斯达宣言》，该宣言明确了 OA 出版物的定义。2003 年 10 月，由德国马普学会发起，德国、法国、意大利等多国的科研机构在柏林联合签署《对科学和人文领域知识开放存取的柏林宣言》，呼吁为来自各国的研究者与网络使用者在更广泛的领域内提供一个免费的、更加开放的科研环境。2003 年 12 月，中国科学院院长路甬祥在柏林代表中国的科学家签署了柏林宣言。在美国，2003 年引入"科学公共访问法案"，要求受联邦政府资助的科研成果应该在公共领域可以被免费获取。2003 年 5 月，瑞典隆德大学图书馆创建了"开放存取期刊目录"（Directory of Open Access Journals，简称 DOAJ），即建立了通过因特网可免费获取全文的学术性期刊网络平台，标志着开放存取运动进入快速发展阶段。

　　2. 开放存取的实现模式

　　BOAI 提出了实现开放存取出版的两条措施，即创办"开放存取期刊"（Open-Access Journals）和建立"自我存档"（Self-Archiving）。不少科研人员也将开放存取期刊称为实现开放存取的"金色之路"，将把论文的预印本或后印本存档——存储在相应的知识库中的形式称为实现开放存取的"绿色之路"，并将两者合称为实现开放存取的"金科玉律"。

　　（1）开放存取期刊（Open Access Journals）。包括新创办的开放存取期刊和由原有期刊改造转变而来的开放存取期刊。与传统期刊一样，开放存取期刊对提交的论文实行严格的同行评审，从而确保期刊论文的质量。开放存取期刊可以看作纯网络期刊的一种形式。

　　学术期刊以开放存取期刊形式出版，是实现开放存取最理想的途径。因为开放存取期刊文献一旦发表，就能被广泛地传播，没有价格和访问许可的障碍，是目前学术界大力提倡的开放存取的主要实现形式之一。OA 期刊和传统的期刊（基于订阅方式）的不同之处在于：开放存取期刊上发表的文章对读者是免费的，而对作者来说，需要为发表文章的所有成本付费（包括评审费、编辑加工费、彩色印刷费等所有出版费用），版权归作者所有；而传统期刊论文的发表成本由出版商承担，只有订阅了才能阅读全文，论文版权归出版社所有。为提供基本运行费用，OA 倡导者提出了多种成本弥补途径，包括争取相关机构的赞助、广告收入和为用户提供增值服务收入等，但最主要的是作者付费模式，即作者从项目或课题中抽取部分经费用于出版研究成果，因为作者付费模式具有合理性，并可以保证开放存取出版的可持续发展。

OA 期刊和传统期刊一样，大都需要进行同行评审或编辑质量控制，如 DOAJ 网站收录的 OA 期刊都实行了同行评审或由编辑做质量控制；BMC 出版的期刊执行的是开放的同行评审制度，即论文发表时，要求将论文的初稿、评审人员的意见和签名、作者的修改稿连同论文的最终稿同时在网络上发布，把各自的意见公开化，力求评议过程透明化。

OA 期刊以网络版为主要形式，但并不排斥同时发行印刷版；OA 期刊有从创刊时就是 OA 期刊，也有是从传统的订阅式期刊转化过来的；如今，又有很多著名的出版商将其全部或部分期刊变成了混合 OA 期刊，如 2004 年 7 月，Springer 推出了"Open Choice"，对所有的期刊都允许作者选择 Open Choice，只要文章通过同行评审，出版商就为作者提供或者以 OA 形式发表，或者按照传统出版方式发表文章的选择，如果作者选择了以 OA 形式发表文章，一旦支付了出版费用，文章就可以立即在 Springer Link 上开放，同时也发表在印刷版的期刊上，而在同一期的期刊中，其他非 OA 的文章需要订阅期刊后才能看到内容。

OA 期刊允许用户无限制地使用发表的研究成果，并不意味着不存在版权问题。版权是属于出版、发行一个作品的专有权，是精神权和使用权的结合，精神权是指作品通过正当方法被引用，版权焦点主要集中在使用权利上。实际上对学术论文的使用目的很有限，主要是出于教学目的和商业目的的重复使用。目前，OA 期刊的版权模式归纳起来大致有三种：版权保留、版权分摊和部分版权转让。

（2）开放存取仓库（Open Access Repository）。OA 仓库不仅存放学术论文，还存放其他各种学术研究资料，包括实验数据和技术报告等。OA 仓库包括基于学科的 OA 仓库和基于机构的 OA 仓库。OA 仓库一般不实施内容方面的实质评审工作，只是要求作者提交的论文基于某一特定标准格式（如 Word 或 PDF），并符合一定的学术规范。

20 世纪 90 年代初，为了解决传统期刊出版模式滞后于学术研究发展的问题，在物理学、计算机科学、天文学等学科领域，研究人员采用预印本（Pre-print）进行学科领域的同行交流，一些学术组织把这些用于共享的学术信息存放于服务器中供用户免费访问和使用，这些服务器就是早期的 OA 仓库，OA 仓库有时也被称为 OA 文档库（Open Access Archive）。随着开放存取运动的发展，目前开放存取仓库不仅存放预印本，而且也提供已经在期刊或其他公开出版物上发表的研究成果。

从目前的发展情况来看，OA 仓库主要有两种类型，即学科 OA 仓库（又称为学科库）

和机构 OA 仓库（又称为机构库）。早期的 OA 库多为学科库，其中最具代表性的要数 arXiv 电子印本文档库。由于各个学科研究人员接触网络的时间迟早和使用网络的熟练程度的不同，早期学科库只限于自然科学领域（如天文学、物理学、计算机科学、化学以及数学等），最近几年以来，社会科学和人文科学领域的 OA 库已经开始出现，如图书情报学领域的 E-Lis 等。机构库相对于学科 OA 仓库而言，起步比较晚，但发展速度很快，一般由大学、大学图书馆、研究机构、政府部门等创建和维护。例如佛罗里达州立大学图书馆的 D-scholarship 仓库、美国能源部的 Information Bridge 以及麻省理工学院的 D-space 系统等。

6.3.2　国内开放存取资源

1. 中国科技论文在线

中国科技论文在线（http://www.paper.edu.cn）是经教育部批准，由教育部科技发展中心主办创建的科技论文网站，每日更新。中国科技论文在线根据文责自负原则，审核作者所投论文是否遵守国家相关法律，是否具有一定学术水平，是否符合中国科技论文在线的基本投稿要求，如通过审核，将在一周内发表。此外，还采取"先公开，后评审"的方式，聘请同行专家对在线发表的论文进行评审，并将评审出的优秀论文收录在《中国科技论文在线优秀论文集》中。中国科技论文在线可为在本网站发表论文的作者提供该论文发表时间的证明，并允许作者同时向其他专业学术刊物投稿，以使科研人员新颖的学术观点、创新思想和技术成果能够尽快对外发布，并保护原创作者的知识产权。截至 2013 年 3 月，中国科技论文在线首发论文共 67 186 篇，优秀学者论文共 88 177 篇，自荐学者论文共 27 343 篇，科技期刊共 789 826 篇，首页如图 6-16 所示。

图 6-16　中国科技论文在线首页

中国科技论文在线将服务的对象分为注册用户和非注册用户两类。非注册用户则只能以访客的身份，对网站进行部分检索、浏览和下载。注册用户可以使用本网站的所有功能，享受更多便捷服务，包括投稿、评论、定制、添加私人标签、收藏站内外各类资讯、加入感兴趣的学术圈子等用户个性化功能，用户可以在个人空间中进行投稿，使用模板写好论文后，只需选择文章语种、学科、是否评审等简单几项内容，无须再填写论文题目、摘要、资助及多位作者信息，即可上传论文，文章通过初审并编辑后即可发表在网上。例如，文章被其他期刊收录，可以填写收录情况，同时用户还可以自行打印刊载证明及申请打印邮寄星级证明。

网站提供简单检索、高级检索以及论文浏览三种检索方式。简单检索提供对题名、作者、摘要等的简单搜索；高级检索提供全文、题目、作者、作者单位、摘要、关键词、语言、发表时间等的组配检索，并提供相关度、发布时间、下载次数等三种排序方式。网站开辟有首发论文、优秀学者论文、自荐学者论文、科技期刊论文等栏目，可以按照类别分类浏览。

2. Socolar

Socolar（http://www.socolar.com）是中国教育图书进出口公司开发的一个 OA 资源一站式服务平台，旨在通过对世界上重要的 OA 期刊和 OA 仓库资源进行全面的收集和整理，为用户提供OA 资源的统一检索和全文链接服务。Socolar 目前包含 11 360 种 OA 期刊、1 040 个 OA 仓库，总计 2 240 多万篇期刊全文。学科范围涵盖农业和食品科学、艺术和建筑、生物学和生命科学、商学与经济学、化学、地球与环境科学、综合类目、健康科学、历史与考古、语言和文学、法律和政治学、数学与统计、哲学和宗教、物理学和天文学、一般科学、社会科学、工程与技术、图书情报学等 18 个主题。Socolar 可以通过学科主题和刊名字顺两种方式浏览期刊，支持简单检索、高级检索方式，首页如图 6-17 所示。

图 6-17　Socolar 首页

3．中国预印本服务系统

中国预印本服务系统（http://www.nstl.gov.cn/preprint/main.html？action=index）是由国家科技图书文献中心与国家科技数字图书馆联合建设，它于 2004 年 3 月开通使用，是一个以提供预印本文献资源服务为主要目的实时学术交流系统。中国预印本服务系统的收录范围按学科分为自然科学、农业科学、医药科学、工程与技术科学、人文与社会科学五大学科门类，每一个大类再细分为二级子类，如自然科学又分为数学、物理学、化学等。系统实现了用户自由提交、检索、浏览预印本文章全文、发表评论等功能，如图 6-18 所示。

图 6-18　中国预印本服务系统界面

中国预印本服务系统提供用户自由提交、检索、浏览预印本文章全文、发表评论等功能。用户可以经过简单的注册后直接提交自己文章的电子稿，并在随后根据自己的需要和改动情况追加、修改所提交的文章。系统将严格记录作者提交文章和修改文章的时间，便于作者在第一时间公布自己的创新成果。由于中国预印本服务系统只对作者提交的文章进行简单审核，因而具有交流速度快、可靠性高的优点，避免了由于学术意见不同等原因而导致的某些学术观点不能公之于众的遗憾。

4．厦门大学学术典藏库

厦门大学学术典藏库（Xiamen University Institutional Repository，简称厦大机构知识库，网址：http://dspace.xmu.edu.cn/dspace），由厦门大学图书馆于 2005 年开始规划部署，于 2006 年 8 月正式开放，其建设目的为：长期保存学校的学术成果，求得成果内容永久的揭示与获取；增加学者个人、单位和院系研究成果的可见性，方便校内外及国内外同行学者之间的学术交流、评议、知识共享；展示厦门大学学术成果，加快学术传播，提高学术声誉；替代商业出版社的垄断出版行为；促进电子出版（e-Publishing）和公开获取（Open Access）运动。知识库收录的内容主要为厦门大学教学和科研人员的具有较高学术价值的成果，包括较高学术价值的学术著作、期刊论文、工作文稿、会议论文、科研数据资料，以及重要学术活动的演示文稿。经过近 7 年的探索与建设，该库注册用户近 350 人，数据条目约 16 000 条。根据 2012 年 4 月西班牙的赛博计量学实验室（Cybermetrics Lab）公布的全世界开放获取机构知识库排名，中国内地的高校机构库排名最靠前的是厦大机构知识库，如图 6-19 所示。

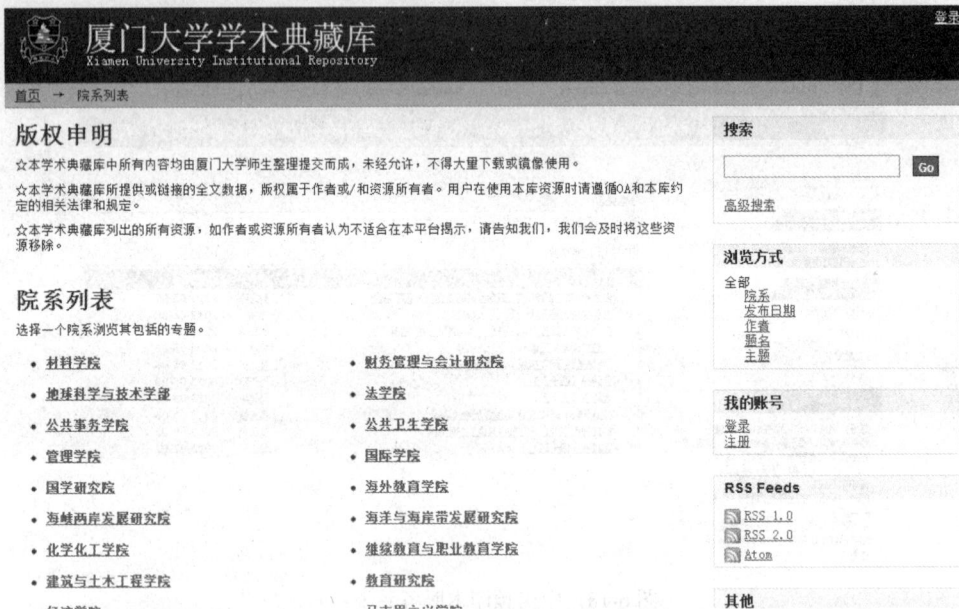

图 6-19　厦门大学学术典藏库首页

厦大机构知识库采用 DSpace 软件平台构建，系统支持 OAI 协议和 OpenURL 协议，元数据能够被有关机构（如 Google Scholar 和 OAIster）定期或不定期进行收集，加快和提高系统中相关资源的传播与利用。

厦大知识库收录的文献可以通过浏览和检索获取。用户可以按院系、发布日期、作者、题名、主题等进行浏览；也可以全文简单检索或限定院系，通过摘要、作者、题名、关键词互相组配进行高级检索。

6.3.3　国外开放存取资源

20 世纪 90 年代开放存取运动在欧美国家兴起后，受到国际社会广泛支持，在各国政府部门、科研资助机构、学术科研人员、大学、图书馆等主体共同推动下，开放存取运动蓬勃发展，到目前已形成了不少高质量的开放存取期刊、集成服务平台和文档库，下面对国外几种有代表性的开放存取资源做介绍。

1．科学公共图书馆 PLOS

科学公共图书馆（Public Library of Science，简称 PLOS，网址：http://www.plos.org）是由前美国国家卫生研究院院长、诺贝尔奖获得者哈罗德吉·瓦穆德斯（Harold Varmus）博士等人创办的，它是由科学家和医生组成的一个非营利性组织，致力于使全球范围内的科学和医学文献成为可以免费获取的公共资源。2002 年 11 月，PLOS 获得摩尔基金会和汉森基金会的赞助，开始出版科学及医学类的期刊，以高起点将目标定位于学科领域的高端期刊，现已有 8 种生命科学与医学类期刊，PLOS 的开放存取期刊以高质量著称，如 PLOS Biology，2005 年出版的该刊的首次 ISI 影响因子就达到 13.9，高居生命科学类引用率最高期刊的榜首，实际上在综合生物学期刊中也名列第一。而 2006 年 12 月创建的 PLOS ONE 刊载科学和医学领域的任何原创性成果，是一本跨学科的综合性期刊，2010 年 1 月，PLOS ONE 被 Web of Science 收录，并且现在已扩展到 PLOS ONE 自创刊到现在的所有文章，PLOS ONE 刚有影响因子（IF）就达到 4.351。

PLOS 的开放存取期刊上的所有文章均可免费获取，用户可以进入某一期刊按时间浏览，也可以限定日期、作者、学科主题、期刊、文章类型等条件进行全文检索，如图 6-20 所示。

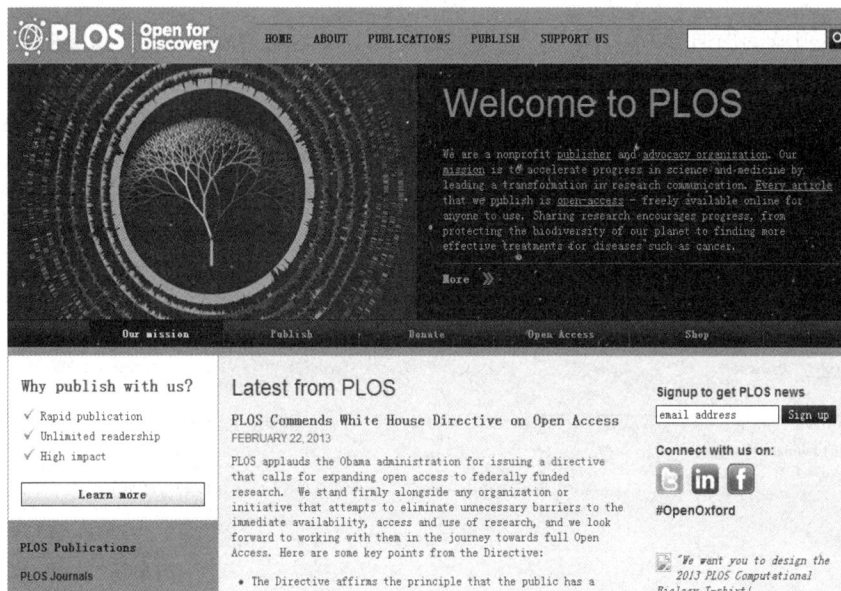

图 6-20　科学公共图书馆界面

2．开放存取期刊目录 DOAJ

开放存取期刊目录（Directory of Open Access Journals 简称 DOAJ，网址：http://www.doaj.org）是由瑞典隆德大学（Lund University）图书馆于 2003 年 5 月创建的开

放存取期刊资源整合平台，目的是收录覆盖所有学科和语种的高质量的开放存取期刊，具有免费、全文、高质量的特点，同时还建有自己的全文数据库。主要目标是增加科学期刊开放存取的显示度，方便使用开放存取期刊，促进开放存取期刊的使用，增加开放存取期刊的使用率，扩大学术成果的影响力。DOAJ 收录的期刊必须实行同行评议或编辑质量控制，包括很多 SCI 收录的期刊，均允许用户阅读、下载、复制、传播、打印、检索或链接全文，同时，平台还特别推荐最近 7 天和 30 天收录的开放期刊。DOAJ 还提供了推荐新期刊的平台，推荐人可以在线推荐期刊，但必须将期刊的各种信息、推荐理由和推荐人的信息在平台上填写清楚。截至 2013 年 3 月，DOAJ 共收录 120 个国家的 4 517 种开放期刊，收录的文章多达 105 万篇，其中收录中国大陆地区开放存取学术期刊 39 种。

DOAJ 在选择被收录的开放存取期刊时虽然不限语种、学科、地域，但具有严格的标准。DOAJ 要求被收录的期刊符合下列条件：符合 DOAJ 对开放存取的定义，即允许用户"阅读、下载、复制、发布、打印、检索或连接"期刊所刊文章的全文；期刊所载文章必须经过同行评议或者编辑对其进行质量控制；期刊至少以每年一期的频率定期发布；期刊论文的 OA 发布无延迟：所载论文的在线版本的发布须与印刷版本同步，或早于印刷版本；期刊的所有内容都可获取全文；期刊有 ISSN 号。

DOAJ 将所收录的期刊进行了细致的划分，期刊按所属学科被划分为 17 个一级主题，包括农业与食品科学、艺术与建筑学、生物与生命科学、技术与工程等，囊括了自然科学和社会科学领域的所有学科，在 17 个一级主题下，还继续划分为 75 个二级主题，部分二级主题继续划分为若干三级主题。为了全面描述期刊内容，期刊的学科分类采用了复分的方式，同一期刊根据其所刊载的论文内容，可被划分入多个不同的主题，DOAJ 界面如图 6-21 所示。

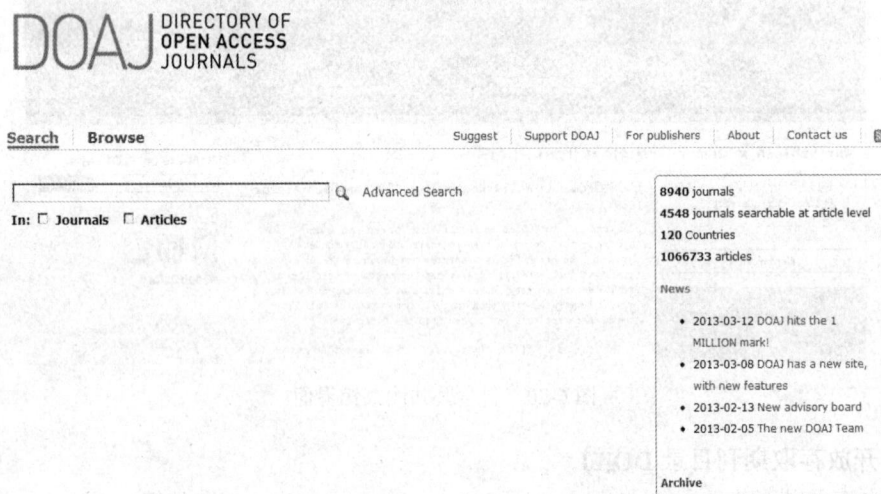

图 6-21　DOAJ 界面

DOAJ 网站主要提供以下四种功能模块。

（1）期刊检索。提供了期刊刊名关键字检索、按期刊刊名首字母查找和按照期刊主题分类查找等三种期刊检索途径。其中期刊主题分类按学科分为三个层次，可以方便地展开主题树进行学科层次浏览。检索结果提供所检期刊的书目信息，以及到期刊网站的链接。

（2）新刊目录。展示最近一天/周/月新收录的期刊信息列表，并为用户提供可定制时间段收录期刊信息列表的检索服务，检索到的期刊信息可按照刊名和被收录时间两种方式进行排序。

（3）全文检索。提供部分被收录期刊的全文布尔检索。用户检索时可在题名、刊名、ISSN 号、关键字、摘要、作者和全局 7 个范围内进行 2 阶自由组配。用户可单击查看检索结果的题录信息和全文信息。

（4）期刊推荐。为用户向 DOAJ 推荐开放存取期刊提供入口。除上述功能外，DOAJ 网站还提供会员、反馈等其他服务，并为期刊所有者和论文作者分别提供服务入口。

3. arXiv.org

arXiv（http://arxiv.org）是全球最大的预印本系统，原先是由物理学家保罗·金斯巴格在 1991 年建立的网站，本意在收集物理学的论文预印本，随后扩展至天文、数学等其他领域。arXiv 最初挂在洛斯阿拉莫斯国家实验室，由美国国家科学基金会和美国能源部资助，故早期被称为"LANL 预印本数据库"。2001 年后转由康奈尔大学（Cornell University）进行维护和管理，并在全球各地设有 8 个镜像站点。截至 2013 年 3 月，arXiv 收录物理学、数学、计算机科学和定量生物学、计量金融学和统计学等方面的学术论文超过 83 万多篇，在物理学的某些领域，它们早已替代传统的研究期刊，arXiv 界面如图 6-22 所示。

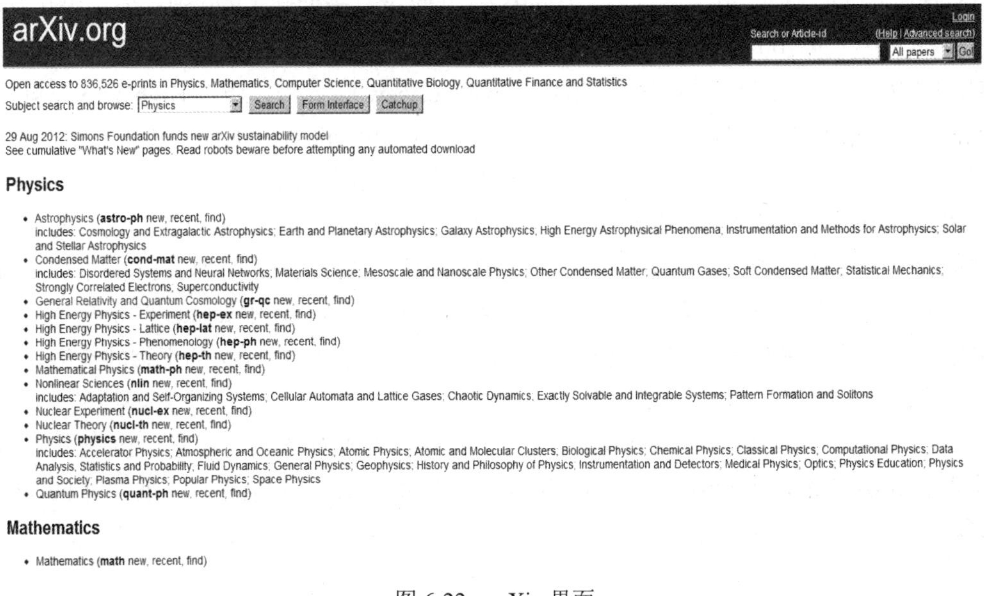

图 6-22　arXiv 界面

全球各地的科研人员注册后可以按照一定的格式将论文进行排版后,通过网络、E-mail等方式,按学科类别上传至相应的库中,送入预印本库中的论文是不经过任何审核的,也没有任何先决条件决定某一论文能否送入 arXiv 库中,实际上这是默认了文责自负的原则。收入该库中的论文可以受到同行随时随地的评论,论文作者也可以对这种评论进行反驳。论文作者在将论文提交 arXiv 的同时,也可以将论文提交学术期刊正式发表,论文一旦在某种期刊上发表,在 arXiv 相应论文记录中将会加入文献正式发表期刊的卷期信息。

从 arXiv 上获取文献可以通过主题浏览和在线检索两个途径。

(1)主题浏览。在 arXiv 首页列物理学、数学、计算机科学、定量生物学、计量金融学和统计学等六个大类及每个大类下有若干子类,每个大类或子类下面又按年限归档文献。用户可根据文献所属类别、年限进行浏览以获取文献。

(2)在线检索。arXiv 提供有简单检索和高级检索两种方式。简单检索,用户可利用arXiv 首页的检索框实现,可通过文献的题名、作者、摘要及全文检索,如果知道文献 ID,可输入文献 ID 直接获取文献;高级检索,用户可限定大类和起始年限,在题名、作者、摘要、分类、主题描述等 12 个范围内进行 3 阶自由组配检索。另外,arXiv 还推出了实验全文检索,支持布尔逻辑、元字符、词根匹配、通配符等操作。

4. HighWire

HighWire(http://highwire.stanford.edu)出版社是世界上最大的免费科技全文库,于1995 年由斯坦福大学图书馆创建,致力于为学会或协会出版社、大学出版社以及其他非营利出版机构提供在线出版平台及相关服务。从最初仅出版著名的周刊"Journal of Biological Chemistry"开始,截至 2013 年 3 月,HighWire 共收录电子期刊 1 770 种,全文 480 万篇,其中免费全文文献 200 万篇。目前 73 个期刊站点完全免费,有 52 个期刊站点处于免费测试期,1 356 个期刊站点提供在线付费服务(pay perview)。此外,通过 HighWire 还可以检索 Medline 收录的 4 500 种期刊的 1 200 万篇文献。HighWire 收录的期刊覆盖有生命科学、人文科学、医学、物理学、社会科学等 5 个学科,首页如图 6-23 所示。

HighWire 免费文献页面 HighWire Free Online Full-text Articles 列出了其收录的所有可提供免费全文文献的期刊。在刊名后按"Free Issues"、"Free Trial"、"Free Site"标注着相应时间或其他,意义与前面介绍的相同。其中"Free Issues"栏中如标注的是某月,则表示每年在该月及以前的所有文献都免费提供全文。对 HighWire 收录的文献的检索有以下三种方式。

(1)按字母顺序浏览。选中某刊后,单击可以进入对该刊的检索,检索方法为一般检索和高级检索,如果在文章后标出可获取全文,则可以得到该文献的 PDF 格式全文。

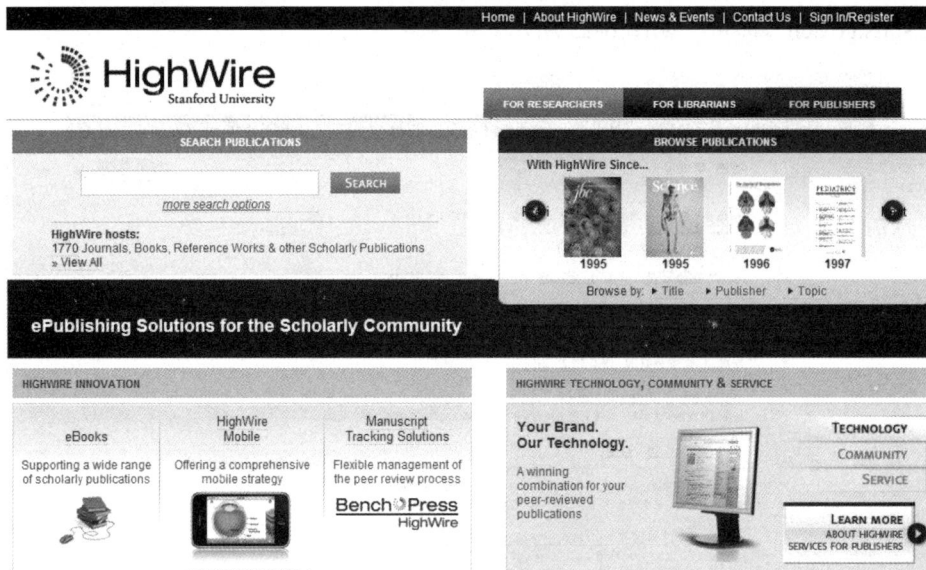

图 6-23 HighWire 界面

（2）一般检索。可以输入作者、关键词、年、卷、页等限制进行检索，由于同时可以检索 Medline 数据库，所以同时需要选择是检索 Medline 还是 HighWire-hosted journals。单击检索结果后的文摘、全文、期刊网站、引用图，可以分别获得文摘、全文（PDF 格式）、该期刊的网站主页和该文被引用情况。

（3）高级检索。可提供以下限制，如年、卷、起始页、作者、起始年月、结果显示形式、匹配形式（最佳匹配、最新出版）、数据库（Medline、HighWire-hosted journals）等。

6.4 检 索 实 例

6.4.1 Google 搜索引擎检索实例

1. 美国哈佛大学有位著名教授上的有关幸福的课程很受学生欢迎，想在网上查找该课程的视频，请问如何利用 Google 快速查到所需？

Google 搜索提示：只需在搜索框中输入"哈佛 幸福"两词，中间加空格，即可查到相关视频，如图 6-24 所示。

2. 如果想了解我国 2012 年第一季度的经济运行情况，如何能快速、准确地查找到权威的结果？

Google 搜索提示：国家统计局是发布统计数据的权威机构，因此我们可以利用 Google 的 site 指定网域功能，限定结果出自国家统计局，故在搜索框中输入"2012 年 一季度 经济 site:stats.gov.cn" 即可，如图 6-25 所示。

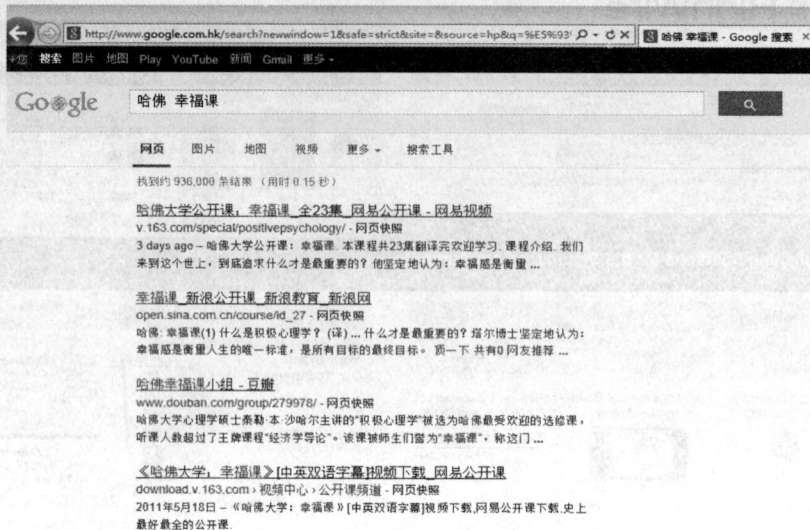

图 6-24　Google 检索页面

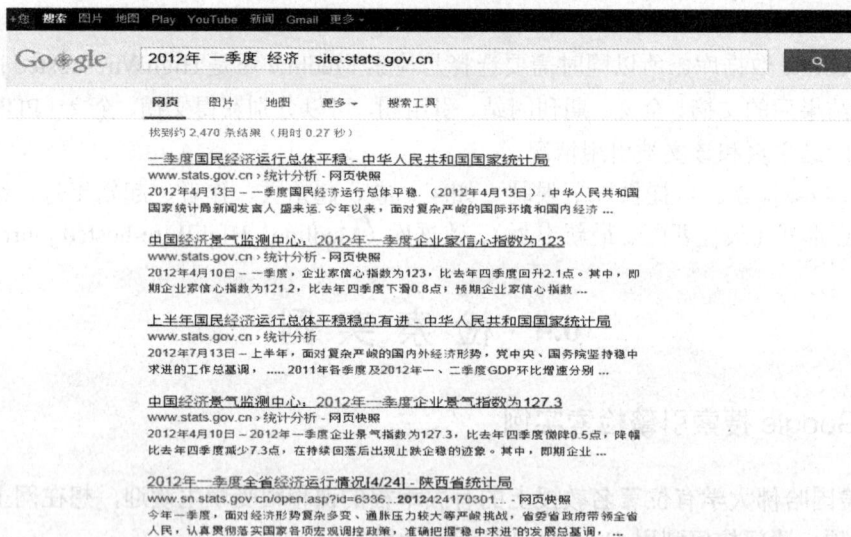

图 6-25　Google 检索页面

3．一些大学网站提供有 pdf 版的《中文核心期刊目录总览》，如何能快速查找到？

Google 检索提示：利用 filetype:功能限定格式为 pdf，利用 site 功能限定结果出自大学网站，故在检索框输入"中文核心期刊目录总览 filetype:pdf site:edu.cn"即可，如图 6-26 所示。

图 6-26　Google 检索页面

6.4.2　开放存取期刊目录 DOAJ 检索实例

1. DOAJ 上是否有矿业类 OA 杂志，如果有，怎么能查到？

DOAJ 检索提示：DOAJ 提供有按主题分类浏览期刊功能，故在 DOAJ 首页单击"Browse"进入期刊浏览页面，单击"By Subject"按主题浏览，在"Technology and Engineering"大类下有"Mining and Metallurgy"二级类目，即可看到相关期刊，如图 6-27 所示。

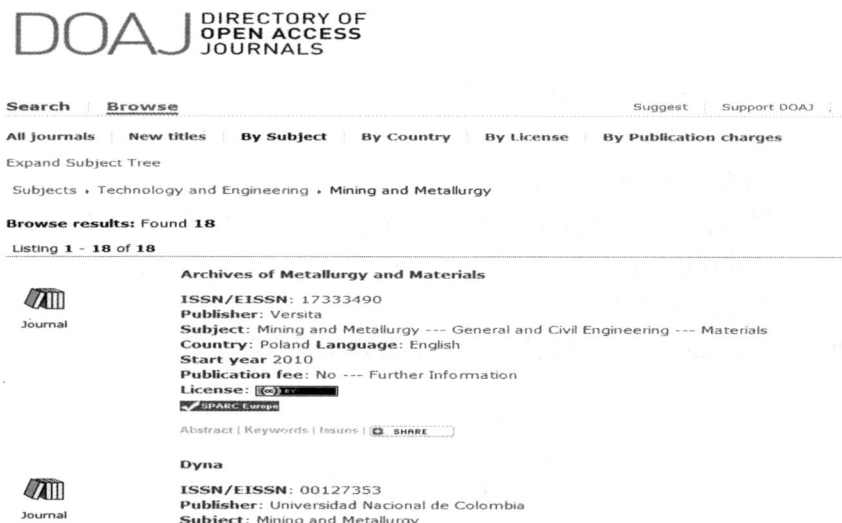

图 6-27　DOAJ 浏览页面

2. 如果想查看 DOAJ 上收录的近两年来有关岩土工程（**Geotechnical Engineering**）的文献，请问如何检索？

DOAJ 检索提示：利用 DOAJ 的高级检索功能，题名（Title）框中输入"geotechnical engineering"，限定年限（Publication year:）从 2011 年到 2013 年，即可找到相关文献，如图 6-28 所示。

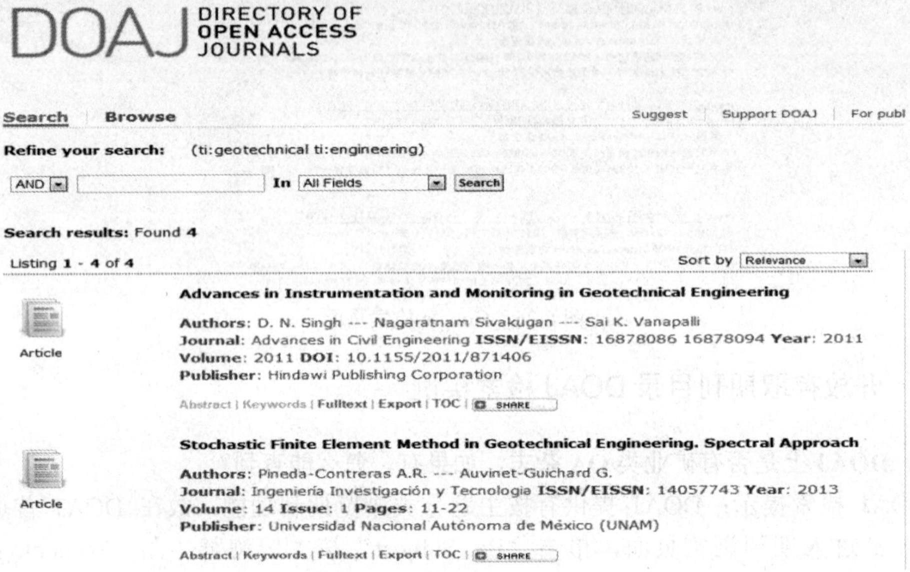

图 6-28　DOAJ 检索页面

思考题

1．什么是搜索引擎？常用的国内外搜索引擎有哪些？

2．搜索引擎的类型有哪些？

3．Google 高级检索功能包括哪些？

4．请利用搜索引擎查找所有在域名地址中包含"北京大学"的相关网页或站点。

5．搜索引擎的评价指标包括哪些？

6．什么是开放存取资源？

7．DOAJ 上收录的中国大陆地区 OA 期刊分别是哪些？

第 7 章　信息利用与学术论文写作

7.1　信 息 利 用

7.1.1　文献信息的阅读与鉴别

面对从各种途径搜集来的大量信息，一项非常重要的工作是对其进行鉴别、分析，弄清其性质，判断其真伪，评估其价值，以便去伪存真，进而进行充分的利用。对信息进行阅读和鉴别，是以社会用户的特定需求为依托，以定性和定量的研究方法为手段，通过对文献信息的收集、整理、鉴别、评价、分析、综合等系列化加工过程，形成新的、增值的信息产品，最终为不同层次的科学决策服务的一项具有科研性质的智能活动。信息的质量与文献资料本身是否可用、最终研究成果的水平息息相关。

7.1.1.1　信息的阅读

1. 获取文献的外部信息

文献的外部信息包括著者信息、题名信息、出版发行信息等。一般来说，学科领域的专家、教授、学科带头人所出版的图书或撰写的论文具有较高的阅读参考价值。题名信息可以反映出文献的主要研究方向和研究内容，是我们了解文献的第一途径。出版发行信息也具有较高的参考价值，如需要研究某领域最新的研究进展，那么应判断学术论文发表的期刊是否为核心期刊，且出版发行的年代应选择最近一年到两年发表的论文。

2. 获取文献的主题信息

文献的主题信息是了解文献主要内容的一个有效途径。论文的摘要或者图书的内容提要能反映出该论文或者图书所论述的主要内容是什么，读者不需要完整阅读通篇文献，只需阅读 100~300 字的摘要就可了解并判断出对其是否有参考利用的价值。关键词同摘要的作用相似，因为关键词都是从文献的题名、摘要和正文中选取出来的，是对表述论文的中心内容有实质意义的词汇。

3. 浏览参考文献

科学研究工作的一个显著特点是具有继承性和关联性，所有的科研成果几乎都是对前人工作的延续、拓展和深化。论文作者在其课题的选题论证、实验研究、理论分析以及总结和撰写论文的过程中，都要参阅和利用大量的文献，吸取前人的研究成果，并在对其消化、分析的基础上确定自己的研究方向和工作内容，然后通过进一步的深入研究，才能取得创造性的成果。参考文献是论文中不可缺少的重要的组成部分，能够反映学术水平、扩展学术内涵、表现科技道德。参考文献学术层次高或具有经典性和权威性，表明能为新论点和论断提供强有力的依据，可靠度较高。

7.1.1.2 信息的鉴别

搜集到的信息质量如何，既关系到文献信息本身是否可用，也会影响到最终成果的质量水平。通常从信息素材的新度、深度、信度、准确性、针对性等方面对其质量加以甄别。信息甄别一般与信息搜集同步进行，要对信息传播者的可信度、发布者的可信度、信息传播日期、信息传播目的、信息搜集方法等进行确认。同时，可以采用交叉验证的方法，把关于同一事件的不同来源的信息进行交叉验证，判断其可靠性。尤其是那些从因特网上获得的信息，在使用前一定要辨明真伪。

信息的鉴别主要从信息的真实性、权威性、时效性、先进性、适用性五个方面来判断。

1. 真实性的鉴别

信息的真实性指的是信息是否真实、准确。出现不真实信息的主要原因有两方面：一是信息产生时发生的信源错误，如书写不规范造成人名、地名或其他专有名词识别错误，分析情况时以偏概全、以点带面或轻描淡写、文过饰非的错误等；二是信息传递过程中发生的信息失真，如信息发送者的目的不明确、表达概念模糊，而信息接受者针对信息过度加工或认知理解偏差等，都会出现使信息失真的现象。

鉴别信息是否真实，要坚持五方面的标准：一是时间、地点、人物、事件、因果等基本构成要素必须准确；二是信息中引用的各种数据资料不得有误；三是信息中反映的事情应当实事求是，不扩大、不缩小、不渲染；四是信息中反映的观点应当从事实材料中产生；五是信息中的表述不能悖于常理。

我们可以从以下三个方面对信息进行鉴别：一是依据法律、法规、政策文件、权威部门发布的统计数据等可靠材料，对信息进行对照、比较、舍弃不真实的信息，挤干信息中掺杂的水分，纠正存在的某些差错；二是依据平时掌握的理论政策水平和多方面的科学知识，对信息中所表述的事实和叙述论证方法进行逻辑分析，以发现其中的疑点和破绽；三是对重要信息反映的内容，直接或间接向当事人、有关单位进行调查，以检验其真实性和正确性。这三种方法在实际应用中往往结合起来使用，互相补充。

2. 权威性的鉴别

信息的权威性指的是信息接收者对信息的信服程度的量度。判断信息的权威性，可从信息的外部特征和信息的内容两方面入手。

（1）从信息的外部特征判断。

① 根据信息的责任者判断。信息的责任者即发布或发表信息的个人、集体和团体。一般情况下，团体责任者，如政府部门、科研机构、高等院校、学术组织等发表的文献或发布的信息，以及著名科学家和著名学者发表的文献最具权威性，团体责任者的文献要比个人作者的文献更具权威性。

② 根据信息的类型判断。不同类型的信息其权威性也不相同。总体上讲，网上的新闻和消息的权威性较之文献要差很多。在文献类型中，内部资料和具有密级的资料报道的

内容较为真实可靠，较有权威性。公开发表的文献，其权威性差别较大。教科书、专著、年鉴、百科全书、技术标准、专利文献和核心期刊的内容最为真实可靠，普通期刊次之。阶段性研究报告、会议论文、学位论文、实验报告等具有一定的科学性，但不够成熟、完整。综述性文献结构严谨、论述全面，质量较好。产品广告可靠性最差。

③ 根据出版单位判断。国家政府部门、国内外著名出版社、著名学术团体与组织、知名高等院校和科研机构出版的文献，一般质量较好，可信度大，权威性较高。

④ 根据文献的被引用情况判断。被引用是指文献被文摘型刊物摘引和被其他文献作为参考文献引用。被摘引次数和被引用次数较高的文献，其内容较可取，权威性较高。

⑤ 从实际验证中判断。除了上述方法外，还可通过科研实际、临床实验、实地考察和数据审核等方式来判断信息报道的权威性。

（2）从信息的内容判断。从信息的内容判断其权威性，首先要看信息报道的结果是否真实。真实的信息具有明确的前提，有精确的实验数据为依据，叙述应与实验数据一致。其次要看对内容的阐述是否清楚、深刻、完整，是否具有深度和广度。对内容的详情细节作了具体的阐述，即为深刻，对内容进行了全面的叙述，即为完整。再次要看论点、论据和结论是否一致，是否有充分的理论与实践为依据，逻辑推理是否严谨、正确。对于技术文献，还要看它的技术内容是否详细、具体，是处于试验探索阶段，还是生产应用阶段。一般来说，立论科学、论据充分、数据精确、阐述完整、技术成熟的文献，可靠性较高，参考价值也较大。

3．先进性的鉴别

信息的时效性在一定程度上决定着信息的价值。多数信息都只在一定的时间内才有效用，过了期限信息就会贬值，甚至完全失去价值。时效性同急缓程度密切相关，在鉴别时效性时，要有强烈的时间观念，舍弃已过时的信息，对事关重大、时间要求急的突发事件信息，要作紧急处理，急事急办。对一般性的、时间要求不急的信息，则按一般正常程序抓紧处理。因此，判断信息的先进性，包括以下几条途径。

（1）观察信息报道的内容是否是新概念、新理论、新原理、新假设、新的应用领域、新的技术与方法；

（2）看技术产品是否在原有的基础上提高了参数水平、扩大了应用范围，材料或设备是否改变了成分或结构等；

（3）把各个国家和地区的同类信息的内容进行横向对比，从比较中发现信息的先进性；

（4）根据各个国家和地区的自然资源优势、地理环境特点和科学技术水平来判断。一般情况下，有独特自然资源或处于独特地理环境下的国家，其有关该资源或该地理环境的理论研究和开发技术较为先进，某项科学技术在世界上处于领先地位的国家，其发表的相关信息也较为先进。

4．完整性的鉴别

信息的完整性是指信息在输入和传播的过程中，不被非法授权修改和破坏，保证数据的一致性。在网络时代，信息的完整性较难保证，因为信息可能在网络传播过程中被截获篡改后再转发出去，造成信息的完整性受损。

信息完整性涉及源数据的完整性、数据通信的完整性、数据和信息处理的完整性、信息使用的完整性，乃至整个信息系统的完整性等多个方面的内容。保证信息完整性，需要防止数据的丢失、重复及保证传送秩序的一致。对信息完整性的鉴别，必须依靠网络安全系统，如完整性校验算法，信息接收者才能判断收到的信息是否已被改动，如果被改动则认为该信息无效，以此保证信息的完整性。

5．适用性的鉴别

适用性即可利用性，指原始信息可被信息接收者利用的程度。信息的适用性受多种因素的影响，这些因素包括用户需求、地域环境、科技发展水平、经济能力、科研条件等。具体可以从两个方面进行考察：一是从内容考察，看信息内容是否适合国情，是否适合用户的需要；是适合近期的需要，还是远期的需要等。凡能适合研究需要的资料，就具有适用性，就是有参考价值的信息。二是从适用范围考察，看信息是否只适用于某一方面，还是适用于多个方面；是适用于特定条件的局部，还是适用于整体；是适用于少数有关人员，还是适用于较多人员；是适用于一般水平，还是适用于高水平；是适用于科技发展较先进的地区，还是适用于比较落后的地区。

6．网络信息的鉴别

网络信息资源的鉴别包括对网站的鉴别和网络信息内容的鉴别，可以从出版信息、信息内容、信息时效性和其他功能四个方面考量。

（1）出版信息。该信息主要鉴别网络信息是否正式出版。非正式和半正式出版信息的权威性主要通过网站的性质和知名度来判断。专业学术研究机构或大学发布的信息一般具有权威性。信息是否被其他权威站点摘引、链接、推荐过，也可以说明信息的权威性。正式出版的信息的权威性取决于出版商或生产商的权威性和规模，或取决于对应的纸本出版物级别。总体上讲，正式出版信息比非正式、半正式出版信息的权威性要强。另外，作者声望也是鉴别信息的一个重要方面，作者、编辑或出版者的背景与声望可以当作评价网络资源是否具有权威性的指标，作者或信息提供者的信息内容主要是专家、权威人士或专门机构，其可信度一般较高。

（2）信息内容。一是信息来源。正如书刊等印刷型出版物在版权页中注明有明确的出版地、出版者和出版日期等信息一样，网站在引用其他信息来源时应注明出处。根据信息来源出处可对信息内容的客观性作出判断，特别是对于商业网站或者一些有倾向性的网站提供的信息，用户应该非常谨慎地考察选择这些信息的客观性。二是写作质量。虽然超文本式的链接与多媒体都是网站的要素，但网上的信息内容大多是靠文字传递的，文字表达的质量对信息的传输有重要的影响。例如，文字写作是否符合基本的语法和文章写作要求，标题是否明确且概括全面，信息表达是否清晰且具有逻辑性。一般来说，对于英文的网页应注意拼写和语法，中文的网页应注意错别字和句子的通顺。三是深度与广度。网站所提供的信息内容应具有足够的深度和广度，以满足不同用户的需要，过于肤浅、过于深奥或不符合用户需求的信息都不合适。

（3）信息时效性。一是出版日期。网络信息资源的传播速度快、更新及时、时效性强。一个好的网站应当准确地说明其创建的日期和最近更新或修改的日期，这样便于用户根据日期进行信息的选择。二是更新频率。随时更新是网络信息资源相对于传统资源的最大优势。网络信息资源的更新和维护可以 24 小时进行，具有较高的更新频率，信息的内容和链接应当新颖。一般来说，网站更换信息的频率越快，它所提供的信息的时效性就越强，利用价值就越大，反之亦然。

（4）其他功能。

① 检索功能。在一个内容丰富、设计完整的网页中，单靠层层单击是很难找到需要的信息的，以网页内容为检索范围具备一定的检索功能是必不可少的。检索功能的完备与否对信息的有效利用影响很大，网上的检索系统和功能可以帮助用户有效地利用网站信息资源。

② 链接。网站的链接量，尤其是外部链接数量是衡量一个网站信息资源是否权威的重要指标。

③ 导航系统。导航系统是人们进入一个网站查找信息的指示性工具，它反映该网站是怎样组织和分类信息的，可以使访问者容易找到所需的信息资源。

7.1.2　如何分析文献获取信息

对文献进行分析的方法是指信息分析研究过程中所采取的一切方法和技巧的总和。文献分析方法有很多种，最常用的有文献计量法、内容分析法、引文分析法、德尔菲法、层次分析法等。

1. 文献计量法

文献计量法就是通常所说的文献统计分析，评价学领域的邱均平教授对文献计量学有如下定义："以文献体系和文献计量特征为研究对象，采用数学、统计学等的计量方法，研究文献情报的分布结构、数量关系、变化规律和定量管理，并进而探讨科学技术的某些结构、特征和规律的一门学科"。

文献计量法是指以某一特定单位对文献或其相关媒介进行统一计量的方法。它是利用统计学原理对文献进行统计分析，以数据来描述和揭示文献的数量特征和变化规律，从而达到一定的研究目的的一种分析研究方法。文献计量的基础需要有一系列统计数据，这就是文献计量法的量度。文献计量学方法的统计对象主要包括出版物统计、科学术语的统计、著者统计、引证文献与被引证文献的统计、读者统计、文献利用情况的统计。

（1）出版物统计。主要指对图书、期刊、科技报告、专利文献等出版物的统计，出版物的数量反映这一学科研究和发展的状况。

（2）科学术语的统计。帮助科学水平分析，使科学用语规范化，可为编制情报检索语言提供科学依据。

（3）著者统计。研究著者与出版物之间的关系。

（4）引证文献和被引证文献的统计。可揭示学科间、著者间、论著间的关系，能反映论文和期刊的质量。

（5）读者统计。研究读者来源分布、信息需求倾向等，通过读者的反馈信息可以改善信息管理业务。

（6）文献利用情况的统计。统计文献的阅读数量、借阅数量等，分析其利用率。

需要注意的是，文献计量学方法中的"计量"应具有科学性，但不等同于精确性，"量"本身就有精确和近似、确定和随机、确切和模糊的区别，并且影响文献计量的因素有客观的，也有社会的、人为控制的主观因素，所以定量在很多情形下只能是近似、随机和模糊的。

文献计量法引进量的概念和定量分析的方法，具有深刻的描述、高度的概括、准确的评价、良好的预测等特点，在信息分析和预测方面可分析和估计某一学科或技术领域的衍生及发展趋势，在读者工作中能为读者确定重点文献，为文献报道和指导读者重点阅读提供最佳方案。

2．内容分析法

内容分析法是一种在常规阅读文献的途径之外，系统客观地对文献内容进行分析，透过现象看本质的科学方法。它面向内容的相关性，研究内容与特定主题之间的相关关系，从而揭示出内容的深层结构或发现内容所含的隐蔽信息。它可以系统化和定量化分析文献集合等信息载体中所含信息内容（如短语、词汇、概念、主题、句子、段落、人物图）的方法，揭示信息生产者无意之间透露的真实信息，较之于一般的文献计量方法，更能洞悉问题的实质。其目的是弄清或测验文献中本质性的事实和趋势，揭示文献所含有的隐性信息内容，对事物发展做出预测。内容分析可以揭示文献内容的本质，查明几年来某专题的客观事实和变化趋势，追溯学术发展的轨迹，描述学术发展的历程；依据标准鉴别文献内容的优劣。其次，揭示宣传的技巧、策略，衡量文献内容的可读性，发现作者的个人风格，分辨不同时期的文献体裁类型特征，反映个人与团体的态度、兴趣，获取政治、军事和经济情报，揭示大众关注的焦点等。

1）内容分析的主要类型

（1）主题分析。它是指根据主题标引和检索的需要对文献内容特征进行分析、提取主题概念的过程。具体而言，就是在分析文献主题类型、主题结构的基础上，对具有检索意义的主题概念进行提炼和取舍的过程。

（2）词频分析。主要是用主题词作为分析单元，以统计分析的对象中有关主题词出现的频次为基础进行分析和推断。

（3）篇幅分析。它是以具有独立意义的内容篇幅作为分析单元，根据对有关内容的比重、结构、数量变化等进行分析和推测。

2）分析步骤

（1）确立研究目标。确立研究目标是进行内容分析的首要步骤，因为之后进行的每个步骤都是围绕获取目标数据而进行的，指定的目标需要明确不可随意更改，必要时可建立假设来辅助确定研究的目标。这样既能避免为了研究而研究的思想，也有助于后续工作的有效开展。

（2）设计分析维度及体系。分析维度（分析类目）是根据研究需要而设计的将资料内容进行分类的项目和标准。例如，确立分析的主题领域与时间段分布，这两者要与研究的问题保持逻辑上一致性，并对研究中的有关参数进行清楚详细的描述。

（3）抽样。研究者不可能对全部信息进行研究，因此需要采用抽样的方法。样本抽取的标准是符合研究目的、利于获取数据、信息量大有连贯性、内容体例基本一致。抽取的样本包括样本的语种、地理分布、时间分布以及文体，确保研究者能够最大限度地获得客观准确的数据。

（4）选择分析单元。分析单元是内容分析中实际进行统计的对象。可以是意义独立的词组、句、段、意群、符号、主题，甚至是整篇文章。分析单元的操作性定义应该明确，其标准应便于执行。在复杂的内容分析中，也可以同时采用几种分析单元。

（5）制定分析框架。分析框架是内容分析法最重要的组成部分，研究结果得出的准确度和可用性往往取决于此。研究者需要把分析样本中所选择的分析单元按照分析框架，把它们按照变量进行归类。

（6）分析数据资料。按照分析框架用量化方式记录研究对象在各分析类目的量化数据，可以采用数字形式或百分比形式记录，它是内容分析量化的依据。采用事先设计好的、易于统计分析的评判记录表记录。先把每一分析维度的情况逐一登记下来，然后再做出总计。评判记录的结果必须是数字形式，相同分析维度的评判必须有两个以上的评判员分别做出记录，以便进行信度检验。

（7）信度分析。内容分析法的信度指两个或两个以上的研究者按照相同的分析维度，对同一材料进行评判结果的一致性程度，它是保证内容分析结果可靠性、客观性的重要指标。信度是对文献编码一致性、分类准确性和方法稳定性的检验。如果要保证内容分析的客观性，测量程序必须具有信度，即多次测量同样的样本而能得到类似的结论。

（8）统计处理。对所获得数据进行统计处理。描述各分析类目特征及相互关系，并根据研究目标进行比较，得出关于研究对象的趋势或特征、异同点等方面的结论。

3. 引文分析法

在科技文献的体系结构中，每篇文献都不是孤立存在的，而是相互联系的。这种联系突出表现在文献之间的相互引用。文献信息的相互引用说明了各学科的相关性和自组织性，展示出科技发展过程中各事件的联系和知识信息的继承、交流和利用状况。文献信息之间的引用除了直接引用外，具有代表性的是引文耦合（如果两篇论文同时引用一篇或多篇相同的论文，则称其在引文上是耦合的）、同被引（指两篇或多篇论文共同被后来的一篇或多篇论文所引用）、自引（指作者引用自己或与他人合著的先前的论文）等。文献的引用与被引用关系，反映了在科学研究过程中，研究者之间相互借鉴、继承、参考劳动成果的关系。因此，对引文分析就可以利用数学、逻辑学上的方法，对研究对象的引用与被引用现象和规律进行分析和揭示。

目前，引文分析技术日趋完善，应用不断扩大。引文分析法在测定学科的影响和重要性、研究学科结构、研究学科信息源分布、确定核心期刊、研究文献老化规律、研究信息用户的需求特点、评价人才等方面得到应用。

从不同的角度和标准来划分，引文分析方法有着不同的类型。如果从获取引文数据的方式来看，有直接法和间接法之分。前者是直接从来源期刊中统计原始论文所附的被引文献，从而取得数据并进行引文分析的方法；后者则是通过"科学引文索引"（SCI）、"期刊引用报告"（JCR）等引文分析工具，查得引文数据再进行分析的一种方法。若从文献引证的相关程度来看，则有自引分析、双引分析、三引分析等类型。一般来说，对科学期刊进行分析时常用的测度指标有五种：即自引率、被自引率、影响因子、引证率与即时指标。在对专业和学科结构进行研究时，除用引证率外，还可用引文耦合和同被引等测度指标。

（1）自引率。在引用文献的过程中，限于主体本身范围内的引用称之为"自引"。包括同一类学科文献的自引、同一期刊文献的自引、同一著者文献的自引、同一机构文献的自引、同一种文献的自引、同一时期文献的自引、同一地区文献的自引。自引率就是对主体本身范围内文献引用的次数与主体引用的文献总数的比值。

（2）被自引率。这是被引用现象的一个测度，被自引率就是主体文献被自引的次数与主体被引用的总次数的比值。它反映出被引用中有多少是被自己引用的。

（3）影响因子。主要在研究科技期刊时使用，等于期刊在规定时间内（一般是两年）论文被引量与可引论文总数之比。影响因子值越大，该期刊在科学发展和文献交流过程中的作用越大，也可以认为其质量就越高。

（4）引证率。期刊引证率等于该刊中参考文献量除以期刊载文量。这是衡量吸收文献能力的一个相对指标。

（5）即时指标。这是测度期刊被引用速度的指标，它是期刊某年发表的论文当年被引用的次数，除以该刊这一年所发表文章的总数，是衡量期刊及时性和有用性相结合的一种依据。

（6）引文耦合。当两篇文章同时引用一篇或多篇相同的文献时，这种现象称引文耦合，这两篇文献就具有耦合关系。引文耦合的文献之间总存在着这样或那样的联系，其联系的程度称为耦合强度。

（7）同被引。当两篇（多篇）论文同时被别的论文引用时，则称这两篇论文具有"同被引"关系，引用它们的论文的多少，即同被引程度，称为同被引强度。

4. 德尔菲法

德尔菲法也称专家调查法，最早出现在 20 世纪 50 年代末，发展至今已成为一种以专家作为索取信息的对象，依靠专家的知识和经验，由专家通过调查研究对问题做出判断的结构化的决策支持技术，是一种可靠的评估和预测方法。它的目的是在信息收集过程中，通过多位专家的独立的反复主观判断，获得相对客观的信息、意见和见解。它采用通讯方式分别将所需解决的问题单独发送到各个专家手中，征询意见，然后回收汇总全部专家的意见，并整理出综合意见。随后将该综合意见和预测问题再分别反馈给专家，再次征询意见，各专家依据综合意见修改自己原有的意见，然后再汇总。这样多次反复，逐步取得比较一致的预测结果的决策方法。

1）德尔菲法的主要特点

（1）吸收专家参与预测，充分利用专家的经验和学识。

（2）采用匿名或背靠背的方式，能使每一位专家独立自由地做出自己的判断。

（3）预测过程几轮反馈，使专家的意见逐渐趋同。

德尔菲法的优点是简便易行，具有一定科学性和实用性，可以避免会议讨论时产生的害怕权威随声附和，或固执己见，或因顾虑情面不愿与他人意见冲突等弊病；同时也可以使大家发表的意见较快收到，参加者也易接受结论，具有一定程度综合意见的客观性。

2）德尔菲法的操作过程

（1）组成专家小组。按照课题所需要的知识范围，确定专家。专家人数的多少，可根据预测课题的大小和涉及面的宽窄而定，一般不超过 20 人。

（2）向所有专家提出所要预测的问题及有关要求，并附上有关这个问题的所有背景材料，同时请专家提出还需要什么材料。然后，由专家做书面答复。

（3）各个专家根据他们所收到的材料，提出自己的预测意见，并说明自己是怎样利用这些材料并提出预测值的。

（4）将各位专家第一次的判断意见汇总，列成图表，进行对比，再分发给各位专家，让专家比较自己同他人的不同意见，修改自己的意见和判断。也可以把各位专家的意见加以整理，或请身份更高的其他专家加以评论，然后把这些意见再分送给各位专家，以便他们参考后修改自己的意见。

（5）将所有专家的修改意见收集起来，汇总，再次分发给各位专家，以便做第二次修改。逐轮收集意见，并为专家反馈信息，是德尔菲法的主要环节。收集意见和信息反馈一般要经过三四轮。在向专家进行反馈时，只给出各种意见，但并不说明发表各种意见的专家的具体姓名。这一过程重复进行，直到每一个专家不再改变自己的意见为止。

（6）对专家的意见进行综合处理。在数据缺乏、对新技术进行评估以及非技术因素起主导作用的情况下，利用专家的知识和经验是有效的选用的调查方法。此外，由于原始信息量极大，决策涉及的相关因素（技术、政治、经济、环境、心理、文化传统等）过多计算机处理这样大的信息量，费用很高。这时从费用效果考虑，也应采用德尔菲法。

5. 层次分析法

人们在解决社会的、经济的及科学管理等领域的决策制定问题时，常常遇到的是一个由相互联系、相互制约众多元素构成的复杂而缺少定量数据的系统。层次分析法是由美国著名运筹学家、匹兹堡大学教授 T.L.Saaty 于 20 世纪 70 年代提出的一种定量与定性相结合的多准则评价分析方法，适用于解决结构较为复杂、决策准则多且不易量化的决策问题。层次分析法正是将复杂问题分解成组成元素，并按照各元素之间的支配关系分为目标、准则、方案等层次，形成递阶层次结构，依靠一定的数学模型将定性分析的结果进行处理和表达的一种方法。它的思路是，首先将复杂问题分解为一些相互关联的元素，然后分析这些元素之间的隶属关系并建立递阶层次结构，再通过成对比较的方式确定同一层次中各元素相对于上一层共同准则的重要性，最后综合参与决策的专家意见，确定备选方案相对重要性的总排序。根据这个思路，层次分析法主要利用特征向量原理来推导出结果。层次分析法的一般步骤如下。

（1）建立层次结构模型。在深入分析实际问题的基础上，将有关的各个因素按照不同属性自上而下地分解成若干层次，同一层的诸因素从属于上一层的因素或对上层因素有影响，同时又支配下一层的因素或受到下层因素的作用。最上层为目标层，通常只有一个因素，最下层通常为方案或对象层，中间可以有一个或几个层次，通常为准则或指标层。当准则过多时（如多于 9 个）应进一步分解出子准则层。

（2）构造成对比较阵。从层次结构模型的第 2 层开始，对于从属于（或影响）上一层每个因素的同一层诸因素，用成对比较法和 1～9 比较尺度构造成对比较阵，直到最下层。

（3）计算权向量并做一致性检验。对于每一个成对比较阵计算最大特征根及对应特征向量，利用一致性指标、随机一致性指标和一致性比率做一致性检验。若检验通过，特征向量（归一化后）即为权向量；若不通过，需重新构造成对比较阵。

（4）计算组合权向量并做组合一致性检验。计算最下层对目标的组合权向量，并根据公式做组合一致性检验。若检验通过，则可按照组合权向量表示的结果进行决策，否则需要重新考虑模型或重新构造那些一致性比率较大的成对比较阵。

应用层次分析法应注意，如果所选的要素不合理，其含义混淆不清，或要素间的关系不正确，都会降低层次分析法的结果质量，甚至导致该方法决策失败。因此在分解简化问题时把握主要因素，不漏不多；同时注意相比较元素之间的强度关系，相差太悬殊的要素不能在同一层次比较。

7.1.3 信息整理和评价

7.1.3.1 信息的整理

通过各种正式和非正式渠道，包括通过检索刊物、计算机和通信手段、一次文献信息调研所得的文献常常数以百计。这些收集到的资料应该先加以整理，然后再加以利用。信息的整理要对搜集到的繁杂无序的信息进行筛选、分类、归纳、排序，使它们以便于研究的形式表达并存储起来，这一过程就是信息的整理。整理就是有序化的过程，目的是减少信息的混乱程度，使之从无序变成有序，以某种便于理解和利用的方式体现出来，形成更高级的信息产品，便于人们的有效利用。信息整理是整个信息分析利用工作中的重要步骤。

1．信息整理的类型

（1）形式整理。形式整理不涉及信息的具体内容，仅按其外部特征进行组织。首先将搜集的信息按题名、编著者、信息来源出处、内容提要顺序进行著录；其次按各条信息涉及的学科或主题进行归类，并著录分类号和主题词；最后将著录和归类后的信息，按分类或主题进行编号、排序，使之系统化、有序化。可利用计算机将收集的信息进行规范化永久保存。信息录入的方式包括：① 手工录入；② 数据库检索批量导入。数据库一般支持多语言格式化输出，能按照不同的出版要求格式输出参考文献。

（2）内容整理。通读经形式整理后的信息，从信息来源、发表时间、可靠性与先进性、理论技术水平及实用价值等方面进行评价鉴别，剔除实际意义不高和参考价值不大的部分。对经通读选择出的各条信息中涉及与研究课题有关的观点（论点、论据、结论等）和图表数据提取出来，对相同的观点进行合并，相近的观点进行归纳，各种图表数据进行汇总，编号排序供下一步分析、利用。

2．信息整理的步骤

（1）信息的阅读和消化。阅读文献的一般顺序为：主题相同的中外文资料，先阅读中文资料，后阅读外文资料，有助于理解内容，也能加快速度；同一篇文献既有摘要又有原文，先阅读摘要，后阅读原文。根据摘要提供的信息，决定是否需要索取原文，以节省精力和时间。同一类文献既有综述性文献，又有专题性文献，先阅读综述性文献，后阅读专题性文献，有助于在全面了解课题的基础上对专题文献做出选择；同一主题文献发表时间上有先后，先阅读近期的，后阅读早期的，这样有助于了解最新水平和发展前景。

消化文献的一般步骤为：先粗读或通读，后精读。粗读用以初步确定资料的取舍。粗读时，短文可全读，长文可只读摘要、引言和结论，以求其梗概。通读用以掌握课题的概况，因此可以选择综述和述评文章，对重要论点、核心数据随时做一下笔记。精读用以消化重点文献，因此精读的文章常常是与课题密切相关的专论。精读的笔记内容除了文章著者的观点、结果以外，甚至可以有自己的评论，以作分析比较。例如，如果是一本书，应先阅读内容提要、前言，再浏览目次表。若发现其中确有需要仔细阅读的章节，然后再进一步精读。如果是一篇论文，应先读标题、目录、文摘、前言和总结，浏览图表。若发现有价值的章节，再仔细阅读。

（2）信息的鉴别与剔除。

① 来源鉴别。对所收集的文献信息，应作来源国家、学术机构、研究机构的对比鉴定。看是否出自发达国家的著名学术机构或研究机构，是否刊登在同领域的著名核心期刊

上，文献被引用频次多寡，来源是否准确，是公开发表还是内部交流。对那些故弄玄虚、东拼西凑、伪造数据和无实际价值的资料，一律予以剔除。

② 著者鉴别。对所收集的文献信息的著者应作必要的考证，看该著者是否是本领域具有真才实学的学者。

③ 事实和数据性信息的鉴别。主要是指论文中提出的假设、论据和结论的鉴别，应首先审定假定的依据、论据的可信程度，结论是否是推理的必然结果，实验数据、调查数据是否真实、可靠。对于那些立论荒谬、依据虚构、逻辑混乱、错误频出的资料应予以剔除。

（3）信息的分类与排序。经过前两个步骤，信息还需进一步的序化处理，把所有信息排列成一个有序的整体，才能更好地为研究者所用。常用到的信息排序法有分类组织法、主题组织法、字顺组织法、号码组织法、超文本组织法等。

7.1.3.2　信息的评价

所谓信息评价，是指对所搜集的文献信息资料进行分析与综合的过程，研究其是否真实可靠、典型新颖，对信息的价值进行客观、科学地评定，为进一步的研究或决策提供佐证和依据。信息评价关系到信息本身是否有用，也关系到最终研究成果的质量，关系到分析成果的准确性和可靠度。

在科研实践中，由于各种主客观原因，搜集到的材料难免有失实、失当之处，这就需要对材料的真实性、准确性、创新性进行分析和比较，以求去伪存真、由表及里，抓住事物的本质。经过文献信息评价，由检索、搜集和整理而得的文献信息变成了某一个专题的信息精华。信息评价的目的在于保证用户所获取的信息符合一定的信息评价标准，根据信息的内容总是以某种符号呈现和表示的特有人类现象，可以从信息的内容、表达信息内容的符号以及信息的价值三个方面来评价。一是信息内容评价标准。此项评价指标有客观性及正确性两种指标。二是信息符号的评价标准。信息符号与信息内容是形式和内容的关系。有客观的、正确的内容，还应该有相应的符号来表达。信息符号的评价标准有可理解性、明确性、准确性、一致性及简洁性。三是信息的价值标准。信息的价值是指信息被用户使用时所体现的效用，表现指标为有用性、实时性、适量性。

信息评价有以下几点需要注意。

（1）对统计数据重新计算或验证。其中特别值得重视的是对无法查明原因的可疑数据处理，这类数据的取舍切不可凭主观愿望和臆断，应根据数理统计原则，通过计算决定取舍。

（2）对搜集材料的方法和渠道进行审查。对一些至关重要的材料，要了解其产生的过程；对于大规模调查的结果，要了解其调查方法和步骤。写作中使用的材料要有根据，要认真核查出处，尊重客观事实，以实事求是的态度对待材料，不夹杂个人的好恶和偏见。

（3）借助其他有关方面的知识材料，对难以判明其真实性和准确性的材料进行分析和评定。

（4）对材料的内容进行逻辑分析，看其是否存在前后矛盾、与实际不符等疑点。

（5）对有关实验结果方面的材料，还要再次考查其实验设计是否严密、方法是否科学、条件控制是否严格、数据是否可靠、记录是否有误、资料作为论据与论点之间有无自相矛盾之处等。仔细查看材料中有无数据不正确和论点偏颇之处。

（6）对多处出现的同一内容的相关资料，要进行比较分析，仔细鉴别，做出科学的评价。对同一事物的不同数据要进行汇总分析，确定一个正确值和范围。

（7）通过对比分析，判定材料是否典型、新颖。所谓典型，就是能深刻指示事物的本质，具有代表性的材料，典型材料说服力强。所谓新颖，是指新近出现或者不为读者所熟知的事实及观点，这样的材料可能有较强的创新性。新颖的材料是产生新颖思想的基础，唯有材料新颖，才能给人以新的启示。

7.1.4　信息研究成果的主要表现形式

1．学术专著

专著通常比单篇的学术论文更具理论性、系统性，因而也更具学术价值。国家科学技术学术著作出版基金委员会在《国家科学技术学术著作出版基金资助项目申请指南（2008年度）》中明确指出：学术专著是指"作者在某一学科领域内从事多年系统深入的研究，撰写的在理论上有重要意义或实验上有重大发现的学术著作"。所谓"学术专著"，是指"国内外科学专家所撰写的学术著作"。从内容来说，专著是对某一知识领域所做的探索，是新的学术研究成果，在理论上有重要意义或实验上有重大发现。通常它是属于一（学）派一家之言，并以本专业的研究人员及专家学者为主要读者对象的。"专著"与"编著"是有区别的。所谓编著，是指把现成的文字材料经过选择加工而写的著作，通过将他人的作品按照编著者的思路进行排列、修改和编辑，从而使书籍形成一定的主题思想。编著与专著相比，不强调创造性。对于人文社会科学领域的学生来说，对于专著的阅读和利用从某种程度上甚至要比学术论文更重要，因为专著是对一个专题的系统的阐述，通过对专著的阅读，有助于比较深入和全面地了解某一个方面的研究成果，前因后果、来龙去脉、逻辑关系和系统阐述。专著与论文的不同在于，论文反映的是最前沿、尖端的研究方向和成果，新颖性和前沿性是期刊论文的主要特色，而系统性、完整性和理论性是专著的主要特点。

2．学术论文

所谓学术论文，就是在学术领域内部表达学术研究成果的文章。学术论文是某一学术课题在实验性、理论性或观测性上具有新的科学研究成果或创新见解和知识的科学记录；或是某种已知原理应用于实际中取得新的进展的科学总结，用以提供学术会议上宣读、交流或探讨；或在学术期刊上发表；或作其他用的书面文件。

如果依据撰写者的不同情况、不同要求或社会需要，学术论文可以分为以下几种。

（1）期刊论文。研究人员写给学术期刊、杂志或学术出版社，并经同行评审，刊出发表的学术论文。

（2）会议论文。研究人员参加学术会议，所撰写的用于同行之间学术交流的文章。

（3）学位论文。是由不同层次的高等院校的学生所撰写的论文，目的是要求授予学位。

其中，期刊论文和会议论文反映的是最前沿、尖端的研究方向和成果，其新颖性和前沿性突出，是了解某个研究领域最新研究成果的必读文献资源。学位论文是攻读硕士、博士学位研究生所撰写的论文，其内容一般对所研究的题目有新的独立见解，具有一定的深度和较好的科学价值，对本专业学术水平的提高有积极作用，因而也是在校大学生、研究生学习和关注的一种重要的学习资源。

3．调查报告

调查报告是对某一情况、某一事件"去粗取精、去伪存真、由此及彼、由表及里"的分析研究，揭示出本质，寻找出规律，总结出经验，最后以书面形式陈述出来。

1）调查报告的特点

（1）写实性。调查报告是在占有大量现实和历史资料的基础上，用叙述性的语言，实事求是地反映某一客观事物。

（2）针对性。调查报告一般有比较明确的意向，相关的调查取证都是针对和围绕某一综合性或是专题性问题展开的。

（3）逻辑性。调查报告离不开确凿的事实，但又不是材料的机械堆砌，而是对核实无误的数据和事实进行严密的逻辑论证。

2）调查报告的主要类型

（1）介绍典型经验的调查报告。介绍经验的调查报告跟工作通讯中那些以反映工作成绩为主的类型有些近似。区别在于调查报告重在调查，特别注重对调查过程和调查所得数据的叙述和列举。

（2）揭露问题的调查报告。针对某一存在问题展开调查，以揭示这一问题的种种现象和深层原因为主要目的的调查报告。它的主要功能是揭露和批判，探究问题产生的原因，分析问题的症结所在，提供解决问题的思路和方法。

（3）反映新生事物的调查报告。针对社会现实中某种新近产生或新近有了长足发展的事物，全面的报道某一新生事物的背景、情况和特点，分析它的性质和意义，指出它的发展规律和前景。

（4）社会情况的调查报告。这是针对一些社会情况所写的调查报告。这里所说的社会情况，主要是指社会风气、百姓意愿、婚恋、赡养、衣食住行等群众生活各方面的基本情况。

4．实验报告

实验报告就是对所做的实验进行综合的报告，它是在科学研究活动中人们为了检验某一种科学理论或假设，通过实验中的观察、分析、综合、判断，如实地把实验的全过程和实验结果用文字形式记录下来的书面材料。实验报告具有情报交流的作用和保留资料的作用。它包括实验的目的、原理、方法和步骤，所用的仪器设备名称、型号、有关的性能指标、精度，实验的记录、结果的分析与计算，以及对实验中出现的问题进行的讨论研究等，以便从中发现新的东西。对于学习者而言，实验报告则是在完成实验的基础上，记录实验、总结分析实验的过程。它可以培养实验者的文字及图表表达能力、对实验结果进行分析的能力，从而提高实验者撰写实验报告的水平。此外，对某些综合性、创新性实验，对实验结果的分析和总结要更加细致严谨，从而得到预期成果。

实验报告具有确定性、纪实性、格式固定等特征，一份规范的实验报告应包括姓名、学号、实验日期等一般项目；实验序号与题目；实验合作人的姓名；实验目的、实验原理、材料与方法、实验结果和实验结果讨论。

5．综述

综述是指就某一时间内，作者针对某一专题，对大量原始研究论文中的数据、资料和主要观点进行归纳整理、分析提炼而写成的论文。综述属三次文献，专题性强，涉及范围较小，具有一定的深度和时间性，能反映出这一专题的历史背景、研究现状和发展趋势，具有较高的情报学价值。阅读综述，可在较短时间内了解该专题的最新研究动态，可以了解若干篇有关该专题的原始研究论文。

根据搜集的原始文献资料数量、提炼加工程度、组织写作形式以及学术水平的高低，综述可分为归纳性、普通性和评论性三类。

（1）归纳性综述。归纳性综述是作者将搜集到的文献资料进行整理归纳，并按一定顺序进行分类排列，使它们互相关联、前后连贯，而撰写的具有条理性、系统性和逻辑性的学术论文。它能在一定程度上反映出某一专题、某一领域的当前研究进展，但很少有作者自己的见解和观点。

（2）普通性综述。普通性综述是具有一定学术水平的作者，在搜集较多资料的基础上撰写的系统性和逻辑性都较强的学术论文，文中能表达出作者的观点或倾向性。因而论文对从事该专题、该领域工作的读者有一定的指导意义和参考价值。

（3）评论性综述。评论性综述是有较高学术水平、在该领域有较高造诣的作者，在搜集大量资料的基础上，对原始素材归纳整理、综合分析、撰写的反映当前该领域研究进展和发展前景的评论性学术论文。因论文的逻辑性强，有较多作者的见解和评论，故对读者有普遍的指导意义，并对读者的研究工作具有导向意义。

综述一般比较专门地、全面地、深入地、系统地论述某一方面的问题，对所研究的内容进行综合、分析并加以评论，反映作者的观点和见解。

7.2　文献管理软件

7.2.1　文献管理软件概述

科研人员在进行科学研究过程中要查找、阅读、保存大量的文献资料，在写作时又要经常参考、引用这些文献，收集和整理文献资料是科研工作的一个重要环节。传统收集和整理文献资料需要花费很多时间和精力，文献管理主要是利用多个文件夹对文献进行分类整理和保存，或者利用 Word 或 Excel 表格查找相应文献存储名，对应电子文献阅读器打开文献阅读和做笔记。当电子文献积累到一定数量时进行二次检索就很困难，特别是当来自多个数据库的检索结果有重复时，无疑增加了研究负担。这种非常低效而繁琐的处理过程已经无法适用于大量的文献处理，而且在写作论文时按照一定的格式手工输入文中引文和文后参考文献既繁琐又容易出错，从而影响论文的质量。

随着网络信息技术的发展，各种数字信息资源急速增长，科研人员迫切需要一种高效、方便、准确地管理文献的工具，文献管理软件应运而生。文献管理软件产生的初衷是提供论文写作中的参考文献管理，随着数字文献资源的日益丰富和用户需求的不断深化，文献管理软件的功能逐步增强，涵盖了网络检索、文献管理、参考文献引用、知识管理、文稿模板和文献分析等众多功能，成为科研人员构建个人专业知识库的必备工具。不仅为科研人员管理个人文献资料提供了极大的便利，同时也提供了一条建立个人数字图书馆的有效途径。

文献管理软件的主要功能体现在以下方面。

（1）联网检索文献信息。网络检索实现网上数据库查找功能，文献管理软件可以支持几十种甚至上百种数据库在线检索，并把检索结果直接导入到已有的文献数据库中来。

（2）个人知识库。文献管理构建个人知识库，可按分类或专题设立子库，支持绝大多数流行的参考文献的导入格式，并支持自己编辑的文献格式，建立个人的文献资料库。

（3）参考文献的格式编辑。文献引用与 Word 无缝对接，在 Word 中嵌入功能菜单，在文献引用时能按要求插入参考文献，并自动调整引用顺序，可根据投稿期刊的不同要求快速修改参考文献的引用并自动生成规范的参考文献索引。

（4）笔记管理。知识管理具有笔记功能，可以随时记录阅读文献时的思考，参考文献资料和笔记相关联，方便查阅、引用。检索结果可以长期保存，并自动推送符合特定条件的相关文献，便于长期跟踪某一专业学科的研究动态。

（5）文稿模板。提供合乎各种杂志要求的稿件模板，写文章时选择合适的模板可大大简化写作过程。

（6）文献分析。对文献进行分类，并且根据关键词相交多少，整理出所有文献的分布情况，对于课题选择、文献分析很有帮助。

（7）分享协作。在联网状态下支持个人收藏整理的文献题录信息与他人共享，并支持科研团队协作。

目前比较常用的文献管理软件有 NoteFirst、NoteExpress、CNKI E-Learning、EndNote 和 RefWorks。NoteFirst、NoteExpress 和 CNKI E-Learning 是国内应用较多的三个文献管理软件，EndNote 和 RefWorks 是国外主流的文献管理软件，在外文文献资料管理方面有其独特的优势。

7.2.2　NoteFirst

NoteFirst 是由知先信息公司开发的一款文献管理软件，对于科研人员个人，是知识管理系统；对于团队和机构，则是团队科研协作系统。

NoteFirst 在分析国内外文献管理、知识管理、协同工作、科学社区等软件功能的基础上，结合中国科研人员的文化特点、使用习惯，实现了团队科研协作和个人知识管理的统一，为科研人员提供文献、笔记、知识卡片、实验记录等资源的便捷管理，文献订阅，参考文献自动形成，电子书自动形成等功能。在此基础上，科研人员可以把个人资源一键分享给团队，实现团队资源的积累，达到科研协作的目的。

功能方面，NoteFirst 在参考文献管理软件的基础上，增加了 RSS 阅读器、知识管理、团队协作功能。参考文献管理软件的核心功能是在论文写作时自动形成参考文献；RSS 阅读器可以订阅自己关注的期刊的最新文章、专家的最新成果和博客，知识卡片功能可把看到的任何有价值的内容保存为知识卡片，团队协作功能方便成员把个人文献分享在团队，实现团队任务管理各机构知识库建设。NoteFirst 主程序界面如图 7-1 所示。

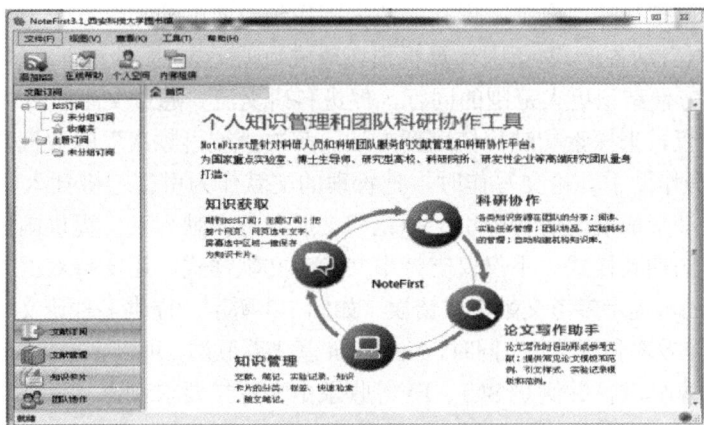

图 7-1　NoteFirst 主程序界面

（1）知识获取。目前大多高校和研究院所都购买了 SCI、Springer 等专业数据库，但要及时获取本专业最新进展，需要定期去访问这些网站。团队和研究人员希望相关专业的期刊、会议每有新文章发表时，能自动获悉。NoteFirst 为及时获取文献信息提供了期刊 RSS 订阅、关键词订阅、知识卡片摄取三种方法。为目标性知识获取提供集成数据库检索（关键词订阅）。

① 期刊 RSS 订阅。期刊 RSS 订阅用于订阅用户自己关注期刊的最新文章，还可以订阅一些相关的资讯，如基金委动态、相关企业的最新产品信息、国内外要闻等。用户还可把有价值的文献直接导入到文献管理中，自动补充作者、标题、期刊名称、年卷期页码

等信息，以便作为参考文献进行引用。NoteFirst 整理了世界范围的科研相关 RSS，包括 Nature Publishing Group、ScienceDirect、Springer、IEEE、AIP、BMC、知网、万方、基金委、科技部、教育部等相关 RSS，也包括 TI、HP 等公司的最新产品信息。

② 关键词订阅。关键词订阅就是订阅某个主题的最新科技文献。在 NoteFirst 中，主题通过关键词来实现。例如，可以订阅标题、摘要中包括"Stem cell"（干细胞）的最新文章，还可以订阅业界某个知名专家发表的论文。通过关键词订阅，用户还可以及时了解 SCI、EI、Pubmed 等知名数据库对自己成果的收录情况。可以把订阅中有价值的文献直接收藏为个人文献，并可自动下载全文，自动添加作者、标题、期刊等元数据。

③ 知识卡片摄取。NoteFirst 的知识卡片功能为用户提供"剪刀"、"照相机"、"笔记本"功能，可把看到的网页、网页中的选定内容，屏幕上任何有价值的内容保存为知识卡片。用户还可以对知识卡片进行分类、标签、快速检索，并可以把知识卡片打包成电子书，实现知识卡片的永久保存。

（2）知识管理。NoteFirst 可以对文献、笔记、实验记录、知识卡片进行管理，去除重复数据，支持 PDF 的随文笔记，论文写作时可以自动形成参考文献，提供国内外知名期刊的参考文献格式、稿件模板和范例。NoteFirst 可以实现数据自动同步和备份。只要登录个人账户，即可把在其他电脑上保存的数据同步到当前电脑上，省去了导出、导入的烦恼，同时提供数据自动备份，避免因计算机损坏造成数据丢失。提供科学社区，支持 eScience 和 Science 2.0，方便结识更大范围的同行，促进科研交流。通过文献收藏人数和用户标定的文献价值度加权，来探索文献价值度新方法，解决"被引频次"的数据滞后问题。

（3）论文写作助手。论文写作时，把管理的文献作为引文一键插入文档中，根据不同期刊要求，自动形成规范的文中引文标记和文后参考文献列表。提供国内外常见期刊、会议、学位论文的期刊样式。不仅仅支持中文参考文献样式，还支持双语参考文献样式，如图 7-2 所示，还可提示参考文献格式错误，如图 7-3 所示。提供多种论文、试验记录模板和范例，提高写作效率和规范性。同时，NoteFirst 基于互联网，可以多台电脑数据自动同步，并且全面支持国家标准，并满足 SCI、EI 等收录中文论文要求双语参考文献的格式要求。

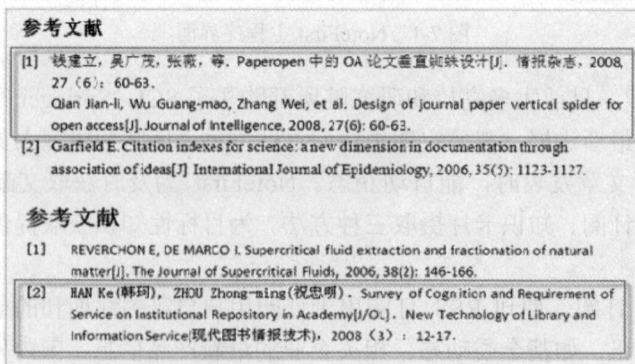

参考文献

[1] 钱建立, 吴广茂, 张薇, 等. Paperopen 中的 OA 论文垂直蜘蛛设计[J]. 情报杂志, 2008, 27（6）: 60-63.
Qian Jian-li, Wu Guang-mao, Zhang Wei, et al. Design of journal paper vertical spider for open access[J]. Journal of Intelligence, 2008, 27(6): 60-63.

[2] Garfield E. Citation indexes for science: a new dimension in documentation through association of ideas[J] International Journal of Epidemiology, 2006, 35(5): 1123-1127.

参考文献

[1] REVERCHON E, DE MARCO I. Supercritical fluid extraction and fractionation of natural matter[J], The Journal of Supercritical Fluids, 2006, 38(2): 146-166.

[2] HAN Ke(韩珂), ZHOU Zhong-ming(祝思明). Survey of Cognition and Requirement of Service on Institutional Repository in Academy[J/OL]. New Technology of Library and Information Service(现代图书情报技术), 2008（3）: 12-17.

图 7-2　NoteFirst 双语参考文献样式

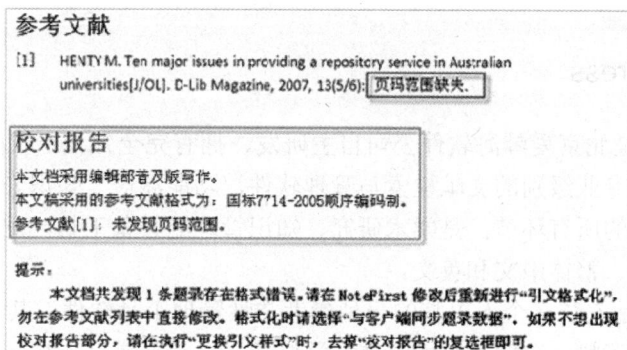

图 7-3　NoteFirst 参考文献错误警示

（4）个人成果的收集。对于个人成果的收集，NoteFirst 提供了两种方式：① 关键词订阅。利用关键词订阅的高级检索功能，在作者检索栏中输入自己的姓名，即可检索到该数据库收录的作者的成果。中文成果可以在知网、万方中检索，外文成果可以在 Web of Knowledge、EI、Pubmed 中检索。② 在线数据库检索。如图 7-4 所示，支持 36 个数据库的在线检索，可以在万方、知网、Springer、Elsevier、Pubmed、IEEE Xplore 等数据库输入自己的姓名，检索到多条文献内容，单击每条文献下方的"导出"按钮，导出内容都会显示到另一个页面上，单击"全选"，同时选择正确的过滤器，单击"导出"或"复制"均可保存题录，若单击"导出"是把题录保存至本地磁盘，再通过"导入题录"功能将题录导入到软件中，导入题录对话框中选择"来自文件夹"；若单击"复制"是把题录复制于剪切板，再通过"导入题录"功能将题录导入到软件中，导入题录对话框中选择"来自剪切板"，最后单击"开始导入"、"接受选定题录"。两种方法均可实现快速批量的保存题录，即快速保存个人成果。

图 7-4　支持 36 个数据库的在线检索

7.2.3 NoteExpress

NoteExpress 是北京爱琴海软件公司自主研发、拥有完全知识产权的文献检索、管理与应用系统的一款专业级别的文献检索与管理软件,功能涵盖"知识采集、管理、应用、挖掘"的知识管理的所有环节,是学术研究、知识管理的必备工具,发表论文的好帮手,全面支持简体中文、繁体中文和英文。

NoteExpress 是安装在个人电脑的一种参考文献管理工具软件,其核心功能是帮助用户收集、整理文献资料,在撰写学术论文、学位论文、专著或报告时,可在正文中的指定位置方便地添加文中注释,然后按照不同的期刊格式要求自动生成参考文献索引。

NoteExpress 软件的中文支持较完善,提供相当多的人性化功能,使用方便,可提高科研论文写作效率。

NoteExpress 的主要功能有以下几个方面。

(1)将平时所积累的参考文献输入到 NoteExpress 所定义的数据库中,从而形成个人的参考文献数据库。

(2)对个人参考文献数据库进行管理,包括通过分类、排序、检索,检索结果能够保存到特定目录,供平时研究时使用。

(3)按照不同的出版要求格式输出参考文献。

(4)可以直接与因特网上数以百计的图书馆目录检索系统、免费数据库连接,把因特网上的资料直接导入到现有的参考文献数据库中。

(5)具有附加笔记功能,可以在阅读过程中记录笔记,并与相关参考文献链接起来,在写作过程中随时插入到文章相应位置。

(6)文献检索功能。用户可以直接以 NoteExpress 作为网关进行检索,不用再逐个登录数据库网站。它提供多线程下载方式将检索结果的题目导入 NoteExpress,还提供过滤器导入,支持不同格式的数据库题录导入,还可进行手工录入题录。

(7)文献管理功能。将文献题录导入 NoteExpress 后,就会形成用户个人数据库。然而,这些文献题录纷繁错落,需要进行整理。NoteExpress 能够帮助用户对这些题录进行查重,剔除数据库中的重复题录;利用它的文件夹功能,可以将文献进行分类整理,可以下载题录对应的全文,可以为每一条文献信息添加附件,例如 PDF、DOC 格式的文档,以便在需要时打开全文。

(8)文献分析功能。课题的研究方向和研究热点,往往是通过文献研究分析出来的。文献信息过多时,就需要对某个研究者或期刊的文献信息进行整理。通过 NoteExpress,用户可以方便快捷地对其关心的文献信息进行统计分析,这样就能快速了解某一领域的重要专家、研究机构和研究热点等,还能帮助用户找到研究论文合适的发表途径。NoteExpress 的分析结果能够导出为 TXT 和 CSV 等多种格式,方便做出精准的文献分析报告。

（9）文献写作功能。在论文写作过程中，外国作者的姓名缩写耗时耗力，手工排序也枯燥无味，删除引文后的重新排序也浪费精力，投稿另一期刊时，一些格式还要更新整理。这些问题 NoteExpress 都可以解决。它内置了 3 000 多种国内外学术期刊，学位论文，国标的格式规范，参考文献索引可以在各种格式要求之间一键切换，还内置了国内外高影响因子的期刊手稿模板，无须投稿时为格式调整而浪费时间。

7.2.4　CNKI E-Learning

　　CNKI E-Learning 是中国知网开发的一款基于 CNKI 数据库的文献管理软件。它通过科学、高效地研读和管理文献，以文献为出发点，理清知识脉络，探索未知领域，管理学习过程，实现探究式学习、终身学习。

1. CNKI E-Learning 的主要功能

　　（1）一站式阅读和管理平台。支持目前全球主要学术成果文件格式，包括 CAJ、KDH、NH、PDF、TEB，以及 Word、PPT、Excel、TXT 等格式，将自动转化为 PDF 文件进行管理和阅读。

　　（2）文献检索和下载。支持 CNKI 学术总库检索、CNKI Scholar 检索等，将检索到的文献信息直接导入到学习单元中；根据用户设置的账号信息，自动下载全文，不需要登录相应的数据库系统。

　　（3）深入研读。支持对学习过程中的划词检索和标注，包括检索工具书、检索文献、词组翻译、检索定义、Google Scholar 检索等；支持将两篇文献在同一个窗口内进行对比研读。

　　（4）记录数字笔记，实现知识管理。支持在文献内记录知识点、注释、问题、读后感四种类型笔记，摘录文献中的有用信息，记录读者的想法、问题和评论等。

　　（5）写作和排版。基于 Word 的通用写作功能，提供了面向学术等论文写作工具，包括插入引文、编辑引文、编辑著录格式及布局格式等；提供了数千种期刊模板和参考文献样式编辑。

　　（6）在线投稿。撰写排版后的论文，作者可以直接选刊投稿，即可进入期刊的作者投稿系统。

2. CNKI E-Learning 的页面分布

　　（1）菜单栏。该栏目包括学习单元、知识检索、文献阅读、笔记、下载、编辑、工具和帮助。

　　（2）工具栏。该栏目包括标准、笔记、学习笔记、文献阅读、查找和功能导航。

　　（3）导航栏。该栏目包括学习单元、文献库和临时阅读；通过树的形式来管理。

　　（4）主界面。文献题录信息列表，包括序号（全文标识）、状态（已读和未读）、标题、作者、出版时间、来源、类型、上次学习时间和附件。

　　（5）底边栏。该栏目对应于列表中文献的题录、备注、附件和引文预览。

3．CNKI E-Learning 的使用

（1）新建学习单元。从"学习单元"菜单下的"新建学习单元"创建，如图 7-5 所示，也可以从单击工具栏上的"新建"按钮创建，如图 7-6 所示。

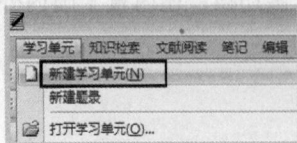

图 7-5　新建学习单元（一）　　　　　　图 7-6　新建学习单元（二）

（2）添加文件到学习单元。从"文献库"中添加文献，选中导航树上的"文献库"下的任意分类，然后在右边文献列表中单选或多选几篇文献，通过拖拽鼠标到某一学习单元下实现添加文献到学习单元，如图 7-7 所示。

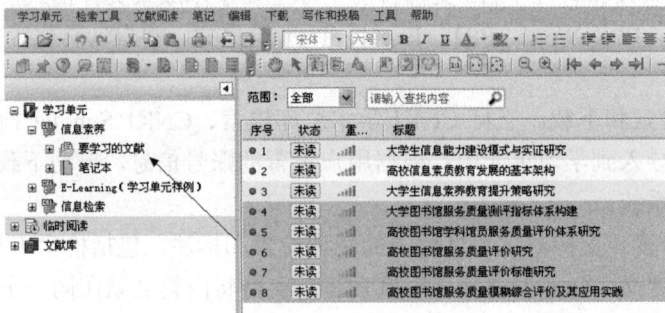

图 7-7　添加文件到学习单元

（3）导入文献。右键单击准备导入文件的学习单元或文件夹，单击快捷菜单上的"导入文献"；在计算机上选择要打开的文献，单击打开，即可将文献导入 CNKI E-Learning 中。

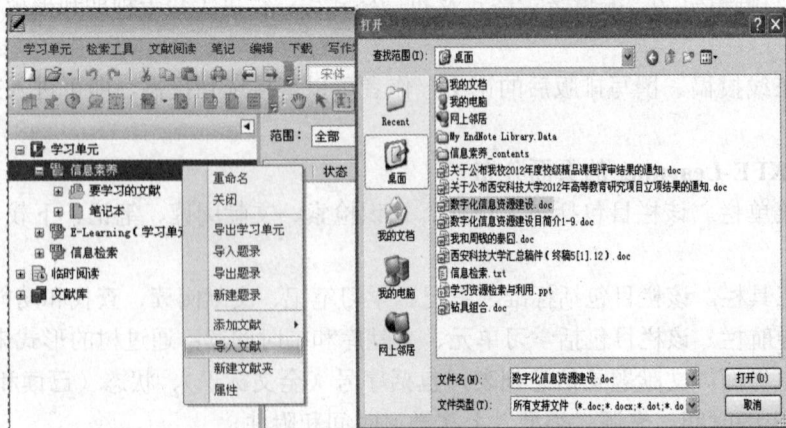

图 7-8　导入文献

（4）记录笔记。笔记分为知识点、注释、问题、读后感和高亮五种类型，用户可根据自身需要创建不同类型的笔记，同时也可对已有的笔记进行排版、重组和编辑、修改笔记类型等操作。笔记工具位于工具栏中 🗔 📌 ❓ 🔍 🗓 。

（5）导入和更新题录。可以将从 CNKI 或其他文献数据库中下载的文献题录导入 CNKI E-Learning，您还可以从其他文献管理软件，如 NoteExpress，将文献题录导入 CNKI E-Learning。

① 从 CNKI 数据库中选择想要导出题录的文献，单击"导出/参考文献"，如图 7-9 所示。单击"CNKI 桌面版个人数字图书馆"，然后单击"导出"；"导出"时 IE 会自动下载该文件，并在 CNKI E-Learning 中弹出导入题录选择分类夹的对话框，如图 7-9 和图 7-10 所示。

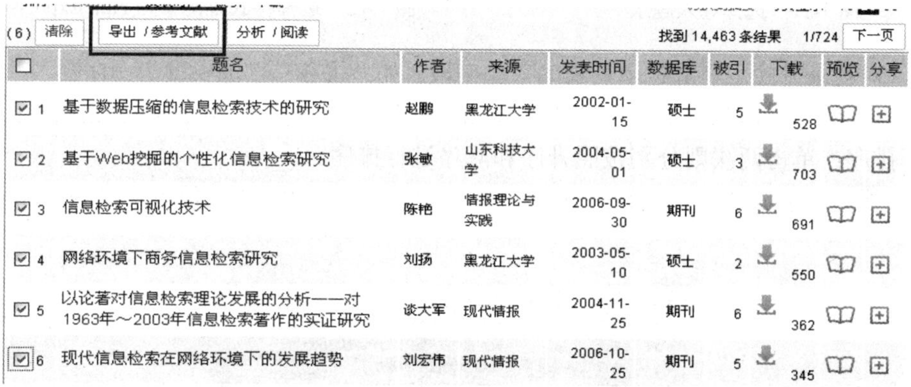

图 7-9　从 CNKI 数据库导出题录

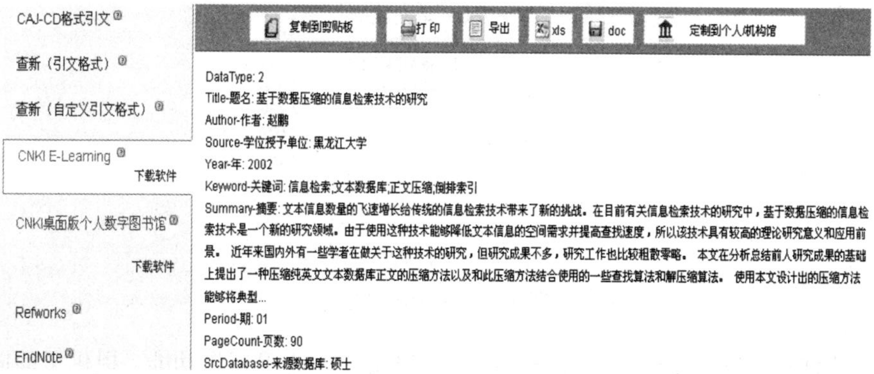

图 7-10　选择导出样式

② 用户也可以从 NoteExpress 中导出样式为"NoteExpress"或"Endnote"的题录，并将导出的题录文件保存到计算机上；右键单击 E-Learning 内想要将题录导入的学习单元或文献库内的文献夹，单击快捷菜单上的"导入题录"；或者单击菜单"文献"内的"导

入题录",如图 7-11 和图 7-12 所示。

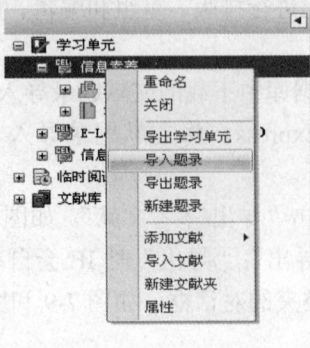

图 7-11 选择导入题录

图 7-12 选择样式过滤器为 NoteExpress

③ 对题录排序。单击题录列表的表头字段,如"状态"、"重要度"、"标题"、"作者"、"发表时间"、"来源"、"类型"、"上次学习时间"和"附件",列表即可按照您单击的字段进行排序;单击两次则分别按照升序和降序进行排序。

④ 更新题录。选择要更新的题录,单击右键选择"更新题录信息"命令,如图 7-13 所示。

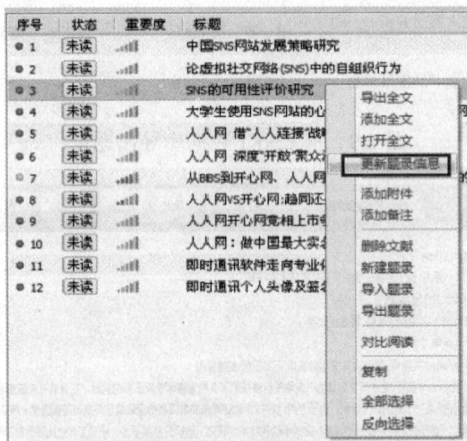

图 7-13 更新题录信息

(6) 写作和投稿。撰写论文过程中,基于 Word 的通用写作功能,提供了面向学术等一系列论文写作工具,包括插入引文、编辑引文、编辑著录格式及布局格式等,可以批量修改参考文献格式和样式。撰写论文后,通过菜单栏"写作和投稿",选择出版物投稿。即选择一种要投稿的出版物,可以快速进入该期刊的作者投稿系统进行论文投稿;也可以单击 Word 中插件的投稿按钮,直接进入到"CNKI 采编平台"投稿主页,进行在线投稿,如图 7-14 和图 7-15 所示。

图 7-14　Word 中 CNKIE-Learning 的插件样式　　　图 7-15　CNKIE-Learning 中的投稿平台

7.2.5　EndNote

EndNote 是一个著名的参考文献管理软件，是 Thomson 公司推出的最受欢迎的一款产品，它能将不同来源的文献信息资料下载到本地，用来创建个人参考文献库，并且可以加入文本、图像、表格和方程式等内容及链接等信息，能够与 Microsoft Word 完美无缝链接，方便地插入所引用文献并按照格式进行编排，可方便地实现对文献信息的管理和使用。

EndNote 有着易用的界面和强大的文献搜索功能，对中文也支持良好，是科研工作者不可多得的好助手，无论是文献的检索、文献的管理、文献全文的自动获取，还是论文写作过程中的文献引用插入、SCI 期刊模板等方面，均可为用户提供强大帮助。

1．EndNote 的功能

（1）文献检索工具。可以在软件界面搜索多个数据库，而无须逐一打开数据库网站。

（2）文摘及全文的管理工具。可以帮助我们高效管理大量的文献信息。

（3）引文编排工具。可以自动帮助我们编辑参考文献的格式。

（4）文献共享与协作工具。

2．EndNote 的使用

（1）EndNote 主程序界面。以 EndNote X6 版本为例介绍。安装时，按提示操作即可。第一次应用时可以新建一个空数据库文件，启动程序时选择 Create a new Endnote Library；也可以在主程序界面，如图 7-16 所示，选择"文件"菜单下的"新建"命令，选择文件保存地址并输入文件名（后缀名为.enl）即可，如图 7-17 所示。

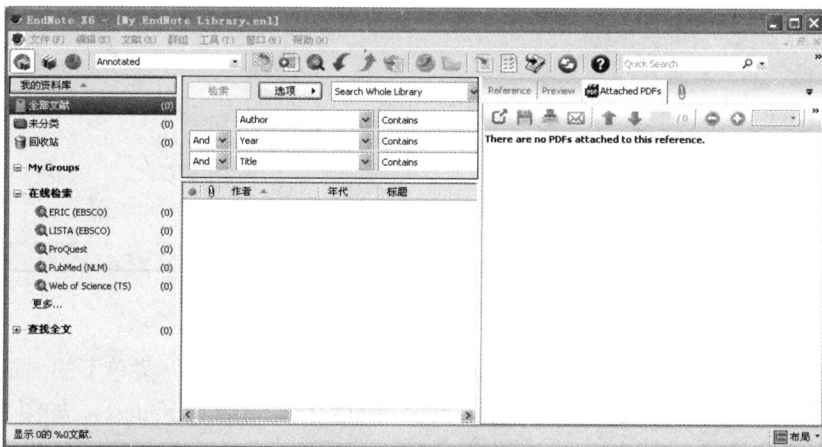

图 7-16　主程序页面

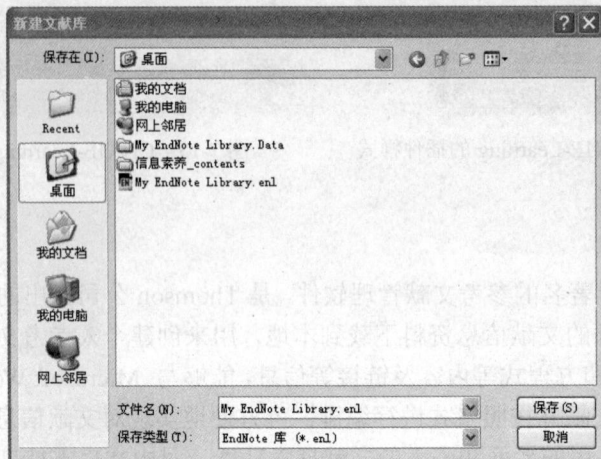

图 7-17　新建 EndNote 数据库

（2）建立个人 EndNote 数据库。

①　手动输入。手动输入主要针对少数几篇文献时使用，选择"文献"菜单下的"新建"命令，键入输入界面，如图 7-18 所示。选择适当文献类型，按已设定好的字段填入相应信息，输入完毕，单击右上角的"关闭"按钮即可。

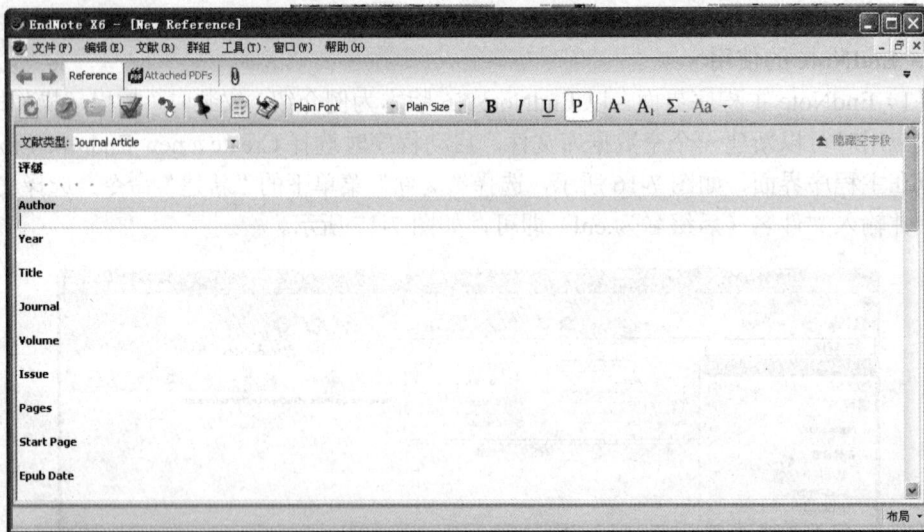

图 7-18　手动输入界面

②　在线数据库下载。第一，设置常用数据库：选择"编辑"菜单下的"链接文件"命令，并"新建链接"，出现新界面后选择需要用的数据库（如 ProQuest），如图 7-19 所示，选定的数据库链接就会出现在"工具"菜单的"在线检索"中。第二，联机检索：通过联

机检索可以检索出选定数据中的文献。选取所需文献进行下载，即可将题录下载到 EndNote 中，并将题录信息进行保存。

③ 网站输出。目前很多网上数据库都提供直接输出文献到文献管理软件中的功能，如 Scopus、Web of Science、CNKI。

④ 格式转换。转换一般是把资料保存为文本文件，然后导入到 EndNote 中，如图 7-20 所示。要选择正确的过滤器，否则无法转换。

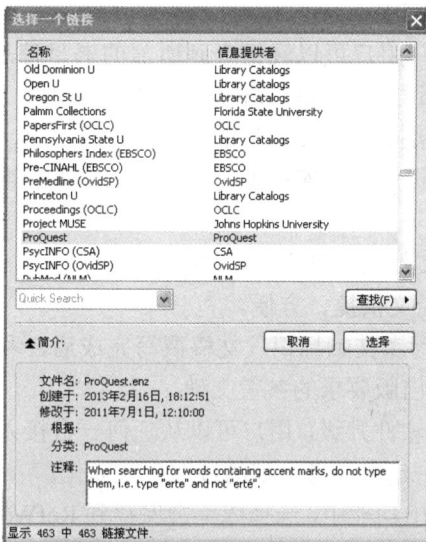

图 7-19 选择检索的数据库

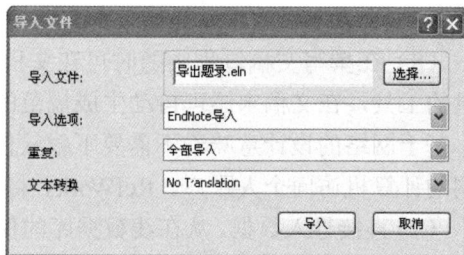

图 7-20 选择过滤器导入题录

3．附件管理

附件的格式一般有 PDF、图片、Word、网页、表格等。EndNote 管理附件的方式有两种：一是将附件地址记录在 EndNote 中，需要时打开链接即可；二是将文件复制到 EndNote 相应的数据库文件夹下，通过"文献"菜单下的"文件附件"进行管理。

4．撰写论文

在 Word 中将鼠标光标指在要插入文献的位置，切换到 EndNote 程序中，选择要引用的参考文献，选择"工具"中的"即写即引"（CWYW），插入选中文献，即可将选定文献插入到指定位置。插入完毕后选择"格式化参考文献"，Word 中的参考文献就会按照设定杂志格式编排好。

目前，EndNote 中除提供了 2 000 多种杂志的参考文献外，还提供了 200 多种杂志的全文模板。如果投稿的是这些杂志，只需要按模板填入信息即可。

7.2.6 RefWorks

CSA 公司的 RefWorks 是一个联机个人文献书目管理系统，用于帮助用户建立和管理个人文献书目资料，并可以实现在撰写文稿的同时，即时插入参考文献，同时生成规范的、符合出版要求的文后参考文献。

RefWorks 个人文献书目管理系统具有以下主要功能和特点。

（1）只需有一台与因特网相连的电脑，就可以方便、快捷地创建、管理和使用个人文献书目数据库。

（2）个人文献书目数据库建立在服务器上，不占用个人电脑空间和资源，用户可以随时将数据以自己需要的文件格式导出到自己的电脑中。

（3）提供快速检索和高级检索两种检索模式，用户可以轻松查到所需的书目信息。

（4）个人的书目数据既可以从其他数据库批量导入，也可以由手工录入。

（5）可以将众多其他数据库中的书目数据直接批量导入个人文献书目数据库中，通过个人文献书目数据库的检索，间接实现对多个数据库的跨库检索，提高资料检索的查全率和查准率。

（6）在个人文献数据库中建立文件夹、存放文献的数目不受限制。

（7）个人书目数据库提供了全文链接，获取全文快捷、方便。

（8）在撰写文稿过程中随时可在文稿中插入参考文献标识，文稿撰写完成后，利用提供的工具，在文稿末尾可自动生成规范的、符合出版要求的参考文献。

基于网络的设计意味着不需要下载软件或进行软件升级，用户可以从任何一台接入互联网的计算机访问个人账户。RefWorks 将在论文中建立参考文献的过程大大简化。

（1）直接导入数据。从在线数据库的保存或导出功能中，选择或单击保存到 RefWorks 选项。如果已经打开了 RefWorks 账户，导入过程将自动开始。如果没有打开账户，将提示转到 RefWorks 登录页面，在登录后导入过程将自动开始；选择"浏览"最近导入"文件夹"查看导入记录。RefWorks 与许多其他参考文献管理工具兼容。可以将如 EndNote 等已有的参考文献管理数据库导入到 RefWorks 中。

（2）通过 RSS 导入参考文献。RefWorks 兼容了 RSS 阅读器功能，因此用户可以将出版商或网站上喜爱的 RSS 添加到 RefWorks 中，从而更加方便地查看信息并将数据导入到 RefWorks 数据库。步骤如下：①找到需要的 RSS，用鼠标右键单击 RSS 图标或链接，并选择"复制快捷方式"；②在 RefWorks 中，从"检索"下拉菜单中选择 RSS feed，将快捷方式粘贴到 RSS 简易聚合网址文本框中，然后单击"增加 RSS 简易聚合"；③单击名称链接，启动 RSS，将在新打开的窗口中显示 RSS 内容，供用户选择并将数据导入 RefWorks。

（3）排序参考文献。从"查看"或"文件夹"下拉菜单，选择文件夹；使用位于页面顶部右侧的"排序次序"，按照数据库中的不同字段查看参考文献。

（4）共享参考文献。从工具下拉菜单中，选择共享参考；选择要共享的文件夹，并单击共享文件夹。要共享账户中所有参考文献，可单击共享整个数据库；选择需要的"共享文件夹选项"，可以让用户为"refshare"接受者定义任何使用限制。

（5）利用 Write-N-Cite 在文稿中插入引文。从工具下拉菜单中选择 Write-N-Cite。在

Word 中打开一个新的空白文档，启动 Write-N-Cite；将光标放在 Word 文档中引用参考文献的位置，然后单击 RefWorks 屏幕中参考文献旁边的 cite（引用）；完成后保存 Word 文档。

7.3　学术论文写作

7.3.1　学术论文概述

7.3.1.1　学术论文的概念

学术论文是一类论说文的总称，是通过运用概念、判断、推理、证明或反驳等逻辑思维手段，来分析、表达自然科学理论和技术开发研究中的成果。对学术论文来说，它是论述创新性研究工作成果的书面文献，或是某些实验性、理论性、观测性的新知识的科学客观记录，或是运用已知的科学原理在技术研究开发中取得新进展的理论总结。

中华人民共和国国家标准 UDC001.81，GB 7713—87 号文给学术论文的定义为：学术论文是某一学术课题在实验性、理论性或观测性上的具有新的科学研究成果或创新见解和知识的科学记录；或是某种已知原理应用于实际中取得新进展的科学总结，用以提供学术会议宣读、交流或讨论；或在学术刊物上发表；或作其他用途的书面文件。

7.3.1.2　学术论文的作用

学术论文写作的作用主要表现在：它是研究成果的总结和记录；是进行成果推广和学术交流的有力手段；也是进行科技成果鉴定和评审科技成果的重要依据；是政府和企业单位科技决策的依据；是考核科技工作者业务水平的重要标准；是科技人员申请学位和评定职称的重要依据；是一个单位为培养科技人员的研究能力和增加科技积累的需要；也是衡量一个学术单位科技水平的重要指标。所以，学术论文的写作不仅体现一个科技工作者的学术水平和科技创新能力，更重要的是科技工作者的科技成果对人类社会的进步起着重要的推动作用。

7.3.1.3　学术论文的特点

1．学术性

学术性是学术论文的根本特征，也是它与一般议论文的根本区别。学术论文是学术成果的载体，以学术问题为论题，把学术成果作为描述对象，以学术见解为内容核心，具有系统性和鲜明的专业色彩。

2．科学性

学术论文的科学性体现在能够揭示客观规律，探求真理，用以指导人们的实践活动。一篇学术论文的价值取决于它在多大程度上揭示和反映了客观规律，这就是学术论文的科学性。这种科学性要求学术论文在立论上必须是正确的，合乎实际的，是从客观实际的深入研究中抽象出来的东西，在论据上必须是充分的、确实有力的，是经过作者调查、采集、识别、选择而足以用来支持论点；在论证上必须是严谨的、富有逻辑性的，是经过作者周密思考、精心策划设计的。它的科学性主要表现在以下四个方面。

（1）论点的鲜明性。学术论文的观点，要求作者实事求是，对客观事物进行阐述、说明、议论，一般不应带主观的感情色彩，而以冷静、客观、公正的态度来对待一切研究成果。作者应根据学术论文的学术价值，从大量的材料中提炼观点，揭示出其内在的本质规律。

（2）材料的真实性。所选用的材料不能弄虚作假，更不能无中生有，否则，就会产生严重的后果。还要注意两点：一是反对穿凿；二是反对孤证。

（3）论据的确凿性。学术论文的论据必须服从论点的需要，为论点服务。无论是社会科学的学术论文，还是自然科学的学术论文，都必须从大量的事实出发，用充分准确的材料来证明其观点，这样的学术论文才具有价值。

（4）论证的严密性。学术论文强调知识、理论的完整性与系统性。要求作者周密地思考、严谨而富有逻辑地进行论证，这样的学术论文才会具有说服力。

3. 真实性

真实性是学术论文在方法论上的特征，使它与一切文学的、美学的、神学的等文章区别开来。学术论文论述的观点或研究成果必须有理论、事实和数据依据，内容要准确地反映事物的客观规律，结论要经得起实践检验。它描述的不仅仅是涉及科学和技术领域的命题，而且更重要的是论述的内容具有科学可信性。科技论文不能凭主观臆断或个人好恶随意地取舍素材或得出结论，它必须根据足够的和可靠的实验数据或现象观察作为立论基础。所谓"可靠的"是指整个实验过程是可以复核验证的。

学术论文的真实性体现在四个方面：其一，科研方法真实可信，经得起论证。引用参考文献或者是自己设计的试验方法都应该是真实和可靠的。其二，试验数据真实可靠，经得起复核。其三，客观讨论不作夸张，经得起推敲。不夸大或缩小客观试验，避免"填补某领域空白"、"处于国内（外）领先水平"等语言。其四，所作结论站得住脚，经得起提问。

4. 理论性

学术论文在形式上是属于议论文，但它与一般议论文不同，它必须是有自己的理论系统，不能只是材料的罗列，应对大量的事实、材料进行分析、研究，使感性认识上升到理性认识。它是用理论并站在理论的高度来回答现实问题，是对经验再归纳、总结、提高、升华为理论性的东西。它对现实问题的解答，是用理论来分析具体事物的具体矛盾，从中找出规律和本质，并给予理论说明和方向指引，并不是规定具体政策和做法。它不能停留在就事论事的水平上，而要就事论理，以理论的原则对事物进行具体分析、阐述。

5. 创新性

科学研究是对新的知识的探求，作为学术论文，不管是教授专家写的，还是学生写的，都必须具有创新性，科研成果是填补空白的新发现、新发明或新理论，是在继承基础上的发展、完善和创新。否则，只能称为"学术垃圾"。也就是说，在你研究的题目范围内，前人（或同时代人）没有接触过的，或者虽有接触，但语意未尽，你能在他的基础上进一步加以研究，能提出新的观点、新的理论，且论据确凿、言之成理，这就是创新性的体现。

创新性是学术论文的灵魂，是有别于其他文献的特征所在。它要求文章所揭示的事物现象、属性、特点及事物运动时所遵循的规律，或者这些规律的运用必须是前所未见的、首创的或部分首创的，必须有所发现、有所发明、有所创造、有所前进，而不是对前人工作的复述、模仿或解释。

6. 逻辑性

逻辑性文章的结构特点。它要求论文脉络清晰、结构严谨、前提完备、演算正确、符号规范、文字通顺、图表精致、推断合理、前呼后应、自成系统。不论文章所涉及的专题大小如何，都应该有自己的前提或假说、论证素材和推断结论。通过推理、分析，提高到学术理论的高度，不应该出现无中生有的结论，或一堆无序数据、一串原始现象的自然堆砌。

学术论文对论述的问题必须具有一定的逻辑关系和内在联系，要有严密的逻辑推理。要做到论文的整体逻辑结构清晰、层次分明、推论合理，论文的论点、论据、结论要前后呼应、自成体系，而不仅仅是事实的描述与数据的罗列。

7. 规范性

我国对于学术论文的格式要求制定了十分详细的标准，在写作时必须了解这些要求才能写出符合规范要求的好文章。

另外，可读性和简洁性也是对科技学术论文的要求，以便节省读者的时间。

7.3.2　学术论文选题

所谓选题，顾名思义，就是选择论文的论题。即在写论文前，选择确定所要研究论证的问题。包括论文要论述的范围或研究方向，通常是指研究过程中选定的研究课题或毕业设计课题。

不管是社会科学还是自然科学，可供研究的课题数不胜数，但并不是任何课题都具有研究价值，可以形成论文。爱因斯坦也曾说过："提出一个问题往往比解决问题更重要，因为解决问题也许仅是一个数学上或实验上的技能而已。"选题是科研写作的真正起点。科学研究中首先碰到的问题是选择什么课题和如何选择课题的问题，这是整个科研工作的第一步，对日后的科研工作具有战略性意义。选题决定着科研工作的主攻方向、奋斗目标，规定着应采取的方法和途径。因此，课题的选择十分重要，特别是新参加研究活动的人员，需要有意识地培训选题能力，这是从事研究工作的一项基本训练，也是对科研人员的基本功提出的要求。选择既能反映自己的科学水平和创新能力又符合自己客观条件的课题，不是一件容易的事情。所以，人们常讲，选好一个题目，论文也就成功了一半。

7.3.2.1 选题的原则

1．新颖性原则

新颖性是论文选题的基本要求。科学研究的过程是不断吸取他人的知识经验，并在此基础上不断创新，提出新的观点，做出新的研究成果的过程。学术论文是人们推动科学研究发展、促进社会进步的一种重要研究成果的表现形式，论文选题是这种形式的起步阶段，其本身就必须反映人们的创新意识和创新能力。如果论文在选题上没有一定的新颖性，那么整个论文的后续写作可能就是重复前人的劳动，或是简单的知识和信息堆砌，论文的实际价值就会大打折扣。论文选题的新颖性，要求在原有理论和实践的基础上有所突破，有独立见解。例如，选择前人没有探索过的新领域，前人没有做过的新题目；对旧主题独辟路径，选择新角度，探索新问题；在前人成果的基础上作进一步研究，做出自己新的观点或发现等。

2．立足专业方向原则

学习与科学研究过程中就研究方向直接和间接地获得了大量的专业知识，积累的知识和形成的能力带有较强的专业倾向性。在学科领域里，积累了相当多的专业语言。专业知识和专业语言是正确选题和写好论文的重要前提条件，也是写作论文者多年积累的优势所在。只有做到心中有数，充分考虑到自己的优势和专业特长，就能确定出符合自己个性的选题。抛开自己的专业优势，选择与自己所学专业没有关系、跨度很大的其他领域的问题来研究，由于缺少必要的专业基础知识，很难发现和评价选题的优劣，虽然也有可能写出好的论文，但对论文写作时间有限的人来讲困难是相当大的。同时，毕业论文的专业性也表现在论文选题的要求上。相对来讲，有关自然科学类专业毕业论文选题及内容，要遵循自然规律，符合事物的内在运动规律；而社会科学论文选题及内容，必须符合人类社会活动的客观规律要求，反映人类生产力和生产关系的特殊要求，无疑其政策性也比较强。尤其是经济类论文，其选题出发点要和党的方针政策的精神相一致。

3．立足实践原则

做科学研究，进行科学实验，撰写学术论文，其目的就在于通过科学探讨，推进人类对自然和社会发展规律的认识，从而正确指导人类的社会实践活动。我国正在加快改革开放的步伐，建设前所未有的社会主义市场经济。总结经验，大胆探索，充分论证，对指导实践少走弯路具有重要的现实意义。科学技术活动和国家经济建设的实践是学术论文的选题基础，尤其是科学研究建立在科学实验和社会实践的基础上，有一定的现实指导意义，便于从社会实践和科学实验中发现问题，尊重现实数据和实验结果，那么这样的论文选题就有据可查，也更加能体现出学术论文选题的精神要求。

4．范围适度原则

学术论文的选题要遵守适度原则。一般而言，选题尤其是学术论文的课题范围不宜过大，涉及面不宜太宽。因为范围过大，不但时间不允许，而且缺乏这种功力，即使勉强写下来了，也只能如蜻蜓点水一般，难以保证质量。论文的选题小一些、专一些，既容易完成，也容易写好。一些人认为，只有写大题目才算写论文，这是一种极大的误解。当然，题目也不能太小，太小的题目，搜集资料、阐述都不容易，也达不到锻炼提高的目的。选题的难易程度同样要合适，既不可过难，又不可过易。对初写学术论文的同学来说，选择高难度的课题，不仅达不到提高研究能力的目的，反而会因写作难度大而挫伤写作的积极性。过易的题目，又体现不出自己的知识水准和创造性，同样不利于自己水平的提高。因此，在选题过程中，必须实事求是地从主客观实际出发，恰当地把握选题的时间、大小、难易程度。

7.3.2.2　学术论文选题的方法

1．浏览捕捉选题法

这种方法就是通过对占有的文献资料快速地、大量地阅读，在比较中来确定题目的方法。浏览，一般是在资料占有达到一定数量时集中一段时间进行，这样便于对资料作集中的比较和鉴别。浏览的目的是在咀嚼消化已有资料的过程中，提出问题，寻找自己的研究课题。这就需要对收集到的材料作全面的阅读研究，主要的、次要的、不同角度的、不同观点的都应了解，不能看了一些资料，有了一点看法，就到此为止，急于动笔。也不能"先入为主"，以自己头脑中原有的观点或看了第一篇资料后得到的看法去决定取舍，而应冷静地、客观地对所有资料作认真的分析思考。在浩如烟海、内容丰富的资料中吸取营养，反复思考琢磨之后，必然会有所发现，这是搞科学研究的人时常会碰到的情形。浏览捕捉法一般可按以下步骤进行。

（1）广泛地浏览资料。在浏览中要注意勤做笔录，随时记下资料的纲目，记下资料中对自己影响最深刻的观点、论据、论证方法等，记下脑海中涌现的点滴体会。当然，手抄笔录并不等于有言必录、有文必录，而是要作细心的选择，有目的、有重点地摘录，当详则详，当略则略，一些相同的或类似的观点和材料则不必重复摘录，只需记下资料来源及页码就行，以避免浪费时间和精力。

（2）将阅读所得到的方方面面的内容进行分类、排列、组合，从中寻找问题、发现问题。材料可按纲目分类，如分成系统介绍有关问题研究发展概况的资料；对某一个问题研究情况的资料；对同一问题几种不同观点的资料；对某一问题研究最新的资料和成果等。

（3）将自己在研究中的体会与资料分别加以比较。找出哪些体会在资料中没有或部分没有，哪些体会虽然资料已有，但自己对此有不同看法；哪些体会和资料是基本一致的；哪些体会是在资料基础上的深化和发挥等。经过几番深思熟虑的思考过程，就容易萌生自己的想法。把这种想法及时捕捉住，再作进一步的思考，选题的目标也就会渐渐明确起来。

2．追溯验证选题法

它是一种先有某种设想，而后再阅读相关资料加以验证来确定论文选题的方法。这种选题方法必须先有一定的想法，即根据自己平时的积累，初步确定准备研究的方向、题目或选题范围。但这种想法是否真正可行，心中没有太大的把握，故还需按照设想的研究方向，跟踪追溯。追溯可从以下几方面考虑。

（1）看自己的"设想"是否对别人的观点有补充作用，自己的"设想"别人是否没有论及或者论及得较少。如果得到肯定的答复，再具体分析一下主客观条件，只要通过努力，能够对这一题目做出比较圆满的回答，则可以把"设想"确定下来作为学术论文的题目。

（2）如果自己的"设想"虽然别人还没有谈到，但自己尚缺乏足够的理论依据来加以论证，那就应该中止，再作重新构思。

（3）看"设想"是否与别人重复。如果自己的想法与别人完全一样，就应马上改变"设想"，再作考虑；如果自己的想法只是部分地与别人的研究成果重复，就应再缩小范围，在非重复方面深入研究。

（4）要善于捕捉一闪之念，抓住不放，深入研究。在阅读文献资料或调查研究中，有时会突然产生一些思想火花，尽管这种想法很简单、很朦胧，也未成型，但千万不可轻易放弃。因为这种思想火花往往是在对某一问题作了大量研究之后的理性升华，如果能及时捕捉，并顺势追溯下去，最终形成自己的观点，这是很有价值的。追溯验证的选题方法是以主观的"设想"为出发点，沿着一定方向对已有研究成果步步紧跟，一追到底，从中获得"一己之见"的方法。但这种主观的"设想"绝不是"凭空想象"，必须以客观事实、客观需要等作为依据。

3．教学启发选题法

学生一般要学习许多基础课和专业课，要听许多的专题报告。教师在授课和报告中，往往会提出许多问题，有些就是实践亟待解决的问题。这些问题就是选题的重要焦点。这种选题法的优点是：问题明确，与之相关的理论和实践有了老师的阐述，运用起来也比较准确到位、流畅、充分，对推动学科发展和指导实践有一定的参考价值。教学启发选题法应用的关键是，同学们在学习过程中要做有心人。关心教师就某一问题进行的论证、提出的观点、采用的依据、运用的方法等。将课堂所关心的问题与课外阅读结合起来，开拓思路，由此及彼，提炼出自己论文的选题。

4．从学科渗透交叉中选题

学科渗透、交叉是科学在广度、深度中发展的一种必然趋势。事物都在普遍联系之中，各门学科也在普遍联系之中，以前人们注意从学科相对独立性上进行研究，现代科学注意从不同学科相互渗透、交叉的研究，在学科渗透、交叉地带存在着大量的新课题供选择。这样的地带主要有以下几个。

（1）比较学科。对不同系统，通过比较分析，探索具有共同规律和特殊规律，如比较哲学、比较文学、比较法学、比较管理学中的课题。

（2）边缘学科。在两门学科的边缘地带，相互结合而形成的新的研究对象，如社会心理学、管理心理学中的课题。

（3）软科学。以管理和决策为中心问题的高度综合性的学科，它的研究对象大多是与国民经济、社会和科技发展相关的复杂系统，如管理科学、领导科学、决策科学、预测学、政策学、战略学、咨询学中的课题。

（4）综合学科。运用多学科的理论、方法和手段，从不同方面进行立体研究的课题。

（5）横断学科。在现有学科研究的基础上，研究各事物中的某种共同属性。

（6）超科学。从更高层次上研究一般规律，如科学、哲学中的课题。

5．从科研管理和规划中选题

国家、省市及各种学术团体也经常提出许多科研课题，如国家的"十二五"规划重点课题、年度课题，这些课题一般都是理论意义、现实意义上比较重要的课题，应当是科研工作者选题的重要来源。这类课题属指南性选题，其中许多课题的难度大、规模大。选题时科研人员应从自己的优势出发，把课题加以具体化，以保证其可行性。此外，在各级政府、科研部门制订的各种科研规划时，也提出许多研究课题，也都是选题的重要来源。

6．从直觉思维、意外发现中选题

科研人员对研究对象富有浓厚的探索兴趣，也是科研选题的一个重要来源。大量值得研究的选题，首先表现在各种社会现象中，科研的任务就是通过现象认识本质。选题常常得益于科研人员的想象、灵感、直觉。

7.3.3　学术论文写作中网络信息资源的利用

1．浏览专业网站

有关专业网站网址可通过以下途径获取：利用搜索引擎和虚拟图书馆获取；利用信息机构网站中的"网络导航"；利用某一专业网站的"相关链接"；相关的书籍和报刊上报道的专业网站；上网实践中不断地积累。在浏览网站时，一些大型的专业网站也提供了 Search 功能，应加以利用。

由科研院所、科技公司、协（学）会组织、政府相关部门等建设的网站。这类网站数量庞大，且绝大多数为免费开放。广大科技工作者通过浏览与自己专业相关的此类网站，可以了解同行的科研动态、产品、发表的文章等信息，还可以寻找合作伙伴、交流信息等。

2．免费网络图书馆

目前，国内外许多高校图书馆和公共图书馆网站上有许多的免费资源可供检索和利用，国外的一些图书馆提供的资源都是不收费的，只要有因特网，读者都可以方便地获取。图书馆的资源大多来源可靠、质量较高，是非常重要的文献信息源。

3．开放存取资源

开放存取是国际科技界、学术界、出版界、信息传播界为推动科研成果利用网络自由传播而发起的运动。通过新的数字技术和网络化通信，任何人都可以及时、免费、不受任何限制地通过网络获取各类文献，包括经过同行评议过的期刊文章、参考文献、技术报告、学位论文等全文信息，用于科研教育及其他活动。开放存取是免费提供全文的信息服务方式。在开放存取模式下，科研人员不需要通过付费（包括个人订阅或者团体订阅）就能访问学术信息的全文。换言之,只要具备链接因特网的物理条件,科研人员就可以方便地获取学术信息的全文。

4. 利用好搜索引擎

搜索引擎是获取因特网信息的重要工具,它是一个集中了千千万万个站点的地方,主要功能是给人们搜索这些站点。它还会分门别类地把一些好的站点列出来,以方便人们查找资料。针对搜索对象的不同内容,搜索引擎设立有针对性的数据库和索引,门户搜索引擎网站主要针对大众一般性需求,如新闻、娱乐资料。对检索内容比较专业的信息则使用专业搜索引擎,如搜索化学分子式、化合物名称方面的内容,化学深层网络检索引擎(ChemDB Portal)就可以实现用户仅需输入一次查询请求(可以是化合物的名称、分子式、CAS 号、全结构或子结构),该系统就可自动检索网络上的多个专业数据库(包括物化性质、化合物安全数据表 MSDS、供应商等),把从各库检索得到的结果统一返回给用户。搜索引擎可以针对 PDF,Word、RMVB、AVI 等不同格式的文件分别进行检索,可以大大提高检索效率,如 PDF 格式被广泛应用于学术论文的电子化,专门针对此类格式的搜索引擎正在获得大家的青睐。

5. 论坛与博客信息资源

博客、微博、论坛是许多大师、名家、著名人物的思想交流平台,为大家构建了一个良好的学术交流与知识共享氛围。进入网络时代,通过创建学术博客、个人主页等形式参与开放性的学术论坛,进行多元化学术交流的活动越来越广泛,网络学术活动正如雨后春笋般强劲地生长着,网络学术源于信息技术对学术思想活动的渗透,大大延伸和拓展了学术空间,突破了传统学术的局限性,其对学术思想的发展,如在图书情报界,中山大学图书馆馆长程焕文教授的博客竹帛斋,图书情报领域非常著名的图林博客圈也集中了许多该领域的大师和新人,经常会对一些问题提出新的见解和看法。学术性论坛,如"小木虫"会员主要来自国内各大院校、科研院所的博硕士研究生、企业研发人员,这里拥有旺盛的人气、良好的交流氛围及广阔的交流空间,已成为聚集众多科研工作者的学术资源、经验交流平台,内容涵盖化学化工、生物医药、物理、材料、地理、食品、理工、信息、经管等学科,除此之外,还有基金申请、专利标准、留学出国、考研考博、论文投稿、学术求助等实用内容。

7.3.4 学术论文写作的一般过程

1. 选题

选题就是选定论文研究的范围和方向,只有研究有意义的课题,才能获得好的效果,对科学事业和现实生活有益处;而一项毫无意义的研究,即使研究得再好,论文写作得再美,也是没有科学价值的。因此,学术论文选题应包含亟待解决的课题,科学上的新发现、新创造,学科上空白的填补,前人理论的补充等。研究者在选题方面必须下一番工夫,要选择一个好的论文选题,必须进行认真的调研。首先,要确定自己的兴趣爱好,把握自己的兴趣指向；其次，要了解自己的优势和劣势，必须对自己有一个合乎客观实际的评价，充分考虑到自己的优势和专业特长，才能确定出符合自己个性的选题；再次，对选择的课题要做足功课，要了解该课题的研究现状和发展情况、已经取得的成绩和存在的不足、有代表性的论文和著作等。对于前人已研究过的问题或已经被别人证明不再具备科学研究价值的课题，都要坚决摒弃。如果发现该选题前人已作了大量的研究工作，但至今仍是一个有争议的问题，而自己又有不同于前人的看法，或虽与某一家之说相同，但由于自己挖掘出了新的论据资料，那么这个选题仍然具有研究价值，详见 7.3.2。

2．搜集整理材料

达尔文认为："科学就是整理事实，以便从中得出普遍规律或结论。"文献资料是形成学术论文观点和提炼主题的基础，又是支撑观点、表现主题的依托。资料的搜集是如此重要，要写出高质量的学术论文，就必须广泛搜集与课题相关的文献资料，也就是搜集材料要"博览广度，兼收并蓄"。资料的来源有两个方面：一是社会实践和社会调查中获得的直接资料；二是通过检索和查找获取到的间接文献资料。

写学术论文需要以下四个方面的材料。

（1）理论准备和知识准备材料。要进行一项研究工作，必须有必要的专业理论和专业知识。理论是工具和武器，知识和材料都是观点，结论是赖以成立的基础，缺少了它们，科学研究就无法进行。

（2）别人已有的论述材料。这方面的材料要尽量搜集，因为别人已经解决的问题就不必花气力去做劳而无功的事。充分吸收别人已有的经验，了解别人未解决的问题、疑难的焦点等，才能作比较鉴别，使研究少走弯路，使自己在科研方面获得更高、更新的成果。

（3）对立的和有关的材料。一个事物的特点，往往总是在它近似事物的相互影响及对立事物的相互斗争中形成发展起来的。如果缺乏这些映照、比较的材料，那么，所要研究对象本身的面貌特点及作用、意义，也可能因此而显得模糊不清或难以把握、开掘、延伸。

（4）背景和条件材料。这是指一切能够影响研究对象的生成和发展变化的社会背景、历史条件以及主客体方面的精神、物质因素。只有尽可能全面地掌握这些材料，才能更好地把握研究对象的特殊性和普遍性。

对搜集来的文献资料进行比较、鉴别、整理、归类，认清材料的性质，包括资料来源的客观性、作者的资历、出版物的日期和形式、资料水平等，判明材料的真伪、估价材料的意义、掂量材料的作用，舍弃那些非本质的、虚假的、无用的材料，保留那些本质的、真实的、有用的材料，使所占有的材料更好地为表现论文的主题服务。

3．拟定论文提纲

在正式撰写学术论文之前，一般先拟定一个写作提纲，然后按提纲写作。拟定论文提纲，构造论文的基本框架，它是作者对论文的总体设计，是作者思路外部形态的一种体现，是文章整体布局和层次安排的设计图。

提纲的表现形式有两种：标题式提纲和句子式提纲。标题式提纲是用大小标题的形式列出提纲，这种提纲简明扼要，能清晰反映文章的结构和脉络，是最常用的一种形式。句子式提纲是用简明的短句或段落来描述提纲，用一句话来表达每章、每节、每层次的中心内容，这种形式的标题对文章每一部分的意见表述得比较详细。

1）清晰的提纲的作用

（1）可以体现作者的总体思路。提纲是由序码和文字组成的一种逻辑图表，是帮助作者考虑文章全篇逻辑构成的写作设计图，使作者易于掌握论文结构的全局，层次清楚，重点明确，简明扼要，一目了然。

（2）有利于论文前后呼应。有一个提纲，可以帮助我们树立全局观念。从整体出发，在检验每一个部分所处的地位、所起的作用，相互间是否有逻辑联系；每部分所占的篇幅与其在全局中的地位和作用是否相称；各个部分之间的比例是否恰当和谐；每一字、每一句、每一段、每一部分是否都为全局所需要，是否都丝丝入扣、相互配合，成为整体的有机组成部分，都能为展开论题服务。经过这样的考虑和编写，论文的结构才能统一而完整，很好地为表达论文的内容服务。

（3）有利于及时调整，避免大返工。在论文的研究和写作过程中，作者的思维活动是非常活跃的，一些不起眼的材料，从表面看来不相关的材料，经过熟悉和深思，常常会产生新的联想或新的观点，如果不认真编写提纲，动起笔来就会被这种现象所困扰，不得不停下笔来重新思考，甚至推翻重写。这样，不仅增加了工作量，也会极大地影响写作情绪。

2）拟制学术论文写作提纲的要求

（1）提纲不能凭空编造，而是在对材料和主题深入思考研究的基础上，对论文的整体进行全面设计。

（2）写作学术论文要通过拟制提纲，使论文骨架、轮廓视觉化，便于研究全篇文章的论点，材料的组合关系，局部与整体的逻辑构成是否均衡、严谨。

（3）学术论文写作提纲应包括以下项目：标题、基本论点、内容纲要。

（4）拟制提纲的顺序。

① 先拟标题或提示论点，或提示课题。要求直接、具体、醒目。

② 以论点句写出论文基本论点，认真思考这些观点或想法是否与论文的主题相关，舍去不必要的东西。

③ 选择论文构成的基本类型，推敲提纲的结构，确定全篇逻辑构成的骨架。

④ 写出层次与段落的先后顺序，并检查各层次、段落之间的联系是否紧密，过渡是否自然，然后进行客观总体布局的检查。

⑤ 对每一层次小的论述顺序进行"微调"，最终确定论文的提纲。

总之，编写提纲可以保证一篇文章结构合理、层次清晰、前后相符、内容连贯、重点突出、比例协调。提纲的拟定为起草论文提供了基本依据，标志着由论文起草前的准备阶段进入了论文初稿的撰写阶段。

4．撰写初稿

按照写作提纲，围绕主题写出论文的初稿的过程，是整个写作过程中的核心环节，起草前的各项准备工作都是为这一阶段服务的。撰写论文是进行再创造的复杂思维过程，表达方式的选择与使用、段落的组织和衔接以及语言形式的运用，都是这一阶段要妥善处理的问题。完成初稿时，要紧紧围绕提纲，最好是在总体轮廓的基础上，按照提纲的先后顺序，将论文的内容在头脑里一段一段地思考清楚了，然后再执笔来写，一定要认真地写，最好一气呵成。写初稿时不用考虑文体和语法，不需要仔细推敲。

（1）初稿起笔的两种方式。

① 从引言（结论）起笔。就是按照提纲排列的自然顺序来写，先提出问题，明确全文的基本论点，然后再展开，做充分论述和论证，最后归纳总结，做出结论。这样写容易抓住提纲，也与研究的逻辑思维相一致，比较自然、顺畅，写起来较顺手、习惯，易于把握。

② 从正文（本论）起笔。即先写正文、结论部分，再写引言。这样写有两点好处：一是正文所涉及的内容，是作者研究中思考、耗神最多的问题，是作者研究成果的集中反映，从这里入手容易起笔；二是从引言动笔往往难于开篇，从正文入手，是先易后难的有效措施，当写好了正文、结论后，论文大局已定，就可悉心写引言和完成全文了。

（2）起草论文的方法。

① 一气呵成法。无论是从引言起笔，还是从正文入手，均按拟定的提纲，一路写下去，不使思路中断，尽可能快地把头脑中涌现出来的句子用文字表示出来。如果一口气写不完，可选择一个恰当的地方停笔，再动笔时，思路还会衔接、连贯的。待初稿完成后，再仔细推敲、加工修改。

② 分段写成法：即把全文分成若干部分，分段撰写、逐段推进、各个击破。每个部分以写一个分论点或几个小论点为单元，并注意保持各章节内容的相对完整性。每一部分写好后，稍事梳理，就可转入下一段。

5．论文的修改与定稿

人们常说好的文章是改出来的，特别是具有一定学术研究性的文章，是有一定的难度，因此要以严谨的治学态度，不厌其烦地反复修改，才能保证论文的质量。论文的初稿写成之后，还要再三推敲，反复修改，这是提高论文质量和写作能力的重要环节。"文章不厌百回改"，因此，必须认真重视论文的修改。对论文初稿进行修改的主要任务是：斟酌论点、检查论证、调整结构、推敲文字，这期间要有耐心、细心的精益求精的精神。初稿完成后，最好先放在一边，过一段时间再审查初稿的科学性，往往会有新的感受。在论文定稿之前，首先要多读几遍论文，发现论文中存在的问题并对这些问题加以修改；也可以请专业人士阅读，发现论文中存在的问题。

论文的修改主要包括以下方面的内容。

（1）修改观点。观点是论文的重要组成部分。如果观点不明晰或论据说明的是另外的论点，那么文章中的观点就要进行调整。观点的修改一般只能是微调，如果全部否定观点的话，文章就要重新撰写。观点的修改，既包括对论点的增加或删减，也包括对观点的订正，但无论是哪一方面，都要使文章显得论点突出、明了。

（2）增删材料。增删材料是检查论文中的材料是否清楚地说明了观点。材料是为观点服务的。如果材料不足以说明观点，就必须增加材料；如果材料过多，使文章显得繁琐、累赘，就必须删减材料；如果发现有更好的材料可以说明观点，就必须更换或增加材料。总之，材料必须不多不少、恰到好处地说明观点。

（3）调整结论。文章的结论要能简要反映全文的内容。如果文章的结论不能准确反映文章的内容，或文章的结论不足以反映文章的内容，则结论同样要进行调整，使之客观地、完整地反映出研究的成果。

（4）锤炼字句、润色文字。修改的另一个重要方面是锤炼字句、润色文字。写作过程中不可避免地会出现一些病句或重复啰嗦的语句，通过修改能避免这些错误的出现。此外，改正错别字、更换一些更好的词语也是修改过程中的工作。论文经过反复修改润色后就可以最后定稿了，定稿时要重写题目和摘要。

（5）调整格式。论文内容的修改完成后，应对格式进行仔细修改。按照论文写作规范或期刊投稿的相应要求，对题目、署名、摘要、关键词、正文、参考文献做出相应调整，对文中的图表、公式等也要按照要求进行修改，检查文中有无错别字、标点用法是否准确无误。

论文经过多次阅读、反复修改后，达到主题明确、结构合理、逻辑清晰、论证充分、表述准确、格式规范等要求，就可以定稿了。

7.3.5　学术论文写作格式

学术论文的结构形式具有一定的规律性，形成了一套独特的结构程序，因而相关结构可为之制定相关标准，对科技论文结构进行规范，并提供给广大科技工作者、文献编辑机构或其他相关人员用作参考。

关于科技论文的写作标准，可参考下列标准文献。

（1）国际标准化组织 ISO 的《文献工作——科学报告编写格式》（1983 年）。

（2）我国国家标准：《科学技术报告、学位论文的编写格式》（GB7713—87）、《文摘编写规则》（GB6447—86）、《文后参考文献著录规则》（GB/T 7714—2005 代替了GB/T7714—87）。

一般的学术论文一般只包括八个部分，如图 7-21 所示。

国家标准《科学技术报告、学位论文的编写格式》（GB7713—87）规定的科学技术报告、学位论文和学术论文的编写格式，指明报告与论文由前置部分和主体部分两大部分构成，结构较为完整、规范、复杂，如图 7-22 所示。

前置部分 ┤
题名
论文作者
关键词
摘要

主体部分 ┤
引言
正文
结论
参考文献

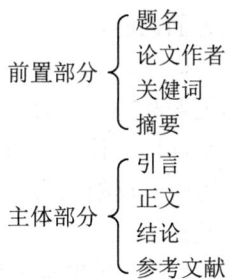

图 7-21　学术论文的一般构成

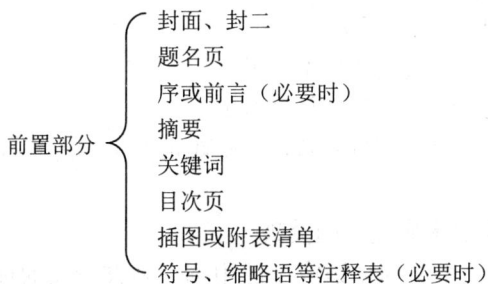

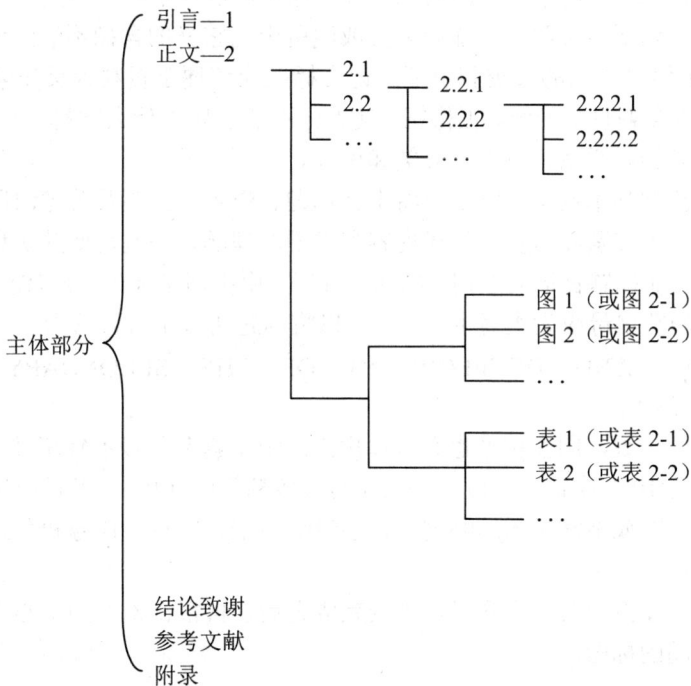

前置部分 ┤
封面、封二
题名页
序或前言（必要时）
摘要
关键词
目次页
插图或附表清单
符号、缩略语等注释表（必要时）

主体部分 ┤
引言—1
正文—2

2.1
2.2
…

2.2.1
2.2.2
…

2.2.2.1
2.2.2.2
…

图 1（或图 2-1）
图 2（或图 2-2）
…

表 1（或表 2-1）
表 2（或表 2-2）
…

结论致谢
参考文献
附录

图 7-22　报告与学术论文的构成

学术论文的格式主要包括以下几方面内容。

1. 题名

题名又称标题，用来揭示文章的主题和中心内容，是文章内容的高度概括。它用最简明的文字告诉读者文章要阐明的是什么问题，使人一目了然，并具有强烈的吸引力。国家标准规定：题名是以最恰当、最简明的词语反映报告、论文中最重要的特定内容的逻辑组合。按此规定拟定标题，应注意以下几点。

（1）要准确地表达出文章的主要内容，实事求是地反映出研究的范围与本研究所达到的深度。例如：

题名1："某些高强度高温合金、不锈钢、钛合金、铝合金、镁合金，以及纤维增强复合材料的疲劳强度的研究"（太繁琐，无重点）

题名2："合金疲劳强度的测定"（太笼统且不对题）

题名3："某些航天合金材料的疲劳强度研究"（好）

当一个标题过长或语义未尽时，可加副标题说明，一般可在主标题一行用"——"（破折号）引出。例如

数理战术学——公理化方法在战术研究中的突破

（2）语言要精确，要避免含糊不清的词语或广泛用词。科技论文的标题必须使用精练的词语、精练的句式，从而高度概括地表述出论文的深刻内涵。例如"谈一谈……"、"对……的粗浅认识"、"对……的新研究"等，都不是也都不应是科技论文的标题所使用的语言。另外，标题要语义明确，那些多义或能引申为它义的含糊不清的词语应该杜绝。

（3）要便于信息检索的分类和引证。论文标题应该便于资料人员作索引分类和读者查找引证。有的论文题目很笼统、很模糊，使人分不清它属于什么学科。如碰到这种情况，就应加一个副题名加以说明，以便于分类和引证。

另外，必须注意学术论文通常要求将中文标题、作者、摘要及关键词译为英文，它涉及到英文基本功、中文素养以及对论述内容和术语的理解，关键是要贴切和简练。英文标题写法，除介词和非标题首词的冠词（如 the、a 等）用小写字体外，其余的名词、形容词、动词、动名词等的首字母应为大写字体。也可以将标题所有字母皆写为大写字体，如 THE ESTABLISHMENT AND DEVELOPMENT OF THE SECONDARY DOCUMENT SYSTEMSLN CNINA。

对论文题名的字数，国家标准也有具体规定：中文题名一般不宜超过 20 个字，外文题名一般不宜超过 10 个实词或 100 个书写符号（包括间隔在内）。题目中尽量不用标点符号，不用未被公认的或不常见的缩略词、首字母缩写字、字符、代号和公式。此外，题目应是一个短语而不是一个句子。

在拟题时，可先拟出若干个题目，论文完成之后，再根据论文的中心内容推敲，选出最能表达文章主题的标题。

2. 署名

国家标准关于署名，作了如下规定：在封面和题名页上或学术论文的正文前署名的个

人作者，只限于那些对于选定研究课题和制订研究方案、直接参加全部或主要部分研究工作并作出主要贡献，以及参加撰写论文并能对内容负责的人，按其贡献大小排列名次。至于参加部分工作的合作者、按研究计划分工负责具体小项的工作者、某一项测试的承担者以及接受委托进行分析检验和观察的辅助人员，均不列入，这些人可以作为参加工作的人员一一列入致谢部分或排于脚注。这样，就将署名的范围作了严格的区分。

署名作者应该用真实姓名，而不用笔名。当多个作者共同署名时，以贡献大小排列，执笔者通常排在首位。

署名的作用在肯定成果的归属、便于读者与作者联系的同时，也明确了作者对作品的责任，即文责自负——如果论文有学术价值，可以得到相应的奖励，当然，如果造成不良的影响，也要由作者来承担责任。

3．摘要

国际标准化组织 ISO 对摘要的定义：不加注释和评论，对文献内容的精确和扼要的表达。我国国家标准规定，摘要是报告、论文的内容不加注释和评论的简短陈述。就研究内容而言，摘要可分两大类：一类属于报道性摘要，不但包括主要论据、结论，而且还要简要介绍主要方法和结果；另一类属于指示性摘要，只简要叙述所做的工作和取得的成果，而不涉及具体方法和结果。

摘要内容包括研究目的、研究对象、研究方法、研究结果、所得结论、结论的适应范围及意义等六项内容。其中，研究对象与研究结果是每篇摘要必不可缺的内容，其他可按论文的具体内容灵活处理。编写摘要时应注意以下几点。

（1）简练准确，以少量字数简练准确地将论文主要内容概括出来，要求高度浓缩。摘要字数一般不超过正文字数的 3%～5%。例如一篇 5 000 字的论文，摘要以 200～300 个字为宜。

（2）相对完整和独立，即无须阅读正文就能揭示论文最本质的要义，使读者判定有无必要去阅读全文。

（3）客观陈述，摘要避免用第一人称主观语气，而应采用第三人称的客观语气阐述，不对论文观点进行评价，更不能自封"世界首创"、"达到了国际最高水平"等，切忌夸张和广告式宣传。

下面，举几例科技论文的摘要供读者参考。

例一，《基于 CSSCI 数据的知识管理研究可视化分析》一文的摘要：

"以维普资讯数据库中 CSSCI 收录文献作为数据来源，综合运用文献计量分析、知识图谱分析、引文分析研究了知识管理领域的科研态势。文献计量学分析得到知识管理领域文献的年载文量、重要来源期刊、多产机构等，利用 VOSViewer 对知识管理领域的关键词聚类分析得到知识管理领域的热点研究主题及研究热点的趋势变化，引文分析得到知识管理领域的高频引用文献和知识扩散状况"。

例二，《金属离子在煤生物转化过程中的激活作用研究》一文的摘要：

"研究了 5 种外源性金属离子对液相和固相培养的煤生物转化率的影响。在 5 种金属离子对酶活性的影响上，真菌和细菌表现出了不同的金属离子敏感性，大多数金属离子对真菌有激活作用，其中 Mn2+在本实验条件下，对真菌 A 有最好的激活作用，生物转化率提高了 120%；Zn2+将真菌 B 的生物转化率从 8%提高到 29%，提高了 263%；Fe3+对细菌的溶煤作用有较好的促进效果，生物转化率提高 184%。研究结果表明，细菌转化液总的蛋白含量与金属离子对煤转化率的影响趋势是正相关的。"

（4）语法规范。摘要中第一句话的注语，如"本文"、"作者"等词可以省略。对于英文摘要（Abstract）的编写实质上是一个汉译英的问题。英文摘要与中文摘要基本一致，但不能笼统地理解为英文词语与中文摘要一一对应或相符，而应使英文本意与中文标题原意相符，做到"信、达、雅"。同时，编写时要注意英文摘要的完整和独立性。中文摘要即使不太完整，读者也可借助于阅读正文或参考文献加以弥补，而英文读者则要完全依赖于英文摘要。

4．关键词

国家标准规定：关键词是为了文献标引工作从报告、论文中选取出来用以表示全文主题内容信息款目的单词或术语。关键词是从论文中提炼出来的，最能反映论文的主要内容，在同一论文中出现的次数最多，一般在论文的题目及摘要中都出现，可为编制主题索引和检索系统使用。

又规定：每篇报告、论文选取 3～8 个词作为关键词，以显著的字符另起一行，排在摘要的左下方。如有可能，尽量用《汉语主题词表》等词表提供的规范词。

例如，《钢-混凝土组合剪力墙抗震研究与发展》一文中，可抽选出 4 个关键词：钢-混凝土组合结构、多重组合剪力墙、抗震研究、工程应用。又如，《基于需求的高校图书馆 2.0 个性化信息服务模式研究》一文中，可抽选出 4 个关键词：图书馆 2.0、信息服务模式、用户需求、高校图书馆。

关键词是论文信息最为高度的概括，是论文主旨的概括体现。因此，选择关键词必须准确恰当，必须真正反映论文的主旨。选择不当就会影响读者对论文的理解，也影响检索效果。

编写关键词的注意事项如下。

（1）使用较定型的名词，多是单词和词组，原形而非缩略语。

（2）无检索价值的词语不能作为关键词，如技术、应用、观察、调查等。

（3）化学分子式不可作为关键词。

（4）未被普遍采用或在文中未出现的缩写词、未被专业公认的缩写词不能作为关键词。

（5）论文中提到的常规技术、内容为大家所熟知也未加探讨和改进的不能作为关键词。

（6）关于英文关键词：中英文关键词相互对应，数量完全一致，且应尽量符合《汉语主题词表》。从词表中可以找到英汉对照的关键词，把此主题词当作关键词使用；如果没有，则需自译。

5. 引言

国家标准规定：引言（或绪论）简要说明研究工作的目的、范围、相关领域的前人工作和知识空白、理论基础和分析、研究设想、研究方法和实验设计、预期结果和意义等。要言简意赅，不要与摘要的内容雷同，不要成为摘要的注释。

撰写引言时应注意以下几点。

（1）按国家标准规定，引言的内容主要是提示内容。所以，引言的写作必须提示写作意图、论题的中心或带有结论性的观点等，以之告诉读者这篇论文的写作目的、作者的论题以及其基本观点。

（2）引言的写作应具有一定的启发性，以开拓读者的思路。

（3）论文要想有社会效益，就要进行交流，交流就要有对象，而对象（即读者）的知识结构、心理素质都有所不同，所以著者有针对性地运用思维科学、心理学，从引言入手将读者吸引到论文中来，提高阅读兴趣，这就是所谓的酝酿情绪。

6. 正文

正文即论证部分，是论文的核心部分。论文的论点、论据和论证都在这里阐述，因此它要占主要篇幅。由于论文作者的研究工作涉及的学科、选题、研究对象和研究方法、工作进程、结果表达方式等差异很大，所以，对正文要写的内容不能作统一规定。但是，总的思路和结构安排应当符合"提出论点，通过论据（事实和（或）数据）来对论点加以论证"这一共同的要求。正文的立意就是把论文的主题思想在正文部分确立起来，正文的谋篇就是要安排好正文的结构，选择好正文的材料，以充分而有效地表达论文的主题。

国家标准规定，正文的内容可包括调查对象、实验和观测方法、仪器设备、材料原料、实验和观测结果、计算方法和编程原理、数据资料、经过加工整理的图表、形成的论点和导出的结论等。同时对正文写作的要求提出了如下几点：必须实事求是、客观真切、准确完备、合乎逻辑、层次分明、简练可读。另外，比较重点明确地规定了图、表的绘制要求以及数学、物理和化学式、计量单位、符号和缩略词的使用注意事项。

由于实验型、理论型论文的研究对象和方法不同，正文撰写的方式也不同。这里重点介绍实验型和理论型两种论文的写法。实验型论文的结构为：实验——分析——结论；理论型论文的结构为：理论——推理——结论。前者用的是归纳法，后者用的是演绎法。

（1）实验型论文。该种论文由于"结论"一般单独设一节，因此实验型论文的正文主要包括两部分：实验装置、方法和过程，实验结果及分析。

实验所用装置、仪器、材料、实验条件需要说明，必要时应给出实验装置的结构示意图，但不宜叙述得过于繁琐。实验方法和过程描述不必面面俱到，如果是采用别人的方法，需要注明。

叙述实验过程，一般按照实验进行的前后顺序来写，也可按照作者的认识过程从感性认识到理性认识的逻辑顺序来安排。实验过程叙述不宜插入实验结果和结论，否则容易造成层次不清。实验过程有成功，也有失败。一般论文中只写成功的一方面，但有必要时，也可以写失败的过程，从反面论证自己的论点。

实验结果和分析是论文的价值所在，是论文的关键部分。它包括给出结果，并对结果进行定量或定性的分析。

写作要点是：以绘图和（或）列表（必要时）等手段整理实验结果，通过数理统计和误差分析说明结果的可靠性、再现性和普遍性，进行实验结果与理论计算结果的比较，说明结果的适用对象和范围，分析不符合预见的现象和数据，检验理论分析的正确性等。

给出实验结果时应尽量避免把所有数据和盘托出，而要对数据进行整理，并采用合适的表达形式，如插图或表格等。在整理数据时，不能只选取符合自己预料的而随意舍去与自己料想不符或相反的数据。有些结果异常，尽管无法解释，也不要轻易舍去，可以加以说明；只有找到确凿证据足以说明它们确属错误之后才能剔除。

另外，实验装置、方法、过程和结果的描述应为实验的再现性提供足够的条件和可能。

（2）理论型论文。有些学术论文的结论并非是由实验得到的，而是由定律、定理或理论经逻辑推理而得来的。即根据定律、定理或理论，用演绎思维得出的结论。

例如，数学上的定理及其证明常见的格式为：根据已有的公理、定理，经推理证明求得新的定理。在此过程中，一个较复杂的定理待证明之前，尚需引入一些术语定义、引理等，根据已有定理由浅入深地证明引理之后，再用这些引理来证明定理。

这类论文总的格式为：提出问题——分析问题——解决问题。正文重点在于分析问题这一部分。

由于具体研究对象的复杂性和千差万别，正文写作没有固定的规律可循，但以下几点要引起注意。

① 正文中许多由统计、观察、实验得到的材料可以用图表来表示，图表要有自明性，即只看图表、图表标题、图例及表注就可以明白其所表达的意思。

② 正文中所使用的数学计算公式要居中排列，并尽可能在等号处换行。公式要有编号。

③ 正文中若要使用缩略语，则第一次必须要用全称，并注明"以下用简称"。

④ 正文中的数字在以下两种情况下使用汉字：一是数字用作词语，如第一定律、二元方程；二是连用的两个数字，如三五天、二三米等，其他用作计量、计数和表示公历年、月、日、年代等时要使用阿拉伯数字。

⑤ 正文的用语要准确、简明和严谨。例如，"基本上"、"全部"、"很好"、数字前后的"近"、"约"、"左右"要慎重使用；"大概"、"可能"、"众所周知"、"可想而知"尽量不用；反映成果水平时，不能言过其实；不能用夸张和奇特的比喻等。

正文写作时主要注意下列两点。

① 抓住基本观点。正文部分乃至整篇论文总是以作者的基本观点为轴线，要用材料（事实或数据）说明观点，形成材料与观点的统一。观点不是作者头脑里固有的或主观臆造的，正确的观点来自客观实际，来自对反映客观事物（如研究对象）特征的材料（如实验结果）的归纳、概括和总结。在基本观点上，对新发现的问题要详尽分析和阐述，否则不能深入，也要严密论证，否则得不出正确的、有价值的结论，说服不了读者，更不会为读者所接受。而对一般性的问题只需作简明扼要的叙述，对与基本观点不相干的问题则完全不要费笔墨。

② 注重准确性，即科学性。对科学技术论文要特别强调科学性，要贯穿在论文始终，正文部分对科学性的要求则更加突出。写作中要坚持实事求是的原则，绝不能弄虚作假，也不能粗心大意。数据的采集、记录、整理、表达等都不应出现技术性错误。叙述事实，介绍情况，分析、论证和讨论问题时，遣词造句要准确，避免含混不清、模棱两可、词不达意。给出的式子、数据、图表以及文字、符号等都要准确无误，不能出现任何细小的疏漏。

7. 结论

学术论文的末尾，一般要有总结性的文字，称"结论"或"结语"、"结束语"。它是在理论分析和实验验证的基础上，通过严密的逻辑推理而得出的富有创造性、指导性、经验性的结果描述。它又以自身的条理性、明确性、客观性反映了论文或研究成果的价值。结论与引言相呼应，同摘要一样，撰写结论的目的：一是便于读者查阅文献时节省时间，当读者看了论文的题目、摘要，读完结论时，就可以决定是否再阅读全文；二是便于读者做笔记或卡片；三是有利于文摘专业工作者撰写摘要。结论和摘要性质类似，一些内容较简单的论文，可以取消这一节，以免与摘要重复。有的论文得不出明确的结论，可以在前述一节的讨论中对实验结果做出总结，而取消结论一节。

8. 致谢

致谢是学位论文中的一部分，一般的科技论文中不出现。致谢部分需要提及经费资助的来源、在工作中给过帮助的人或撰写报告时给予帮助的人，分别依据贡献大小加以说明，礼貌表现对被感谢人可以冠以专业技术职务（职称）。

致谢方式：专列"致谢"项，置于正文之后、参考文献之前；在论文首页下加"注"，简短的词语对有关单位或个人表示感谢。

9. 参考文献

科学有继承性。研究成果绝大部分是前人工作的发展和继续，所以科技论文多数引用参考文献。在论文的最后列出参考文献，其目的有四个：一是便于查阅原始资料中的有关内容；二是有利于缩短论文的篇幅；三是表明论文有其真实的科学依据；四是尊重他人的劳动成果。

列出参考文献的范围，应以公开发表过的、作者真正参阅过的、与论文密切相关的或直接引用的为限，未发表过的论文、试验报告、内部资料等不宜列入。

论文中参考文献的著录方法，国际上流行的有很多种，而我国国家标准《GB7714—2005 文后参考文献著录规则》中规定采用"顺序编码制"和"著者—出版年制"两种。其中，顺序编码制为我国科学技术期刊所普遍采用，所以这里只介绍这一种。

（1）顺序编码制。顺序编码制是按文章正文部分引用的文献出现的先后顺序连续编码，并将序号置于方括号中，视具体情况把序码作为上角标或者作为语句的组成部分。例如：

（引言开始）笔者在文献[1]中，在 Richard S. Crandall[2]和 Porponth Sichanugrist[3]等人工作的基础上，用平均场区域近似方法，对 p-i-n a-Si: H 薄膜太阳电池进行了解析分桥，得到了填充因子 FF 等性能参数与电池结构参数的关系。本文中则继续研究电池性能参数与本征层光学带隙 Eg 及电子迁移率 n 的关系。

这里，[2]和[3]作为脚注，用了上角标形式表示，而[1]是语句的组成部分，就未写成角标。

（2）文后参考文献表的编写格式。采用顺序编码制时，在文后参考文献表中，各条文献按在论文中的文献序号顺序排列，项目应完整，内容应准确，各个项目的次序和著录符号应符合规定（请注意：参考文献表中各著录项之间的符号是"著录符号"，而不是书面汉语或其他语言的"标点符号"，所以不要用标点符号的概念去理解）。

我国国家标准《GB7714—2005 文后参考文献著录规则》规定，论文著者应用以下文献类型标示码，将自己引用的各种参考文献的类型及载体类型标示出来。参考文献的类型用大写字母来代表：

[M]图书专著　　　　[C]论文集　　　　　[N]报纸
[J]期刊　　　　　　[D]学位论文　　　　[R]报告
[S]标准　　　　　　[P]专利
[Z]其他未说明的文献
[A]专著、论文集中的析出文献
① 专著
序号　著者. 书名[文献类型标志]. 版本. 出版地：出版者，出版年. 文献数量（选择项）.

示例：
[1]余敏. 出版集团研究[M]. 北京：中国书籍出版社，2001：179-193.
[2]昂温 G，昂温 PS. 外国出版史[M]. 陈生铮，译. 北京：中国书籍出版社，1988.
② 论文集中析出的文献
序号　作者. 题名[文献类型标志]. //编者. 文集名. 出版地：出版者，出版年. 在原文献中的位置。

示例：

[1]程根伟．1998 年长江洪水的成因与减灾对策[M]//许厚泽，赵其国．长江流域洪涝灾害与科技对策．北京：科学出版社，1999：32-36.

③　期刊中析出的文献

序号　作者．题名[文献类型标志]．刊名，年，卷（期）：在原文献中的位置.

示例：

[1]沈丽宁．企业协同知识管理框架构建与策略研究[J]．情报理论与实践，2007（06）：833-836.

[2] Leonard J. Ponzi. The intellectual structure and interdisciplinary breadth of Knowledge Management: A bibliometric study of its early stage of development[J]. Scientometrics，2002(2): 259-272.

④　报纸中析出的文献

序号　作者．题名[文献类型标志]．报纸名，年—月—日（版块）.

示例：

[1]丁文祥．数字革命与竞争国际化[N]．中国青年报，2000-11-20（15）.

⑤　专利文献

序号　专利申请者．专利题名．专利国别，专利号[文献类型标志]．公告日或公开日.

示例：

[1]刘加林．多功能一次性压舌板．中国，92214985.2[P]．1993-04-14.

⑥　科技报告

序号　报告作者．题名，编号[文献类型标志]．出版者，出版年.

示例：

[1]U. S.Department of Transportation Federal Highway Administration. Guidelines for bandling excavated acid-producing materials, PB 91-194001[R]. Springfield: U. S. Department of Commerce National Information Service, 1990.

⑦　学位论文

序号　作者．题名[文献类型标志]．所在地：学位授予单位，年份.

示例：

[1]闵昌华．中文管理学期刊互引网络分析研究[D]．重庆：重庆大学，2012.

⑧　电子文献

序号　作者．题名：其他题名信息[文献类型标志/文献载体标志]．出版地：出版者，出版年（更新或修改日期）[引用日期]．获取和访问路径.

示例：

[1]Online Computer Library Center, Inc. History of OCLC [EB/OL]. [2000-01-08]. http://www.oclc.org/about/history/default.htm.

10. 附录

附录是论文的附件，不是必要组成部分。它在不增加文献正文部分的篇幅和不影响正文主体内容叙述连贯性的前提下，向读者提供论文中部分内容的详尽推导、演算、证明、仪器、装备或解释、说明，以及提供有关数据、曲线照片或其他辅助资料，如计算机的框图和程序软件等。

思考题

1. 为什么要进行文献信息的鉴别？文献信息分析的方法有哪些？

2. 用文献计量法对本专业近 5 年来的期刊、博士硕士论文进行检索分析，尝试发现本专业的发展趋势和热点问题。

3. 在利用网络信息资源时，要注意哪些问题？

4. 文献管理软件有哪些作用？试使用一种文献管理软件说明其主要功能。

5. 学术论文的类型有哪些？它的格式一般包括哪些部分？

6. 选择一个与自己专业相关的或感兴趣的题目，按规范撰写一篇学术论文。

参 考 文 献

[1] 张厚生，袁曦临. 信息素养[M]. 南京：东南大学出版社，2007.

[2] 唐曙南. 大学生信息素养研究[M]. 合肥：安徽大学出版社，2011.

[3] 秦殿启. 文献检索与信息素养教育[M]. 南京：南京大学出版社，2008.

[4] 邰峻，张利平. 信息素养与计算机信息检索[M]. 北京：航空航天大学出版社，2011.

[5] 高俊宽. 信息检索[M]. 合肥：合肥工业大学出版社，2011.

[6] 郑瑜，魏毅. 信息检索教程[M]. 北京：人民邮电出版社，2012.

[7] 邹广严，王红兵. 信息检索与利用[M]. 北京：科学出版社，2012.

[8] 李卫星，何飞. 现代信息素养与文献检索[M]. 武汉：湖北人民出版社，2010.

[9] 姚建东，张桂英，王翠茹. 信息素养教育[M]. 北京：清华大学出版社，2009.

[10] 陈泉. 网络信息资源检索与利用[M]. 北京：清华大学出版社，2010.

[11] 燕今伟，刘霞. 信息素质教程[M]. 武汉：武汉大学出版社，2008.

[12] 高祀亮，顾海明. 人文社科信息检索[M]. 北京：社会科学文献出版社，2010.

[13] 杜国芳，孙立娟. 信息检索[M]. 大连：大连理工大学出版社，2012.

[14] 陆和建，杨栎，王春君，等. 信息检索[M]. 合肥：安徽大学出版社 2011.

[15] 何燕，何天云. 信息检索教程[M]. 北京：人民邮电出版社，2011.

[16] 刘双魁. 信息检索与利用[M]. 南京：东南大学出版社，2010.

[17] 马文峰. 信息检索教程[M]. 北京：国家图书馆出版社，2009.

[18] 田质兵，薛娟，周同. 科技情报检索[M]. 北京：清华大学出版社，2010.

[19] 陈氢，陈梅花. 信息检索与利用[M]. 北京：清华大学出版社，2012.

[20] 程发良，陈伟. 信息资源检索与利用[M]. 北京：国防工业出版社，2011.

[21] 吴长江. 现代信息资源检索案例化教程[M]. 武汉：华中科技大学出版社，2011.

[22] 于双成，等. 科技信息检索与利用[M]. 北京：清华大学出版社，2012.

[23] 都平平. 建筑与土木工程信息检索[M]. 南京：东南大学出版社，2006.

[24] 董素音，蔡莉静. 机电信息检索与利用[M]. 北京：海洋出版社，2008.

[25] 孙济庆，高祀亮，等. 新编化学化工信息检索[M]. 上海：华东理工大学出版社，2010.

[26] 张翠梅，周激. 化学化工文献与信息检索[M]. 第2版. 北京：国防工业出版社，2008.

[27] 余向春. 化学化工信息检索与利用[M]. 第3版. 大连：大连理工大学出版社，2008.

[28] 曹彩英，左惠凯. 化学化工信息检索与利用[M]. 北京：海洋出版社，2008.

[29] 潘卫. 材料与能源信息检索[M]. 北京：科学出版社，2007.

[30] 王胜利，袁锡宏. 经济信息检索与利用[M]. 北京：海洋出版社，2008.

[31] 于丽英，罗伟．法律文献检索教程[M]．北京：清华大学出版社，2008．

[32] 林燕平．法律文献检索：方法、技巧和策略[M]．上海：上海人民出版社，2004．

[33] 张树忠，黄继东．信息检索与利用[M]．南京：东南大学出版社，2012．

[34] 许福运．信息检索理论与创新[M]．北京：高等教育出版社，2012．

[35] 国际知识产权局专利审查协作中心．利用搜索引擎检索现有技术[M]．北京：知识产权出版社，2011．

[36] 徐军玲．实用科技信息检索与利用[M]．上海：复旦大学出版社，2011．

[37] 吕建新，陈兰杰，李哲．网络信息检索[M]．北京：煤炭工业出版社，2011．

[38] 李武．开放存取的两种实现途径研究：OA 期刊和 OA 知识库[M]．上海：上海交通大学出版社，2012．

[39] 吴六爱，李霞，等．计算机信息检索教程[M]．兰州：甘肃人民出版社，2006．

[40] 闫瑜．大学生信息检索与论文写作[M]．哈尔滨：哈尔滨工程大学出版社，2010．

[41] 里红杰，陶学恒．文献检索与科技论文写作[M]．北京：中国计量出版社，2011．

[42] 戚敏，梁晓天．数字资源检索方法与实践（理工版）[M]．武汉：华中科技大学出版社，2011．

[43] 刘允斌，张英敏．信息检索简明教程[M]．沈阳：辽海出版社，2008．

[44] 查先进．信息分析[M]．武汉：武汉大学出版社，2011．

[45] 王伟军，蔡国沛．信息分析方法与应用[M]．北京：北京交通大学出版社，2010．

[46] 张文德．信息检索[M]．福州：福建科学技术出版社，2007．

[47] 谢德体．信息检索与分析利用[M]．北京：清华大学出版社，2009．

[48] 王莹，谢百治，李冰．大学生信息素养培养模式及实施途径研究[J]．电化教育研究，2008（4）：29-32．

[49] 周妍．数字图书馆与大学生信息素养的培养[J]．内蒙古科技与经济，2012（18）：86-87．

[50] 煤炭数字图书馆暨安全生产数字图书馆简介[EB/OL]．（2012-02-24）[2013.2.21].http://www.coallib.com.

[51] 矿业工程数字图书馆[EB/OL]．[2013.2.21].http://202.200.60.102/bookhtm.

[52] 中国矿业大学矿业工程数据库详细介绍[EB/OL]．[2013.2.21].http://121.248.104.154/tpi_4/sysasp/include/detail.html.

[53] 科技文献简介[EB/OL]．[2013.2.22].http://g.wanfangdata.com.cn/ResourceDescription/Science.aspx.

[54] 世界数据中心（WDC）中国学科中心数据共享进展[EB/OL]．（2011-03-22）[2013-03-11].http://wenku.baidu.com/view/e9165c01b52acfc789ebc9d6.html.

[55] 戴爱德．中国地质科学数据网建设进展[EB/OL]．（2012-04-01）[2013-03-11]. http://wenku.baidu.com/view/000011d676eeaeaad0f33006.html.

[56] 中国地质大学图书馆．GeoRef[EB/OL]．

[2013-03-11].http://www.lib.cug.edu.cn/webs/notice_getCataNews?cataid=56&id=287.

[57] 中国建筑文化遗产数据库介绍[EB/OL].

[2013-03-22].http://www.lib.tju.edu.cn/n17397/n17496/n17829/20699.html.

[58] 清华大学图书馆数据库介绍[EB/OL].

[2013-04-20].http://nav.lib.tsinghua.edu.cn:88/xport/dbdh.htm.

[59] 西安交通大学图书馆外文数据库简介[EB/OL].

[2013-04-26].http://nav.lib.xjtu.edu.cn/database/index.do.

[60] 百度百科[EB/OL]. [2013-04-26].http://baike.baidu.com.

[61] NoteFirst 帮助信息[EB/OL].

[2013-03-17].http://www.notefirst.com/faq/default.aspx?id=0px&faq.

[62] NoteExpress2.0 版本帮助信息[EB/OL].

[2013-03-20].http://www.reflib.org/wiki/index.php/%E9%A6%96%E9%A1%B5.

[63] CNKI E-Learning 帮助信息[EB/OL].

[2013-03-22].http://elib.cnki.net/grid2008/Help/AssistDocument/032/html/main.htm.

[64] EndNote 帮助信息[EB/OL].

[2013-03-28].http://www.myendnoteweb.com/help/zh_cn/ENW/help.htm.

[65] RefWorks 帮助信息[EB/OL].

[2013-04-10].http://www.refworks.com/cn/faqs.asp?l=chinese_simp.

附 录

中国图书馆分类法简表（第五版）

基 本 部 类	基 本 大 类	简表（二级类）	
马克思主义、列宁主义、毛泽东思想	A 马克思主义、列宁主义、毛泽东思想、邓小平理论	A1 马克思、恩格斯著作 A2 列宁著作 A3 斯大林著作 A4 毛泽东著作 A49 邓小平著作 A5 马克思、恩格斯、列宁、斯大林、毛泽东、邓小平著作汇编	A7 马克思、恩格斯、列宁、斯大林、毛泽东、邓小平生平和传记 A8 马克思主义、列宁主义、毛泽东思想、邓小平理论的学习和研究
哲学	B 哲学、宗教	B0 哲学理论 B1 世界哲学 B2 中国哲学 B3 亚洲哲学 B4 非洲哲学 B5 欧洲哲学 B6 大洋洲哲学	B7 美洲哲学 B80 思维科学 B81 逻辑学（论理学） B82 伦理学（道德学） B83 美学 B84 心理学 B9 宗教
社会科学	C 社会科学总论	C0 社会科学理论与方法论 C1 社会科学概况、现状、进展 C2 社会科学机构、团体、会议 C3 社会科学研究方法 C4 社会科学教育与普及 C5 社会科学丛书、文集、连续性出版物 C6 社会科学参考工具书 [C7]社会科学文献检索工具书	C79 非书资料、视听资料 C8 统计学 C91 社会学 C92 人口学 C93 管理学 [C94] 系统科学 C95 民族学、文化人类学 C96 人才学 C97 劳动科学
	D 政治、法律	D0 政治学、政治理论 D1 国际共产主义运动 D2 中国共产党 D33/37 各国共产党 D4 工人、农民、青年、妇女运动与组织 D5 世界政治	D6 中国政治 D73/77 各国政治 D8 外交、国际关系 DF 法律

续表

基 本 部 类	基 本 大 类	简表（二级类）	
社会科学	E 军事	E0 军事理论 E1 世界军事 E2 中国军事 E3/7 各国军事	E8 战略学、战役学、战术学 E9 军事技术 E99 军事地形学、军事地理学
	F 经济	F0 经济学 F1 世界各国经济概况、经济史、经济地理 F2 经济管理 F3 农业经济 F4 工业经济	F49 信息产业经济 F5 交通运输经济 F59 旅游经济 F6 邮电通信经济 F7 贸易经济 F8 财政、金融
	G 文化、科学、教育、体育	G0 文化理论 G1 世界各国文化与文化事业 G2 信息与知识传播	G3 科学、科学研究 G4 教育 G8 体育
	H 语言、文字	H0 语言学 H1 汉语 H2 中国少数民族语言 H3 常用外国语 H4 汉藏语系 H5 阿尔泰语系（突厥—蒙古—通古斯语系） H61 南亚语系（澳斯特罗—亚细亚语系） H62 南印语系（达罗毗荼语系、德拉维达语系） H63 南岛语系（马来亚—波利尼西亚语系） H64 东北亚诸语言	H65 高加索语系（伊比利亚—高加索语系） H66 乌拉尔语系（芬兰—乌戈尔语系） H67 闪—含语系（阿非罗—亚细亚语系） H7 印欧语系 H81 非洲诸语言 H83 美洲诸语言 H84 大洋洲诸语言 H9 国际辅助语
	I 文学	I0 文学理论 I1 世界文学	I2 中国文学 I3/7 各国文学
	J 艺术	J0 艺术理论 J1 世界各国艺术概况 J19 专题艺术与现代边缘艺术 J2 绘画 J29 书法、篆刻 J3 雕塑 J4 摄影艺术	J5 工艺美术 [J59] 建筑艺术 J6 音乐 J7 舞蹈 J8 戏剧、曲艺、杂技艺术 J9 电影、电视艺术

续表

基 本 部 类	基 本 大 类	简表（二级类）	
社会科学	K 历史、地理	K0 史学理论 K1 世界史 K2 中国史 K3 亚洲史 K4 非洲史 K5 欧洲史	K6 大洋洲史 K7 美洲史 K81 传记 K85 文物考古 K89 风俗习惯 K9 地理
自然科学	N 自然科学总论	N0 自然科学理论与方法论 N1 自然科学概况、现状、进展 N2 自然科学机关、团体、会议 N3 自然科学研究方法 N4 自然科学教育与普及 N5 自然科学丛书、文集、连续性 出版物 N6 自然科学参考工具书	N7 自然科学文献检索工具 N79 非书资料、视听资料 N8 自然科学调查、考察 N91 自然研究、自然历史 N93 非线性科学 N94 系统科学 [N99] 情报学、情报工作
	O 数理科学和化学	O1 数学 O3 力学 O4 物理学	O6 化学 O7 晶体学
	P 天文学 地理科学	P1 天文学 P2 测绘学 P3 地球物理学 P4 大气科学（气象学）	P5 地质学 P7 海洋学 P9 自然地理学
	Q 生物科学	Q1 普通生物学 Q2 细胞生物学 Q3 遗传学 Q4 生理学 Q5 生物化学 Q6 生物物理学 Q7 分子生物学 Q81 生物工程学（生物技术）	[Q89] 环境生物学 Q91 古生物学 Q93 微生物学 Q94 植物学 Q95 动物学 Q96 昆虫学 Q98 人类学
	R 医学、卫生	R1 预防医学、卫生学 R2 中国医学 R3 基础医学 R4 临床医学 R5 内科学 R6 外科学 R71 妇产科学 R72 儿科学 R73 肿瘤学	R74 神经病学与精神病学 R75 皮肤病学与性病学 R76 耳鼻咽喉科学 R77 眼科学 R78 口腔科学 R79 外国民族医学 R8 特种医学 R9 药学

基 本 部 类	基 本 大 类	简表（二级类）	
自然科学	S 农业科学	S1 农业基础科学 S2 农业工程 S3 农学（农艺学） S4 植物保护 S5 农作物	S6 园艺 S7 林业 S8 畜牧、动物医学、狩猎、蚕、蜂 S9 水产、渔业
	T 工业技术	TB 一般工业技术 TD 矿业工程 TE 石油、天然气工业 TF 冶金工业 TG 金属学与金属工艺 TH 机械、仪表工业 TJ 武器工业 TK 能源与动力工程	TL 原子能技术 TM 电工技术 TN 电子技术、通信技术 TP 自动化技术、计算机技术 TQ 化学工业 TS 轻工业、手工业、生活服务业 TU 建筑科学 TV 水利工程
	U 交通运输	U1 综合运输 U2 铁路运输 U4 公路运输	U6 水路运输 [U8] 航空运输
	V 航空、航天	V1 航空、航天技术的研究与探索 V2 航空	V4 航天（宇宙航行） [V7] 航空、航天医学
	X 环境科学、劳动保护科学（安全科学）	X1 环境科学基础理论 X2 社会与环境 X3 环境保护管理 X4 灾害及其防治	X5 环境污染及其防治 X7 行业污染、废物处理与综合利用 X8 环境质量评价与环境监测 X9 安全科学
综合性图书	Z 综合性图书	Z1 丛书 Z2 百科全书、类书 Z3 辞典 Z4 论文集、全集、选集、杂著	Z5 年鉴、年刊 Z6 期刊、连续性出版物 Z8 图书报刊目录、文摘、索引